上海市哲学社会科学学术话语体系建设办公室
上海市哲学社会科学规划办公室

资助出版

上海市纪念
新中国成立
70
年研究丛书

上海城市建设与工业布局研究（1949—2019年）

以卫星城为中心

忻平 吴静 陶雪松 丰箫 等著

上海人民出版社

总　序

2019年，是新中国成立70周年。70年来，我们国家所发生的天翻地覆的变化，所展开的这场宏大而独特的实践创新，无论是在中华民族历史上，还是在世界历史上，都是一部感天动地的奋斗史诗。

新中国成立70年来，当代中国经历了广泛而深刻的社会变革。这一变革的范围之广、程度之深、影响之大，都是空前的。新中国成立初期，通过对农业、手工业和资本主义工商业的社会主义改造，我们创造性地完成了由新民主主义到社会主义的过渡。“三大改造”的基本完成，标志着社会主义制度在中国的确立，社会主义初级阶段建设从此阔步展开。改革开放以来，我们成功开创和拓展中国特色社会主义道路，使社会主义这一人类社会的美好理想在古老的中国大地上变成了具有强大生命力的成功道路和制度体系。这不仅为中华民族实现伟大复兴提供了重要制度保障，而且为人类社会走向美好未来提供了具有充分说服力的道路和制度选择。

党的十八大以来，在我国从大国向强国迈进的重要历史关头，以习近平同志为核心的党中央统筹推进“五位一体”总体布局和协调推进“四个全面”战略布局，在改革发展稳定、内政外交国防、治党治国治军等方面展开了一系列治国理政新实践。比如，实施创新驱动发展战略，推进自由贸易试验区和科技创新中心建设；推进供给侧结构性改革，推进“一带一路”建设，推进京津冀协同发展、长江经济带建设、粤港澳大湾区建设、长江三角洲区域一体化发展等国家重大发展战略；稳妥推进政治体制改革，不断深化行政体制改革；在宣传思想、文化文艺、新闻舆论、网络安全、哲学社会科学、思想政治工作等方面作出战略部署；创新和加强社会治理，探索特大城市社会治理新路；实施精准扶贫，持续改善民生；全面从严治党，强化制度治党、管权、用吏；全面实施改革强军战略，深化国防和军队改革；推动构建以合作共赢为核心的新型国际关系等。

“社会大变革的时代，一定是哲学社会科学大发展的时代。”2019年3月4日，习近平总书记在看望参加全国政协十三届二次会议的文艺界、社科界委员时再次指出，“哲学社会科学研究要立足中国特色社会主义伟大实践，提出具有自主性、独创性的理论观点”。社会变革和实践创新是产生原创性学术思想的源头活水。原创能力是哲学社会科学的核心竞争力，是构建中国特色哲学社会科学的关键点、着力点。当代中国哲学社会科学的学术研究，要形成自己的特色，提出自主性、独创性的理论观点，就必须扎根中国大地，以当代中国的伟大实践为研究起点、研究对象，把70年来中国进行社会主义建设和改革的成就讲清、经验阐明、逻辑理顺、道理论透，在解读中国实践中孕育学术成长、构建中国理论。哲学社会科学各学科都要勇于进行学术创造，从自己的学术视角来认识、研究、总结这一波澜壮阔的社会变革和伟大实践，阐明独到见解、提出独创学说、提升原创能力。

凡学必有史，历史研究是一切社会科学的基础。提升中国学术的原创能力，构建中国特色哲学社会科学的学科体系、学术体系、话语体系，要坚持以史为纲、论从史出，才能厚植学术根基，真正形成中国特色、中国风格、中国气派的哲学社会科学。要坚持“以史为纲”。中国的学术必须真正深入到中国社会变革和实践创新的基本史实，才会具有厚实的根基，才会孕育真正的自信，才会形成真正的中国学术。要扎扎实实地做好各个学科分类的史学研究，做到以史为据、史由证来，形成一系列专门的“史著”，为构建中国特色哲学社会科学提供厚重的史学支撑。要坚持“论从史出”。史实是学术研究的基础，更是检验学术的标准。哲学社会科学的各个学科，都要努力从扎实的“史著”出发，从不同的学科视角依据历史史实、遵循学术规律，提炼出有学理性的新理论，提炼出易于为国际社会所理解和接受的标识性概念，形成体现中国学术原创能力的“论著”。

2017 年，在中共上海市委宣传部指导下，上海市社会科学界联合会、上海市哲学社会科学学术话语体系建设办公室、上海市哲学社会科学规划办公室启动实施了上海市“纪念新中国成立 70 周年”系列研究。本系列研究坚持“以史为纲”“史论结合”，在回顾新中国成立 70 年来，中国共产党领导全国人民实现国家富强、民族振兴、人民幸福的伟大奋斗历程中取得的伟大成就的基础上，系统研究、辩证揭示新中国 70 年历史性变革中所蕴藏的内在逻辑，总结经验，前瞻未来，为更好推进“五位一体”总体布局和“四个全面”战略布局提供强大精神力量。两年来，承担系列研究任务的复旦大学、上海社会科学院等上海多所高校和社科研究机构的专家学者辛勤工作，始终坚持以中国实践为基础，以重大问题为导向，以历史研究为支撑，尊重学术规律，弘扬学术精神，追求学术精品，形成了一批既客观准确描述历史，又具有扎实学理基础的学术论著，汇编成这套“上海市纪念新中国成立 70 年研究丛书”，呈现了上海社科理论界在构建中国特色哲学社会科学中应当具有的历史使命和责任担当，是上海社科理论界庆祝新中国成立 70 周年的献礼之作。

是为序，以庆祝新中国成立 70 周年！

徐　炯

中共上海市委宣传部副部长

目　录

前　言

古代中国的城市文明灿烂辉煌，至今仍是中华民族乃至全人类共同的瑰宝。近代以来，尤其是工业革命爆发以后，“资产阶级创造了比过去一切世代创造的还要多的生产力”，西方城市也据此而兴，飞速发展。近现代历史的发展，开启了各国历史的新方向，城市文明的发展和城市规划建设也上了一个全新的台阶。

民国时期，以北京、上海为代表的中国大城市也有与西方接轨、向西方学习现代城市规划思想。中国大城市的建设也有过几段所谓的“黄金时期”，尤其欲与西方竞争另造一个大上海的“大上海计划”为代表的现代中国城市规划的最初实践，但终因外来的侵略和国内局势的动荡而被打断，真正开启大规模中国城市规划与工业建设，则是中华人民共和国的建立。

今天的中国拥有世界上最多的百万以上人口大城市，这些城市中生活着人类有史以来规模最大的市民群体，他们巨大的消费潜能是中国进入经济发展新常态后，国家发展模式和经济转型能否成功的关键。今天的中国有着最完整的包括国企和民企的以制造业为基础的工业体系，是全世界唯一拥有 41 个工业大类、191 个中类、525 个小类全部门类的工业国①。这

① 陈文玲：《透视中国　中国宏观经济报告》，中国经济出版社 2016 年版，第 7 页。

是中国完成供给侧改革和产业升级最大的底气。这些光彩夺目的大规模城镇化和大规模工业化成就的起点在哪里？它经历了怎样的历史发展脉络？这恐怕是城市史研究过去一直尝试回答，今后也将继续回答的重大问题。

作为最早开埠的沿海城市之一，上海是近代百年来最早对外开放，也是最早进入全球化的中国城市。今天的上海，早已是世界知名的国际大都市，并将在建成国际经济、金融、贸易、航运、科创五个中心和卓越的全球城市的道路上快步前行。上海是一把钥匙，可以打开浓缩了百年来中国现代化历史之锁，对上海的城市建设与工业建设进行梳理与总结，是其中的主要内容，具有重要的历史意义和现实意义。

卫星城理论源于英国社会学家霍华德的“田园城市”，经芬兰建筑师沙里宁提出的“有机疏散理论”得到进一步发展，并在后来的阿姆斯特丹国际城市会议上得到各国的响应，成为城市规划学界的共识。卫星城理论的提出及相关的实践活动，最早是为了应对工业革命后，人口、工业、商业的大规模无序聚集带来的种种弊病，其实质是西方社会精英治理“大城市病”，满足人们追求美好生活愿望的一种尝试。

卫星城理论在民国时期引入中国，当时的“首都计划”和“大上海计划”中都有关于卫星城建设的具体规划和初步实践，但卫星城真正在中国落地生根，则是在新中国成立以后。

如何完成国家的工业化，使中华民族真正做到独立自强，是近代以来尤其是洋务运动以来，无数仁人志士不懈追求的历史使命。新中国的建立，为工业化建设的全国布局和全面铺开提供了保证与条件，基于当时复杂严峻的国际国内形势，我国选择了学习“苏联模式”，在苏联的援助下，走上了优先发展重工业的工业化道路。因此，与西方国家的卫星城建设是对“大城市病”的一种应激反应不同，新中国的卫星城建设诞生于新中国成立初的国家重工业建设浪潮中，其实质是国家开展工业建设的重要依托与平台。这一点，在上海早期的闵行、吴泾等卫星城规划中体现得淋漓尽致。尽管在不同的历史时期，卫星城有不同的发展形态和称谓，但不可否认的是，卫星城这个西方世界的舶来品，在中国落地本土化之初，至少承担了两种职能，一是城市的工业化，二是郊区的城镇化，包括城市过度集中的人口疏散。

上海工业化起步和建设时期，也包括了“大跃进”运动在内的时期。党的十八大以来，中共中央党史研究室编写的《中国共产党的九十年》写道，“党在探索适合中国情况的社会主义建设道路的过程中，主要是在1958年开始的‘大跃进’尤其是1966年开始的‘文化大革命’时期，曾经犯过严重错误，但是从总体上说来，我们取得的成就是巨大的。”①上海在“大跃进”期间也有这样那样的失误，但在广大干部、工人、技术人员的拼搏奋斗下，客观上取得了不少成绩。

全息史观认为，“历史长河中某一段或某一朵浪花，包蕴与浓缩着这个时代与社会的部分或全部信息与密码”。②卫星城建设，亦可视为上海乃至新中国城镇化和工业化历史进程的缩影和展现，工业聚集与分散的博弈、卫星城的规划和建设，蕴含着上海城市与工业建设的大量信息，以卫星城为切入点，以发展的视角展现新中国成立以来上海的城镇化与工业化历史，这就是本书研究的出发点。

“一个没有繁荣的哲学和社会科学的国家不可能走在世界前列，坚持和发展中国特色社会主义，哲学社会学科具有不可替代的重要地位”。③今

① 中共中央党史研究室：《中国共产党的九十年：社会主义革命和建设时期》，中共党史出版社、党建读物出版社2016年版，第636页。

② 参见忻平：《从上海发现历史 现代化进程中的上海人及其社会生活1927—1937》（修订版），上海大学出版社2009年版，第7页。

③ 习近平：《在哲学社会科学工作座谈会上的讲话》，《人民日报》2016年5月19日。

年是新中国成立 70 周年，是实现“两个一百年”和中华民族伟大复兴的关键时期。为更好地发挥上海在哲学社会科学学术话语体系创新中的先行者作用，上海市哲学社会规划办公室、上海市哲学社会科学学术话语体系建设办公室启动了“改革开放 40 周年”“新中国成立 70 周年”“建党 100 周年”三大系列研究，旨在运用新的材料，创新研究方法，构建新的、具有中国特色的哲学社会科学理论体系。

作为“新中国成立 70 周年”系列研究课题之一，本书是上海卫星城与工业化研究团队近 7 年一个阶段性研究成果。我们团队自组建以来，走访了上海市、区的多个档案馆、图书馆、参与卫星城建设的诸多大企业的档案室，以及香港和台湾地区的档案馆，获取了大量的第一手档案资料和报刊资料。这些资料囊括了上海卫星城的规划、建设以及后续发展的诸多方面内容。同时，团队还采访了数十位亲身参与或见证上海卫星城建设与发展的老领导、老专家、老工人，在了解了团队的研究领域和方向后，他们热情地进行口述，或提供照片和相关资料，对我们团队的研究给予了最大程度的帮助。在此，再次向他们表示敬意和感谢！

以搜集和采访获得的档案、报纸、口述等第一手资料为基础，团队的研究取得了一些成果，发表了一批学术论文，出版了相关资料集，团队不少成员都将上海卫星城与工业化研究作为自己的硕士、博士论文，甚至博士后出站报告。这些论文的选题涵盖了上海卫星城的规划与建设，卫星城企业的生产、生活、技术革新、职工教育、三废污染治理等方方面面。在此基础上，本书对团队过去取得的系列研究成果进行了总结与凝练，以飨读者。

就研究方法与主要内容而言，本书主要采用历史研究的基本方法，以卫星城为切入点，以新中国成立至今上海的城市建设和工业布局为研究重点，综合运用历史学、社会学、城市规划学和经济学等学科的知识，采取宏观叙事与微观案例相结合、定性与定量分析相结合的研究方法，重点探讨了以下六个方面的内容。

第一章主要介绍中国城市建设与工业布局的历史进程和特点与经验。

第二章以时间为序，论述上海城市建设与工业布局的变迁。

第三章对七大卫星城的发展历程，以及兴起的动因及其对城市建设与工业布局的影响进行详细分析。

第四章详细论述卫星城建设中的征地、工业建设以及生产中的三废污染防治等问题。

第五章以闵行为中心，详细介绍卫星城建设与社会生活方面的内容。从人口迁移、副食品供应、职业病防治等角度具体阐述。

第六章论述了改革开放排头兵、创新发展先行者：浦东的开发与开放战略的形成与实施，对张江高科技园和上海自由贸易试验区的建设进行探讨。

如果说，本书最大的特点在于卫星城的视角选择，以及大量第一手档案资料和口述史料的运用的话，那么换个角度来说，这也是本课题研究的难点所在。因为，一是不少资料尤其是档案资料还是难以看到，二是学术界这方面的研究成果还谈不上丰厚，但也为我们的研究提供了借鉴。上海城市建设与工业布局涉及的内容极为丰富庞杂，一些内容只能以个案的形式展现。此外，因为上面的原因，对改革开放后的相关内容资料的搜集整理使用还有所欠缺。根本原因是我们团队的研究水平还有待于提高。

这些困难与不足也使本书在资料的收集与运用上难尽全力，在几个主要探讨的问题上意犹未尽，这虽有些许遗憾，但也是研究团队下一步的研究重点和改进方向。

总之，希望本书能在上海城市史研究方面起到抛砖引玉的效果，开启上海城市建设和工业布局研究的新局面。

忻 平

2019 年 6 月 8 日

第一章　中国的城市建设与工业布局

现代城市在工业革命后纷纷涌现，由此催生了现代城市规划理论。西方国家作为工业革命的发源地，一直以来都是城市规划理论的创新者和城镇化与工业化的领跑者。尽管在民国时期，中国人已经开始思考和实践城市规划，如“首都计划”和“大上海计划”，但都因日本侵华而被打断。

直至新中国建立后，中国人才真正开始系统地进行工业化进程和大规模的城市建设。与西方国家相比，新中国城市规划与建设起步晚、起点低、基础差，加之西方的封锁，很难在国际上得到先进技术的支持，一代又一代的城市建设者正是在与各种不利条件斗争的过程中，开启了新中国波澜壮阔的城镇化进程，并走出了一条具有中国特色的新型城镇化之路，短短半个多世纪，城镇化建设成就举世瞩目、成绩斐然。正如诺贝尔经济学奖获得者斯蒂格利茨所预言，有两件事对21世纪人类进程影响巨大，一是美国的高科技，二就是中国的城镇化。今天的中国城市和基础设施建设，已经成为中国享誉世界的一张“名片”。①

① 张文静：《对外开放对我国城市化发展的影响研究》，湖南大学博士学位论文2015年。

第一节 城市规划与工业布局

一、城市起源及其城市规划理论的流变

城市是人类区域文明的中心，人类社会发展到一定阶段后，城市随之诞生。考古研究发现，世界最早的城市出现在美索不达米亚两河流域。关于城市的起源，中外各领域学者都从自己的专业视角给出解释，众说纷纭，莫衷一是。地理学者认为，城市是一种特殊的地理环境；经济学者认为，城市是人类集中进行各种经济行为的场所；社会学者关注的是城市中人的阶层、活动及其相互关系；而城市规划学者则认为，城市是一种物质空间。①

关于人类城市的起源，主要有以下几种学说：

防御说：早期的城市是因防御的需要而兴起，人类在集中居住的地方修筑城郭，以抵御来自其他部落与氏族的侵犯、保卫居民的安全。②

集市说："城市"原义是指有城垣和护城河护卫起来的交易场所，因此交易才是城市真正的实质和内涵。③

社会分工说：生产力的进步导致了劳动分工，原本的人类聚居区也开始分化，仍然以农业为主的形成农村，而以手工业和商业为主的开始形成城市，所以，城市产生于人类社会的劳动分工。④

---

① 参见谭纵波：《城市规划》，清华大学出版社2016年版，第1页。

② 朱铁臻：《城市现代化研究》，红旗出版社2002年版，第148页。

③ 参见阮正福：《城市现代化研究》，上海辞书出版社2008年版，第1—3页。

④ 吴志强、李德华主编：《城市规划原理》（第4版），中国建筑工业出版社2010年版，第3页。

宗教说：早期的城市，首先是一个宗教圣地，城市广场最早可能就是宗教场所。①

除以上四种学说外，还有阶级分化、地理环境等原因导致城市产生的观点，但无论哪种学说，城市的诞生，终究是人类生产力发展到一定阶段的产物。城市从诞生之日起，就逐步发展成为各个区域文明的经济、政治、文化和军事中心。在近代工业革命以前，城市已经过数千年的漫长发展，尽管周期很长，但无论人口数量、城市规模、工商业发达程度，与我们今天熟知的城市概念都相去甚远，不可同日而语。

工业革命爆发后，城镇化进程加快、人口迅速膨胀、城市规模急剧扩张、工商业大量聚集，空气污染、人居环境恶化，社会矛盾逐渐激化。为解决现实问题，缓解社会矛盾，从19世纪起，西方社会部分精英，开始尝试寻找解决方案，提出了一系列具有社会改良思想的城市规划理论并付诸实践，现代城市规划理论应运而生。

可以说，工业革命推动下的城镇化进程，直接催育了现代城市规划理论，一批又一批的社会改良学者、城市规划思想家和建筑师，根据所处时代的特征、城市健康发展和人类幸福生活的客观需求，提出各自的城市规划理论，形成工业革命一百年多年来，各种城市规划学说“百家争鸣”、城市规划思潮此起彼伏的现象。

关于百年来西方城市规划理论的流变，学界根据不同的依据和标准，提出了多种划分方式：

仇保兴认为西方城市规划理论经历了六次转折，分别是三大运动和霍华德的“田园城市”；功能理性主义繁荣的产物——《雅典宪章》；从分解

① 张鸿雁主编：《城市·空间·人际　中外城市社会发展比较研究》，东南大学出版社2003年版，第249页。

到综合——规划的系统分析时代；回归现实的社会问题——公共政策分析的日益兴起；现代主义与后现代主义的冲突、生态、社会和经济效益的均衡——精明增长。①

吴志强将百年来西方规划理论的核心思想归纳为：1890—1915年，核心思想词是田园城市；1916—1945年，核心思想词是城市发展空间理论、广亩城、邻里单元等；1946—1960年，核心思想词是战后重建、都市形象设计等；1961—1980年，核心思想词是城市规划批判、理性主义等；1981—1990年，核心思想词是理性批判，生态规划理论等；1991—2000年，核心思想词是全球城、全球化理论等。②

孙施文提出城市规划理论的划分标准：（1）按层次性标准分为哲学层次、科学层次、技术层次；（2）按价值判断分为实证理论、规范理论；（3）按内容标准可以分为主体、总体、背景三种理论；（4）按哲学思维标准分为理想主义、理性主义、实践论等。③

此外，还有很多学者提出了其他划分标准或主线。

本书以时间为经、以代表性的规划思想为纬，对西方过去百年来的城市规划理论略作梳理。

（一）19世纪至20世纪20年代：从空想社会主义到人本主义

托马斯·莫尔的《乌托邦》和康帕内拉的《太阳城》，通常被视作空想社会主义的思想源头，他们批判私有制，认为只有变革不合理的社会制

① 仇保兴：《19世纪以来西方城市规划理论演变的六次转折》，《规划师》2003年第11期。

② 吴志强：《〈百年西方城市规划理论史纲〉导论》，《城市规划汇刊》2000年第2期。

③ 参见史舸、吴志强、孙雅楠：《城市规划理论类型划分的研究综述》，《国际城市规划》2009年第1期。

度，人类才能获得幸福。①以欧文和傅立叶为代表的空想社会主义者，在他们的思想影响下，进行了各种社会实践，尽管这些实践在当时的社会条件下没有取得成功，但他们的很多设想、理论和实践热情，成为霍华德和盖迪斯等人本主义规划学者的重要思想来源。

霍华德和盖迪斯对城市规划的理解，已经超出技术层面，他们从人的发展的视角出发，把城市规划和社会改良相结合，把对人的关怀视为城市规划的目的，因此被誉为人本主义规划大师。②

1902 年，霍华德发表了《明日的田园城市》，提出了"城乡磁体"和"群体组合"的规划理念，针对当时伦敦这样的大城市所面临的拥挤、卫生等城市病，他提出了建设一个兼有城市和乡村优点的理想城市——田园城市：为健康、生活以及产业而设计的城市，包括城乡两部分。形成一个"无贫民窟无烟尘的城市群"。若干个不同功能的田园城市围绕着中心城市。借助快速的交通工具（铁路）往来于田园城市与中心城市或其他田园城市之间。他认为城市应兼具优美的环境和便利的服务设施；任何城市的扩张都应该限制在一定规模，超出规模的部分，应该由另外的城市来接纳。③

为了实践自身的理想，1899 年，霍华德成立田园城市协会；1903 年，成立田园城市开发公司，建设世界第一座"田园城市"莱奇沃斯城(Letchworth)，位于伦敦都市联合体的北缘，实践了他的理想化花园城市理论，并成功地在 1904 年实现第一批居民入住，到 1917 年，莱奇沃斯城已经吸引了 18 000 位居民。为实现理想，1920 年，已经 71 岁的霍华德又

① 参见赵林：《西方文化概论》，高等教育出版社 2004 年版，第 199 页。

② 张京祥编：《西方城市规划思想史纲》，东南大学出版社 2005 年版，第 89 页。

③ 参见张冠增主编：《西方城市建设史纲》，中国建筑工业出版社 2011 年版，第 226—227 页。

开始建设第二个田园城市韦林（Welwyn），成为最早的城市规划实践。①

盖迪斯开创性地将生物研究领域的方法与城市规划相融合，提出区域规划思想，将城市看作各种要素的复杂统一体，提倡各学科综合研究；他还注重城市与外部环境的和谐、平衡，提出了区域协调的理念。②

霍华德和盖迪斯的规划思想根植于工业时代市民的客观需求，闪耀着人本主义的光辉，针对工业革命带来的种种社会问题，他们摆脱了以往就城市论城市的单一思维，提倡学科综合，城乡协调的理念。他们提倡的城市空间分散和功能结构布局方式，成为后来的“卫星城镇”“有机疏散”“广亩城”“新城建设”等分散式规划最重要的思想源头。

（二）20 世纪 30 年代至 60 年代：柯布西耶与功能理性主义

理性主义始于培根和笛卡尔，经启蒙思想家的推广传播，成为西方基本的价值取向。在城市规划领域将理性主义推向高峰的是法国建筑大师勒·柯布西耶，他起草的《雅典宪章》被看作城市规划中功能理性主义的代表。③

与霍华德和盖迪斯等人本主义规划师提倡城市分散布局相反，柯布西耶是纯粹的建筑师，更崇尚工业时代新技术的作用，他认为城市问题可以通过现代技术加以解决；主张扩建和改造大城市，提高建筑密度来缓解拥挤；城市应该通过技术手段来分解人流和车流，他的这些观点被称为“城市集中主义”。④

① 参见刘宛主编：《城市设计实践论》，中国建筑工业出版社 2006 年版，第 65—67 页。

② 参见殷为华：《新区域主义理论：中国区域规划新视角》，东南大学出版社 2013 年版，第 33—34 页。

③ 仇保兴：《中国城市化进程中的城市规划变革》，同济大学出版社 2005 年版，第 54 页。

④ 参见周国艳、于立主编：《西方现代城市规划理论概论》，东南大学出版社 2010 年版，第 57—59 页。

1933 年诞生的《雅典宪章》，将功能理性主义规划思想推到高峰。《雅典宪章》的核心思想是设计决定论和城市空间决定论，认为应该通过功能分区，发挥好城市的居住、工作、休憩、交通四大功能。[①]柯布西耶及其起草的《雅典宪章》对二战以后的城市建设产生了很大影响，印度的昌迪加尔、巴西新首都巴西利亚的建设，都贯彻了《雅典宪章》的规划思想。[②]

然而，基于理性主义的《雅典宪章》并没有解决所有问题，正如笛卡尔提倡的那样，“按照秩序，从最简单、最容易认识的对象出发，一点一点上升到对复杂对象的认识……”。[③]理性主义强调的是分散的认识论，被功能理性主义贯穿于城市设计之后，难免将作为复杂统一体的城市人为地割裂，城市问题也从人的问题变成了单纯的物质空间问题，不利于从综合、系统的角度分析复杂的城市问题。

20 世纪 60 年代以后，随着将城市规划回归到人本身的呼声愈高，柯布西耶的规划思想和《雅典宪章》开始受到越来越多的质疑，《马丘比丘宪章》应运而生。

（三）20 世纪 70 至 80 年代：后现代主义思潮下的城市规划

1977 年的《马丘比丘宪章》，并不是对诞生了半个世纪的《雅典宪章》的否定，而是一定程度上的修正、综合和升华，注重系统和人文主义的思想在《马丘比丘宪章》中得到体现。《马丘比丘宪章》强调技术只是手段，而不是目的，规划应立足于人的需求；城市规划应完善城市系统的、多功能的综合服务能力，而不是机械的强调功能分区；城市规划应促进人的相

① 孙章等编：《城市轨道交通概论》，中国铁道出版社 2000 年版，第 272 页。

② 参见苗建军：《城市发展路径：区域性中心城市发展研究》，东南大学出版社 2004 年版，第 28 页。

③ 李国山、王建军、郑辟瑞等编：《欧美哲学通史》精编本，南开大学出版社 2012 年版，第 266 页。

互交往和融合，而不是相互隔离。[①]《马丘比丘宪章》更多的是从人与社会的角度出发考虑城市功能进行规划，所以被视为继《雅典宪章》之后，城市规划史上的第二座高峰。

进入20世纪70年代，冷战对峙格局愈发严峻，西方社会动荡、种族冲突严重，各种社会矛盾日益复杂，各种混沌、多元的思潮并存，人们把这一阶段的西方社会冠以“后现代主义”之名，它通常表现为对百年来西方工业化成果的普遍怀疑，对理性思维的极端否定和对当下现实的极大不满，而城市规划思想也从功能理性至上，转向更加注重人文关怀，它反映在以下几个维度：

城市规划应该反映不同主体的特点和个性，并依赖于这些主体的多元价值取向；否定功能理性主义抹杀城市多元文化，更加重视城市传统、历史和文化；强调城市规划是一种多变的、人为参与的多要素复合空间，不是因果关系似的理性思维所能完全把控；批判以往规划对生态环境的破坏等。[②]这些思想以舒玛什提出的文脉主义理论最为突出。[③]文脉主义注重城市的文化、历史和传统，强调文脉在城市规划中的持续性，认为城市规划不能破坏城市已有的、可以彰显城市文脉的内容。[④]

总的来看，在后现代主义思潮的影响下，20世纪七八十年代的城市规划更加注重对旧城的更新，以及城市历史文化和生态环境的保护，强调城市的可持续发展。

（四）20世纪90年代以后：全球化时代的城市规划

进入20世纪90年代，世界经济格局出现新的动向，人员、技术、商

---

① 参见赵景伟等编：《城市设计》，清华大学出版社2013年版，第41—42页。

② 参见董卫主编：《城市规划历史与理论》，东南大学出版社2014年版，第165页。

③ 王受之：《世界现代建筑史》，中国建筑工业出版社1999年版，第339页。

④ 孙俊桥：《城市建筑艺术的新文脉主义走向》，重庆大学出版社2013年版，第29页。

品、资本等要素在全球范围的快速流动超过以往任何时代，以互联网为代表的信息技术革命又加快了这种趋势，经济全球化成为最主要的时代特征。

经济全球化带来的冲击渗透到人类生活的方方面面，这也导致 90 年代以来的城市问题充满复杂性和不确定性，单一的城市规划理论已经很难整体性的认识并改造城市，加之价值多元化趋势，人类对城市的认识和改造变得更为复杂多元，在此背景下，新城市主义、生态城市、精明增长等理念成为这一时期城市规划新的探索方向。①

以精明增长为例，美国马里兰州在 1997 年以立法的方式，首次提出精明增长的概念，强调防止城市无限蔓延的新城市主义，将城市看作发展的生态系统的生态城市观，是精明增长主要的思想来源。②精明增长追求社会、环境和经济的协调与可持续性；强调城市的发展应该让每一个人受益。实用主义哲学也是精明增长的重要特征，诞生于美国本土的实用主义认为，经验比理论更有指导性，要用实践中得到的答案来面对问题。③

此后，精明增长得到美国各级政府、公共组织，尤其是社会商业机构的广泛支持。④国家和地方政府以及民间团体的三方联动，对美国城市建设产生了深远影响。

纵观西方百年来的城市规划，理想主义、理性主义和实用主义贯穿始终：由空想社会主义者开启，经人本主义规划思想家发扬光大，以社会改良为核心思想的理想主义时期；受现代建筑运动驱动，强调功能理性的理

① 参见张波：《中国城市成长管理研究》，新华出版社 2004 年版，第 62—65 页。

② 参见侯景新、李天健编：《城市战略规划》，经济管理出版社 2015 年版，第 47 页。

③ 参见仇保兴：《19 世纪以来西方城市规划理论演变的六次转折》，《规划师》2003 年第 11 期。

④ 孙文华：《治理城市病的规划探讨》，上海社会科学院出版社 2017 年版，第 9 页。

性主义时期；深受全球化影响，规划思想多元化的实用主义时期。反映了社会的进步和人们认识的升华。

二、工业布局的战略意义和影响因素

工业布局指各个生产部门和生产要素在空间和产业上的综合统筹，是国家的重大战略，是人类有意识、有目的的经济活动，是生产力布局的主要环节。①从空间结构上看，工业布局分为三个层次，即地区布局、城市布局和具体的厂址选择。工业布局主要考察工业在空间上的分布与不同时期的变化，并制定相应的工业发展政策。②

工业布局具有全局性、战略性、长期性等特点。它将全面影响一个国家或地区的工业及社会经济发展水平和人民的生活水平，也深刻影响着该国或地区未来的发展前景和发展脉络。它的影响是长期的、深远的，工业布局形成后，改造和转型是十分艰巨的。一个国家的工业布局是否合理，意味着其是否能平衡好国内各地区之间的工业化和经济发展水平，是否能协调好各工业门类、各产业之间的发展步调，是否能有效调动好各生产要素，使其产生化学反应，共同服务于国家工业化的大战略。

20 世纪 30 年代，苏联学者提出了社会主义工业布局应当注意的六大方面：原料燃料、运费、劳动力、联合化与协作、发展少数民族地区和边远地区的经济，以及国防安全。③

无论处于什么政治经济制度，工业布局的客观属性是无法回避的，工

① 何盛明主编：《财经大辞典》，中国财政经济出版社 1990 年版，第 465 页。

② 参见郑度主编：《地理区划与规划词典》，中国水利水电出版社 2012 年版，第 316 页。

③ 张金锁编：《区域经济学》（第 3 版），天津大学出版社 2009 年版，第 37—38 页。

业布局的合理化，必须建立在充分尊重其客观性上。工业布局在加速国家工业化发展、推动经济社会全面进步等方面意义重大、影响深远，其具体实施属于国家重大战略，必须在通盘考虑各种影响因素的前提下，审慎决策。

本书将制约并影响工业布局的因素分为自然因素、政策因素、社会经济因素三大类。

(一) 自然因素

自然因素包括地理环境、资源储藏、气候条件等，①地理环境是否优越、土地是否肥沃、是否适合人类居住；工业发展所需的各种矿产资源和能源能否供应，工业区水资源是否充足；气候条件是否适合发展工业。这些条件都是发展工业不可或缺的基础条件，这些条件也都在不同程度上影响和制约着一个国家或地区工业的可塑性。一般来说，地理环境优越、资源储量丰富、气候条件宜人的国家或地区，在理论上都有着比其他不具备以上条件的国家或地区拥有更好的工业发展前景和更大的工业潜力。

考察历史上最先崛起的一批工业国家不难发现，煤炭这种自然资源起了关键性作用，英国丰富的煤炭资源为蒸汽机提供了充足的动力，且煤炭开采地又接近水源，方便了能源的运输，美国“加州学派”代表人物彭慕兰在其代表作《大分流》中，将英国在煤炭资源上的先天优势看作工业革命率先发生在英国的重要原因。除英国以外，法国的阿尔萨斯—洛林，德国的鲁尔区都曾受惠于丰富的煤炭资源，加速了各自国家的工业化进程。

随着时代发展和技术进步，人类在工业发展上摆脱自然资源限制的能力越来越强，自然因素在工业发展和布局上的重要性正逐渐减弱。以俄罗斯和中东、西亚的一些国家为例，这些国家坐拥丰富的石油资源，石油被

① 龙开元：《中国工业布局演变驱动机理研究》，知识产权出版社 2008 年版，第 2 页。

称为“工业的血液”，任何国家的工业发展都离不开石油，而这些石油出产国却过度依赖石油资源，不但使自己国家经济形势的好坏受制于国际油价的涨跌，还使自己国家的产业过于单一，不能形成较为完整的工业体系，这就是经济学上所谓的“资源的诅咒”。①

（二）政策因素

政策因素包括一个国家或地区发展自身经济的产业政策，平衡地区之间发展、促进偏远地区开发的调控措施，以及国防安全因素方面的考量等。②与自然禀赋难以改变不同，政策因素可以充分体现和发挥产业政策制定者的主观能动性，第二次世界大战以后的历史证明，以中国香港、韩国、新加坡和中国台湾为代表的“亚洲四小龙”，正是结合自身实际情况，抓住了发达国家转移低端产业的历史机遇，制定了适合自身发展的产业政策并大力扶植相关产业，短短二三十年就克服了自然资源禀赋不足的先天劣势，实现了经济起飞和现代化。

工业布局影响的全局性，决定了合理的工业布局还有赖于不同地区之间经济社会的平衡发展，因此工业布局的出发点不能看作完全基于投入产出比的所谓“经济理性”，不能只算“经济账”，不算“政治账”，工业布局过于集中在经济繁荣、交通便利的发达地区并不可取，因此，统筹全局、平衡发展的工业布局，也是发展中国家赶超发达国家的重要优势。在以利益驱动、市场为主导的资本主义国家很难将经济产业政策向投资稀少、基础设施落后、交通不便、交易成本高的偏远落后地区大幅度倾斜，因为成本过高，无利可图，这种纯粹以经济效益为导向的工业布局，不利于一个国家或地区之间的平衡发展，甚至会造成富者越富，穷者越穷的

① 朱宏伟：《民族经济研究概论》，中山大学出版社2016年版，第209页。

② 参见耿希海主编：《工业经济管理学》，山东人民出版社1995年版，第174—176页。

"马太效应"。

工业布局的战略性，也决定了必须将重大工业建设和工业项目提升到国防和军事安全的高度，在国家发展的特定历史阶段，工业布局的"经济理性"和"平衡性"等其他原则均要让位于国防和军事安全。20 世纪 50 年代，西方国家对新中国采取外交上孤立、经济上封锁、军事上威胁的手段，企图扼杀新生的人民共和国。基于国防和军事安全的需要，"一五"计划时期的工业项目，大多集中于内陆地区，六七十年代的"三线"建设，也多集中于交通不便的西部地区，尽管对于那个时期国家安全形势的判断和工业布局是否合理，至今仍有争议，但国防军事安全对工业布局的重要性也可见一斑。

（三）社会经济因素

社会经济因素包括国家或地区原有的工业和经济基础、基础设施状况、交通便利程度等。经济较发达、工业基础好、交通等基础设施便利的地区往往是工业布局优先考虑的地区，将重大工业设施或项目布局于这一地区，有利于充分发挥原有的经济技术和工业基础优势，能以较少的资源投入，撬动较大的市场，尽快获得经济效益，达到事半功倍的效果。随着时代的进步和技术的发展，工业布局中，自然因素的地位和影响力不断下降，而社会经济因素的权重则不断上升。

中华人民共和国建立初期，基于国防军事安全的考虑，国家的工业布局向中、西部地区倾斜，尽管对于开发西部偏远落后地区，改变当地社会经济面貌有一定贡献，但也导致以上海为代表的沿海经济发达、工业基础较好的老工业基地优势没有得到充分利用和发挥，直到 1956 年国际局势趋于缓和、国家对形势判断发生改变，尤其是毛泽东的《论十大关系》发表以后，这一情况才得到逐步缓解，沿海与内陆的工业布局失衡也才得到初步解决，以上海为代表的老工业基地迅速崛起，至今仍是国家的工业重镇。

第二次世界大战以后，科技进步刺激了交通运输业的快速发展，很多国家或地区利用海运和空运大发展带来的交通便利，辅以合适的产业政策，迅速形成经济集聚区，出现了所谓的“临海工业区”和“临空工业区”，高速公路的出现，使陆运的吨位上升，费用下降，高速公路网络集聚地区也出现了众多的轻型工业区和高科技工业园区。①如今，类似的工业园区和科学园区，如雨后春笋般大量涌现，正是工业布局中的社会经济因素影响力不断增大的体现。

自然资源、产业政策和社会经济三个因素包含很多方面，他们并非孤立的、片面的，而是相互交织、相互影响，共同影响和制约着一个国家或地区的工业布局。如果将一个国家或地区的工业化进程看作一个人的成长过程，那么自然因素就是先天禀赋，而政策因素则是后天的培养，在工业化的不同阶段，先天禀赋和后天培养的作用并不是均衡的，一般来说，在工业化的初级阶段，前者的基础性作用更明显，但随着经济发展、技术进步，先天禀赋的作用将逐渐弱化，是否具有与国家发展阶段相适应的工业布局，则显得愈发的关键。

第二节 从“重工业优先”到“新型城镇化”——中国城市建设的历史进程

城市建设从起步之始，就一直是中国国家经济建设的重要环节，城市的建设与发展是新中国成立至今，风雨历史进程的一个缩影，对新中国成

① 陆大道等：《中国工业布局的理论与实践》，科学出版社 1990 年版，第 5 页。

立以来半个多世纪的城市建设历史进行阶段性回顾与考察，具有重要的历史意义和战略意义，因而成为各领域学者研究的重点。

董鉴泓将新中国成立以来的城市建设分为四个阶段：城市规划与建设的恢复起步期（1949—1952）；引入与发展期（1953—1957）；动荡与中断期（1958—1978）；城市迅速发展期（1978 年以后）。①

曹洪涛、储传亨将城市建设分为四个阶段：国民经济恢复时期的城市建设（1949—1952）；第一个五年计划时期的城市建设（1953—1957）；“大跃进”和调整时期的城市建设（1958—1965）；“文化大革命”时期的城市建设（1966—1976）；城市建设的新时期（1977—1986）。②

汪德华将城市规划分为 50 年代、60—70 年代、80 年代和 1990—2003 年四个历史阶段，并重点从技术角度，对部分较具代表性的城市规划进行分析和讨论。③

李浩从更细微的视角，将城市规划历史概括为 2 个大的历史时期、6 个较长的发展阶段和 11 个亚阶段。④

纵观新中国成立以来的城市建设，在国家不同的发展阶段，必然有相应的指导思想和基本方针，本书结合我国不同发展阶段的时代主题和基本战略，将城市建设划分为 5 个阶段：城市建设的恢复和初创期（1949—1957）、动荡和停滞期（1958—1977）、复苏和探索期（1978—1991）、改革和加速期（1992—2007）、转型发展期（2008—至今），并通过城市规划指导思想的演变、城市工作重要会议的召开与政策的制定和变化、城市管

① 董鉴泓主编：《中国城市建设史（第三版）》，同济大学出版社 2004 年版，第 386 页。

② 曹洪涛、储传亨主编：《当代中国的城市建设》，中国社会科学出版社 1990 年版，第 1—3 页。

③ 汪德华：《中国城市规划史纲》，东南大学出版社 2005 年版，第 155—157 页。

④ 李浩：《论新中国城市规划发展的历史分期》，《城市规划》2016 年第 4 期。

理机构的变迁，以及城市规划相关法律法规的健全，对城市建设史进行回顾与考察。

一、城市建设的恢复和初创期（1949—1957）

冷战的国际格局下，中国作为新兴的社会主义国家，遭到西方阵营的敌视与封锁，败退台湾的国民党集团时常骚扰我国经济和工业重心的沿海地区。面对复杂严峻的国际国内形势，发展工业，尤其是开展与军事工业相关的重工业建设，确保新生政权的安全，变得异常迫切。因此，重工业建设成为这一时期城市规划的主要目的与核心任务。

中共七届二中全会于1949年3月5日—13日在河北省平山县西柏坡召开，这次会议是解放战争即将取得全国胜利的前夕，为迎接新中国建立的准备会议。毛泽东指出，今后党的工作重心要从乡村转移到城市，并开始由城市领导乡村，使中国完成从农业国到工业国、新民主主义到社会主义的转变。①这些关于政策重心转移的重要论述为后来的城市工作奠定了思想基础。

同年通过的具有根本大法性质的《共同纲领》规定："关于工业，应以有计划有步骤地恢复和发展重工业为重点，例如矿业、钢铁业、动力工业、机械制造业、电气工业和主要化学工业等，以创立国家工业化的基础。"②恢复和发展重工业成为建国初期的基本战略。

大规模的工业建设是城市发展的充足动力和重要支撑，这一时期的城

① 参见《毛泽东选集》，人民出版社1964年版，第1317—1318页。

② 当代中国研究所：《中华人民共和国史稿·第一卷（1949—1956）》，当代中国出版社2012年版，第138—139页。

市建设主要分为两个阶段：1949—1952 年的恢复期、1953—1957 年的初创期。

（一）1949—1952：城市建设恢复期

1949—1952 年，主要从整治和改善人居环境、兴建市政基础设施、健全城市管理机构等方面入手，开展城市建设的恢复工作。

以北京、南京为例，政府动员市民开展疏浚河道、清理垃圾、改造棚户区、新建住宅等活动来改善人居环境，北京的龙须沟改造、上海的第一个工人新村——曹杨新村，都是这一时期的代表性工程。①全国各大城市都相继开展了类似工作以改善城市建设，城市秩序也得以逐步恢复。

随着城市经济发展加快，为开展下一步的城市规划，健全城市规划和管理机构又提上了议事日程。

1949 年 10 月，财经委员会设立了基本建设处作为全国城市建设的主管机构；1952 年 8 月，建筑工程部成立，并下设城市建设局，主管全国的城市规划；同年 5 月，国家计委也成立基本建设办公室，并设立建设、设计、施工三个组。②

1952 年 9 月，建工部召开第一次全国城市建设座谈会。按照城市工业的数量和重要程度，会议将全国城市排队划分为两个层次，即 39 个需要重点建设的城市和其他以维持现状为主的城市，按工业比重分为重工业城市、工业比重较大、工业比重不大和一般城市 4 类。

---

① 参见曹洪涛、储传亨主编：《当代中国的城市建设》，中国社会科学出版社 1990 年版，第 26—32 页。

② 参见董鉴泓主编：《中国城市建设史》（第 3 版），同济大学出版社 2004 年版，第 402 页。

表 1-1　1952 年 39 个重点城市分类

	城市类型	城　　市
第一类	重工业城市	北京、包头、西安、大同、齐齐哈尔、大冶、兰州、成都
第二类	工业比重较大城市	吉林、鞍山、抚顺、本溪、沈阳、哈尔滨、太原、武汉、石家庄、邯郸、郑州、洛阳、湛江、乌鲁木齐
第三类	工业比重不大城市	天津、唐山、大连、长春、佳木斯、上海、青岛、南京、杭州、济南、重庆、昆明、内江、贵阳、广州、湘潭、襄樊
第四类	一般城市	上述城市以外的城市

资料来源：董鉴泓主编：《中国城市建设史》（第 3 版），同济大学出版社 2004 年版，第 389 页。

会议规定，在这 39 个城市设置城市规划和监督管理机构，并有计划、有步骤地开展城市规划，新中国的城市规划，进入以工业建设为主要目标的阶段。

（二）1953—1957：城市建设初创期

1953—1957 年，是第一个五年计划时期，这一时期，国家最主要的战略任务就是围绕苏联援建的 156 个工业项目开展建设。①陈云将“一五”计划的基本任务概括为：“集中力量、以 156 个苏联援助的单位为中心开展工业建设，初步建立我国的工业化基础。”②

这一时期，苏联专家和“苏联模式”对我国的城市规划与建设产生了深远影响。主要体现在三方面：一是苏联专家亲自参与重要城市的规划和重大工业项目的厂址选择；二是在城市规划领域学习贯彻苏联的理念和技

① 156 个工业项目，指 1950 年确定的苏联援建中国的 50 个工业项目，1953 年的 91 个项目，1954 年增加的 15 个项目，合计 156 个工业项目，主要由 600 余个限额以上建设单位组成，156 个工业项目奠定了新中国的工业基础。

② 陈云：《关于发展国民经济的第一个五年计划的报告》，《陈云文集》第 2 卷，中央文献出版社 2005 年版，第 590 页。

术特点；三是以苏联标准制定城市规划的法律法规。

自1952年起，穆欣、巴拉金、克拉夫丘克、萨里舍夫等苏联专家先后来华，深度参与了“一五”时期的八大重点城市规划。穆欣和巴拉金作为其中的代表人物，工作已经超出八大重点城市①的范畴，穆欣参与了西安、沈阳、兰州等城市的总体规划，巴拉金则参与了包头、郑州、武汉等城市的规划。北京、上海因特殊的政治经济地位，两位专家都进行过实地踏勘，并绘制了总体规划图。

此外，苏联专家还参与了工业项目的厂址选择。以穆欣为例，据当时的中方规划组人员回忆，穆欣在包头参与规划时，曾带领工作组到现场进行踏勘，并讲解厂址如何选择，踏勘的区域，从包头一直到安北、乌梁素海，他还向当时的内蒙古自治区党委、包头市委进行了汇报。②在上海的工业区选址问题上，穆欣强调，有害和危险的企业、仓库要迁出城外，北新泾不宜作为化学农业区，因其地理位置处于城市上风上水，工业区应当设在吴淞，可以避免今后与住宅区交叉。③穆欣的意见，深刻影响了上海的城市规划与工业布局。

在深度参与城市规划过程中，苏联专家也将苏联城市规划的基本理念、规划原则、规划方法引入了中国，这一时期的中国城市规划在基本理念和技术特点等方面大量吸收了苏联经验。

在城市的阶级属性上，强调规划工作是有阶级性的，社会主义城市规划要为社会主义国家的工业化服务；社会主义的城市规划应贯彻“方便、

① “一五”时期的八大重点城市指西安、太原、大同、兰州、包头、洛阳、武汉、成都8个城市。

② 李浩访问整理：《城·事·人　新中国第一代城市规划工作者访谈录》第1辑，中国建筑工业出版社2017年版，第17页。

③ 李浩访问整理：《城·事·人　新中国第一代城市规划工作者访谈录》第5辑，中国建筑工业出版社2017年版，第27页。

经济、美观”三项基本原则。①

在城市的经济属性上，强调城市是国民经济的延续与具体化，②城市是从属于工业的，要变资本主义国家的消费城市为社会主义的生产城市。

在城市建筑的艺术性上，强调建筑艺术要表现一个国家的历史特点，民族形态和艺术特色；对城市中的文化遗产要重点保护。

在城市规划的科学性上，强调要对城市进行全面细致的调查研究，调研的对象包括城市的地理、气候、矿产等基础资料，要为科学编制城市规划做好资料准备；在具体编制规划时，分为总体规划、详细规划、修建设计三个阶段。③

“一五”时期对苏联城市规划的基本理念、基本原则和技术特点的引进吸收，最终体现在《城市规划编制暂行办法》上，该办法是我国首个城市规划法规，在当时的苏联专家组组长克拉夫丘克的参与下完成，并于1956年颁布施行的。《办法》将城市规划分为初步规划、总体规划、详细规划三个阶段，明确规定了各阶段的内容。《办法》指导了“一五”时期150多个城市的初步规划和总体规划，影响力一直延续至今。④

受苏联城市规划“方便、经济、美观”三原则的影响，“一五”时期确定了“经济、实用、美观”的原则，《人民日报》发表了《按照经济、实用、美观的原则建设城市》的文章，文章认为城市规划要有计划、有步

① 李浩、胡文娜：《苏联专家对新中国城市规划工作的帮助——以西安市首轮总规的专家谈话记录为解析对象》，《城市规划》2015年第7期。

② 孙敬文：《适应工业建设需要加强城市建设工作》，《人民日报》1954年8月12日。

③ 唐相龙：《苏联规划在中国：兰州第1版总规编制史实研究（1949—1966）》，东南大学出版社2016年版，第97页。

④ 参见董鉴泓主编：《中国城市建设史》（第3版），同济大学出版社2004年版，第393—394页。

骤、有重点地依托旧城，由内而外地发展城市；还要注重规划的整体性，要综合考量、合理利用土地，避免浪费土地资源。①

在工业布局上，“一五”时期的城市规划一个重要目标是彻底改变以往工业在区域和城市间分布不均的状况。苏联第一个五年计划开始后，城市由 675 座增加至 1 451 座，新增的城市大多在过去人烟稀少、经济落后的边区及少数民族地区②。参照苏联经验，我国的城市建设要向内地倾斜，规模上要发展中、小城市、适当限制大城市，促进落后地区的经济发展；工业上要集中力量优先发展重工业，项目分布上要遵循接近原料、动力和消费市场的“三接近”原则。③

1954 年 6 月，为集中力量进行工业建设，建工部召开全国第一次城市建设会议，会议总结了以往的城市建设工作，明确了今后城市建设的目标

表 1-2　1954 年全国第一次城市建设会议有关城市的分类

	城市类型	城　市
第一类	工业重点项目较多的城市	太原、包头、兰州、西安、武汉、大同、成都、洛阳
第二类	扩建城市	鞍山、沈阳、吉林、长春、哈尔滨、抚顺、富拉尔基、石家庄、上海、重庆、广州、郑州、株洲、青岛、本溪、邯郸、湛江、天津、佳木斯、大连、鹤岗
第三类	局部扩建城市	南京、济南、杭州、昆明、唐山、长沙、南昌、贵阳、南宁、呼和浩特、张家口、西宁、银川、宝鸡
第四类	一般中小城市	

资料来源：参见曹洪涛、储传亨主编：《当代中国的城市建设》，中国社会科学出版社 1990 年版，第 43—44 页。

① 参见何一民主编：《革新与再造：新中国建立初期城市发展与社会转型》（上），四川大学出版社 2012 年版，第 262—263 页。

② 董鉴泓：《第一个五年计划中关于城市建设工作的若干问题》，《城市与区域规划研究》2013 年第 1 期。

③ 《董鉴泓文集》，华中科技大学出版社 2015 年版，第 3 页。

任务和基本方针，还对城市进行了重新分类，分别是重点工业项目较多的城市、扩建城市、局部扩建城市、一般中小城市四类。

随着工业项目大量上马和城市规划工作的全面展开，各大工业城市规划勘测任务繁重，急需对城市建设管理机构进行新一轮整合并重组。1954 年 8 月，城市建设局被改为城市建设总局，并成立了城市设计院；1955 年，城市建设总局成为国务院直属机构，次年又被撤销，城市建设部成立。①逐步健全的城市建设管理机构是城市规划强有力的技术支持者，推动了城市规划工作的开展。

“一五”时期的工业与城市建设，吸取了苏联快速发展国民经济的先进经验，也难免移植了“苏联模式”的种种弊病，但总的来看，正是在这一时期，新中国打下了工业化的坚实基础，搭好了强健的“筋骨”，城市建设也完成了恢复和初创，为下一阶段的发展准备了条件，这一时期也被称为城市规划与建设的“第一个春天”。

二、1958—1977：城市建设动荡和停滞期

从 1958 年开始，政治上的动荡造成经济工作的无序与混乱，并迅速蔓延到城市建设领域，1958—1977 年，在长达二十年的时间里，尽管有部分时间城市工作有恢复和好转的迹象，但都因政治上的动荡而始终无法回到正轨，这一时期，我国的城市建设工作遭遇重大挫折，具体表现为城市建设指导思想混乱、城市建设管理机构反复变更，以及城市规划工作的停滞甚至倒退。

① 曹洪涛、储传亨主编：《当代中国的城市建设》，中国社会科学出版社 1990 年版，第 41 页。

（一）1958—1965：城市建设动荡期

1958 年 5 月，中共八大二次会议确定了“鼓足干劲、力争上游、多快好省地建设社会主义”的总路线，全国范围内相继开展“大跃进”和“人民公社化”运动，城市建设领域也迅速响应。

1958 年 6 月，建工部在青岛召开城市规划工作座谈会，以城市建设如何适应“大跃进”为主题，讨论城市规划的原则和办法，指出“过去规定的定额偏低，不搞远景、不敢想、不敢说、不敢做”的弊端，会议形成《城市规划工作纲要三十条（草案）》。①1960 年 4 月在桂林召开的会议则提出，要在十到十五年内，把我国的城市基本建设成社会主义的现代化新城，并完成对旧城市的社会主义改造。②

两次会议后，许多大城市都采取了所谓“快速规划”的方式，借庆祝新中国成立十周年之际，在缺乏科学依据和严谨调查研究的基础上，调整“一五”时期制定的城市规划，调高了城市规模和各项建设标准。由于过分强调人的主观意识，忽视城市发展的客观规律，不但没有实现所谓的“快速建成社会主义现代化城市”的目标，反而因工业项目上马过多、城市规模膨胀、城市人口剧增，导致住房、供水、交通等市政设施供给不足、“骨头”与“肉”比例严重失调。③

面对城市建设领域的种种乱象，1960 年 11 月召开的中央计划工作会议宣布“三年不搞城市规划”，直到 1961 年中央提出“调整、巩固、充

---

① 山东省城乡建设委员会编：《山东城市与城市建设》，山东大学出版社 1987 年版，第 82 页。

② 参见建设部城乡规划司编：《城市规划决策概论》，中国建筑工业出版社 2003 年版，第 89 页。

③ “骨头”指工业生产部门，“肉”指与之相配套的生活设施，“骨头”与“肉”失调，指在城市建设领域长期重生产、轻生活的现象。

实、提高”的八字方针，上马过多的工业项目才开始调整，部分被撤销，过于膨胀的城市人口开始压缩，城市工作稍有起色。

1964年，工业建设“学大庆”运动在全国上下如火如荼地展开，周恩来总理视察大庆时关于工农结合、城乡结合的题词被曲解，人们在市区穿插农田、种植农作物，将“干打垒”、夯土墙当作城市建设领域的“工农结合”“城乡结合”。①这种“干打垒”“见缝插针”分散建设的思想，也为接下来的“三线”建设中，不建城市的思想埋下伏笔。

20世纪60年代，中苏关系破裂，中国与美苏两个超级大国的关系均告紧张，国际局势于我十分不利，国家安全受到威胁。中共中央和毛泽东作出了开展“三线”建设的重大决策，为“备战备荒”，将全国工业布局进行了从东向西的重大战略转移，“三线”建设在空间上强调“大分散、小集中”，重要项目要“靠山、分散、隐蔽”，城市建设上以“不集中建城市”的思想为指导。

城市建设指导思想的混乱，也导致对城市规划管理机构认知上的偏差。“大跃进”开始后，城市管理机构被迫频繁变更、隶属关系混乱，机构名称也一改再改，城市规划界前辈称，他们的部门隶属过国家建委、城市建设部、建筑工程部等部委，除了国家体委外，差不多都隶属过。②

（二）1966—1977：城市建设停滞期

“文革”十年，城市工作指导思想混乱，城市规划停滞、城市建设管理机构解散。

“文革”开始后，城市规划被认为是“卡、管、压”，被批判为修正主

---

① 董志凯：《从建设工业城市到提高城市竞争力——新中国城建理念的演进（1949—2001）》，《经济前沿》2003年第1期。

② 参见高中岗：《中国城市规划制度及其创新》，同济大学博士学位论文2007年。

义的“黑纲领”，大批专家被说成是反动学术权威。主管城市规划和建设的国家机构，如建委下属的城市规划局、建工部下属的城市建设局均被迫停止了工作。①许多大城市的城市规划机构被解散，工作人员被下放，城市规划陷入混乱。

“文革”前期是“三线”建设的高峰期，很多工业项目被安排进山沟和山洞里；在城建领域，不但要求不建城市，而且要求城市向农村看齐，新建工厂要消除工厂特征。②这种指导思想的影响力已经超出“三线”项目，波及全国城市。

1971年，周恩来开始主持中央日常工作，混乱状态下的城市建设开始出现转机。1973年，在合肥召开部分省市城市规划座谈会，讨论《关于加强城市规划工作的意见》《关于编制和审批城市规划工作的暂行规定》等几个文件。③会议对混乱中的城市规划起到一定拨乱反正的作用，部分城市的规划工作也得以恢复。这一时期较为系统的城市规划方案，一是因“三线”建设而兴起的攀枝花钢铁基地规划，二是大地震后，重建新唐山的整体规划，但限于“文革”时期整体的政治氛围，各大城市编制的规划方案，大多没有得到实施。

三、1978—1991：城市建设复苏和探索期

1978年党的十一届三中全会作出重要战略决策，以经济建设为中心，全党工作重心转移到社会主义现代化建设事业上，并决定打开国门，对内

① 郝寿义主编：《中国城市化快速发展期城市规划体系建设》，华中科技大学出版社2005年版，第267页。

② 参见刘先觉：《中国近现代建筑艺术》，湖北教育出版社2004年版，第419页。

③ 参见耿毓修编：《城市规划管理与法规》，东南大学出版社2004年版，第184页。

改革，对外开放，中国的经济社会开始了重大变革，中国的城市建设事业终于迎来历史性转机，十一届三中全会后，国家的政治经济体制从改革开放前的计划经济逐步过渡到有计划的商品经济和社会主义市场经济，这一时期的城市建设在不断适应国家政治经济体制改革的过程中，逐步走向科学化、法制化和市场化。

1978 年 3 月，第三次全国城市工作会议召开，副总理兼国家建委主任谷牧主持会议，会议重新肯定城市规划的重要地位，强调要控制大城市的规模，多发展小城镇①。1980 年 10 月，全国城市规划工作会议首次提出市长要对城市工作负主责，并强调建设好城市的先决条件是要有一个科学的城市规划，再次肯定城市规划的作用，会议通过《城市规划法草案》。②

值得注意的是，此次会议还提出了土地有偿使用，这无疑是城市规划领域思想和政策的重大突破。

这两次会议对城市和城市工作的科学定位，结束了长期以来对城市规划作用的扭曲和错误认识，具有划时代的里程碑意义，它开启了城市规划的法制化和市场化之路，中国的城市规划迎来“第二个春天”。

1984 年 1 月，《城市规划条例》颁布实施，明确规划工作的目标任务、审批程序、土地使用等各方面的标准，以及城市规划参与各方的义务和责任。③

1989 年 12 月，全国人大常委会通过《中华人民共和国城市规划法》，这是新中国建立以来，国家最高权力机关第一次以法律的形式，对城市规

① 参见中国城乡建设经济研究所编：《基本建设文件选编》，中国建筑工业出版社 1984 年版，第 639—640 页。

② 参见李勇：《中国城市建设管理研究》，中共中央党校出版社 2007 年版，第 17 页。

③ 参见国务院法制办公室编：《中华人民共和国法规汇编 1982—1984》第 6 卷，中国法制出版社 2005 年版，第 543—546 页。

划的目的、方针、原则进行立法规范，①标志着城市规划告别以往政出多头和行政命令的方式方法，开始步入法制化的轨道。

城市建设指导思想的转变，促使城市规划管理机构，土地和户籍等制度也作出相应调整。1979 年，城市建设总局成立，随后被改组为城市规划局，并入城乡建设环境保护部，由该部和国家计委双重领导。②此后，各级行政机构均设立相应的城市建设管理部门，至 1988 年末，全国 434 个城市中 203 个设立了独立的城市规划局（处、办）。③城市规划建设的专业队伍也迅速壮大。

土地的利用是城市规划的核心环节之一，随着对外开放的深入，外资投资设厂的需求不断增大，在不改变社会主义土地公有制的前提下，土地的使用权开始进行有价转让。上海、深圳开始首次“破冰”之旅的尝试。④1988 年修订的宪法规定，土地使用权可以依法依规转让。⑤1990 年 5 月，国务院又颁布《中华人民共和国城镇国有土地使用权出让和转让暂行条例》《外商投资开发经营成片土地暂行管理办法》两个条例，土地的有偿使用开始有法可依。⑥加上 1985 年颁布的《公安部关于城镇暂住人口管理

① 全国人大常委会：《中华人民共和国城市规划法》，1989 年 12 月 26 日，http：//www.npc.gov.cn/wxzl/gongbao/1989-12/26/content_1481128.htm，2018 年 10 月 25 日。

② 黄鹭新、谢鹏飞、荆锋、况秀琴：《中国城市规划二十年（1978—2008）纵览》，《城市规划》2009 年第 1 期。

③ 建设部城市规划司：《继往开来 开拓前进——我国城市规划四十年回顾》，《城市规划》1989 年第 6 期。

④ 参见中共上海市委党史研究室编：《破冰：上海土地批租试点亲历者说》，上海人民出版社 2018 年版，第 3—5 页。

⑤ 蒋贵荣：《划拨土地流转的法律问题研究》，《重庆工商大学学报》（社会科学版）2010 年第 4 期。

⑥ 参见杨重光、吴次芳：《中国土地使用制度改革十年》，中国大地出版社 1996 年版，第 121—124 页。

的暂行规定》，暂住人口被允许在城镇居住[①]。随着农村人口逐渐从土地上解脱了束缚，农村人口开始向城市流动，为城市的发展带来大量劳动力。劳动力人口源源不断地向城市涌入，为随之而来的城市快速发展准备了充足的人力后备军。

可以说，土地的有偿使用是这一时期城市规划思想的重大突破，土地作为城市规划的核心环节开始以市场为基础进行优化配置，标志着城市规划的市场化进程逐步加快。而户籍制度的松动，则在城乡二元体制的桎梏中凿开了一个缺口，人口从农村大量向城市流动成为不可逆的趋势，城市经济得到蓬勃发展，既有的城市规划理念无法紧跟城市的快速发展，尽管《城市规划法》为适应新形势提出了许多方针政策，并进行了部分调整，但终归还是没有完全冲破旧有的城市规划理念。

深圳作为改革开放的窗口和政策创新的“试验田”，在城市规划的理念上也敢为全国之先。1984 年，深圳编制第四次总体规划，采用多中心组团、弹性规划结构、交通规划与城市规划有机结合、城市设计纳入总体规划等新的理念，对商品经济时代的城市规划进行有益探索[②]。这种规划理念将城市看作复杂的综合统一体，是对“城市规划是国民经济的继续和具体化”固有认识的重要突破，使城市规划从过去被动服从经济计划的思想中“解放”出来，提高了城市规划的科学性。20 世纪 80 年代，以深圳为代表的经济特区和沿海开放城市的探索创新，为后来的城市建设积累了宝贵经验。

---

① 参见国务院法制办公室编：《中华人民共和国法规汇编（1985—1986）》第 7 卷，中国法制出版社 2005 年版，第 16 页。

② 王凯：《我国城市规划五十年指导思想的变迁及影响》，《规划师》1999 年第 4 期。

四、1992—2007：城市建设改革和加速期

20 世纪 80 年代末至 90 年代初，国际局势剧变，冷战格局结束，国内舆论受国际局势影响，对于改革开放和建立社会主义市场经济体制的大政方针出现怀疑和争论，1992 年邓小平的南方谈话，坚定了改革开放的决心。这一时期城市规划指导思想最显著的特征，无疑是城市如何适应市场经济体制改革，从而拉动经济的增长。

1992 年 5 月，全国城市规划工作座谈会在无锡召开，会议提出“城市规划将不完全是计划的继续和具体化，城市作为经济和各项活动的载体，将日益按照市场来运作”①，城市规划的市场化进程进一步加快，土地的有偿使用，作为 80 年代城市规划思想最重要的突破，为城市发展提供了资金，大大加速了城市的扩张，但城市土地的使用权成为可以转让的商品后，各方利益主体都开始囤积土地，待价而沽②。土地的使用受资本和市场的影响日深，不能完全科学地规划和配置，导致城市开发用地规模不断扩大，土地资源浪费和生态环境破坏趋势已经出现。

为遏制 90 年代初城市规模盲目扩张，1996 年 5 月，国务院下发《关于加强城市规划工作的通知》，强调政府要加强对城市规划工作的领导，同时要加大执法力度，遏制土地资源浪费现象③。《通知》对房地产和开发区过热的现象起到一定的抑制作用，但面对市场经济浪潮的冲击，如何合理地规划利用好土地资源，如何重新认识市场经济条件下，城市规划的性

① 张京祥、罗震东：《中国当代城乡规划思潮》，东南大学出版社 2013 年版，第 156 页。

② 邹德慈：《刍议改革开放以来中国城市规划的变化》，《北京规划建设》2008 年第 5 期。

③ 参见国务院法制办公室编：《中华人民共和国法规汇编（1995—1996）》第 12 卷，中国法制出版社 2005 年版，第 582—583 页。

质、地位和原则，仍然需要在改革中进一步探索。

90年代中后期，为进一步扩大内需、拉动经济增长，政府进行了住房和汽车产业改革，私人拥有小汽车和商品房市场的迅速增长，不但改变了人们的生活方式和城市的空间面貌，也大大加快了城镇化的进程。

随着中国加入WTO，国门进一步打开，城市之间的竞争从国内延伸到国外，面对经济全球化，政府如何加强对城市规划的管控与引领，从单一的追求经济增长到全面提高城市的竞争力，成为城市规划领域新的课题。

1999年12月，建设部召开全国城乡规划工作会议，总结改革开放以来的城市规划经验，分析城市规划工作的现状及存在的问题，强调要加快修改《城市规划法》。①2002年，国务院发布《关于加强城乡规划监督管理的通知》，标志着改革开放以来，城市规划的法制化进程一直落后于市场化的状况开始得到解决，城市规划工作的监督管理、技术规范等机制逐步建立，中国特色的城市规划体系开始形成。

纵观20世纪90年代至21世纪初，城市建设指导思想的主旋律是如何适应国家的市场经济体制，经济建设是第一要务，虽然带来经济高速增长、城市繁荣，但法制建设、社会的公平正义，以及人与自然和谐相处的生态文明建设相对滞后；区域之间、城乡之间经济社会发展严重不平衡，城市建设的指导思想仍需在实践中与时俱进。

进入21世纪，尤其是党的十六大，中央提出科学发展观、社会主义和谐社会等概念，强调以人为本的发展观，这一系列重大举措，为城市规划指导思想的与时俱进指明了方向。

---

① 李浩：《影响新中国城市规划发展的15次重要会议》，《北京规划建设》2015年第4期。

2005年，城市规划编修工作会议在北京召开，副总理曾培炎强调，21世纪的前20年对我国的城市发展至关重要，城市管理的第一要务是规划，市长是第一责任人。[①]要坚持以人为本，走全面、协调、可持续的中国特色城镇化道路。

在城市建设的法制化方面，2006年修订的《城市规划编制办法》将城市规划定位为政府协调城乡发展、维护社会公平的重要手段，确定城市规划的公共政策属性。[②]2007年颁布《城乡规划法》以取代1990年的《城市规划法》，相比1990年颁布的《城市规划法》，新版《城乡规划法》更加注重城乡的统筹发展。此外，国家还修订《土地管理法》《文物保护法》《城市规划编制办法》等一系列法律法规，[③]确立了从城市到乡各级城镇的规划体系，我国城乡规划的基本法律框架初步建立。

这些城市规划制度化、法制化建设方面的成就，是20年来，尤其是世纪之交中国城市发展过程中遇到的问题和挫折的一次总结和反思，是科学发展观和和谐社会等新的发展理念在城市规划领域的贯彻和反映，经过90年代以来市场经济浪潮的考验，中国城市发展之路的步伐愈发稳健。

五、2008至今：城市建设转型发展期

21世纪的第一个10年，我国城镇化进程进一步加快，成就显著，至

① 王振川主编：《中国改革开放新时期年鉴（2005年）》，中国民主法制出版社2014年版，第677页。

② 参见国务院法制办公室编：《中华人民共和国常用行政法律法规规章司法解释大全》，中国法制出版社2015年版，第885—886页。

③ 周亚杰、高世明：《中国城市规划60年指导思想和政策体制的变迁及展望》，《国际城市规划》2016年第1期。

2012年，城镇化率已达52.6%，在发展中国家名列前茅，百万人口以上的特大城市达到65个，是世界上特大和超大型城市最多的国家。①但城镇化的快速发展带来的经济社会区域发展不平衡，生态环境恶化等问题也愈发凸显，2008年北京奥运会提出建设“生态”和“宜居”城市，“以人为本”的城市发展新理念逐步深入人心，我国城镇化进入转型阶段，为适应城市转型阶段的发展，提高我国城镇化的质量，新型城镇化逐渐成为国家城镇化发展的指导思想。

“新型城镇化”出现在学术界的讨论中大致在2003年前后，有学者发表题为《新型城镇化：中国城市化道路的新选择》一文，开始了相关问题的探讨，②此后，新型城镇化就一直是国家政策与社会舆论关注的热点，学术界对该领域的研究热情也持续高涨。

仇保兴认为要完成新型城镇化转型之路，就要从城乡协调发展、降低城市能耗、提高发展质量、注重社会和谐等六个方面实现城市发展方式的转型。③方创琳认为，新型城镇化要实现由注重数量转向提高质量、由过去以地为本转向以人为本、主导力量由政府转向市场等五大战略转型。④此外，胡际权、牛文元、杨重光、彭红碧、杨晓东等学者分别就新型城镇化的战略目标、核心内容、发展方式、类型特点等方面发表了自己的观点。⑤

新型城镇化的概念随后为政府接受，成为国家战略。

---

① 姚士谋、张平宇、余成、李广宇、王成新：《中国新型城镇化理论与实践问题》，《地理科学》2014年第6期。

② 蒋小平主编：《形势与政策（2015）》，郑州大学出版社2015年版，第53页。

③ 仇保兴：《新型城镇化：从概念到行动》，《武汉建设》2013年第3期。

④ 方创琳：《中国新型城镇化转型发展的战略方向》，《资源环境与发展》2014年第2期。

⑤ 参见范双涛：《中国新型城镇化发展路径研究》，辽宁大学博士学位论文2015年。

新型城镇成为国家的大政方针也经历了几个发展阶段。第一个阶段是从党的十六大提出“走中国特色城镇化道路”到党的十六届五中全会倡导新型城镇化；第二个阶段是在确立“新五化”后，①科学发展观成为新型城镇化的核心思想；第三个阶段是在“十二五”实践中贯彻新型城镇化；第四个阶段是党的十八大明确新型城镇化的发展路径；第五个阶段是党的十八届三中全会定调城镇化，最后是《国家新型城镇化规划（2014—2020）》的发布。②

2013年12月，首次中央城镇化工作会议召开，这是城镇化自党的十八大提出“新四化”后首次被提高到中央战略的高度，会议以探索新型城镇化之路为主题，会议还从定义到内涵、目标与原则，以及重点任务等方面进一步明确新型城镇化，并审议《国家新型城镇化规划》。有学者将会议的主要内容总结为一个主体、两大核心、三大过程、四条红线，即以城市群为新型城镇化建设的主体，坚持以人为本和提高城镇化质量为核心，强调我国的城镇化既是一个历史过程，又是一个自然的、长期的过程，同时，要守住耕地、生态、城市开发边界和资金保障四条生命线。③

新型城镇化相较于以往的城镇化，在人口市民化、提高建设用地利用率、优化城市布局、加强城镇化的管理等传统内容方面有了很大提升和发展，尤其在对城镇化实现的过程和方式上有了新的突破，中央城镇化工作会议后，城市群作为新型城镇化的主体内容，在之后的“十二五”“十三

① 2015年3月24日中央政治局会议上提出“绿色化”，并将之提高到政治任务的高度，“绿色化”与党的十八大提出的“新四化”一起，合称“新五化”。

② 周剑云、鲍梓婷、戚冬瑾：《“新型城镇化”的话语分析》，《城市规划》2018年第6期。

③ 方创琳：《改革开放40年来中国城镇化与城市群取得的重要进展与展望》，《经济地理》第38卷第9期，2018年9月29日。

五”规划纲要，“长江经济带”，“一带一路”等国家规划文件中，先后出现了 300 多次。[1]“就地城镇化”“产城融合”等新型城镇化的具体措施也开始涌现。

在此基础上，2014 年 3 月，国务院又印发《国家新型城镇化规划（2014—2020）》，除了强调以人为本的核心思想和以城市群为新型城镇化发展主体的方针外，还特别强调要加快和有重点地发展小城镇。《规划》具体提出大城市周边的重点镇、有特色资源和区位优势的小城镇、远离中心城市的小城镇三种小城镇发展方式。[2]《规划》对新型城镇化的定位，回答了城镇化过程中人往哪里走、土地如何利用、资金如何保证等关键性问题，为解决人、土地、资金等核心要素之间的相互关系提供了新思路。

总的来看，新型城镇化和以往城市规划思想一样，是国民经济和社会发展在城市规划领域的反映、是对以往城市规划思想的继承与发展，在城镇化的实现路径和方法上又有了新的突破和创新。

第三节　中国城市建设的特点和经验

城镇化作为工业化的载体和平台，为工业化提供了基础和配套设施，工业化则为城市建设提供了充足的动力，两者的关系是相辅相成的。新中国成立半个多世纪以来，城镇化与工业化建设成就显著，一座座老城焕发新生，一座座新城拔地而起，工业基础从无到有，从弱到强。城镇化与工

① 参见方创琳、毛其智：《中国城市群选择与培育的新探索》，科学出版社 2015 年版，第 98—100 页。

② 王丽主编：《国家新型城镇化规划解读及地方实践探索》，中国建材工业出版社 2014 年版，第 12 页。

业化就像两个巨大的“引擎”，推动着中国在国家和民族复兴的道路上不断前行，对新中国成立以来的城市建设特点和经验进行分析与总结，既是为了避免重蹈覆辙，也是为了将过去城市建设的成功经验与新时代的中国国情相结合，走出一条中国特色的新型城镇化道路。

一、中国城镇化道路的演进逻辑

中国的城镇化道路，不同于西方国家，在城市建设的目标任务、参与主体、组织方式再到具体的规划编制方面都有着自己的逻辑和特色，分析和总结新中国成立以来的城市建设特点和经验，应在充分梳理城市发展历史过程的基础上，抓住其中的重要时期和关键节点。

正如前文所述，我国城镇化的历程是中国经济社会发展在城市领域的缩影和反映，新中国成立伊始，作为社会主义阵营的一员，我国遭到西方国家的敌视，国家安全形势严峻，只能将有限的资源投入对国防安全有基础性作用的重工业和军事工业领域，以后的“大跃进”“三线”建设等国家战略的实施，都是城市建设围绕工业进行，城市为工业服务这一指导思想的延续。

改革开放后，邓小平作出和平与发展是时代主题，世界大战打不起来的判断，开始缓和与美国的关系，改善中国的外部环境，在国内政策上，提倡一部分人先富起来，国家资源开始向经济建设领域倾斜，国门逐步打开，经济特区的设立、沿海城市的开放和上海浦东的开发开放等一系列标志性的政治经济体制改革，使中国经济从复苏到加速，渐渐摆脱了计划经济的束缚，逐步建立了中国特色社会主义市场经济体制。改革开放后城市的飞速发展，是国家政治经济体制转轨最直观的反映，城市的繁荣，也拉动了国家整体经济的发展。

进入 21 世纪，经济全球化趋势进一步加强，中国经济与社会进入转型期，经济增长和工业发展模式从粗放型转向集约型，科学发展观、和谐社会等理念深入人心，并在城市建设领域得到贯彻与实践，成为中国新型城镇化道路的重要指导思想。

可以说，新中国发展至今，国民经济与社会发展经历了从“站起来”到“富起来”再到“强起来”的三步走，总结新中国成立以来的城市建设经验和特点不能离开国际、国内两个背景，同时要注意改革开放前后两个发展阶段，以及城市的规划、建设与管理三个维度。

二、中国城市建设的特点

我国的城镇化进程是一个城市规划、建设与管理在曲折中迈向制度化、法制化、市场化的历史过程，在此历史进程中，城市建设的指导思想得到丰富、城市规划的理念持续更新、城市建设的管理方式也逐步走向科学与规范。

（一）城市建设的指导思想从“重工业优先”向“新型城镇化”转变

新中国成立初期，城市建设围绕工业项目进行一直是城市规划的基本特征，这一指导思想的来源，既有基于当时国际国内形势的考虑，也有受“苏联模式”影响的原因，“苏联模式”虽然带来了诸如轻重工业失衡、工农业比例失调、城市建设长期“重生产、轻生活”等弊病，但建设一个门类齐全的国家经济体系以为后来的发展奠基，对国民经济的迅速恢复，以及构建较为完整的工业体系的贡献是毋庸置疑的。需要指出的是，城市建设领域对“苏联模式”的引进和学习，是鉴于当时的国际形势、在充分考虑中国的基本国情和建设城市的实际情况后进行的，不可能完全照搬，更不是所谓的“拄着洋拐棍走路”，关于这一点，没有谁比当时城市规划的亲身参与者更有发言权。

据新中国第一批城市规划者回忆，苏联对城市规划的技术和标准要求很高，中国当时的实际情况根本达不到，当时的中共八大重点城市规划，没有也不可能照搬苏联，而是比较注重中国的建筑和建设情况。[①]况且，苏联专家也不鼓励照搬苏联经验，苏联专家巴拉金常常跟中方人员强调，“我讲的内容，如果不符合你们当地情况，可以指出来，咱们再研究。”[②]

20世纪六七十年代，正是缺少了这种实事求是的精神，忽略了我国的基本国情和城市发展的客观规律，提出了不切实际的城市规划思想，才导致城市建设的动荡和重大挫折。

改革开放后的前二十年，在经济体制转型的大背景下，城市规划也并未完全摆脱“国民经济的继续和具体化”的规划思想，而是被视为拉动经济增长的调控手段，是“以经济建设为中心”的思想在城市建设上的反映和展现。

党的十八大以来，开始体现了新时代的特征和广大人民群众的切实要求，从过分强调城市建设对经济增长的推动作用，转向开始关注生态文明、社会和谐、城乡统筹和人的美好生活，新型城镇化成为新时代的城市建设指导思想。

正如习近平总书记强调，切勿用改革开放后三十年所取得的成果去衡量前三十年的努力，同样也不能用改革开放前三十年的社会状态去评价后三十年的社会进步。[③]从较长的历史阶段考察城市建设，关键是要看某一阶

① 李浩访问整理：《城・事・人 新中国第一代城市规划工作者访谈录》第1辑，中国建筑工业出版社2017年版，第19页。

② 李浩访问整理：《城・事・人 新中国第一代城市规划工作者访谈录》第2辑，中国建筑工业出版社2017年版，第56页。

③ 习近平：《毫不动摇坚持和发展中国特色社会主义，在实践中不断有所发现有所创造有所前进》，《人民日报》2013年1月6日。

段城市建设的指导思想是否与当时的国情和城市发展阶段相契合，如此方能作出较为客观的评价。

（二）城市规划的理念从技术规划向综合规划转变

新中国成立初期，城市建设围绕工业项目展开，城市规划中的技术色彩较为浓重，城市规划的目标在于为工业项目进行空间布局，规划人员就是技术人员，规划工作更多的是一种技术工作，有学者将之称为“纸上画画、墙上挂挂”。①还有学者认为苏联的城市规划就是这样一种蓝图式的规划方式，它遵循《雅典宪章》中城市功能分区的规划理念，在具体规划中将城市按照不同的功能进行空间布局，带有工业时代的理性色彩。②

这种规划理念要求对城市的各项基础数据进行收集和分析；注重对现有城市的改建，提高旧城利用率；采用一套规定的标准，对建设过程及建设指标进行严格控制；规划上讲究图形构造和建筑艺术。③

尽管过多的理性色彩使这种偏重技术的规划方式颇受诟病，但考虑到大规模的城市和工业建设，其操作性强的实际效用在特定的历史时期的确起到了重要作用。

改革开放后，随着经济的发展和西方规划理念的引入，城市规划界开始认识到规划不仅仅是城市建设的其中一个环节，而应当是城市建设的“龙头”，规划对城市建设、城市管理，乃至以后的经济社会发展都具有统筹性的作用，绝不简单的是空间上的布局，现代城市规划已非单独的某个学科所能完全囊括和驾驭，随着人文社会等其他学科的引入，城市规划也

① 周峰越：《营国——城市规划建设管理实践与思考》，复旦大学出版社2015年版，第4页。

② 庄林德、张京祥编著：《中国城市发展与建设史》，东南大学出版社2002年版，第245页。

③ 汪德华：《城市规划40年》，东北城市规划信息中心1990年版，第2页。

开始从以往的技术规划走向综合规划。

（三）城市管理中政府角色从全面参与向宏观调控转变

改革开放以前的计划经济时代，政府作为唯一的城市建设主体，全面参与并控制城市规划、建设、管理的各个环节，它既是城市规划的组织者，又是城市建设的投资者，还是从规划到建设全过程的管理者。在新中国成立初期各种资源有限的情况下，政府通过自上而下行政命令的方式，最大限度地调集了有限的资源投入重点工业项目的建设，对保证重大项目的完成，初步搭建起我国的工业体系，有着不可磨灭的历史贡献。随着时代的发展，尤其是改革开放后，国家经济体制转轨，这种政府长期包打一切的管理体制，难免在城市管理决策的科学性和民主化等方面出现问题。

市场经济环境下，城市建设日益成为市场经济活动的一部分，城市建设参与者逐步多元化，政府不再扮演唯一的城市建设者角色。这就要求政府适时地调整自身定位和角色，从过去城市建设的唯一“玩家”向城市建设活动的“裁判”转型；从过去的全面参与，转而通过运用行政、法律、税收等多种手段对城市建设进行宏观调控与正确引导，并通过吸引其他城市建设参与者的积极参与，来提高决策的科学化与民主化水平。

以 1980 年发布的《全国城市规划工作会议纪要》为例，《纪要》明确指出：“各级政府在决定城市规划问题的事项时，应吸收城市规划部门参加，听取他们的意见，支持他们的工作，使他们有职有权。”①

自上而下的管理体制，最容易出现的问题无疑是领导干部以个人意志插手正常的城市规划工作，出现人治大于法治的现象；市场经济环境下，城市建设又成为“香饽饽”，牵涉政府、企业、个人等各方的切身利益，

① 汪德华：《中国城市规划史》，东南大学出版社 2014 年版，第 705 页。

必须加强法制建设以规范包括政府在内的各方的权利与职责，引导城市管理体制朝法制化、规范化方向发展。

三、中国城市发展的经验总结

事物的发展总是在曲折中前进，发展之路总是前进性与曲折性的统一，新中国成立半个多世纪的城市发展道路很好地诠释了这一马克思主义哲学原理。回望这一时期的城市发展之路，不难发现，城市建设的指导思想能否与国家社会经济的发展相契合，城市规划与城市建设和城市管理之间的关系能否协调，城市建设领域的法制化、规范化是否健全，很大程度上决定着城市建设能否顺利推进。

（一）城市规划的指导思想与国家的社会经济发展阶段要契合

城市规划与建设从来不是“独立王国”，它必然依托于一定的社会经济环境和发展阶段而存在，并与其形成相互影响、相互制约的关系，当城市规划的指导思想与国家的社会经济发展相适应时，城市就能成为社会经济发展的载体和推进剂，反之，城市就得不到发展，反而成为社会进步的绊脚石。

“一五”时期，在城市建设为工业服务，为生产服务的总体思路下，城市规划主要是为重点工业项目做配套、提供基础性设施，城市建设围绕工业项目展开，尽管长期存在“重生产”“轻生活”的问题，“骨头”与“肉”的比例失调，但新中国成立之初，能投入建设的资源有限的前提下，集中力量发展工业，总体上是符合当时国家的国民经济基本状况的，因此我国的城市建设“因工而兴”，取得了长足发展，为后来的城市发展奠定了坚实的基础。从“大跃进”到“文革”时期，城市建设进展缓慢、停滞，甚至倒退，究其原因还是违背了中共八大对我国社会主要矛盾作出的正确判断，将阶级矛盾、阶级斗争当成社会的主要矛盾，并影响到城市规划领域，这一时期的城市规划与社会经济发展的正确目标和任务显然是不匹配的。

改革开放后，随着真理问题的讨论和思想的逐步解放，全社会对社会主义初级阶段的基本矛盾达成共识，尽管因为以经济建设为中心，使效率与公平之间，一段时期内存在重“效率”而轻“公平”的问题，城市规划被视为拉动经济增长的政府调控手段，社会公平和生态环境问题恶化，但大方向没有再出现偏差，没有再犯“文革”似的“颠覆性”错误，我国的城镇化才取得了巨大成就。

党的十九大提出了“中国特色社会主义进入新时代，我国社会主要矛盾已经转化为人民日益增长的美好生活需要和不平衡不充分的发展之间的矛盾”的重大判断。这一重大判断，为实施新时代“两步走”战略提供了决策依据和理论支撑。而且也为城市发展提供了基本遵循。

(二) 城市规划与城市建设和管理的关系要协调

工业革命以来，城市的规划、建设与管理是一个城市、一个区域乃至一个国家的经济社会是否能健康、快速、可持续发展的决定性因素之一，三者之间，无论哪一环出现问题，都将迟滞或阻碍城市的健康发展，三者之间关系是否能合理协调，对城市的发展至关重要。

从规划与建设的关系来看，现代城市规划是一门起源于西方国家的自然科学，经过长期发展，在规划的目标任务等宏观问题、城市勘测和编制原则等微观技术上都具有其科学性，在实践上又指导了西方国家如纽约、芝加哥、伦敦、巴黎等国际大都市的建设，并促进了城市乃至国家经济的发展，具有很强的宏观统筹性。因此，规划不能被简单地看作城市建设的分支或是其中一个步骤，经过严谨勘测、论证得出的规划数据在建设过程中不能反复变更，城市建设要尊重城市规划的科学性、指导性和统筹性作用。

从规划与管理的关系来看，行政管理部门要尊重规划在指导城市建设上的权威性，使相关专业人士人尽其才。用行政权力，甚至政治运动式的管理方式干扰、打断甚至破坏正常的规划秩序，必将造成城市建设甚至国民经济的重大损失。

（三）城市建设领域的法律法规要健全

考察新中国成立以来的城市规划，之所以屡屡出现规划的指导思想超出或滞后于国民经济发展阶段、城市规划指标与城市建设和管理相冲突的情况，除了欠缺大规模城市和工业建设的经验之外，城市建设领域的法制化、制度化建设一直滞后于城市的发展也是重要原因。

计划经济时代，城市工作的主体相对单一，政府既是规划者，又是建设者，同时还是管理者，一个城市的规划与建设的全过程多采取自上而下，以行政命令的方式进行管理，在发挥社会主义国家集中力量办大事优势的同时，也造成行政权力在城市发展过程中的过度膨胀，经常出现“以权代法”等现象，因此，虽有《城市规划编制暂行办法》等技术性法规的出台，但因为缺乏法制保障，在具体实施过程中也时常受到行政权力的过分干扰，很难完全发挥效用，如何使城市规划成为国家法制化进程的一部分，成为计划经济时代遗留的难题。

改革开放以后，城市建设的主体不再单一，政府、企业、团体、个人，甚至外资都成为其中的参与者，城市建设主体呈多元化趋势，尤其是土地有偿使用、“分税制”改革后，城市发展的市场化步伐加快，如何规范各个城市建设参与者的权责关系，使其在社会主义市场经济体制下发挥一加一大于二的效果，有效推动城市发展，而不是互相掣肘，变得愈发重要，是否能让城市规划、建设与管理的各个环节走向法制化、规范化，越来越决定着我国城市的发展前途。

第二章　从卫星城到新城：上海城市建设与工业布局变迁

第一节　新中国成立初期上海城市功能转变与工业布局（1949—1955）

一、1949 年之前上海地区的工业基础及其布局规划

上海近代工业化肇始于晚清。一方面，第一次鸦片战争后英美法三国相继在上海开辟租界，西方的器物文明和现代工业产品涌入近代中国；另一方面，晚清地方督抚和开明士绅在对外抵抗列强侵略，对内镇压太平天国等一系列战争的过程中，逐渐认识到西方火器的威力，发展近代工业富国强兵的要求已经呼之欲出。同治元年（1862 年），江苏巡抚李鸿章在虹口购买洋人机器厂一座，用于制造枪炮，最初命名为机器局，后工厂移往上海县城南高昌庙一带，经发展扩充为江南制造总局，成为近代中国机械工厂之滥觞。①

① （清）应宝时等编：同治《上海县志》卷 2，第 28—29 页。

伴随着洋务运动对“自强”和“求富”的追求，在官督商办的模式下，清政府在上海建立了一系列军工、机械和纺织工业。除此之外，甲午战争之后，清政府解放民间资本，鼓励设厂投资，全面推动了上海地区的工业化进程。

光绪三十年（1904 年）上海人朱开甲在南市机厂街创设求新机器厂，制造汽船、趸船、挖泥船、水泵、锅炉和碾米机等。①光绪三十三年（1907 年）前后，就当时上海县城和租界的工业发展情况，时人论之曰：“上海工厂甚多，而以高昌庙之制造局为最大。他若虹口之船坞、董家渡之造船所，则为西人之产业；更有缫丝厂、纺织厂，往往托洋商指明，实为华人之产。又如舂米、药水、造冰、造纸、肥皂、玻璃、自来火等厂，名目繁多，不一而足。此种工厂，或用男工，或雇女工，资本既巨，收利自厚，工业可称进步。”②

上海县周边各县和市镇的工业也有了较快的发展。宝山县当时以纺织业著称，例如当地士绅王钟琦等人于光绪三十年（1904 年）集股创建裕生纺织厂，“设织机一百三十乘”。又如光绪三十二年（1906 年）宁波人华达生经办大成纺织厂，“设机一百五十乘”。③又因宝山靠近吴淞口，“水陆交通尤适宜于工厂，江湾南境客商之投资建厂者，视为集中之地，而大势所趋，复日移而北，自棉织以外，凡金、木、玻璃、卷烟以及化学制造之属略备”。④

晚清时期上海及其周边地区的工业开始起步，包含官办工业、官督商办工业和民族资本工业三类。主要分布在宝山县、川沙县、闸北地区和南市地区，工业门类以纺织业为主，机器制造和化工等行业次之。整体而

① 黄苇、夏林根编：《近代上海地区方志经济史料选辑（1840—1949）》，上海人民出版社 1984 年版，第 126—127 页。

②③ 同上书，第 127 页。

④ 同上书，第 126 页。

言，晚清上海地区的工业化表现为新式工业的兴起以及若干旧有手工业的设备更新和技术改进。

北洋时期，上海地区的工业仍以棉纺织业为支柱产业。尤其是第一次世界大战期间，列强无暇东顾，为近代上海民族资本主义工业的发展提供了千载难逢的良机。上海地区的纺织业呈现两方面特征，首先，地方绅商为收回利权，振兴国货，大量设厂，使得纺织工厂在数量和规模上有了大幅提升。如1921年沪上巨商聂云台等集资200万在宝山县吴淞蕴藻浜一带开设华丰纱厂，“内部有细纱车一百部、二万五千六百锭，出品有三十二支、四十支等纱，每年可出一万余件”。①当地商人张鉴衡在宝山县月浦里创办裕民棉织厂，专织毛巾，运销上海。②1925年设立于上海的永安纺织公司，资本600万，工友4 000余人，年产棉纱2万余包，“亦国内有数大纱厂也”。③其次，纺织工业的范围从晚清的上海县和宝山县，扩展到奉贤县、嘉定县等周边县城。进而带动了当地其他工业部门的发展，如奉贤县的制砖业、嘉定县的榨油轧米厂等。④

1927年至1937年期间，上海迎来国民政府统治时期所谓的“黄金十年”，工业发展势头迅猛，尤以上海为甚。民国著名经济学家刘大钧曾将这一时期上海地区工业化的动因归结为：(1) 铁路水路交通便利；(2) 国际贸易推动机器和工业原料的买卖，造成一种新式工业产品的社会需求；(3) 电力对工业的推动作用。江浙两省电厂最多，电价低廉，上海市工厂中60%依靠电力驱动机器生产，此乃工业发达的能源保障。⑤

①② 黄苇、夏林根编：《近代上海地区方志经济史料选辑（1840—1949）》，上海人民出版社1984年版，第136页。

③ 同上书，第137页。

④ 同上书，第138—139页。

⑤ 刘大钧：《上海工业化研究》，商务印书馆2015年版，第6—9页。

1933 年中国经济统计研究所曾调查全国工业概况，根据国民政府颁布的《工厂法》所定标准，使用机械动力并雇工在 30 人以上者即为工厂。此次活动总计调查了 17 省 128 个县市，包括上海、天津、汉口、济南、广州、厦门、无锡等主要城市，共计调查工厂 2 400 余家，其中上海一市有 1 200 余家，占 50%。若以工业门类计算，共 150 余类。“在他城市，少则有数类，多则不过一二十类，而上海，则各业大半全有”。以工厂数量和门类而论，上海在抗战之前已是全国之冠。①

当时，全国重要工业，如棉纺、面粉、卷烟及缫丝等，大多集中在上海一市。据 1933 年的统计，纺织业在抗日战争之前上海工业中居最重要地位，纺织业工厂数量占总数的 33%，资本额占 38%—39%，纺织工人占各行业工人总数的 56%，纺织业产值所占比重为 35.5%。②此外，以面粉、卷烟、榨油、碾米为代表的饮食品工业，以火柴、烛皂为代表的化学工业，机械制造业，皮革橡胶制品业等亦有一定的发展。

就其工业布局而言，1933 年的调查显示，上海工厂在华界者多于租界，因华界地价、房租和工人生活成本均低于租界，而且比较容易获得较大而又合用的厂地。华界中因闸北江湾一带靠近京沪和沪杭铁路，水路交通亦十分便利，所以成为工厂的聚集之地。③

抗日战争期间上海经历了战祸的摧残，闸北、南市和上海市近郊沦为战场，工业遭受重创。据《申报》出版的《上海市年鉴》记录，1937 年抗日战争前上海有大小工厂 5 000 余家，1946 年，虽然仍有工厂 4 100 余家，但工业生产严重衰退，停工停业接踵而至。④就各个行业而言，1947 年机

① 刘大钧：《上海工业化研究》，商务印书馆 2015 年版，第 10 页。

② 同上书，第 65 页。

③ 同上书，第 106 页。

④ 上海市通志馆编：《上海市年鉴》，中华书局 1947 年版，第 N1—N3 页。

器工业仅局部开工，开工率不足三成，普遍资金短缺运转困难。化学工业开工率不足十分之一，所遇问题主要是缺乏资金、外货竞争和电力不足。上海最重要的纺织业遭受了重创。例如缫丝业，抗日战争前上海有丝厂 44 家，因大多地处闸北，毁于战火，战后仅存 5 家，其中只有 3 家开工。卷烟、面粉、染织、橡胶、火柴、造纸、水泥、玻璃、等工业部门因原料成本上升，不少企业入不敷出，倒闭歇业。①

简而言之，1949 年之前，上海及其周边县市逐渐发展成为全国最重要的工业基地。晚清和北洋时期，上海的工业经济整体呈现粗放式的发展模式，政府的规划和引导十分罕见，工业区主要集中在水陆交通便利的地区。直到国民政府时期，上海地方政府开始着手规划工业布局，以实现城市与工业经济的协调发展。但是，就上海的工业格局和行业来看，主要还是集中在轻工业和手工业，重工业比例极少。

1927 年 7 月上海特别市政府成立，同年 10 月工务局编制《全市分区计划草案》，将江湾初选为新市区。1930 年 6 月，上海特别市市政联席会议批准《上海市分区及交通计划图》，颁布“大上海计划”。规定：普陀区以西一带，吴淞江（今苏州河）两岸已设工厂多处，划为工业区；沪南高昌庙附近，黄浦江以北，铁路以南，仍划为工业区。蕰藻浜新商港以西沿铁路一带，也计划为工业区。还确定真如一大场附近为未来的新工业区。以后建造未来的吴淞港和火车货运总站之间的铁路线将横贯这两个工业区。②

上述规划体现如下原则：“一、保存固有工厂；二、接近河流或铁道，

① 上海市通志馆编：《上海市年鉴》，中华书局 1947 年版，第 N1—N3 页。

② 《上海城市规划志》编纂委员会：《上海城市规划志》，上海社会科学院出版社 1999 年版，第 73 页。

以便货物之运轮；三、须在最频数风向之下方，以免煤烟吹入市内；四、应与住宅区隔离；五、须与古迹及天然风景之美无所妨碍。”①这实则延续了晚清以来上海工业的布局，即以上海东北地区的杨浦和江湾、东南地区的高昌庙一带作为工业发展的重点。

抗日战争期间上海城市遭到严重破坏，为重建和复兴上海，巩固发展其在全国的地位和作用，1945年9月上海市政府委托工务局负责重新制定城市规划，即“大上海都市计划”初稿。此规划以引入了欧美最新的城市规划理论而著称，具体内容为：以“有机疏散”为目标，使居住地点与工作、娱乐及生活上所需的其他功能保持有机联系。当时市中区约80平方公里（为全市面积的9.6%）内，集中居住300万人（为全市人口的四分之三）。通过发展新市区与逐步重建市中区同时并举的方针，向新市区“有机疏散”。②这并非在郊区散布无数小单位，而是以都市生活为标准，形成50万—100万人的市区单位。市区以下，由16万—18万人的市镇单位组成。每个市镇均有工业用地。③近代上海卫星城的概念便脱胎于此次规划设计之中。

1946年8月，上海市都市计划委员会讨论“大上海都市计划”初稿时，认为应将工业区进一步向郊区迁移，形成“大上海都市计划”第二稿。④具体而言，将在如下区域设置工厂：

永久性工厂区：（1）曹家渡苏州河一带；（2）为沪杭甬铁路向西延伸至苏州河一带；（3）吴淞铁路向西延伸至蕴藻浜两岸；（4）虬江码头向西

① 《市中心区域择定后之规划》，《申报》1929年9月21日；吴静等编：《上海卫星城规划》，上海大学出版社2016年版，第24页。

②③ 《上海城市规划志》编纂委员会：《上海城市规划志》，上海社会科学院出版社1999年版，第77页。

④ 同上书，第80页。

延伸至军工路一带。

绝不允许设立工厂的区域：（1）旧上海县城和公共租界中区一部分；（2）凯旋路以东，愚园路以南，太康路以西；（3）本市中心区及西体育会路以东至淞沪铁路为界。

除上述两个区域外，还有若干“在十年内有移动可能性之工厂区域”。①1949年5月，在上海解放前夕，上海市都市计划委员会制定“大上海都市计划”第三稿，在第二稿的基础上，计划将工业继续向郊区迁移。为降低市中心区人口密度，计划还规定在郊区工业区附近建设住宅，两者相配合，形成小城镇。②这些都为1949年之后新政权从事上海市政建设和工业发展规划奠定了基础，提供了借鉴。

二、新中国成立之初上海工业经济的恢复与城市定位的转变（1949—1952）

新中国成立之初，由于外商撤离、资金转移、物价飞涨、金融混乱、工厂停工停产等原因，上海的工业经济已经到了山穷水尽的地步，共产党接手的是国民政府留下的一个烂摊子。

从1949年5月27日上海解放到1952年社会主义过渡时期总路线的提出，新中国在这三年左右的国民经济恢复时期对上海社会秩序的整顿，为全面开展社会主义工业建设奠定了基础。为恢复经济，这一时期国家制定的主要方针是：（1）没收官僚资本，建立国营经济体系；（2）打击投机倒

① 上海市通志馆编：《上海市年鉴》，中华书局1947年版，第N16页。

② 《上海城市规划志》编纂委员会：《上海城市规划志》，上海社会科学院出版社1999年版，第82页。

把；（3）统一财经，稳定物价。1949年上海工业总产值中，私营工业产值占83.1％，因此，就整顿工业而言，上述政策中最重要的就是恢复生产、扶持国营经济与整顿资本主义工业。①

解放军进入上海之时，采取“自上而下，按照系统，原封不动，整套接收”的方法接管在上海的官僚资本支持下的工业企业，如：中国纺织建设公司、中国纺织机械制造公司、中华烟草公司、中央工业试验所、江南造船所、中央化工厂、中国农业机械公司虬江机器厂、吴淞机器厂、耀华玻璃厂、上海钢铁公司等77家工厂。②这些工厂的产值和产品在上海工业中具有举足轻重的地位，日后成为上海国营经济的重要基础。

1949年至1952年，处于过渡时期的上海工业经济经历了一段艰难的岁月，以往的自由经济市场不复存在，新兴的计划经济体制尚未完善。工业企业的资金不足、原料供应紧张。由于新兴的中共政权遭到国际社会的封锁，工业对外联系大大减少。新中国成立前如纺织、橡胶和造纸等工厂的原料和销路都依赖国际市场，新中国成立后由于国民党集团对上海口岸的封锁，以及西方对华禁运，使得上海工业对外联系中断，不得不转而依靠国内市场，增大了政府调控的压力。上海市政府在接管工业企业的同时，为了盘活经济，主要采取了如下具体措施。

首先，强化对经济的控制，通过加工订货方式，以减少私营工业对自由市场的依赖。各个工厂中政府委托加工订货的比例，1949年为10％，1950年为31％，1951年为43.1％，1952年为58.8％。③其次，控制工业原

① 熊月之主编：《上海通史·当代经济》，上海人民出版社1999年版，第2页。

② 孙怀仁编：《上海社会主义经济建设发展简史（1949—1985）》，上海人民出版社1990年版，第22页。

③ 上海社会科学院经济研究所编：《上海资本主义工商业的社会主义改造》，上海人民出版社1980年版，第125页。

料配给和价格；第三，发放贷款、调整税收。上述政策收效显著，1950年下半年经济状况开始好转。1952年3月至7月间，针对不法资本家的投机倒把行为，上海响应国家号召开展了反行贿、反偷税漏税、反盗骗国家财产、反偷工减料、反盗窃国家经济情报的“五反”运动，为稳定市场，推动国民经济的恢复扫清了障碍。①过渡时期的经济建设取得显著的成就，上海工业总产值，以1950年6月不变价格计算，1950年为27万亿元，1951年为39万亿元，1952年为51万亿元，较新中国成立之初增幅达到89%。②

新中国成立前夕上海是全国最大的工业、贸易和金融中心，也是东亚地区少有的大型都市。解放以后，上海的城市定位发生巨变，从消费型城市向生产型城市过渡，从综合性城市向单一功能城市转变。首先，解放后国家推行计划经济政策，统购统销农副产品，统一分配工业原料，由此上海失去了曾经的商业地位。其次，上海解放初期严格管控外贸，上海港的进出口业务只能根据国家的统一计划实施，不能开展自主性业务。最后，上海解放后，民营银行或是停办或是并入国有银行，国家统一管理全国的金融业务，使得上海的金融服务业纳入全国的计划经济体制，不复往日的活跃。③

正是在此背景之下，上海在解放之初确立了城市改造的目标，即：“无论公营或私营企业，都应设法摆脱对帝国主义经济的依赖，并应把为国内生产、为中国人民服务作为今后上海一切企业生产的方针与发展方向”，产品主要是“国内各城市、各矿山所需的及其各农村所需要的农具、

① 熊月之主编：《上海通史·当代经济》，上海人民出版社1999年版，第3页。

② 《中共上海市委关于上海经济基本情况和资本主义工商业若干问题的调查报告》（1953年6月4日），上海社会科学院经济研究所编：《上海资本主义工商业的社会主义改造》，第188页。

③ 熊月之主编：《上海通史·当代社会》，上海人民出版社1999年版，第42页。

肥料等”。[①]在此形势下，高级消费型行业和涉嫌投机倒把危害计划经济的行为，或任其自行衰败或被强制取缔[②]。在这一方针的指引下，上海的发展方向限制为工业生产型城市，商业、金融和其他服务型行业则受到极大的限制。

确立从消费型城市转型为工业型城市的基本方针后，城市的工业企业得到接管，经济逐步恢复，上海的工业规划也在同步展开。1949年12月，政务院邀请苏联专家希马科夫和巴莱尼科夫来上海指导城市建设和管理工作，专家组于1950年3月拟定《关于上海市改建及发展前途问题》的意见书。

该意见书的基本原则是：上海市服务人口远远大于直接从事生产的基本人口。因此，上海是一个畸形发展的消费城市，要根据社会主义的原则，把消费城市变为生产城市，要把过去畸形发展的旧上海，改造成健全繁荣的新上海。[③]就具体的城市布局而言，苏联专家完全否定了根据欧美资本主义城市发展经验拟定的“大上海都市计划”，其城市布局围绕市中心地区建立卫星城镇以疏解城市压力，由现代化交通工具将新老市区串联，是不能采用的。苏联专家进而指出，改造上海的方法，保持已有的市中心，通过扩大已有市区的面积来发展新市区，主张将工业区安置在吴淞地区，已有沿江而设置的工厂企业维持原状。这实际上完全推翻了国民政府

① 饶漱石：《粉碎敌人封锁，为建设新上海而斗争》（1949年8月3日），上海市人民政府编：《会议纪要》，转引自熊月之主编：《上海通史·当代社会》，上海人民出版社1999年版，第42—43页。

② 陈毅：《上海市工作任务报告》（1950年4月15日），上海市第三届各界人民代表会议秘书处编：《会议特刊》，转引自熊月之主编：《上海通史·当代社会》，上海人民出版社1999年版，第43页。

③ 《上海城市规划志》编纂委员会：《上海城市规划志》，上海社会科学院出版社1999年版，第84页。

时期的工业规划，取消了设置工业卫星城的计划。①

1951 年 4 月，中共上海市委和上海市人民政府根据苏联专家的建议，编制了《上海市发展方向图（草案）》作为短期城市建设的依据。根据这份文件，上海将建设成为全国轻工业的中心。其中，工业布局方面，针对当时上海工业发展多属化工、五金类、规模小、资金有限等特点，要求在靠近市区的边缘设厂，以及为改善城市安全卫生需从市区迁出爆炸性及强度易燃的危险品工厂的要求，提出对原有工厂较为集中的沪东、沪西以及沪南工业区，以 10—15 年为期加以整理，以完善工业发展的需要。扩充北新泾工业区，新辟临近中区的彭浦工业区。此外，还规划了虬江工业区、长桥工业区、吴淞工业区、浦东工业区。同时，颁布郊区土地使用申请办法，以组织和鼓励私营企业前去设厂。1951 年 9 月至 1952 年 8 月间，私营工业申请建厂的有 2841 户，批准 2 565 户，这些小型工厂的建设大多按《上海市发展方向图（草案）》布局安排。②

三、“一五计划”时期上海工业经济的发展与布局规划（1953—1955）

1952 年 12 月，毛泽东在中共中央政治局会议上提出了党在过渡时期的总路线：从中华人民共和国成立到社会主义改造基本完成，这是一个过渡时期。党在这个过渡时期的总路线和总任务，是要在一个相当长的时期内，逐步实现国家的社会主义工业化，并逐步实现国家对农业、手工业和资本主义工商业的社会主义改造。1953 年 6 月中央政治局扩大会议对此进

① 《上海城市规划志》编纂委员会：《上海城市规划志》，上海社会科学院出版社 1999 年版，第 85 页。

② 同上书，第 85—86 页。

行了讨论，1954年2月，中共七届四中全会正式通过了这条总路线。与此同时，中华人民共和国第一个五年计划开始实施。

为落实中央政策，上海市政府在工业方面采取“大计划、小自由”的要求，尽力调整计划经济同市场之间的关系：对国营和中央公私合营企业，对地方公私合营、私营企业和集体企业，对不具备编制计划条件的小型企业，均采取不同的措施。在日用工业品流通方面，视产品的重要性进行分类管理，一二类产品进行计划分配，三类产品通过供应会自由成交。① 这些举措都对工业经济的发展提供了保障。

“一五”期间上海完成了工业结构的调整。晚清民国时期，纺织业一直在上海工业结构中占据主导地位。1949年上海纺织工业产值占全市工业总产值的58.66%。为实现工业化，中央提出有限发展冶金、机电、造船、化学和建筑材料等重工业的方针。“一五”计划规定，上海工业总产值平均每年增长率为11%，其中重工业为16.%，轻工业为13.5%，纺织工业为6.2%。② “一五”期间，上海重工业涨幅远超预期。1953年，增幅一度超过50%。轻工业也增长迅速，1957年较1952年增幅达到105.5%。相比较而言，纺织工业发展较慢，“一五”期间年平均增幅仅为5.9%。这也反映了国家建设重工业体系的方针得到良好的贯彻。与1952年相比，经过“一五”计划的建设，重工业所占工业总产值的比重从20.9%升至29.8%，轻工业从31.1%升至31.8%，纺织工业从48.0%降至38.4%。③

“一五”建设计划实现了调整上海工业结构服务国家全局战略的基本目标。截至1955年底，基本完成上述三大改造。第一个五年计划期间，

① 熊月之主编：《上海通史·当代经济》，上海人民出版社1999年版，第4—5页。

② 孙怀仁编：《上海社会主义经济建设发展简史（1949—1985）》，上海人民出版社1990年版，第170页。

③ 同上书，第174页。

上海工业总产值既定目标为106.4亿元，实际达到134.15亿元（按1952年不变价格计算），超额26.08%，“一五”期间工业产值平均每年递增11%①。经过三大改造和“一五”建设，上海以重工业为主要发展方向，支援国家经济建设，取得辉煌的成就。

伴随着社会主义改造的推进和第一个五年计划的实施，上海工业规划也取得一定进展。1953年9月，苏联专家穆欣受委派前来上海，制定了《上海市总体规划示意图》。根据发展工业的主导方向，提出继续疏散旧区稠密的人口和居住靠近工作地点的原则，采用多层次环状放射、轴线对称的道路系统。在工业布局方面，规划了沪西工业区、沪东工业区、蕴藻浜工业区和杨浦有害工业区，取消了前《上海市发展方向图（草案）》中的北新泾有害工业区，因为北新泾在苏州河上游，污水污染影响下游的市中心。规划建议在真如、大场之间沿桃浦河开辟有“三废”的桃浦工业区②。这次修订，比之过去，更加顾及上海的实际情况，最大限度地照顾了工业布局和城市生态，尽可能减少了工业废水废气对市区的影响。

近代上海工业化历程始于晚清洋务运动时期。1949年之前，上海的工业产值已经处于全国最前列，形成以纺织为龙头，涵盖化工、机械等领域，门类相对齐全的工业结构。国民政府时期已经开始筹划上海整体的工业布局，借鉴欧美城市发展经验，上海市政府提出了“大上海计划”，其核心是建设融工业、商业和住宅于一体的卫星城，以缓解上海市区人口密度。不过，1937年日本全面侵华打断了上海近代的工业历程。1945年抗日战争胜利时，上海的工业基础和企业经营状况面临诸多困境，这些问题

① 徐之河主编：《上海经济（1949—1982）》，第1003页，转引自熊月之主编：《上海通史·当代经济》，第4页。

② 《上海城市规划志》编纂委员会：《上海城市规划志》，上海社会科学院出版社1999年版，第87—88页。

直到1949年上海解放之时仍未得到有效解决。

1949年至1952年，上海的工业发展进入恢复和调整阶段，新政权一方面逐步接收和改组官僚资本主义工业和私营工业企业，完成社会主义改造，确立以国有企业为主体的经济结构，在调整巩固的基础上不断将工业生产恢复到战前的水平。另一方面，对上海的城市定位进行调整，将上海从之前的消费型城市改造为生产型城市，从产业结构全国布局角度出发，上海要侧重发展与国计民生密切相关的以前比较薄弱的重工业。

正是在此方针的指引下，1949年至1955年，上海的工业布局规划发生变化，苏联专家否定了国民政府时期建设卫星城的计划，强调逐步扩大上海市区面积来实现发展。在工业区域的规划方面，则延续了晚清民国时期上海的工业布局，保留沿长江、苏州河和铁路线的工业带，进而规划了沪西、沪南和江湾地区作为新兴的工业区。

简言之，此一阶段上海的工业生产逐步恢复，经过“一五”计划的建设，上海的工业发展水平进入一个新的台阶。工业区的规划方面则主要受到苏联专家的影响，确立了逐步扩大市区面积带动周边区域发展的方针，卫星城计划被搁置。

第二节　卫星城：城市发展的新方向（1956—1977）

1949年至1955年，上海重在维持乃至紧缩的方针，使得这一时期上海经济发展到了百年来的经济低谷。这种状况直到1956年有了转机。1956年，伴随朝鲜战争结束、台海局势基本稳定，国际局势出现缓和，国内社会主义三大改造的完成，党和国家的着重点开始向社会主义建设方面转移。1956年4月，毛泽东在《论十大关系》讲话中强调了沿海工业对内地工业的推动作用。这年，上海提出“充分利用、合理发展”建设方针。此后上海充分利用老工业基地，抓住契机，开始了新中国成立后的第一次集中建设，上海城市规划也迎来新生。1958年开始，上海卫星城建设逐步展开，尽管在“大跃进”运动之后，卫星城建设放缓脚步，但是在城市规划与布局中，卫星城已成为城市发展的新方向。

一、1956年：上海城市发展的转机与城市规划的调整

1956年初，毛泽东花了两个多月时间，先后听取了34个部委有关经济建设的汇报，在总结概括后提出了正确处理十大关系的思想，并在4月政治局扩大会议作了《论十大关系》的报告。

《论十大关系》报告是新中国建设和发展的一次重大战略变化的指导性文件。总结了社会主义建设经验，确立调动国内外一切积极因素为社会主义建设事业服务的基本方针，开始初步探索适应国情的社会主义建设道路。

《论十大关系》作为中央的战略调整，对上海而言也意义非凡。

第一，如何在建设被置于首要位置的情况下推进社会主义建设？报告明确了必须根据国情走自己道路的根本思想。这条道路其实就是一条和苏联有所不同的中国工业化道路。[①]对此，毛泽东在报告中关于沿海和内地的关系、工业和农业、经济建设和国防建设的关系讲得很清楚：要用多发展一些农业、轻工业的办法来发展重工业；要充分利用和发展沿海的工业基

① 中共中央党史研究室：《中国共产党历史》第二卷（1949—1978）上册，中共党史出版社2011年版，第381页。

地，以便更有力量来发展和支持内地工业；在强调加强国防建设的重要性时，把军政费用降到一个适当的比例，增加经济建设费用。①在这样的背景下，地处沿海有着雄厚轻工业基础的上海的作用就凸显出来。

第二，《论十大关系》报告意味着党中央对上海定位进行调整，实际也确实如此。1956 年 3、4 月间，毛泽东在听取各部门汇报时，针对是否利用上海、天津等老工业基地的问题，曾明确指出绝不能限制发展，而应充分合理利用。毛泽东赞成利用上海等沿海城市发展轻工业积累资金，“上海赚钱，内地建厂，这有什么不好？这同新建厂放在内地的根本方针并不矛盾”。②

第三，中央不久直接推动上海调整发展战略。1956 年 5 月，陈云到上海，带来了毛泽东以及党中央对“上海有前途，要发展”的期望。③陈云的转达释放了中央发展上海的信号，这对正苦恼于城市经济发展过慢的上海市委、市政府来说无疑是久旱逢甘霖的思想解围，不仅使他们意识到限制上海发展的错误，而且抛弃了此前重维持、轻发展，甚至不发展的思想，最终促使上海城市定位得到调整。

有了国家的直接支持，1956 年 8 月，上海召开党的第一届人民代表大会确立了“充分利用，合理发展”的工业建设方针，大会确定了调整原先上海工业经济门类不合理的结构，要求重工业产值的增长比例比纺织、轻工业大。④并提出只要充分利用、合理发展上海工业，就可以使上海工业最大限度地符合加速实现国家的社会主义工业化的要求，就可以更有效地发

① 毛泽东：《论十大关系》，《人民日报》1976 年 12 月 26 日。

② 逄先知、金冲及：《〈论十大关系〉发表前后》，《百年潮》2003 年第 12 期。

③ 中共上海市委党史研究室主编：《毛泽东在上海》，中央党校出版社 1993 年版，第 5 页。

④ 中共上海市委党史研究室、上海市档案馆编：《上海市党代会、人代会文件选编》，中共党史出版社 2009 年版，第 349—350 页。

挥工业基地的作用，更好地支援全国的重点建设。①

从1956年起，上海开始了新中国成立后的第一次发力建设。此外，需要关注的是，《论十大关系》讲话对上海此时的城市规划及工业建设的意义同样深远：

《论十大关系》在对外国先进技术及科学文化方面，体现出一种较为开放的姿态，提出“一切民族、一切国家的长处都要学，政治、经济、科学、技术、文学、艺术的一切真正好的东西都要学”。当然，“必须有分析有批判地学，不能盲目地学，不能一切照搬，不能一切照抄，机械搬用”。②在这种开放姿态下，包括卫星城在内的西方先进城市规划理论有了被接受的土壤，进而直接促使对原先城市规划的反思。

1956年9月，国家城市建设部部长万里③在上海城市建设工作干部大会上作《关于上海市的城市建设问题》报告，指出城市规划应立足于现实情况，应该根据上海的实际情况开展城市近期和远期规划，一定要注意克服教条主义。④在城市规划思想脱离“教条主义”的同时，国家建委于1956年7月颁布《城市规划编制暂行办法》，对城市规划工作起到了有效的推进作用。⑤

1956年以后新中国城市规划理念的转变，与苏联对卫星城的新认识也有着密切联系。从现有资料来看，50年代中期开始苏联对欧美卫星城理论

① 包树芳、忻平：《20世纪50年代上海卫星城战略形成的历史考察》，《史林》2019年第1期。

② 《毛泽东文集》第7卷，人民出版社1999年版，第41页。

③ 1956年5月，国家城市建设局从建筑工程部划拨出来，成立城市建设部，万里由局长改任部长。1958年2月，城市建设部、建筑工程部、建筑材料工业部合并成为建筑工程部。

④ 万里：《万里论城市建设》，中国城市出版社1994年版，第31—40页。

⑤ 李益彬：《启动与发展：新中国成立初期城市规划事业研究》，西南交通大学出版社2007年版，第50页。

不再排斥。1955年11月底，全苏建筑师代表大会召开，提出在大城市，企业“主要是摆在郊区卫星城市一带”①。表明这时已认可卫星城。1956年2月，苏共二十大会议提出，有必要在大城市和大工业中心的郊区开始建立小城市。②虽没有提到“卫星城”三字，但是大城市郊区的“小城市”与卫星城实质是一样的。同时，对于欧美卫星城发展模式，苏联仍然有质疑其实现的可能性的声音，认为在资本主义存在私有制的情况下包括卫星城在内的各种城市改造设计方案“都是乌托邦或鲜明的社会改良的宣传”③。言下之意：只有在社会主义条件下才能有计划地建设好卫星城及发挥卫星城的功能。但是建设卫星城的声音占据了上风，这也由苏联专家带到了中国，带到了上海的城市规划中来。

很快，苏联专家带来了苏联国内对卫星城的新认识及城市规划新建议。1956年5月至9月，苏联专家分批来到上海参与上海城市规划工作。巴拉金对上海城市人口的集中和公用设施的混乱感到担忧，建议研究两种方案：紧凑发展；分散发展，“如利用闵行等现有的基础，发展卫星城镇”④。克拉夫丘克等人提道：列宁格勒正在设法将工业企业和文化机构搬到卫星城市去；根据苏联城市规划的经验，大城市人口不应过多，最好能限制在500万人左右，上海是否考虑采用卫星城市的办法；可以考虑在上海附近地区建立卫星城市，应该和经济专家研究工业分布的问题，把一些

① ［苏］米申科：《城市中工业的分布和城市工业区的规划》，中华人民共和国城市建设部办公室专家工作科译，城市建设出版社1956年版，第14页。

② ［苏］A.N.尼古拉耶夫：《苏联第六个五年计划的住宅建设》，朱伯民译，建筑工程出版社1958年版，第24页。

③ ［苏］阿方钦科（A.A.AXонченко）：《苏联城市建设原理讲义》（上），刘景鹤译，北京高等教育出版社1957年版，第12页。

④ 《上海市城市规划工作座谈会记录》，1956年5月4日，B8-2-15，上海市档案馆藏。

工业分布到卫星城市去。①

综上所述，以《论十大关系》讲话为标志的 1956 年，开启了我国探索适合国情的社会主义道路的良好开端。它既让包括上海在内的沿海城市有了发展的机遇，方针政策的开放性、灵活性也影响到城市规划理念的调整。与此同时，苏联对卫星城的新认识也传播到国内，成为影响卫星城战略形成的重要因素。

二、卫星城战略的形成

（一）三个阶段

第一阶段：1956 年至 1957 年卫星城方案的酝酿。

在新的形势下，上海城市规划专家不再囿于原先狭隘的紧凑发展理念，开始重新思考城市发展规划。1956 年 5 月，上海市规划局提出上海城市发展方向的三种方案：紧凑的向北区发展、沿黄浦江延伸方向带形发展、分散的卫星城镇式的发展。②除原有的紧凑发展外，带形发展以及分散发展模式也在规划方案的考虑范围。带形发展理念、分散发展理念都源于欧美，从中可看到当时城市规划理念的一种开放姿态，其中建立卫星城的分散发展理念已被列入方案。

1956 年 9 月，上海市规划建筑管理局在编制《上海市 1956—1967 年近期规划草图》时，提出建立近郊工业备用地和开辟卫星城的想法。同年 10 月，在副市长曹荻秋主持的第二十一次市长办公会议上，市规划建筑管

① 《苏联建筑师代表团在上海市规划建筑管理局座谈会上的发言》，1956 年 9 月 22 日，A54-2-35-119，上海市档案馆藏。

② 《上海市城市规划工作座谈会记录》，1956 年 5 月 4 日，B8-2-15，上海市档案馆藏。

理局副局长后奕斋详细汇报了这份城市规划，并再次提到，在可能的条件下发展卫星城一二处，首先可集中发展闵行。①

作为一种可能的方案，卫星城开始引起关注。1957年8月，上海城市建设处再次提出“通过区域规划充分研究利用附近现有中小城镇作为卫星城市的可能性”。②该年9月，城市规划勘测设计院在编订《上海城市规划几项主要定额指标草案》时提及卫星城之定额指标，主要以人口数量、人口规模为考察重点，考虑到了多种可能。③

第二阶段：1958年正式决定建立卫星城及初步规划。

1957年底至1958年初，中共上海市第一届代表大会第二次会议召开。这次会议是上海响应中央号召，在继续推进整风运动、反对右倾保守思想中“多快好省”地开展社会主义建设的一次“动员”大会，它拉开上海“大跃进”的序幕。会议通过上海市委第一书记柯庆施所作的《乘风破浪，加速建设社会主义的新上海》重要报告。

报告强调应大力推进整风运动。在第五部分，报告号召提前并超额完成第二个五年计划，实现钢铁等产量赶超英国的目标，为此列出了上海必须完成的十二条任务。其中，第九条任务是关于控制上海人口的：

> 适当安排上海的剩余劳动力，积极鼓励上海青年和要求就业的

① 《上海城市规划志》编纂委员会编：《上海城市规划志》，上海社会科学院1999年版，第96页。

② 《上海市城市规划勘测设计院关于检送上海市城市规划方针任务的意见的报告》，1957年8月12日，A54-2-158-313，上海市档案馆藏。

③ 《上海市城市规划勘测设计院关于检送上海市城市规划定额指标修正意见的报告》，1957年9月，A54-2-158-198，上海市档案馆藏。

人，到农村参加农业劳动。在上海周围建立卫星城镇，分散一部分小型企业，以减轻市区人口过分集中。提倡有计划生育，加强人口管理，争取将上海人口限制在700万左右。①

至此，上海市委正式作出建设卫星城的决定。还需提及的是，这时上海作出建立卫星城的决定，与上海远郊区即将扩大有关。之前上海虽已有卫星城方案，但发展区域受到限制。这一次上海市委提出建立卫星城，对区域问题的解决已经有了充分把握。确实，好消息很快传来：1958年1月17日国务院批准将江苏省的嘉定、上海、宝山三个县划归上海市管辖。②嘉定、上海、宝山三个县划归上海，扩大了上海远郊，为上海工业及城市建设，包括卫星城的规划和建设提供了地理空间的有利条件。

1958年开始的“大跃进”运动打破了农业、轻工业和重工业的平稳推进，也影响了上海工业建设的规模和速度。卫星城服务于上海重工业建设的作用日益凸显。

上海第二个五年计划围绕工业的“跃进”提出了城市的发展方向和主要任务：“二五”期间要把上海建设成为全国一个以重工业为中心的具有先进技术水平的综合性的工业基地，“主要是以重工业为中心，向高级的、精密的、大型的方向发展，多搞新产品，赶上并超过国际水平”；同时加强对科学工作的领导，培养高级技术力量，使科学技术更好地为生产服务。着重提出要大力推进重工业建设，“重工业的增长速度要大大超过轻纺工业。”③

为适应工业建设的需要，《1958—1962年上海工业发展规划纲要》中

① 柯庆施：《乘风破浪，加速建设社会主义的新上海》，《解放日报》1958年1月25日。

② 《嘉定、宝山、上海三县划归本市管辖》，《解放日报》1958年2月18日。

③ 《1958—1962年上海工业发展规划纲要》，1958年5月16日，B29-1-108-59，上海市档案馆藏。

把“逐步建立卫星城镇”作为40条任务之一，计划在距离上海市中心60公里的范围内建立3至5个卫星城镇。并依托方便的交通运输和一定的公共设施，对卫星城的建立谋划了如下两步考虑：第一步，先将闵行、南翔、嘉定三个地方作为上海市迁建工厂的卫星城镇：闵行作为大型、重型机电工业区，南翔作为小型、轻型机电工业区，嘉定作为轻纺工业区；第二步，考虑将昆山和松江作为上海市的卫星城镇。①

对《纲要》及涉及卫星城的这段内容稍做分析可以发现：

第一，“适应工业建设的需要”，以及“合理分布第二个五年工业建设项目”是建设卫星城的重要考虑。第二，规划闵行、南翔作为机电工业区，正契合了《纲要》中“初步建成较为完整的机电工业基点”的目标。第三，因有前期的调查基础，卫星城规划比之前更为明确，而且计划建立3至5个卫星城，说明工业建设中卫星城作用的提升。

随着上海对卫星城在工业建设方面功能认知的提升，在规划和实践上也逐步推进。之后，在多次对闵行、嘉定、南翔等镇进一步深入调查后，市城市规划勘测设计院在1958年8月至10月先后编制了三个地方的规划图和说明报告。由于闵行地理位置、自然条件优越，交通运输条件良好，已有工业同市区工业协作密切，动力供应及各项服务设施均有一定基础，因而作为上海市的第一个卫星城，首先进行建设。②

第三阶段：1959年卫星城地位的确立。

城市工业建设及发展方向的明确，以及城市空间的进一步扩大，③对上

---

① 《1958—1962年上海工业发展规划纲要》，1958年5月16日，B29-1-108-59，上海市档案馆藏。

② 《闵行总体规划说明书》，1958年10月30日，A54-1-72，上海市档案馆藏。

③ 《川沙、青浦、南汇、松江、奉贤、金山、崇明七县划归本市》，《解放日报》1958年12月13日。

海城市总体规划的编制工作提出了新要求。之前上海先后做过许多规划方案，但是城市规划中许多原则问题长期摇摆不定，所以都未定案。①这一次，上海市委邀请了国家建筑工程部规划工作组来上海帮助编制城市总体规划。1959 年 4 月至 10 月，经历多次讨论及完善，《关于上海城市总体规划的初步意见》编制完稿。

《初步意见》是 1958 年上海市域扩大后编制的包括郊县和卫星城镇体系的城市总体规划方案，经上海市委书记处讨论并同意。《初步意见》依据上海城市建设和规划的方针任务与基本原则，详细论述上海城市总体规划的几个主要问题：市区工业调整与人口规模、近郊工业区和卫星城的工业和人口分布、对外交通运输、旧城住宅改造和城市绿化等，并对上海工业布局和城市改建提出了规划意见。②

在上海工业布局、城市建设的规划方案中，卫星城的重要地位得以明确。《初步意见》开宗明义，提出上海城市规划和建设的基本方针是“建立卫星城镇、压缩旧区人口”，③指出通过卫星城疏散一部分工业和人口，“这样做既能为工业生产的健全发展，又能为旧城市的合理规划和改建，为城市人民居住条件和生活环境的彻底改善，创造了必要的条件。”在此基础上，《初步意见》第一次提出工业布局方面的总原则——“压缩旧市区、控制近郊区、发展卫星城镇”。

① 《工作情况汇报》(第四号)，1959 年 11 月 15 日，A54-2-718-111，上海市档案馆藏。

② 《关于上海城市总体规划的初步意见》，1959 年 10 月，A54-2-718-34，上海市档案馆藏。后面内容出自该份档案的不再注释。

③ 工作组在总结时提到，编制工作顺利开展的首要原因是上海市委关于上海建设和城市发展方针的明确：“建立卫星城镇、压缩旧市区人口至 300 万左右，从原则上解决了有关城市性质、规模、旧城改建的目标、用地发展的方向等重大问题，这就使城市规划中其他业务技术问题有所依循，能够迎刃而解。”参见：《工作情况汇报》(第四号)，1959 年 11 月 15 日，A54-2-718-111，上海市档案馆藏。

《初步意见》对卫星城镇分布的主要原则、要求、人口分布等进行详细阐述，并且提到今后的发展计划：除正在建设的闵行、吴泾外，近期可以开辟安亭、松江、嘉定、北洋桥；①并建议青浦、朱泾、南桥、周浦、奉城、南汇、川沙、枫泾、崇明、堡镇等处都可以列入卫星城镇的长远规划，其全部人口总数远期将发展到180万至200万左右。②

1959年编制完稿的《初步意见》首次将规划范围扩大至全市域，长达70页、近4万字，它的意义不容忽视。它首次明确了市域扩大后城市总的发展方向和基本轮廓，为进一步编制近期规划、详细规划和展开建设提供了指导思想。③

其次，明确了城市建设方针。尽管《初步意见》有着“大跃进”时代的烙印，后来由于建设项目压缩以及“文革”，城市总体规划意见未能全面实施，可是它提出的“压缩旧市区、控制近郊区、发展卫星城镇”在1960年被完善为“逐步改造旧市区、严格控制近郊工业区规模的继续扩大、有计划地发展卫星城镇”，④并被作为上海城市建设方针，70年代又被形象地称作“市区抓改造，近郊抓配套，新建到远郊”。⑤该城市建设方针不仅在六七十年代得到贯彻，而且影响到改革开放以后很长时期内上海的城市规划和建设。

---

① 属浏河地区。

② 规划提到卫星城镇远期人口发展到180万—200万，是指城镇人口，不包括农业性质的集镇人口。

③ 包树芳、忻平：《20世纪50年代上海卫星城战略形成的历史考察》，《史林》2019年第1期。

④ 《上海人民政府志》编纂委员会：《上海人民政府志》，上海社会科学院出版社2004年版，第678页。

⑤ 《关于上海高速度发展生产，严格控制城市规模的调查》，1975年4月18日，B246-2-1405-19，上海市档案馆藏。

1959年11月初，上海城市建设局召集各区区长和有关业务部门负责人参加座谈会，广泛征求各区对城市建设近期规划（1960—1962年）的意见：并全面搜集建设资料，通过多方论证，研讨厂址安排和配合工程等问题。①在此基础上，确定了1960年至1962年上海卫星城建设计划：除继续建设已辟建的闵行、吴泾外，1960年开辟浏河、嘉定、安亭、松江四个卫星城镇，1961年至1962年开辟青浦、南桥、朱泾、塘口、周浦、航头六个新的卫星城镇，并作为1960年的工业备用地。②

对1960年计划开辟的四个卫星城镇，初步明确了它们的发展方向：安亭建设成为中等规模的、以机电工业为主的卫星城镇；嘉定以尖端技术科学研究为中心，并适当设置若干与科学研究有关的精密的无害工业；浏河开辟为重化学工业区；松江规划为较大的综合性的卫星城镇。③在上海城市建设局对四个卫星城镇的第一期建设项目及配套工程作了总体规划后，各区又分别做了卫星城建设的详细规划。

（二）对卫星城意义的认知

综合来说，上海之所以建立卫星城，是基于以下几方面的考虑：

第一，建立卫星城是合理调整工业布局的需要。上海工业要进一步向高、大、精、尖方向发展，必须积极进行技术改造和逐步加强薄弱环节，开展资源整理利用。但是原有工业大多集中在市区，且存在很多问题，如小厂众多、厂房简陋、用地狭窄、工厂与住宅区犬牙交错，城市原有的道路，交通运输等也都不能与工业发展的要求相适应，因此使工业生产的进

①② 《关于上海城市建设三年规划的初步意见》，1959年11月，A54-2-749-18，上海市档案馆藏。

③ 《关于1960年开辟新的卫星城镇的报告》，1959年11月18日，A54-2-749-10，上海市档案馆藏。浏河在1960年作为上海卫星城镇展开建设，但成效不大，70年代后上海在提及卫星城镇时就不提浏河了。

一步发展受到限制。[①]所以，需要对市区原有工业进行合理的调整改组，和必要的迁建、新建。卫星城提供了足够大的地域空间，为市区工业的迁建提供条件，同时也只有开辟卫星城才能满足工业、科学文教事业继续发展的要求。

第二，发展卫星城逐步减少市区人口，是逐步改建旧市区的必要条件。由于历史原因，上海城市工业分布相当混乱，市区内工业过分集中。同时，市区内人口密集，建筑密度高、绿地少，以1961年初的统计来看，“每人平均生活用地只有13.7平方米，和一般现代化大城市规划用地指标相差很远”。[②]因此，疏散市区工业和人口到新辟的卫星城，能为市区的改建和城市人民居住条件、生活环境的逐步改善创造必要的条件。

第三，建立卫星城可以促进工农业的结合、城乡结合，进一步带动农业生产的发展。工业为农业生产服务是国家长期倡导的，卫星城分布在远郊城镇，它的建立将带来工业的合理布局，使得农村可以更多地接近现代化城镇，城乡之间的交通联系更为便捷，“加强工农业生产的密切联系和配合协作，促进农业的机械化和电气化的提早实现”，更重要的是，“城镇的合理分布和农村居民点的布点规划和建设可以密切结合起来，对逐步消灭城乡差别具有重大的作用”。[③]

第四，建立卫星城对处于国防前哨的上海具有很大意义。生产力的合理分布是国家工业化道路的选择途径，因此，中央把内地城市作为工业建设的重点对象，对已有工业基础的沿海城市一向采取“利用原来基础，支援内地建设”的方针。

---

① 《闵行卫星城市和“一条街”建设的初步经验》，1960年3月，A54-2-1024-147，上海市档案馆藏。

②③ 《中共上海市城市建设局委员会关于上海工业布局和城市发展方面的若干体会》，1960年2月，A54-2-638-14，上海市档案馆藏。

对内地、沿海城市如此布局，还有一个重要原因，那就是国防需要。一旦发生战事，沿海城市最易遭到轰炸，工业适当分散则能保存一定实力和基础。中央的这层考虑其实是一贯的，只是在各时期轻重不同而已。卫星城镇均在远郊，距离城市中心较远，从工业布局来说符合工业分散原则。60年代中期，国家开始强调“山、散、洞”的三线建设，工业分布更趋分散化，卫星城的分布也符合国家这一战略思维。

上海对建立卫星城意义的认识。并不是西方卫星城理论的简单翻版，而是融合了我国工业建设、城乡建设、外交关系等综合因素之后的一种历史的全面考虑。

西方建立卫星城，主要是为了疏散工业和人口，同时也有改造旧城的目的。可是，西方的最终目标是控制大城市的过度发展，因此疏散旧城工业、人口是重心。上海在特定的社会主义建设时期，把合理调整工业布局作为建立卫星城的中心任务，其中尤其重视工业在卫星城镇的发展，实际建设成果也是如此，因此疏散工业和发展工业的结合、重在工业发展，由此带动产业结构、城市建设、工业布局、人口疏散等，这是与西方建立卫星城的最大不同。以工业为主导，并且极为重视工业和农业、城市和乡村、建设和国防的结合。显然，这种以工业建设为主导、结合多种因素的卫星城规划思想是以国家方针、政策为指导，以现实状况为前提，具有鲜明的社会主义中国色彩和上海城市特征以及时代特点。

三、卫星城模式的延续

闵行、吴泾在1958年下半年先后建设，其他四处在1960年初确定为卫星城镇之后即展开基本建设，但由于一些原因，上海卫星城的发展遭遇了瓶颈。

"大跃进"运动后期，国民经济比例失调，农业的减产，党中央开始逐步进行国民经济调整。在"大办农业、大办粮食"的号召下，农业建设加强、工业建设战线缩短。上海卫星城建设在国家经济战略调整中放慢脚步，一些工程不得不"下马"。至后来"文革"爆发，卫星城建设几至停滞。但是卫星城发展模式始终被坚持。

1973年城市建设局革命委员会编制城市规划时，着重提出：

> 卫星城镇还要有计划的继续建设。那里现有工业基础、交通运输、市政公用设施等条件较好，有较大发展余地。今后可根据需要迁建一些工厂到卫星城镇，以减少在近郊区建设用地紧张的矛盾。同时相应地建设住宅和生活服务设施，满足职工就地居住生活的需要，把这些地区建设成为十万人左右的小城镇。这样做的好处是有利于改善本市工业布局和促进生产发展，有利于分散市区人口，有利于战备。①

1976年初，上海市革命委员会组织相关部门多次讨论今后城市规划，提出：

> 把工业改造和城市改造结合起来，充分利用，合理发展，市区抓改造，近郊搞配套，重点发展远郊，努力把上海建成为一个综合性的先进的工业和科学技术基地。

指导思想与之前仍是一样。并指出，在工业建设上应该首先利用原有

① 《上海市城市建设局革命委员会关于城市规划资料的函》，1973年2月，B257-2-765-1，上海市档案馆藏。

的卫星城镇，加以发展，“这样比较容易，比较节约，符合多快好省的原则”。①

卫星城模式的延续，与国家工业化战略密切相关。卫星城建设放慢速度与国家经济形势密切相关，但是国家工业化战略是卫星城继续前行的根源。70年代上海又有了新的“动作”：上海石油化工总厂和宝山钢铁总厂分别建设。这两个大型企业的发展预示着金山、吴淞卫星城的崛起。

第三节　从卫星城到新城：改革开放以来上海城市建设与工业布局研究（1978—2000）

一、改革开放与城市规划重启

经过近30年“生产型”城市的建设，上海的工业得到迅速发展，成为全国重要的工业基地，工业化的发展导向为上海的卫星城建设奠定了良好的产业基础，但是由于受到“文革”和计划经济体制影响，这一时期的卫星城建设进度较为缓慢。并且这种单一功能的城市显然不符合1978年之后中国谋求巨变的发展目标，诚如原城乡建设环境保护部副部长储传亨所指出的那样，“在过去较长时期内，我们对城市的功能和作用缺乏正确的认识，只把城市看作是单纯的工业生产基地，并按照工业生产基地的模式进行建设，其结果不仅阻碍了城市的发展，限制了城市多种功能和中心作用的发挥，而且制约了整个国民经济的发展”。②新时期对城市功能的重

① 《城市规划初步讨论情况》，1976年5月，B252-1-95-69，上海市档案馆藏。

② 城乡建设环境保护部政策法规局：《全国城市建设工作会议文件汇编》，中国环境科学出版社1988年版，第1页。

新定义，需要更全面详细的规划来指导城市建设与管理。

随着党的十一届三中全会召开，改革开放方针的确立，全国进入飞跃发展的新阶段。对上海而言，如何打破旧藩篱，建设新上海，新的城市总体规划被提上日程。1979 年，上海全市各委、办、局、区、县及有关部门进行了广泛讨论，经过反复修改，1982 年 6 月，市政府审定《上海市城市总体规划纲要》。

城市规划作为影响城市空间演变最为重要和最为直接的因素，在不同的经济发展阶段，城市面临的问题不一样，因此，其城市规划理念也有所差异，其建设的重点也有所差异。①新时期对上海发展提出了新的要求，与以往单纯的工业城市发展目标不同，此城市总体规划明确的发展方向是：

> 建设和改造中心城，充实和发展卫星城，有步骤地开发长江口两岸、杭州湾北岸两翼和浦东地区，有计划地建设郊县小城镇，使上海发展成为以中心城为主体，市郊城镇相对独立，中心城与市郊城镇有机联系，群体组合的社会主义现代化城市。②

针对新时期城市功能的变化，对工业布局强调提出，“要从整个经济区和全国着眼，着重发展知识密集型、技术密集型和高精尖新兴工业”。③随后，国务院批复原则同意《上海城市总体规划方案》。此为上海有史以来第一个报经国家批准的城市总体规划方案，并分别获得市级与国家级荣誉。

这份规划对 80 年代上海卫星城的发展和工业布局的调整指明了方向，

---

① 杨上广：《中国大城市经济空间的演化》，上海人民出版社 2009 年版，第 57 页。

② 《上海建设》编辑部：《上海建设（1949—1985）》，上海科学技术文献出版社 1989 年版，第 13 页。

③ 同上书，第 44 页。

根据《上海城市总体规划方案》的目标，上海工业的发展要走依靠科学技术进步的道路，严格控制能源消耗大、土地占用多、三废危害严重的新建、扩建工程以及不一定要在上海建设的项目，对于新建工厂和规模较大的扩建项目，一般安排在卫星城。中心城区中的部分工厂或车间，结合生产发展和技术改造，逐步转移到工业街坊、工业区或卫星城。

1982 年底的统计显示，“全市共有工业企业 8 368 户，职工 308.89 万人，工业用地约 125 平方公里。其中：中心城约有工业企业 4 791 户，职工 203.17 万人，工业总产值 465.94 亿元，工业用地约 42.9 平方公里。7 个卫星城约有工业企业 371 户，职工 29.42 万人，工业总产值 70.53 亿元，工业用地约 26 平方公里（不包括宝钢）”。①

为了改变中心城区和卫星城郊区的悬殊对比，调整上海工业结构和布局，对工业发展基地进行了明确规划，其中涵盖的行业有：（1）冶金工业，包括有金属工业。（2）化学工业。（3）机械、仪表工业。（4）电子工业。（5）造船工业。（6）飞机工业和国防军工的研制。（7）建材。（8）轻纺工业。（9）食品工业、医药和医疗器械工业。此外，为进一步吸收外资，引进技术，发展出口加工工业，在闵行规划建设出口加工区。②这份规划成为此后上海各项建设的蓝图目标，无疑，改革开放后，上海的城市建设进入新的发展时期。

二、卫星城的进一步发展和工业结构的逐步调整

在上海的城镇体系中，卫星城承载着重要的工业发展任务。七大卫星

① 《上海城市规划志》编纂委员会：《上海城市规划志》，上海社会科学院出版社 1999 年版，第 110 页。

② 同上书，第 111 页。

城的先后辟建，形成了以中心城为主体，辐射卫星城和众多小城镇的众星拱月的城市总体格局。这七大卫星城各具特色，基本上都是围绕某一工业为主体而建立起来的工业城镇。七大卫星城镇中的功能侧重各不相同，闵行以机电工业为主，吴泾以化学工业为主，嘉定着重科学卫星城建设，安亭重点发展汽车工业，松江则以仪表、轻纺工业为主，金山为新兴的石油化工城，吴淞是钢铁新城。

由于卫星城的建设基础较好，一般是在原有小城镇的基础上逐步发展而来，不仅实现了规划最初的工业发展目标，对调整城市布局、控制市区规模、疏解市区人口、提高城市环境质量和完善郊区建设等各方面也作出较大贡献。据 1985 年统计，上海 7 个卫星城共占地 86.2 平方公里，卫星城基本上都是工业新城，在此建设的大多是技术先进的重工业企业。它们在这里建厂以后，生产都得到了很大的发展。卫星城区各工业企业生产总值达 96.37 亿元，占全市工业总产值的 11.6%。卫星城生活和市政设施的不断发展，也为市区人口的疏解创造了条件。至 1985 年，卫星城已有常住人口 51 万余人，使上海中心城的规模得到较好的控制。市区一些“三废”、噪声严重的工厂，迁入卫星城，改善了市区的环境和交通。由于人口的增加，郊区卫星城内农、贸、工、副各业的发展也十分显著。①可见，卫星城工业建设以及成为郊区城镇建设的主要动力。

七大卫星城的建设为改革开放后上海城市及郊区建设奠定重要基础。至 1990 年，卫星城进一步发展，共占地 95.4 平方公里，居住人口 65 万，工厂 803 家，工业产值达 287.2 亿元，占全市 16.7%。全市各大重要的工业生产基地和重要科研单位均主要分布在卫星城。

---

① 《上海建设》编辑部编：《上海建设（1949—1985）》，上海科学技术文献出版社 1989 年版，第 180 页。

卫星城的规划建设作用巨大，限于当时的经济条件、政策背景和建设目的，卫星城在发展过程中存在的问题也颇多。表 2-1 显示，多数卫星城的实际人口与规划目标差距不小，至 1990 年，上海实际建设的 7 座卫星城总人口在 65 万人左右，相对于上海 1 000 多万人口来说，卫星城经过几十年的建设对疏解上海中心城人口的实际作用仍然有限。

表 2-1　1990 年上海卫星城概况

<table>
<tr><th rowspan="2">城镇名称</th><th rowspan="2">主要产业</th><th rowspan="2">距人民广场（公里）</th><th colspan="2">用　地</th><th colspan="2">人　口</th><th colspan="3">工厂企业</th></tr>
<tr><th>现状(平方公里)</th><th>规划(平方公里)</th><th>现状（万人）</th><th>规划（万人）</th><th>家</th><th>职工（万人）</th><th>工业产值（亿元）</th></tr>
<tr><td colspan="3">合　计</td><td>95.4</td><td>294.1</td><td>65.07</td><td>210</td><td>803</td><td>44.73</td><td>287.2</td></tr>
<tr><td>闵行</td><td>机电</td><td>32</td><td rowspan="2">20.7</td><td rowspan="2">60.0</td><td>10.65</td><td rowspan="2">50</td><td rowspan="2">100</td><td rowspan="2">10.29</td><td rowspan="2">22.3</td></tr>
<tr><td>吴泾</td><td>化工</td><td>25</td><td>2.52</td></tr>
<tr><td>嘉定</td><td>科研</td><td>33</td><td>7.6</td><td>21.4</td><td>7.00</td><td>25</td><td>112</td><td>5.59</td><td>20.0</td></tr>
<tr><td>安亭</td><td>汽车</td><td>40</td><td>5.0</td><td>16.7</td><td>2.70</td><td>15</td><td>99</td><td>2.03</td><td>49.7</td></tr>
<tr><td>松江</td><td>机床轻工</td><td>40</td><td>7.3</td><td>20.0</td><td>8.20</td><td>25</td><td>124</td><td>3.82</td><td>7.8</td></tr>
<tr><td>金山卫</td><td>石油化工</td><td>70</td><td>10.0</td><td>71.0</td><td>10.00</td><td>45</td><td>92</td><td>6.10</td><td>41.6</td></tr>
<tr><td>吴淞宝山</td><td>钢铁港口</td><td>20</td><td>44.8</td><td>105.0</td><td>24.00</td><td>50</td><td>276</td><td>16.90</td><td>145.8</td></tr>
</table>

资料来源：《上海城市规划志》编纂委员会：《上海城市规划志》，上海社会科学院出版社 1999 年版，第 182 页。

虽然，建设工业卫星城是上海整体经济发展战略的重要组成部分之一，但由于工业卫星城主要是围绕重大工业项目的建设，每个卫星城都功能明确，以某一主要产业为主。这一布置虽然避免了重复建设，却也致使各卫星城的工业门类单一化，各类产业难以平衡发展。①再者，由于单一的生产性质导致了人口结构的不平衡，重工业之下的男女比例失调妨碍了卫星城的健全发展，尤其是产生青年男女的婚姻问题。从距离上看，卫星城

① 曹莎：《基于大城市的我国卫星城发展策略研究》，长安大学硕士学位论文 2008 年。

距离中心城区较远，最远的金山卫距离人民广场达70公里。

按照之前的规划，“卫星城建设要形成一个比较完善的生产和生活环境，具有城市的综合功能。要建立卫星城与中心城、卫星城与卫星城之间便捷的交通和通讯联系，研究添设大容量的快速客运工具，使中心城至卫星城和‘两翼’地带的交通时间逐步缩短到一小时以内。要进一步建设灵敏的信息联系，尽快完善各卫星城和‘两翼’地带的信息通讯设施，以利生产协作和社会生活交往，发挥群体组合城市的作用”。①但实际上，在1990年前，中心城和卫星城之间的道路状况较差，居民的出行极为不便，落后的交通条件，使人在主观心理上拉大了卫星城和中心城之间的距离。

表2-1还显示，卫星城的建设用地规模也没有达到预期，就连最先建设的5个卫星城差不多也只占规划用地面积的三分之一左右，缺乏规模聚集的优势，注定卫星城难免出现基础设施薄弱，生活设施不足的情况，卫星城在很多方面不能完全地自给自足和独立发展，在很大程度上还必须依赖中心城，人们生活远没有中心城区方便。

20世纪80年代中期，同济大学的师生曾对三个卫星城开展过抽样调查，结果反映：“卫星城的居民普遍对商业服务和交通设施表示不满意。其中，对菜场和出租汽车最为不满意”，比较不满意“火车站和饮食店”，此外是对“医疗及体育设施的质量和数量也颇为不满”。②此外，由于卫星城的主要工业以重工业为主，还有不少市区排污企业迁入，在解决中心城区环境污染的同时，由于资金问题和意识不到位，加剧了郊区卫星城的污

① 《上海城市规划志》编纂委员会：《上海城市规划志》，上海社会科学院出版社1999年版，第110页。

② 张捷编著：《新城规划与建设概论》，天津大学出版社2009年版，第123页。

染。这些情况都一定程度上影响着卫星城的进一步发展。

改革开放之后，卫星城并不是上海工业布局建设发展的唯一选择，卫星城发展的同时，在20世纪80年代，上海开始一种新型的工业集聚区——开发区的建设①。闵行、虹桥、漕河泾三大国家经济开发区进行建设，闵行开发区以出口加工为主，漕河泾开发区以高新技术产业为主，虹桥开发区为领馆、外贸与旅游宾馆区。

闵行经济技术开发区在1995年时工业产值达110亿元，经济效益显著。1994年底时，已有150家外资企业在漕河泾新兴技术开发区内落户，全区工业总产值达到91亿元。虹桥经济技术开发区至1995年底，已建成并开业的项目15个（16幢楼），建筑面积61万平方米，包含写字楼建筑、宾馆客房、商住楼建筑、生活娱乐设施等，一个以外贸中心为特征的经济技术开发区初步形成。②随着三大开发区的基础设施不断完善，它们逐渐成为上海工业对外开放的招牌。

三、20世纪90年代上海工业转型和新城建设需求

早期卫星城镇的建设，其作用主要是为上海工业发展提供空间，但工业门类较为单一，人口规模也比较小。尽管在20世纪80年代重新得到重视进行开发，但是工业性质过于突出，生活功能滞后，这些由发展模式带来的问题始终难以解决。90年代之后，上海经济结构调整和城市功能定位的变化，需要卫星城突破原有的发展模式。

① 杨上广：《中国大城市经济空间的演化》，上海人民出版社2009年版，第80页。

② 《上海城市规划志》编纂委员会：《上海城市规划志》，上海社会科学院出版社1999年版，第433页、第440页、第446页。

1990 年 4 月，中央政府决定开发开放浦东。两年后，党的十四大明确上海“一个龙头、三个中心”的战略要求，上海城市功能和性质发生了巨大的变化，从而迫切需要更新观念，探索新思路。同年底，中共上海市第六次代表大会上作出上海产业结构战略性调整的决定，明确将上海经济发展的产业顺序从“二、三、一”调整为“三、二、一”，即优先发展第三次产业，积极调整第二次产业，稳定提高第一次产业。这次战略性调整的决定，对日后上海的经济结构和工业结构产生了巨大影响。①

为适应改革开放的新形势以及改造建设中心城的需要，从大都市发展的需求出发，上海对市内行政区划作出重大调整，原上海县和原闵行区合并为闵行区，原川沙县以及原上海县三林、黄浦、南市、杨浦区的浦东部分合并成立浦东新区，嘉定县撤县建区，宝山区则最早于 1988 年 1 月由原宝山县和原吴淞区合并而成，区划的重新调整有利于激发区一级的活力加速建设。

同期在上海市城市规划设计院编制的新一轮上海城市总体规划方案中，提出市域城镇体系由主城、辅城、县城和集镇 4 个层次构成。吴淞—宝山、闵行—吴泾这两座卫星城分别调整为宝山、闵行辅城的分区，嘉定、安亭卫星城成为嘉定辅城的两个分区；青浦城、松江城、金山卫、南桥城、惠南城、城桥城为上海郊区 6 个县城。②

浦东开发开放之后，上海经济迅猛发展，“先后增设了金桥出口加工区和张江高科技园区 2 个国家级工业集聚区，以及分布在郊区各县（区）的 9 个市级开发区。国家级开发区和市级开发区的建设，对上海工业经济的发展和产业空间布局的优化起到重要作用。截至 1995 年底，全市共有 5

① 杨公朴、夏大慰编：《上海工业发展报告——五十年历程》，上海财经大学出版社 2001 年版，第 106 页。

② 张捷：《新城规划与建设概论》，天津大学出版社 2009 年版，第 121 页。

个国家级工业开发区（闵行、漕河泾、金桥、张江、外高桥）、9个市级工业区、30个县（区）级工业区、16个乡镇级工业区”。[①]“九五”初期，上海市政府还作出重点推进“1+3+9”工业区建设和发展的安排。[②]此外，各乡镇分布大量小型开发区，上海工业布局由市中心区向郊区不断扩散。

按照规划布局要求，这段时期，城市建设重点在浦东和中心城区的旧区改造，工业企业则逐步迁出市区。至1997年，市区的工业企业数和工业产值占全市工业企业数和全市工业总产值的比重降至30%以内，郊区郊县的工业企业数和工业产值比重达全市企业数和全市工业总产值的70%以上，上海工业布局发生巨大变化。

表2-2　上海工业布局变迁状——企业数和工业产值（1980—1997年）

	企业数(个)					工业产值(亿元)			
	1980	1985	1990	1995	1997	1985	1990	1995	1997
全市合计	572.8	10 656	13 220	15 877	23 986	830	1 059	4 663	5 448
市　区	427.1	5 397	5 739	5 528	5 397	594	615	1 628	1 539
郊区郊县	135.9	5 170	7 448	10 331	18 598	223	436	3 001	3 892
外省市	9.7	89	33	18	14	11.2	7.7	35.6	17

资料来源：上海市府发展研究中心课题组：《论上海工业布局的调整——关于上海工业向“9+1”区域相对集中的探讨》，《上海经济》1999年第5期。

表2-2企业数的工业产值的统计显示，郊区郊县的比重一直稳步上升，到1997年时，郊区郊县的企业数占全市的比重达77.5%，工业产值占71.4%。9个市级工业区，到1998年底已建成17.18平方公里，当年工业

① 杨上广：《中国大城市经济空间的演化》，上海人民出版社2009年版，第81页。

② “1”指浦东新区，“3”指闵行经济技术开发区、漕河泾新兴技术开发区、上海化学工业区，“9”指崇明工业园区、宝山城市工业园区、嘉定工业区、青浦工业园区、松江工业园区、莘庄工业园区、金山嘴工业区、康桥工业区和上海市工业综合开发区（原奉浦工业区）。杨上广：《中国大城市经济空间的演化》，上海人民出版社2009年版，第82页。

总产值31亿元，约占全市工业的5%。[①]遵循“市区体现上海的繁荣与繁华，郊区体现上海工业的实力与水平”的指导原则，上海郊区工业在21世纪得到快速发展。

上海工业布局是历史长期演变的坎坷过程，在当时城市经济发展水平之下，相应历史时期所对应的工业布局有其合理的一面，但是随着上海城市经济的发展和城市地域的扩大，工业布局又表现出与其不相适应的地方。正如有些学者指出的那样，“‘一五’期间为适应工业项目的迁建和新建，先后开辟了北新泾、彭浦、长桥等近郊工业区，在一定程度上缓解了工业过分集中于市区的状况，但随着城市规模的进一步扩大，这些工业区又被划入市区并形成对中心城的包围。这也将不适应城市产业结构转变和工业生产进一步发展的要求，必然导致又一轮的工业布局结构的调整”。[②]

上海城市空间结构调整过程中，一直试图将中心城区人口、产业等向郊区疏解，以此构筑“多轴多核”的城市空间结构，虽然此前卫星城建设取得一定成效，但相对单一的工业发展严重限制卫星城的进一步发展，为探索新出路，在20世纪末期，郊区的卫星城建设逐渐纳入城镇化体系以新城等新形态深入发展。

新城的概念源于英国，最初是为了疏解大都市人口，建设一个兼顾生活和工作、平衡、自足的新城，“之后新城的概念逐渐发展，强调新城充满机会和选择自由、交通方便、多样化、吸引人且有充分的物质设施”。[③]综合我国新城发展的实际情况，借鉴国外新城发展的实践经验，国内学者

① 上海市府发展研究中心课题组：《论上海工业布局的调整——关于上海工业向“9＋1”区域相对集中的探讨》，《上海经济》1999年第5期。

② 杨公朴、夏大慰主编：《上海工业发展报告——五十年历程》，上海财经大学出版社2001年版，第242页。

③ 张捷：《新城规划与建设概论》，天津大学出版社2009年版，第194页。

将新城的概念界定为："出于特定的政策目标进行规划和建设；位于大城市郊区，有永久性绿地与中心城市相隔离；交通便利、设施配套、环境优美，能分担大城市区域中心城市的居住功能及产业功能的、具有相对独立性的城市社区。"①

1999年，《上海市城市总体规划（1999—2020）》明确提出，郊区要"集中力量建设新城，规划形成若干个城市功能完善、产业结构合理、2010年人口规模在30万人以上的新城，充分发挥集聚和规模效应"，②由此揭开郊区新城建设的序幕。又从提出"1966"城乡规划体系以统筹城乡发展，即建设1个中心城、9个新城（嘉定、松江、临港、闵行、宝山、青浦、金山、南桥、城桥）、60个左右新市镇、600个左右中心村，重点建设松江、嘉定、南汇（临港）、青浦、南桥等郊区新城。黄文忠认为，新城、中心镇提出的本身，反映了人们对传统卫星城功能认识的深化。在上海，郊区各区县政府所在地均被确认为新城，以发挥地方政府建设新城的积极性和发挥该地区政治、经济、文化中心的地缘优势。可以说，新城和中心镇进一步明确了现代卫星城需要具备社会、产业的综合功能。③

纵观改革开放以来上海的城市建设和工业布局，可以说，改革开放之初是典型单中心城镇模式，卫星城还需依赖中心城而发展，进入20世纪90年代，四级城镇体系初步形成，郊区工业的发展带动郊区经济向前发展，郊区的面貌有了较大程度的改变，市区人口逐渐外迁。④到20世纪末，新城建设呼之欲出，城市由单中心走向多中心。有研究者总结到：

---

① 张捷：《新城规划与建设概论》，天津大学出版社2009年版，第194页。

② 张凡、宁越敏：《上海新城建设研究》，《上海城市规划》2012年第5期。

③ 黄文忠主编：《上海卫星城与中国城市化道路》，上海人民出版社2003年版，第205页。

④ 王宇：《当代中国大城市人口分布变动新形势、新特点研究》，华东师范大学硕士学位论文2009年。

> 20世纪80年代以来，城市化对中国城市发展的影响是有史以来最深刻而又最剧烈的，从计划经济向市场经济的演变，从封闭国门向世界开放，改革开放使得中国步入快速工业化和城市化进程，它不仅改变了城市历史，也重构了城市的空间结构。上海是中国大城市经济空间剧烈变迁的经典案例。随着上海社会迅速发展。尤其是1990年的浦东开发开放，使得上海的城市建设经历了根本性的变化，与此同时，上海城市经济空间也发生了巨大的变迁与重构。①

从卫星城到新城的转变，正是上海城市建设和工业布局对上海经济社会结构变动在空间上的响应，经济社会在城市空间上的投影一览无余。随着卫星城向新城纵深发展，新城的规模也有不断增大的趋势，上海城市的空间结构也将呈现多中心化发展的样态。

第四节　工业新布局与生态城市：新世纪的上海（2001—2019）

一、上海功能与定位的变化

（一）从“国际大都市”到“卓越的全球城市”

党的十四大报告提出，“以上海浦东开发开放为龙头，进一步开放长江沿岸城市，尽快把上海建成国际经济、金融、贸易中心之一，带动长江

① 杨上广、王春兰：《经济发展与大城市工业空间结构演变研究——基于上海的实证分析》，《云南师范大学学报》（哲学社会科学版）2011年第1期。

三角洲和整个长江流域地区经济的新飞跃”。[①]上海抓住浦东开发开放的历史机遇，经济社会、城市建设步入快车道，“是上海城市建设力度最大、发展最快、成绩最显著的时期”。[②]2001年5月，国务院批复并原则同意《上海市城市总体规划》(1999年—2020年)，明确提出“把上海市建设成为经济繁荣、社会文明、环境优美的国际大都市，国际经济、金融、贸易、航运中心之一”,[③]把“上海建设成为社会主义现代化国际大都市”。[④]根据这一目标，上海统筹城市建设和发展，优化城市整体布局，在中心城区控制人口规模，疏解工业至郊区，着重推进重大产业基地建设和工业园区建设。

2001年1月5日，上海市政府出台《关于上海市促进城镇发展的试点意见》，明确提出“一城九镇”的试点计划，希望学习国外城镇建设经验，在郊区建设风格各异、特色鲜明的城镇，来吸引中心城区财力、能动性强的人，以达到疏解中心城区人口、促进郊区发展的目的。2004年11月，上海市政府发表《关于切实推进“三个集中”，加快上海郊区发展的规划纲要》，临港新城、嘉定新城含安亭成为城镇体系中的二级城镇，“一城九镇”演变成“三城七镇”，以松江、嘉定、临港为代表的新城是郊区建设的重点，未来三大新城的人口规模预计达到80万—100万，约占郊区人口的四分之一。[⑤]

---

① 江泽民在中国共产党第十四次全国代表大会上的报告，《加快改革开放和现代化建设步伐　夺取有中国特色社会主义事业的更大胜利》，1992年10月12日，http://www.gov.cn/test/2008-07/04/content_1035850.htm，2018年12月4日。

②④ 上海市人民政府：《上海市城市总体规划（1999年—2020年）中、近期建设行动计划》。

③ 《国务院关于上海市城市总体规划的批复》，国函〔2001〕48号，2001年5月11日，http://www.gov.cn/gongbao/content/2001/content_60877.htm，2018年12月15日。

⑤ 上海市人民政府：《关于切实推进“三个集中”，加快上海郊区发展的规划纲要》，2004年11月17日。

2005年，上海市提出“1966”四级城乡体系规划框架。“1”为1个中心城：即外环线以内的区域，面积约660平方公里。中心城发展主要是完善强化信息、交通、管理、服务等功能，大力发展现代服务业。规划至2020年，总人口控制在950万左右。“9”是宝山、嘉定—安亭、青浦、松江、闵行、奉贤南桥、金山、临港、崇明城桥9个新城。9大新城的人口将达到540万左右，占郊区总人口的一半。①

2016年8月22日，上海市政府正式启动《上海市城市总体规划（2016—2040）》草案的社会公示。草案提出“上海至2040年建成卓越的全球城市，国际经济、金融、贸易、航运、科技创新中心和文化大都市”②并把上海建设成为一座“生态之城”，规划“主城区—新城—新市镇—乡村”四级的市域城乡体系。优化产业空间布局，主城区重点发展高端生产性服务业和高附加值都市型工业，郊区集聚发展先进制造业，建设浦东临港、祝桥、崇明长兴、金山、奉贤、宝山、嘉定等高端制造业基地。

2018年1月，上海市人民政府发布《上海市城市总体规划（2017—2035）》，在《上海市城市总体规划（1999—2020）》确定的发展目标初步实现的基础之上，提出“2020年建成具有全球影响力的科技创新中心基本框架，基本建成国际经济、金融、贸易、航运中心和社会主义现代化国际大都市”，“2035年基本建成卓越的全球城市，令人向往的创新之城、人文之城、生态之城，具有世界影响力的社会主义现代化国际大都市”。③

① 《上海十一五规划亮点：“1966”四级城镇体系框架》，http：//www.gov.cn/jrzg/2006-02/05/content_178052.htm，2018年12月15日。

② 上海市城市总体规划编制工作领导小组办公室：《上海市城市总体规划（2016—2040）》（草案公示版），2016年8月。

③ 上海市人民政府：《上海市城市总体规划（2017—2035）》，2018年1月，http：//www.shanghai.gov.cn/nw2/nw2314/nw32419/nw42806/，2018年12月15日。

优化城市空间布局，建设“主城区—新城—新市镇—乡村”的城乡体系。推动城市功能转型，主城区优先发展高端生产性服务业和高附加值都市型工业，郊区集中布局先进制造业于工业区，形成高端产业基地。

（二）四个中心建设稳步推进

1992年，党的十四大报告确立把上海建成国际经济、金融、贸易中心的任务；1996年，党中央提出“要建设以上海为中心、以江浙为两翼的上海国际航运中心”，构建起建设“四个中心”的上海发展的基本框架。2001年2月上海编制并通过《上海市国民经济和社会发展第十个五年计划纲要》，提出要“全方位推进上海国际金融中心、国际贸易中心建设，加快建设上海国际航运中心”。①2001年5月，国务院明确提出把上海市建设成为国际经济、金融、贸易、航运中心之一。上海的“四个中心”建设成为此时国家的发展战略。

2006年3月，胡锦涛总书记在参加十届全国人大四次会议上海代表团的审议时，对上海寄托了实现“四个率先”的期望，并要求上海转变经济增长方式。2006年2月，“十一五”规划纲要提出，“十一五”期间，“形成国际经济、金融、贸易、航运中心基本框架，取得社会主义现代化国际大都市建设的阶段性进展，为上海从2011年到2020年的持续发展奠定坚实基础”。②2007年5月，习近平在中国共产党上海市第九次代表大会作报告，提出努力率先转变经济增长方式，开创上海国际经济、金融、贸易、航运中心和社会主义现代化国际大都市建设的新局面。2011年1月21日，

① 《上海市国民经济和社会发展第十个五年计划纲要》，2001年2月12日，http：//www.shanghai.gov.cn/nw2/nw2314/nw2319/nw2404/nw4032/nw4043/u26aw51.html，2018年12月15日。

② 《上海市国民经济和社会发展第十一个五年规划纲要》，2006年2月8日，http：//www.shanghai.gov.cn/images/shiyiwu/chinese.pdf，2018年12月15日。

“十二五”规划获批，指出要全力推进国际金融、航运和贸易中心建设，全面提升经济中心城市的国际地位，为2020年基本建成“四个中心”奠定坚实基础。2013年9月29日中国（上海）自由贸易试验区成立，在投资、贸易、金融、航运等领域为上海创造有利的发展机会和条件，有力地促进“四个中心”建设。2016年1月，上海市在“十三五”规划纲要中，提出到2020年，基本建成与我国经济实力和国际地位相适应、具有全球资源配置能力的国际经济、金融、贸易、航运中心。

同年，“四个中心”建设被写进了国家“十三五规划”，上海要发挥在沿江经济带发展中的引领作用，“四个中心”超出上海一个城市的范围，上升为推动建设长江经济带的国家战略。

（三）经济转型，产业结构调整升级

随着“四个中心”建设战略的提出和不断推进、实施，上海对产业结构进行大规模调整，优化升级，突出发展第三产业成为特点。

1992年上海市第六次党代会，将上海经济发展顺序确定为“三、二、一”，优先发展第三产业（以金融、商贸、交通、通信等为重点），调整第二产业（重点发展支柱产业和高新技术产业）。1995年，上海市委六届四次全会明确上海重点发展的产业，突出发展第三产业中的金融保险、商品流通等，第二产业中的汽车、通信设备、电站、石化、家电、钢铁六大支柱产业和现代生物、计算机、新材料三大高新技术行业。

进入21世纪以来，上海市第三产业快速发展，2000年占上海国内生产总值超过50%。①2002年，上海第三产业增加值占国内生产总值的比重达51%，②

① 《上海市国民经济和社会发展第十个五年计划纲要》，2001年2月12日，http://www.shanghai.gov.cn/nw2/nw2314/nw2319/nw2404/nw4032/nw4043/u26aw51.html，2018年12月15日。

② . 上海市统计局：《2002年上海市国民经济和社会发展统计公报》，《上海统计》2003年第2期。

第三产业成为推动上海经济发展的决定性力量。2016年，第三产业增加值占上海市生产总值的70.5%。①2017年，第三产业增加值20 783.47亿元，增长7.5%，占上海市生产总值的比重为69.0%，比重略有下降，但增速仍高于第二产业的5.8%。②2018年上半年，第三产业增加值10 761.97亿元，增长7.4%，占全市生产总值的69.2%，③显示出第三产业在上海经济发展中的突出作用和引领态势。

1990年12月，上海证券交易所成立并正式运转，重新确立了上海在全国资本市场的地位和作用。2000年10月，上海钻石交易所成立。2003年12月，上海联合产权交易所成立。2006年8月，上海石油交易所成立。上海初步建成覆盖面广、交易规模大、影响全面的金融市场。金融服务业成为上海优先发展和重点增长区域。金融保险业在“九五”期间对上海第三产业的增长贡献度为近25%。④2002年，上海金融保险业增加值达584.67亿元。⑤2017年，全年实现金融业增加值5 330.54亿元，比2016年增长11.8%。⑥2018年1至6月，金融业增加值2 917.74亿元，增长5.2%。⑦

第二产业方面，六大支柱产业和三大高新技术产业迅速发展，都市型工业获得较大发展。上海市“十五”计划纲要中，提出优化发展石化、钢铁两大基础产业，进一步增加两大产业的竞争力。以市场为导向，鼓励发

① 上海市统计局、国家统计局上海调查总队：《2016年上海市国民经济和社会发展统计公报》，《统计科学与实践》2017年第3期。

②⑥ 上海市统计局、国家统计局上海调查总队：《2017年上海市国民经济和社会发展统计公报》，《统计科学与实践》2018年第3期。

③⑦ 上海市统计局、国家统计局上海调查总队：《2018年上半年上海市国民经济运行情况》，2018年7月17日，http：//www.stats-sh.gov.cn/html/sjfb/201807/1002288.html，2018年12月15日。

④ 龚仰军：《上海经济发展中的产业结构优化研究》，《上海财经大学学报》2003年第5期。

⑤ 上海市统计局：《2002年上海市国民经济和社会发展统计公报》，《上海统计》2003年第2期。

展服装服饰、食品加工、室内装饰装潢、包装与印刷、化妆洗涤用品、钻石加工和工艺美术旅游品及文体用品等都市型工业。①至2005年，六大产业工业（电子信息、汽车、石化、钢铁、成套设备、生物医药）总产值为9 954.28亿元，占上海市工业总产值的63.13%；高新技术产业总产值4 826.67亿元，占28.6%；都市型工业总产值为2 109.95亿元。②

"十一五"规划提出优先发展先进制造业，并利用先进技术提升制造业水平。同时提升汽车、设备制造等优势产业的竞争力，重点发展生物医药、新能源新材料、船舶制造、航空航天等战略产业。③"十二五"规划提出，优化提升先进制造业，提高汽车、船舶产业核心竞争力；促进电子信息制造业转型升级；优化钢铁、石化产业产品结构；提高都市工业能级，打造现代都市工业体系。④

2014年6月，《上海市产业结构调整负面清单及能效指南（2014版）》发布，用"负面清单"的管理模式，加快淘汰高能耗产业，上海产业结构调整进一步加速。之后，上海主动对接"互联网+""中国制造2025"，将发展的目光投在打飞机、高端装备制造、高端医疗器械等领域。2016年，六大支柱产业工业总产值为21 003.47亿元，占全市工业总产值的67.5%；高技术产业产值6 618.26亿元，占21.3%；都市型工业总产值为3 425.17亿元。⑤2017年，六个重点工业行业完成工业总产值

① 《上海市国民经济和社会发展第十个五年计划纲要》，2001年2月12日，http://www.shanghai.gov.cn/nw2/nw2314/nw2319/nw2404/nw4032/nw4043/u26aw51.html，2018年12月15日。

② 上海市统计局编：《2006年上海统计年鉴》，中国统计出版社2006年版，第256页。

③④ 《上海市国民经济和社会发展第十二个五年规划纲要》，2006年2月8日，http://www.shanghai.gov.cn/shanghai/node2314/node15822/node15823/node15897/userobject21ai144564.html，2018年12月5日。

⑤ 上海市统计局、国家统计局上海调查总队编：《2017年上海统计年鉴》，中国统计出版社2017年版，第254页、255页、257页。

23 405.50 亿元，比 2016 年增长 9.0%；节能环保、新一代信息技术、生物医药、高端装备、新能源、新能源汽车、新材料等战略性新兴产业得到重点关注，发展迅速，全年完成工业总产值 10 465.92 亿元，比上年增长 5.7%，占全市规模以上工业总产值的30.8%。①2018 年上半年，六个重点行业工业总产值11 559.57 亿元，增长 5.1%，生物医药和汽车制造业增长最为迅速；战略性新兴产业总产值 5 063.12 亿元，比上年增长 8.1%，其中新能源汽车增长 29.6%，②显示出汽车制造业的优势进一步增强，也反映出近年来环保压力下，汽车制造业的转型升级与自我提升、突破。

（四）上海制造，上海智造

工业制造业是国民经济的基础和重要支柱，改革开放以来，我国制造业取得巨大进步，已成为世界第一的制造业大国，但同时也存在着结构失衡、产能过剩、质量效益较低等突出问题。与此同时，随着信息网络技术的发展，制造业面临依托网络信息技术，与之融合实现转型升级，提高产品质量和竞争力的重大机遇。2015 年 3 月 5 日，李克强总理在《政府工作报告》中正式提出“中国制造 2025”的宏大计划。“中国制造 2025”提出三步走的发展战略，希望用三个十年的时间，实行五大工程，在十大领域实施重点发展，使中国从制造业大国成为制造业强国，提高我国制造业的创新能力和劳动生产率，建成全球领先的技术体系和产业体系。③

为落实“中国制造 2025”，迎接科技创新和工业升级的机遇与挑战，

① 上海市统计局、国家统计局上海调查总队：《2017 年上海市国民经济和社会发展统计公报》，《统计科学与实践》，2018 年第 3 期。

② 上海市统计局、国家统计局上海调查总队：《2018 年上半年上海市国民经济运行情况》，2018 年 7 月 17 日，http：//www.stats-sh.gov.cn/html/sjfb/201807/1002288.html，2018 年 12 月 15 日。

③ 《国务院关于印发〈中国制造 2025〉的通知》，2015 年 5 月 19 日，http：//www.gov.cn/zhengce/content/2015-05/19/content_9784.htm，2018 年 12 月 9 日。

为“四个中心”、社会主义现代化国际大都市建设提供坚实基础，重现“上海制造”的经典名片，2016年上海制定《“中国制造2025”上海行动纲要》。提出坚持高端化、智能化、绿色化、服务化的发展方针，围绕重点产业发展和关键核心突破，推动上海工业转型升级，推动建立智能制造公共服务平台，建成智能制造产业示范区。在《纲要》中，绿色制造，高效、清洁、低碳、循环成为工业示范园建设的方向；腾笼换鸟，为新兴产业发展腾空间，推动宝山钢铁、上海石化等传统产业基地改造升级，高桥、吴泾等地区结构调整转型，桃浦、南大、吴淞等地整体转型；推动临港、张江、汽车城、漕河泾、金桥等国家新兴工业化产业示范基地迈向卓越、全球领先，推进乡镇工业区转型升级，建设绿色园区。①2017年3月18日，上海市推进《“中国制造2025”上海行动纲要》工作领导小组召开第一次会议，对2017年上海制造业转型升级作出安排，推进结构调整和绿色发展，强化工业用地开发管理。

二、上海工业新布局

上海自“九五”以来，随着“四个中心”建设的推进和城市总体规划的实施，逐步加大产业结构战略性调整的力度，第三产业发展喜人，高新技术工业进一步向工业开发区和高科技园区集中，工业六大支柱行业占比过半。在清理整顿散乱村镇工业区的基础之上，2000年上海形成“1+3+9”②的工

① 《〈“中国制造2025”上海行动纲要〉解读说明》，2016年9月23日，http：//www.shanghai.gov.cn/nw2/nw2314/nw2319/nw41893/u21aw1211934.html，2018年12月9日。

② 1指浦东新区，3指闵行经济技术开发区、漕河泾新兴技术开发区、上海化学工业区，9指九大市级工业区，上海市松江工业区、上海浦东康桥工业区、上海市嘉定工业区、上海市金山嘴工业区、上海市莘庄工业区、上海市奉浦工业区（2000年4月更名为上海市工业综合开发区）、上海宝山城市工业园区、上海青浦工业园区、上海市崇明工业园区。

业区分布格局。

进入21世纪以来，为助力“四个中心”和社会主义现代化大都市建设，在“创新驱动，转型发展”发展战略的指引之下，上海进一步推动产业结构调整，优化产业布局，对工业布局不断进行调整。上海工业布局的总体状况是，传统工业加快退出中心城区，传统的杨浦、彭浦、桃浦、吴泾等工业基地得到改造、调整和转型，中心城区集中发展现代服务业，工业向主要位于郊区的国家级、市级工业园区集中，并以其为载体，逐渐建成国家微电子产业基地、精品钢铁基地、国际汽车城、临港装备产业基地等重大产业基地。①

（一）上海工业新布局的特点

1. 工业大量从中心城区退出

随着上海城市定位的变化，产业结构、发展战略的升级与改变，上海明确工业退出中心城区，并改造、调整和转型原城区范围内的传统工业基地，如杨浦、彭浦、桃浦、吴泾等，以便腾笼换鸟，为城区发展信息、金融、商贸等的现代服务业腾出空间。2003年，黄浦区、卢湾区、徐汇区、长宁区、静安区、普陀区、闸北区、虹口区、杨浦区等9个城区工业企业数3 135个，从业人数45.5万人，总产值1 747.66亿元。2015年，上述城区的工业企业数421个，从业人员12.6万人，总产值2 470.14亿元。②2016年工业企业从业人员进一步下降到11万人。无论从企业数量还是从业人员数量来说，城区的工业已经大量减少。

---

① 《上海市国民经济和社会发展第十二个五年规划纲要》，2006年2月8日，http：//www.shanghai.gov.cn/nw2/nw2314/nw2319/nw22396/nw22401/u21aw144564.html，2018年12月9日。

② 依据2005年、2017年上海统计年鉴相关数据计算。

2. 工业向产业基地和各类国家级、市级开发区集聚，推进并建立了六大产业基地

2004年，九大工业园区（松江、康桥、嘉定、莘庄、上海市工业综合开发区、金山嘴、宝山城市、青浦、崇明）共有企业960个，从业人员20.51万人，工业总产值995.51亿元，分别占上海市工业的7.8%、8.6%、7.7%。2016年上海市国家级、市级工业园区从业人员118.6万人，工业总产值16 756.72亿元，分别占上海全市工业的55.6%、53.8%，①已经占据上海工业的半壁江山。

3. 郊区工业集聚增强

从“十五”规划开始，按照市区体现繁荣繁华、郊区体现实力水平的要求，明确市区强化信息、金融、商贸功能，工业方面发展都市型工业，郊区依托工业园区，引导工业项目向“1+3+9”工业园区集中，构筑郊区实力型产业发展格局。郊区有较好的工业基础以承接市区工业的转移，并根据本地特点强化发展优势行业，吸引内外投资，进一步增强工业园区的集聚功能。2004年，郊县区（含浦东新区）共有工业企业8 379个，从业人员154.71万人，工业产值7 602.59亿元，工业总产值占全市工业总产值的59%。2016年郊县区（含浦东新区）共有工业企业从业人员200.58万人，占全市工业企业从业人员总数的94%，工业产值达27 827.73亿元，占全市工业总产值的89.37%。②建设的六大产业基地，除国家微电子产业基地外，其余五个均在郊区县。

4. 产城融合

工业由中心城区向上海郊区工业园集聚、转移与上海郊区新城建设同步进行，相互结合，产（工）业发展与新城建设相互融合、促进。《上海

---

①② 依据2005年、2017年上海统计年鉴相关数据计算。

市城市总体规划》(1999—2020 年) 明确提出依托重大产业基地建设和工业园区建设开展郊区新城建设，以承接中心城区疏解的工业和人口。进入 21 世纪以来，随着上海产业结构的调整，大量工业企业集聚到郊区的工业园区，特色产业基地也逐渐建立起来，郊区新城的建设随着加速。"十二五"规划对产城融合进行推动，"统筹工业园区、产业基地、大型居住区与新城建设，加强产业发展与新城建设互动融合"。①新城建设的力度不断提升。

5. 都市型工业发展迅速

按照上海市产业结构调整的要求，城区工业主要发展服装服饰、食品加工、包装印刷、室内装饰用品制造、化妆品清洁用品制造、工艺美术品、小型电子信息产品制造等的低污染、低能耗型的都市型工业。2002 年上海都市型工业从业人员 69.95 万，产值 1 435.05 亿元。2016 年，上海都市型工业从业人员 39.23 万人，产值 3 425.17 亿元。

6. 高新技术产业及重点支柱产业发展迅速

21 世纪以来，上海在淘汰、转移、改造高能耗、高污染产业的同时，着重发展高新技术产业和重点支柱产业，在上海工业中的比重不断增加。2002 年，上海高新技术产业总产值 1 980.08 亿元，占全市工业总产值的 23.4%，重点发展的六大支柱产业总产值 4 517.88 亿元，占全市工业总产值的 58.4%。②2017 年六个重点工业行业完成总产值 23 405.50 亿元，占全市规模以上工业总产值的 68.9%。③

① 《上海市国民经济和社会发展第十二个五年规划纲要》，2011 年 1 月 21 日，http://www.shanghai.gov.cn/shanghai/node2314/node25307/node25455/node25474/node25478/u21ai480862.html，2018 年 12 月 15 日。

② 上海市统计局：《2002 年上海市国民经济和社会发展统计公报》，《上海统计》2003 年第 2 期。

③ 上海市统计局、国家统计局上海调查总队：《2017 年上海市国民经济和社会发展统计公报》，《统计科学与实践》2018 年第 3 期。

（二）上海工业新布局带来的影响

1. 郊区工业化、城镇化

随着大量工业企业的迁入、工业园合并治理、产业基地的建设，以及上海城市规划的实施，郊区新城的逐渐发展建设，各郊区的工业化、城镇化水平不断提高。2002年，区县工业发展迅速，总产值3 457.73亿元，对全市工业增长的贡献率达57.4%。[①]2004年上海市第一次经济普查显示，工业企业主要集中在浦东新区、嘉定、闵行、青浦、松江等区。2016年，各区县（含浦东新区）工业总产值27 827.73亿元。[②]

农村剩余人口和劳动力向城镇集中，上海人口城镇化的进程加快。从2000年到2014年，上海非农人口在总人口中的比重从74.6%上升至90.0%。趋势见图2-1：

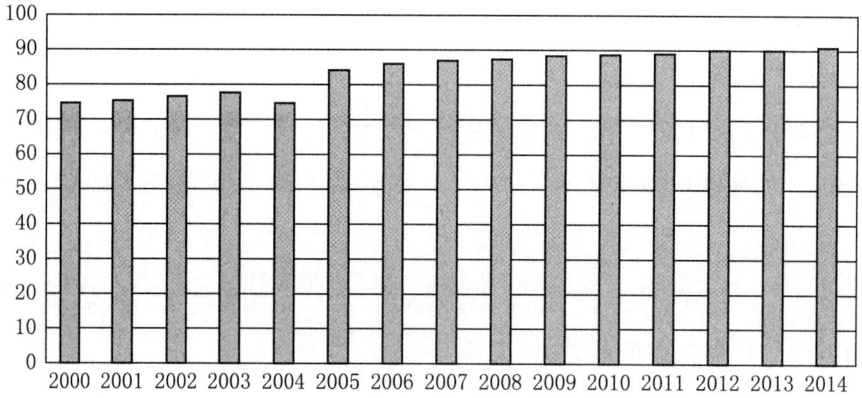

图2-1　上海非农人口占总人口比例

资料来源：2015年上海统计年鉴数据。

---

① 上海市统计局：《2002年上海市国民经济和社会发展统计公报》，《上海统计》2003年第2期。

② 上海市统计局、国家统计局上海调查总队编：《2017年上海统计年鉴》，中国统计出版社2017年版，第241页。

2. 随着城镇化进程，郊区人口增加迅速

随着经济社会的发展，上海城市人口总量持续增加，但郊区人口增加更快。随着大量工业企业的迁入，新城功能的不断完善，各郊区人口有明显增加，而中心城区人口呈下降趋势。据 2000 年上海市第五次人口普查显示，闵行区、宝山区新增常住人口均超过 50 万人，嘉定区新增人口 20 余万人。黄浦、卢湾、静安三区人口比 1990 年明显减少。其中，黄浦区减少 36.36 万，静安区减少 18.13 万，卢湾区减少 14.69 万人。①2004 年，闵行区、宝山区、嘉定区、金山区、松江区、青浦区、奉贤区、崇明县共有人口 545.27 万，占当年上海总人口的 40.64%；至 2014 年，增长到 1 176.02 万，占当年上海总人口的48.48%。②

3. 疏解中心城区压力，为现代服务业的发展准备条件，腾出空间

上海城市功能和定位的变化，产业机构的调整，要求上海的工业重新布局。工业企业向周边郊区的扩散与迁移，带来从业人员及家属的大量转移，有效缓解中心城区人口压力，以及人口众多带来的交通、住房、环境等方面的问题。有力地配合上海市的规划，为现代服务业的发展准备了土地、环境等的条件。

4. 促进新城的发展

在上海时的城市规划中，郊区新城是具有完全城市功能的节点城市。大量工业企业及从业人员的迁入，有效填补新城发展对产业、人口的需要，同时也为新城提供市场，使得新城在为工业园区提供必需的交通、住房、医疗、教育等的配套功能服务时获得更大的发展。

---

① 数据来源：依据上海市第四、五次人口普查资料计算。

② 上海市统计局编：《2005 年上海统计年鉴》，中国统计出版社 2005 年版，第 44 页。上海市统计局、国家统计局上海调查总队编：《2015 年上海统计年鉴》，中国统计出版社 2015 年版，第 45 页。

5. 工业集中集聚效应显现

2000 年底，郊县区共拥有 9 个市级工业园区，40 多个区县一级工业园区，200 多个镇级工业园区。这一方面显示出郊区在工业发展上面的基础，但另一方面也说明区县级的工业有了一定的规模，但也存在工业园区数量众多，分散凌乱，难以形成合力和集聚效应的问题。21 世纪上海工业布局的调整，对原有郊区工业园区进行整理、合并，工业主要集中于国家、市级工业园区，在集中投资、用地、配套设施建设方面形成便利条件。

三、生态城市建设

（一）上海生态城市建设的规划

生态城市是 20 世纪 80 年代苏联学者奥・亚涅斯基所提出的一种理想城市模型。人类历史中，城市的发展往往意味着对周边环境的掠夺和破坏，城市与自然成为一对矛盾体。随着人类社会的进步，人们认识到，人、人类社会、城市是全球生态体系的有机组成部分，城市发展不应以破坏自然为代价。城市在发展中出现的一系列诸如空气污染、水污染、噪声污染等问题，是一种错误的发展模式，应以摒弃，寻找城市与自然融合，实现经济发展、社会进步、生态保护的和谐统一。

党的十八大以来，生态文明建设日益重视和推进。上海作为一个人口多、经济体量大、周边影响力巨大的特大型城市，要在建设“四个中心”及社会主义现代化国际化大都市过程中解决城市问题，获得更大的发展，生态城市建设是必由之路。

20 世纪 90 年代，上海即开始在保持经济增长的同时，注意保有良好的生态环境。进入 21 世纪后，上海城市功能和定位的明晰和改变，使生态城市建设日益提到更加重要的地位。

“十五”规划要求城市发展方面进一步改善生态环境，开展污染防治、工业区环境治理，实现吴淞、桃浦工业区的综合治理。“十一五”规划提出，在上海发展循环经济，把上海建设成为资源节约型环境友好型城市，为此，工业方面要在市级以上工业区和六大产业基地内基本实现清洁生产，开展工业区污染治理，并要继续推进吴泾等工业区环境整治。“十二五”规划提出在上海建设生态宜居绿色家园，强化污染防治，提升环境质量。“十三五”规划提出，加强体制建设，推进循环经济，加强环境整治，进一步改善水和空气质量。

（二）工业布局调整与生态城市建设

由于历史发展的原因，20 世纪 90 年代前，上海工业企业主要集中于中心城区，工业“三废”给上海环境带来极大压力，上海的空气、水、土壤污染严重。进入 90 年代后，上海对工业布局进行调整，以疏解工业发展带来的环境压力。“整个 90 年代，上海工业系统共有 1 000 多个企业和生产点从中心城区迁出，为中心城区发展第三产业、减少污染创造了条件”。①

进入 21 世纪后，上海继续调整工业布局，传统工业加紧退出中心城区，并集中于郊区的工业园区，并对散乱的小型工业园进行整理整顿，重点发展国家级、市级产业园区，突出规模、集聚效应。中心城区在工业方面主要发展低能耗、低污染的都市型工业。

传统老工业基地改造、调整和转型，从上海传统工业的版图上消失。吴泾依靠科技提升工业能级，引入服饰产业，打造科技 + 时尚之镇；高桥着重发展现代服务业；吴淞变身为“艺术之城”；桃浦成为“桃浦智创城”。

---

① 黄金平：《调整优化工业布局，实现可持续发展》，《上海党史与党建》2002 年第 5 期。

（三）加强对工业区的综合管理

工业企业集聚于工业园区和产业基地，有利于强强联合，充分发挥集聚规模效应，形成产业链，但在园区运行中必须严格管理，适应生态城市建设的需要。

在工业园区建设、管理过程中坚持环境保护准入门槛，强调环保基础设施建设，先后制定污水收集、处理的基础设施建设和流程、标准等的规定，并要求2017年底前，工业集聚区应按规定建成污水集中处理设施。2010年，莘庄工业区成为上海首家国家生态工业示范园区。开展生态工业（产业）园区建设，对工业园区的产业进行能级提升、节能减排和生态化改造，可以进一步减少园区污染物排放，提升工业园区的环境水平。

第三章　卫星城与上海工业发展

第一节　重化工基地的建立：闵行、吴泾卫星城[①]

“闵行位于上海市南郊，处于黄浦江上游北岸，距上海市中心约 30 公里”。[②]新中国成立后，闵行拥有“工厂四个（地方国营上海农具铁工厂、私营中联染料厂和两个籽棉加工厂），建筑工地一个，手工业作坊四十余户，商贩二百八十户，学校六所”。[③]今天来看，工业基础极为薄弱，但在当时的上海市郊算是较好的。随着国营上海电机厂、国营上海汽轮机厂的新建和扩建，闵行镇的人口迅速增长。这些较为良好的工业条件以及先天独特的地理位置为闵行卫星城建设提供了基础。

吴泾位于上海市南郊，距市中心人民广场 25 公里。1958 年以前，吴

① 闵行卫星城、吴泾卫星城地理位置相近，现已经合并为闵行区，因而闵行卫星城和吴泾卫星城放入本节一起论述。

② 段晓彤：《耦合与失衡：闵行政区变迁中的上海城镇化进程（1958—1992）》，《上海党史与党建》2019 年第 4 期。

③ 《关于加强闵行的政权机构，成立闵行区的报告（草案）》，B1-1-1375，上海市档案馆藏。

泾仅是一个人口 200 多人的小村庄及砖瓦厂的所在地，为解决炼钢焦炭供应问题和城市煤气的需求，市政府决定在吴泾新建炼焦制气厂（今上海焦化厂）。1958 年上海市政府决定在闵行、吴泾地区分别建立机电和化工基地，建成上海汽轮机厂、上海电机厂、上海锅炉厂、上海重型机器厂、吴泾化工厂、吴泾热电厂等大中型企业，在上海南部形成重化工中心。现今闵行卫星城和吴泾卫星城同属于闵行区，随着城镇化进程的加快，闵行区已经成为上海主城区的重要组成部分。

一、闵行、吴泾卫星城的建设过程及阶段特征

闵行、吴泾在上海工业扩大发展的背景下，立足机电和化工的产业定位，成为以重化工为主的新兴卫星城镇。1961 年，在压缩重工业、精简职工的政策指导下，卫星城的基建规模放缓。改革开放后，上海的城市规划工作逐步获得恢复和发展，闵行、吴泾卫星城的功能也重新“复苏”，其发展阶段受上海工业布局和城市发展规划的影响这一特征表现得十分明显。

（一）农村集镇向重工业基地的转变

闵行原隶属于上海县，“1949 年前，只有一个制造小型农具的工坊，工人 26 人。1956 年起，先后扩建和新建七一机器厂等几个工厂”。①1958 年 9 月，上海将闵行规划为以机电工业为主的卫星城，人口 15 万—20 万，总用地约 21.7 平方公里。②作为上海市着重建设的第一个卫星城，一批技

① 《闵行镇十年来重大发展情况（资料）》，A1-1-0067-002，上海市档案馆藏。

② 《上海城市规划志》编纂委员会：《上海城市规划志》，上海科学院出版社 1999 年版，第 183—186 页。

术力量雄厚的大中型国有重型机器制造企业，或就地新建，或直接将厂址从市区迁入闵行。上海重型机器厂、上海锅炉厂、上海水泵厂、上海重型机床厂等大中型企业先后迁至闵行，闵行成为上海制造电站设备和重型机器设备的生产基地。

闵行卫星城重要企业有：

上海汽轮机厂：建立于 1953 年，是“国内最早建成的电站汽轮机制造的大型骨干企业。先后制造了中国第一台 6 千千瓦汽轮机、第一台引进型 30 万千瓦汽轮机、第一台 31 万千瓦核电汽轮机和第一台超临界 100 万千瓦汽轮机”,①创造了中国汽轮机制造史上的多项“第一”。

上海电机厂：建立于 1949 年 12 月，1952 年 9 月迁至闵行，是我国电机制造工业的骨干企业之一。1954 年，试制成中国第一台 6 000 千瓦汽轮发电机，1958 年，试制成功世界上第一台 1.2 万千瓦双水内冷汽轮发电机。

上海锅炉厂：1953 年 9 月，在浦江机器厂的基础上建立。1958 年 8 月在闵行建立新厂，是中国最大的电站锅炉专业制造企业之一。自 20 世纪 60 年代起，设计制造了新中国首台电站锅炉、首套核电主设备等产品。已成为国内外经营电站锅炉、电站环保装备、化工设备、锅炉改造、建筑钢结构等产品的著名企业。

上海重型机器厂：前身为大鑫钢铁厂，1953 年更名上海矿山机器厂，1958 年于闵行建立新厂，1962 年更名上海重型机器厂，是国内最大的重型机器制造厂之一。“自上世纪 60 年代起，先后制造成功 1.2 万吨自由锻造水压机、120 吨纯氧顶吹转炉等一大批重点产品，填补了国内空白”。②

①② 《闵行区志》编纂委员会：《闵行区志》，上海社会科学院出版社 1996 年版，第 72 页。

上海重型机器厂同时也是华东地区的铸锻中心，生产出大量机械设备和优质大型铸锻件，产品远销国内外。

这些大型工厂为闵行工业化建设做出了突出贡献。上海汽轮机厂自1959 年下半年至 1961 年底全面完成国家下达的各项指标：生产总值的完成总数为前六年半的 1.45 倍，平均完成数为前六年半的 3.76 倍。①就汽轮机吨位制造速度而言，从制造 2.5 万吨到 10 万吨，英国共花了 31 年，而汽轮机厂仅花了一年半的时间。②速度之快，显而易见。上海电机厂 1959 年与 1958 年比较，总产值增长 43%，1960 年与 1959 年比较，总产值增长 96%。③重型机器厂也紧追其后，1959 年的生产达历史最高水平。1960 年在增长节约运动的推动下，上半年总产量达到 1959 年同期的 270%。④

卫星城建设伊始，吴泾还只是一个池塘纵横、芦苇丛生的小村落，原隶属于上海县。工业建设的需要使得吴泾开始受到重视。“由于上海化工原料的生产和消耗极不平衡，尤其是烧碱一类的基本化工原料，供应情况非常紧张”，⑤基础化工原料的生产迫在眉睫。1958 年 8 月，市规划勘测设计院编制吴泾卫星城规划，“规划吴泾以设立煤炭综合利用企业为主，辅以设立电解食盐等化学工业企业，人口 10 万至 15 万”。⑥

1957 年吴泾炼焦制气厂的建设可以说是吴泾煤化工基地建设的前奏，随着吴泾热电厂、吴泾化工厂、天原化工厂吴泾分厂的快速建成，吴泾卫

①② 《上海汽轮机厂自 1959 年下半年至 1961 年底的主要工作成绩》，B173-4-254，上海市档案馆藏。

③ 《上海电机厂 1959 年下半年—1961 年简单事迹》，B173-4-254，上海市档案馆馆藏。

④ 《狠抓阶级斗争，充分发动群众，促进生产的更大跃进》，B173-2-88-78，上海市档案馆藏。

⑤ 《上海市化工局对吴泾化工区的规划意见》，B76-1-471-13，上海市档案馆馆藏。

⑥ 《上海城市规划志》编纂委员会：《上海城市规划志》，上海社会科学院出版社 1999 年版，第 189 页。

星城已经成为产业集聚效应显著的化工基地。至 1960 年，“吴泾已有上海焦化厂、吴泾化工厂、吴泾热电厂等 12 家工厂，有职工近 1.3 万、地区人口近 2.1 万人；新建住宅 7 万平方米，公共建筑近 0.8 万平方米；闵吴铁路支线通达热电厂，还铺设了上海焦化厂通往浦东上钢三厂的铁路专用线”。①

总体来说，闵行新建了以“四大金刚”为龙头的大型机电企业，吴泾则新建了一批大型化工企业（见表 3-1）。与此同时，闵行发电厂、自来水厂、污水处理厂等配套设施以及一号路为主的 10 条城市道路和两侧商业网点都陆续建立，成为上海第一个成街成坊完整建设的住宅群。及至 1959 年末闵行、吴泾两个工业卫星城初步建成。

表 3-1　闵行工业一览

单位名称	厂　址	在闵行建厂时间
机电工业		
上海汽轮机厂	江川路 333 号	1946 年
上海电机厂	江川路 555 号	1952 年 9 月
上海锅炉厂	华宁路 250 号	1958 年 8 月
上海电瓷厂	龙吴路 4299 弄 1 号	1969 年
上海重型机器厂	江川路 1800 号	1958 年 7 月
上海重型机床厂	华宁路 190 号	1959 年 1 月
上海水泵厂	江川路 1400 号	1960 年 8 月
上海滚动轴承厂	沪闵路 1111 号	1960 年 6 月
上海第二印刷机械厂	昆阳路 820 号	1967 年 10 月
上海螺帽一厂	华宁路 280 号	1976 年 5 月

① 《上海城市规划志》编纂委员会：《上海城市规划志》，上海社会科学院出版社 1999 年版，第 189 页。

续表

单位名称	厂　址	在闵行建厂时间
上海螺帽十二厂	临沧路190号	1969年12月
上海轴承滚子厂	沪闵路269号	1966年6月
上海重型机器附件厂	江川路1800号	
化工行业		
上海氯碱总厂	龙吴路4747号	1960年11月
上海吴泾化工总厂	龙吴路4600号	1958年
上海焦化总厂	龙吴路4400号	1958年1月
上海染料化工厂	沪闵路5号	1933年
上海碳素厂	龙吴路4221号	1959年11月
航天工业		
新中华机器厂	华宁路100号	1958年
电力工业		
闵行发电厂	丽江路2号	1958年7月
吴泾热电厂	龙吴路5000号	1958年
上海电力机械厂	丽江路1号	1959年10月
建筑材料工业		
上海金属结构厂	华宁路40号	1958年12月
上海硅酸盐制品厂	北吴路10号	1962年2月
上海第三建筑构件厂	江川路850号	1958年
上海第七建筑工程机械		
上海白水泥厂	龙吴路4377号	1958年
上海水泥制管厂	车沟路5号	1966年6月
电子仪表工业		
上海电子元件十四厂	平山路85号	1977年

续表

单位名称	厂　址	在闵行建厂时间
其他		
上海闵行污水处理厂	江川东路757号	1961年6月
上海铁路局工务工厂	剑川路2400号	1977年
上海地毯厂闵行分厂	江川东路783号	
闵行水厂	江川路2009号	1958年7月
闵行印刷厂	闵东路18号	1956年1月
西渡船厂闵行分厂	江川东路500号	1959年

资料来源：《闵行区志》编纂委员会：《闵行区志》，上海社会科学院出版社1996年版，第273—276页。

卫星城的建设，使得闵行工业得以迅速发展，工业产量不断提高。作为上海举足轻重的卫星城镇，闵行卫星城1960年工业总产值达10.37亿元，“三年困难时期”总产值下滑，可是从1960年到1963年三年的时间内，工业总产值依然超额完成国家计划的5%，为上海完成工业计划指标做出了突出贡献。（见表3-2）

表3-2　闵行卫星城工业发展情况

年份(年)	工业总产值(亿元)	超额完成国家计划(%)
1960	10.37	4.08%
1961	5.09	1.87%
1962	2.29	4.24%
1963	3	5%

资料来源：《闵行区志》编纂委员会：《闵行区志》，上海社会科学院出版社1996年版，第252页。

（二）20世纪60年代闵行地区的发展调整

在工业建设浪潮中，闵行建设成为以机电工业为主体的重工业基地之一。但运动式的发展势必给上海工业带来不少的负面影响。例如片面追求工业建设高速度，出现的产品质量下降、企业亏损增加和机器设备损坏严重等。为贯彻国民经济调整的“调整、巩固、充实、提高”八字方针，上海市进行了第三次工业大改组以调整工业内部的比例关系，“大跃进”时期快速发展的冶金、机电和建材行业成为压缩重点，以机电工业为例，“（全市）共关、停、并、转118家企业，精简职工6万余人，产值也从1960年的40亿元下降到1961年的20亿元和1962年的10亿元”。①在压缩重工业、精简职工、减少国家财政支出以保证收支平衡的要求下，上海为了加强集中领导，适应经济建设事业发展的需要，采取调整行政区划的措施。1964年4月，上海市人民委员会提出“关于撤销吴淞、闵行两个区建制的建议”，“原闵行区建制撤销以后，分别设立闵行办事处和吴泾办事处，划归徐汇区人民委员会领导”。②

自1964年随着工业体制的变更，闵行区被撤销并入徐汇区管辖之后，闵行的建设和发展出现裹足不前的状况。一方面，对闵行地区的组织领导力量削弱。徐汇区并未把闵行的管理建设作为工作的重中之重，其工作重心仍然是在市区和民政等多项工作，对闵行地区鞭长莫及。由于距离徐汇区较远，闵行和吴泾的群众一般不愿意到几十里外的市区去反映情况。因而政府与下级的沟通联系并不紧密，一些社会管理的问题与社会治安的案件往往得不到及时解决。

另一方面也影响了闵行地区居民的生活质量。由于市政建设、生活设施没有得到统一的规划发展，不能满足居民实际生活的需要。闵行的商业

① 《关于加强闵行的政权机构，成立闵行区的报告（草案）》，B1-1-1375，上海市档案馆藏。

② 《关于撤销吴淞、闵行两个区建制的建议（草案）》，B1-1-189，上海市档案馆藏。

服务与商品供应，比市区要差一些。房屋规定，也不利于职工迁居闵行，比如“青年职工与父母同住市区，因结婚愿意搬到闵行，但规定比上海的住房要缩小，父母又不同意，因而不能在闵行申请住房，这些职工难以迁来闵行安家”，①这就导致许多职工常住市区，需要每天长途往返。“上下班职工有五万多人，交通车辆达二百余辆，消耗了大量的汽油和费用”，②道路堵塞、交通拥挤情况比较严重，长期的交通消耗影响了职工的工作热情。

而吴泾卫星城在调整巩固时期，因发挥支援农业的作用反而出现快速发展的景象。

吴泾化工厂是我国自行设计、安装的现代化大型氮肥厂之一，生产化肥的主要原料——“合成氨”是吴泾化工厂的重点生产项目。吴泾化工厂一期工程是年产 2.5 万吨合成氨，8 万吨硫酸，由此而生产 10 万吨硫酸铵(一种优质的氮肥)。10 万吨氮肥可供几百万亩农田之用，用来增产粮食，每年可增产 6 亿斤。③吴泾化工厂 1963 年开始的二期工程是要增产合成氨 2.5 万吨，以建成年产 4 万吨的尿素车间，④这是我国自行制造出的全国第一套生产尿素的新设备，对我国今后化学工业向着多品种高成分方面发展具有重大意义。二期工程建成后，对支援全国各地农业产生更大的经济效果，“年产尿素 3 万吨及硫铵 10.5 万吨，若全部用以增产粮食，每年可增产约 11 亿斤，若全部用于棉田，则每年可增产棉花约 300 万担”。⑤

① 《闵行总体规划简要说明》，B1-9-179-120，上海市档案馆藏。

② 《关于闵行地区行政区划问题座谈会纪要》，B246-5-2，上海市档案馆藏。

③ 《国内形势辅导报告　大跃进的果实——吴泾化工厂介绍》，C-26-2-86-117，上海市档案馆藏。

④ 《吴泾化工厂第二期工程加紧进行》，《新民晚报》1964 年 3 月 30 日。

⑤ 《上海市化学工业局关于吴泾化工厂二期工程的建议报告》，B257-1-2894-30，上海市档案馆藏。

“文化大革命”期间，闵行、吴泾地区工业发展缓慢，但也并未止步不前。如 1966 年吴泾化工厂自动化项目被列为“国家工业方面的重大技术革命项目之一，也是国家科委的 15 个自动化重点科研项目”，“积极赶超世界先进水平”。①

（三）改革开放后闵行地区的新发展

“1978 年党的十一届三中全会以后，在市委、市人民政府的领导下，上海的城市规划工作逐步获得恢复和发展”。②为了配合城市规划工作，在组织体制上，上海市重建了城市规划局。经过调查研究，上海市城市规划局于 1979 年编制出《闵行总体规划和近期建设规划》，提出“为统筹建设好、管理好闵行工业城镇，建议恢复区一级的建制，组织实施该地区的生活和建设适宜”的建议，获得市建委的批复同意并提请人民政府审批。③

1981 年，经上海市政府批准，闵行区从徐汇区分出，开始进行具体筹建工作，重新恢复区级建制。④全区范围包括闵行、吴泾两个卫星城，为协调发展，闵行区政府在市规划院帮助下，编制《闵行区城市建设总体规划》，提出 1990 年规划总人口 20 万，到 2000 年增至 30 万，确定闵行、吴泾衔接地带 14.15 平方公里以及吴泾铁路支线以东 9 平方公里和黄浦江对岸 1 公里纵深地域，为城市发展备用地；剑川路、东川路、江川路均向东

① 《上海市炼油厂、吴泾化工厂关于自动化项目的请示及市化学工业局的批复》，B76-4-148，上海市档案馆藏。

② 段晓彤：《耦合与失衡：闵行政区变迁中的上海城镇化进程（1958—1992）》，《上海党史与党建》2019 年第 4 期。

③ 《上海城市规划志》编纂委员会：《上海城市规划志》，上海社会科学院出版社 1999 年版，第 186 页。

④ 《中共上海市徐汇区委员会（报告）——关于调整我区区域的请示报告》，B1-8-200，上海市档案馆藏。

延伸，与吴泾地区3条纵向道路相接，形成多层半环路系统。①

进入90年代，上海市国民经济和社会发展迈入关键期。在新的发展形势下，1992年11月，撤销闵行区、上海县，设立新的闵行区，区政府驻莘庄镇。随着新闵行区的成立，闵行和吴泾两个卫星城被进一步整体规划为“占地60平方公里、50万人口的中等城市”，②成为上海西南重要的工业基地、科技创业区、现代居住区。新闵行区依托高校及高新技术园区，逐步建立起信息、人才、技术三大市场，以崭新的面貌走向21世纪。

根据2018年出台的《闵行2035年规划》，闵行至2035年将总体形成“‘一带两轴四板块’的空间结构。以功能区促进街镇空间整合，形成四大板块，即北部国际商务集聚区，中部宜居生活提升区，南部科技创新核心区，东部宜居宜业文化新市镇。加强板块之间联系，形成三条发展轴带，即黄浦江发展带、七莘路—沪闵路服务轴、紫竹创新轴，强化城市功能与综合交通的复合”。③至2020年，初步建成生态宜居的现代化新城区，实现经济发展方式转变的新跨越。其基本目标是，“至2035年，把闵行建设成为上海全球城市重要的战略支撑区，品质卓越、生态宜居的现代化新城区”。④

二、闵行、吴泾卫星城兴起的条件要素

1956年毛泽东的《论十大关系》发表和中央对上海的重新定位，以及

① 《上海城市规划志》编纂委员会：《上海城市规划志》，上海社会科学院出版社1999年版，第186页。

② 黄文忠主编：《上海卫星城与中国城市化道路》，上海人民出版社2003年版，第95页。

③④ 上海市闵行区规划和土地管理局：《闵行区总体规划暨土地利用总体规划（2016—2035年）》草案公示稿，2018年3月12日，http://xxgk.shmh.gov.cn/mhxxgkweb/html/mh_xxgk/xxgk_ghj_ghjh_gl/2018-06-22/Detail_46821.htm，2018年12月2日。

“充分利用，合理发展”方针的确立，使上海迎来大规模工业发展的契机。合理安排产业布局，开辟工业卫星城镇成为上海城市发展的新趋势，卫星城发展模式得到最终确立。

（一）适应上海市工业发展的需要

“第一个五年计划”期间，上海的工业建设在落实国防需求的要求下，因为国际形势的严峻，出于国防等因素的考虑，上海遵循着“改建为主，新建为辅”的方针，并没有成为社会主义工业化的重点“投资”建设区，“一五”156个项目上海一个没有得到，上海的主要任务是利用原有的工业基础为全国经济建设服务，同时解决旧上海遗留下来的历史问题。在这一方针政策的指引下，上海本着“先生产、再生活”的原则，优先发展工业。

发挥上海老工业基地的优势作用一直是中央的要求和关注的重点，1955年2月通过的《上海市国民经济发展第一个五年计划报告》中明确指出上海的工业基地性质，其经济建设将服务于国家工业化建设的大局。同年2月，国家计委全国第二次计划会议对上海的“一五”计划，提出提高工业产值指标和改变轻重工业结构比重的具体要求，“要求上海总产值到1957年的计划水平需达到106.4亿元（按照1952年不变价格计算，并包括中央所属在沪企业），比1952年增长68.4%，平均每年递增11%；并按重工业优先发展的方针，兼顾客观需要与可能性，在五年内重、轻、纺工业的增长计划幅度需达到：重工业112.7%，轻工业87.6%，纺织工业35%”。①

同时，国家“一五”计划明确指出：“充分利用东北、上海和其他城

① 杨公朴、夏大慰主编：《上海工业发展报告——五十年历程（上）》，上海财经大学出版社2001年版，第28—29页。

市已有的工业基地，发挥它们的作用，以加速工业的建设”。[①]在此背景下，上海市开始积极贯彻、执行党中央对生产资料私有制的社会主义改造以及大力发展国民经济的一系列方针、政策。

1956 年 4 月，毛泽东在《论十大关系》的讲话中，总结了新中国成立以来经济建设的经验教训，分析了沿海工业和内地工业的关系，指出“沿海的工业基地必须充分利用”。[②]5 月，陈云到上海参加工商界座谈会时传达了毛泽东及党中央的指示，中央重新定位上海的工业发展。上海抓住契机，由此确立了“充分利用，合理发展”的工业发展方针，这直接影响了后来的上海城市定位及城市发展规划。[③]

1956 年 7 月，中国共产党上海市第一次代表大会确定“充分利用，合理发展”的工业发展方针，调动一切力量为工业服务成为上海工业建设的主基调。[④]根据这一方针，上海市委提出《上海工业生产的远景规划草案》，在国家优先发展重工业的战略影响下，上海市工业的发展方向将重点放在机电、造船、钢铁、化学、电力工业方面，充分发挥老工业基地的优势作用。[⑤]

上海城市的重新定位使得工业用地不断扩大，郊区耕地面积逐渐缩小，用地矛盾较为尖锐。“一九五三年有五十六万亩，现在还不到五十二

① 徐建刚主编：《艰难探索 1956—1965》，上海书店出版社 2001 年版，第 47 页。

② 中共中央文献编辑委员会：《毛泽东文集》（第 7 卷），人民出版社 1999 年版，第 26 页。

③ 段晓彤：《耦合与失衡：闵行政区变迁中的上海城镇化进程（1958—1992）》，《上海党史与党建》2019 年第 4 期。

④ 中共上海市委党史研究室编：《中国共产党在上海 85 年图志》，上海人民出版社 2006 年版，第 123 页。

⑤ 《全党努力，实现“充分利用、合理发展”的工业方针》，《解放日报》1956 年 7 月 27 日。

万亩，因此现有郊区土地面积已远远不能适应这个发展的需要”。[①]同时，随着工业建设的推进，市区人口也在不断增加，“市区人口从 1950 年的 418 万增长到 1957 年的 609 万，市区每平方公里人口密度超过了 5 万人”，[②]这都导致了上海城市空间的紧张。故而，新建卫星城镇，为上海工业发展与城市建设需要扩充空间，缓解用地压力，已然成为案上之议。

（二）城市地理范围调整和卫星城的选址

1956 年之前，由于不在国家工业经济建设的重点地区之列，上海只能对现有工业进行调整；城市规划以市区为中心，选择紧凑布局方式，难以大规模建设。1956 年，工业的发展形势要求更新城市规划方案，上海市规划建筑管理局提出建设卫星城以容纳新兴工业的设想。[③]次年 12 月，中共上海市一届二次代表大会把在上海周围建立卫星城镇作为向上海全党和全体人民提出来的“12 项振奋人心的任务之一”。[④]

卫星城镇的建设不仅可以促进工业生产，而且可以缓解“大城市病”带来的市区人口拥挤、粮食紧张、工厂企业过分集中以及随之带来的环境污染等问题。因此，上海市委向国务院呈请后，将嘉定、宝山、上海三县划归上海管辖，这对上海卫星城的规划和建设是有着重大意义的。

在以重工业为重心的工业发展路线的指导下，经过了多次的规划，闵行、吴泾确定了以机电、化工为主体的发展方向。

---

① 《嘉定等划归本市的意义》，《解放日报》1958 年 2 月 18 日。

② 黄啸：《上海第一批卫星城建设》，《上海党史与党建》2010 年第 2 期。

③ 《上海城市规划志》编纂委员会：《上海城市规划志》，上海社会科学院出版社 1999 年版，第 180 页。

④ 《适应社会主义建设大跃进需要，上海建立卫星城，嘉定、宝山、上海三县决定划归上海市管辖》，《文汇报》1958 年 2 月 18 日。

三、闵行、吴泾卫星城建设成效

“工业卫星城发挥着工业生产和缓解城市病的双重功能，为了吸引市区人口就地生产、就地居住，闵行、吴泾在卫星城初建时期就注重城市建设工作”。[①]工业化带动市政建设，上海城市建设与工业发展迎来新中国成立以来第一次发展高潮，但是城市建设总体上落后于工业发展。

（一）形成以机电、化工为主的工业中心

闵行卫星城的定位是建设一个以机电工业为主体的重工业基地，至1960年，“闵行地区共有工厂23个，工人20 967人”，[②]“比1949年增长了32倍”，[③]“厂房建筑面积为324 000平方米，比1949年增长31倍。”[④]市属工厂有“上海汽轮机厂、上海电机厂、上海锅炉厂、上海重型机器厂、上海新民机器厂、闵行发电厂、闵行自来水厂和正在建造的上海重型机床厂、上海滚动轴承厂等九个，工人17 893人”。[⑤]地方工业也有很大的发展，1949年前“只有一个制造小型农具的工坊，工人26人。1956年起，先后扩建和新建七一机器厂等几个工厂”，[⑥]1960年闵行已拥有10个县属工厂。

闵行卫星城重工业的发展对完善工业体系起到了至关重要的作用。“不少当时建立起来的工厂企业，至今仍然是上海装备制造业不可或缺的重要组成部分，这其中最为典型的就是闵行‘四大金刚’：上海汽轮机厂、上海电机厂、上海锅炉厂和上海重型机器厂”。[⑦]被社会上称之为“四大金

① 段晓彤：《耦合与失衡：闵行政区变迁中的上海城镇化进程（1958—1992）》，《上海党史与党建》2019年第4期。

②⑤ 《闵行镇情况》，A6-1-0014-001，上海市档案馆藏。

③④⑥ 《闵行镇十年来重大发展情况（资料）》，A1-1-0067-002，上海市档案馆藏。

⑦ 黄啸：《从无到有的闵行卫星城》，《东方早报》2015年3月3日。

刚”的共同特征就是规模大，不仅占地面积都很大，并且拥有数量众多的职工。

“四大金刚”对全国工业发展做出巨大贡献，不断创造出全国第一的工业奇迹，为社会主义工业体系建设添砖加瓦。例如，上海电机厂在1958年试制成功12.5万千瓦双水内冷汽轮发电机，这台机组是由我国自行设计、制造和安装的，标志着我国机电制造工业的发展进入一个新阶段。

闵行卫星城也比较重视职工的生活。在四家大型工厂内部都建设有较为完善的生活配套和教育医疗设施，全力为厂内职工服务，不仅有力地推动了企业的内部建设，推动了闵行的城镇化进程，也体现社会主义大企业的优越性。

吴泾化工基地弥补了上海工业发展急需的工业原料以及电力不足的短板，同时化工为机械、钢铁等工业提供原料，以产业链完善了上海重工业体系。截至1959年，吴泾卫星城共有上海焦化厂、吴泾热电厂、吴泾化工厂、卡普隆拉丝厂、染料中间体厂、上海碳素厂、联合加工厂、吴泾砖瓦厂、上海砖瓦四厂、吴泾水厂、天原化工厂、合成橡胶厂12家工厂，生产焦炭、煤气、纯苯、硫酸、甲醇、合成氨、卡普隆长纤维、卡普隆短纤维、苯酚、乙苯酚、碳素电极板、碳板、烧碱、盐酸、电石、机红砖等产品。可见，除供水、供电等配套工业，基本上以生产工业所需的化学原料为主。形成我国煤化工原料生产的重要基地。其中吴泾化工厂、上海焦化厂不仅有较强的生产能力，而且有较多的“高精尖”项目，反映了我国先进的化工水平。

（二）工业化推动了城镇化

新中国成立前闵行仅有6 000多人口，主要从事米、棉、生猪的农副产品贸易，只有几家服务于居民日常生活的日用百货，没有医院、没有文娱场所，更没有电灯和自来水。道路狭窄，环境脏乱。第一个五年计划期间，上海电机厂、上海汽轮机厂不断攻克技术难关，使闵行工业发展迅速。工业建设对劳动力的需求使得城镇人口不断增加，至1959年底发展到31 000余人。[①]同样，吴泾自被开辟为发展煤化工为主体的重工业基地后，1959年，吴泾新建和扩建的工厂共有10至12家，也伴随着成批基建人员和工厂职工迁入。至年底，吴泾职工人数已经达到1.3万。相比同期其他卫星城，吴泾卫星城仅次于首建的闵行，工厂数量快速增加，职工人数快速集聚，民生问题就提到议事日程上来了。

城镇人口增多使得住宅建设、市政公共设施及生活配套设施等方面的完善成为城市建设工作中的重点。[②]“1958至1960三年间，每年分别新建住宅面积为6 600平方米、149 915平方米、31 782平方米”，[③]三年新建住宅面积188 297平方米，占全区住宅总面积的49%。1960年，闵行住房总面积384 710平方米，[④]吴泾地区根据生活居住区为生产服务的街坊布置原则，1958年根据全市住宅建设规划统一安排，在吴泾街道中部建造2万平方米住宅，“其中1.9万平方米为职工家属宿舍，1 000平方米为综合性公共建筑”，形成吴泾一村。[⑤]

吴泾一村是率先建成的作为工人的生活区，1959年又新建吴泾二村，建筑面积40 407平方米，共建四层楼住宅22幢，住房层高2.8米。住宅内部设施较完善，卧室铺设木地板，厨房有水斗，卫生间有面盆、抽水马桶

① 《检送“关于闵行规划和建设问题调查研究报告”的函》，A7-1-0029-002，闵行区档案馆藏。

② 段晓彤：《耦合与失衡：闵行政区变迁中的上海城镇化进程（1958—1992）》，《上海党史与党建》2019年第4期。

③ 《关于闵行规划和建设问题调查研究报告》，A6-1-0076-002，上海市档案馆藏。

④ 《闵行镇情况》，A6-1-0014-001，上海市档案馆藏。

⑤ 《上海住宅建设志》编纂委员会：《上海住宅建设志》，上海社会科学院出版社1998年版，第162页。

和浴缸。①这是当时较为先进的工人新村，住房条件比之此时上海局促的住房条件来说好得多，职工对此很感自豪。

与工厂建设密切相关的是市政公共设施，交通、水电等不仅影响民众生活，同时也是工业生产的重要保障。因此，工业发展带动了市政公共设施的完善。闵行卫星城内道路规划采用棋盘式，一号路（今江川路）是联系工业区、生活区和卫星城中心的东西向主要干道，三号路（今剑川路）亦为东西向干道，东连吴泾、西系松江，二号路（今华宁路）、六号路（今昆阳路）为主要的南北货运干道，均与北松路相接。并且新建沪闵路，加强与市区的联系。②

1958年和1959两年中，“新增的工业、民用建筑共计四十三万六千余平方米，其中工业建筑二十一万一千平方米，新建电厂、水厂各一座，新建铁路三十六点九公里，公路五十公里”。③吴泾卫星城内道路以华港路及其以西平行道路和通往车站道路为骨干，根据居住小区规划要求，组成较为完整的道路网，把各居住小区紧密联系起来。1959年后，修建吴泾铁路支线、吴周铁路支线分散原材料输入和化工产品输出的职能。至60年代初，吴泾卫星城电厂、水厂、邮电局、人民银行、公安局、公交、港区码头、铁路支线等基础设施全部建成并投入使用，④迅速展现出全新的形象。

为了使卫星城具有吸引力，方便职工及家属迁入，闵行、吴泾的生活

① 《上海住宅建设志》编纂委员会：《上海住宅建设志》，上海社会科学院出版社1998年版，第162页。

② 《上海城市规划志》编纂委员会：《上海城市规划志》，上海社会科学院出版社1999年版，第242页。

③ 《闵行卫星城市和“一条街”建设的初步经验》，A54-2-1024-147，上海市档案馆藏。

④ 《上海市人民委员会关于吴泾化工厂第一期工程验收工作的通知》，B76-1-794，上海市档案馆藏。

配套设施也在迅速完善。在住宅、商业、教育、文化设施及市政工程等方面，不仅配得比较齐全，而且比一般的城市标准要高一些。

“闵行一条街”就是一个典型的例子，按照“成街成坊”的原则仅用三个月的时间建成，新颖的住宅、齐全的公共设施、方便的居民生活，形成繁华热闹的街市和崭新的城市面貌，在“先生产，后生活”的潮流下，给上海卫星城城市建设提供了成为“生产与生活并重”的一个个案。“在这崭新的街上，有商店 11 个，饮食店 2 个，服务型商业 3 个，建筑面积达 21 000 平方米配合其中有六层楼 155 个房间、设有中西餐厅的闵行饭店。有照相馆、理发厅、钟表眼镜店等”。①

闵行饭店就是在“闵行一条街”一期工程中建成的，曾接待过很多国家领导人和外国使团。闵行饭店首任经理胡铨在接受采访中谈道：“有了这个一条街，周围农村居民买东西也方便了，家庭宽裕的农民还可以来闵行饭店吃‘三高’菜。随着厂里住房问题逐渐解决，很多职工及其家属的户口就从市区迁到了闵行，在这里定居下来”。②方便的生活条件，对于刚到此地不稳的人心，起到安定的作用。

吴泾原来只有很少的烟酒杂货、缝纫、理发等店，为满足群众的生活需要，商业网点不断增加。1960 年，吴泾有 19 个综合商店，服务人员 132 人。③并在吴泾二村也形成繁荣的商业街，建有菜场、商店、食堂、小学、幼儿园等公共配套设施。

闵行、吴泾卫星城的规划建设，在飞速发展的同时，也出现了一些问题。1961 年之后，基建工作的重点在工业生产项目上，城市建设基本处于

---

① 《闵行镇十年来重大发展情况（资料）》，A1-1-0067-002，上海市档案馆藏。

② 胡铨，陆世莘：《闵行饭店：上海卫星城建设的一面旗帜——饭店首任经理胡铨访谈录》，《浙江档案》2015 年第 6 期。

③ 《闵行区商业基本情况表》，A7-1-0048-004，闵行区档案馆藏。

停滞状态。“由于城市建设落后于工业发展，人民对生活质量需求的提高与城市住宅建设、公共设施不足之间的矛盾越来越突出”。①

上海电机厂和上海汽轮机厂对此均表示理解和同情，却有为难之情，“随着建设高潮的到来，人数急骤直增，对于文教卫生设施都需相应发展，原来已有的福利项目均已不能满足当前的需要。例如职工及家属的疾病治疗与子女教养等问题均迫切要求于最短期内予以改善”。②吴泾地区新建了吴泾一村二村，但是由于人口快速集聚，住房紧缺，新房不够，不少工人的居住的条件较差，商业网点不足，生活必需品供应也缺乏，因此1962年新调来的职工500人，正式提出申请要求调回市区的达200人。③申请调离的比例高达40%。住宅建设的紧张使闵行带眷职工少，闵行上海电机厂和汽轮机厂职工的带眷水平，1957年前曾达到40%以上，1961年带眷水平下降到27%至29%。国民经济调整时期和“文化大革命”时期，生活配套设施的建设工作更是趋于停滞。

随着迁入卫星城职工和家属人口的增加，在生活设施需求得不到满足的情况下，问题和矛盾持续出现。1981年国家城建总局赴上海调查组的调查中，闵行、吴泾衣食住行方面的困难主要反映在“四大难”：“一是买菜、看病、找对象难。有些地区菜场窄小，居民买菜很难；工农医院无直达公交线路，居民就医不便；重工业多，男青年职工多，女青年少（女职工只占百分之三十四），找对象很难。二是文体活动难。文娱生活单调，工人俱乐部已改为中学，缺少文化宫、少年宫和科技馆，公园太小，体育

① 段晓彤：《耦合与失衡：闵行政区变迁中的上海城镇化进程（1958—1992）》，《上海党史与党建》2019年第4期。

② 《呈报审批闵行地区二厂二校福利计划任务事由》，A54-1-17-9，上海市档案馆藏。

③ 《中共上海市化学工业局委员会请求增加吴泾化工厂1962年年度基建投资的报告》，B76-1-612，上海市档案馆藏。

场简陋，很少有体育表演活动。三是乘车难，公交公司无力解决乘车高峰问题，各厂自备汽车接送住在市区职工上下班，各厂每年要多花交通费共约三百多万元。四是住房难。子女成年同居一室和三代同居一室的情况较多，现有困难拥挤户、等房结婚户一千五百多户。七九年和八零年两年达到住房分配条件的结婚户，房管部门和工厂只能解决三分之一。”①

生活方面主要的矛盾集中在医院、学校、商业网点、交通、住房等跟居民生活密切相关的地方。②“先生产、后生活”的弊端充分暴露出来。民生问题成为重要的问题。

总体来说，闵行、吴泾卫星城是上海率先建成的两个卫星城，尤其是闵行，是卫星城中发展较好的例子，闵行的城市建设曾走在上海同级别城区的前列。但是在“重生产，轻生活”思想影响下，闵行、吴泾的生活服务设施远远不能满足广大职工的需要，与其所创造的众多工业成就不相符的是其城市建设的滞后与解决民生问题的滞后性。

（三）生产与生活并重的新型城镇的诞生

1989 年 12 月，闵行区政府会同市规划设计院一起编制修订闵行区城市总体规划，确定闵行区的城市性质为：“要逐步建成知识和生产技术密集、环境污染少、经济效益高、生活环境好、相对独立的新型城市，使闵行区成为上海市西南部的经济、文化中心。”③城市规划格局将闵行、吴泾地区连成一体，适当向两端及纵深发展，形成两端工业区、中部生活区的结构，即：

---

① 《上海市闵行卫星城规划建设调查》，B1-9-380-439，上海市档案馆藏。

② 许欢：《科学事业的“大跃进”：上海嘉定科学卫星城研究（1956—1966）》，上海大学硕士学位论文 2016 年。

③ 《闵行区城市建设志》编纂委员会：《闵行区城市建设志》，上海社会科学院出版社 1996 年版，第 34 页。

> 华宁路和上海汽轮机厂以西为闵行西部工业区，包括上海闵行经济技术开发区和机电、电力、建材、化工、轻纺等综合工业，区域面积约 15 平方公里；华宁路和上海汽轮机厂以东，剑川路、北吴路以南，黄浦江以北为生活区、高教科研区和高新技术开发备用地，区域面积约 30 平方公里；北吴路以北为吴泾工业区，主要发展煤化工、石油化工、建材、冶金工业和仓储业，区域面积约 15 平方公里。①

闵行区经济园区发展良好，工业向园区集中度进一步提高。全区有国家级开发区 4 个、市级园区 3 个。其中，1982 年创建的闵行经济技术开发区为全国 14 个经济技术开发区之一，“经过产业结构的不断优化，已形成以世界 500 强和著名跨国公司为投资主体，以机电产业为主导，以医药医疗产业和轻工产业为辅的三大产业”。②闵行高新技术产业园区有上海紫竹高新技术产业开发区、张江国家自主创新示范区漕河泾分园和张江国家自主创新示范区闵行分园。上海紫竹高新技术产业开发区依托上海交通大学、华东师范大学的人才优势，吸引各类研发机构和高科技企业入驻，2017 年 12 月 26 日，被确定为国家知识产权示范园区。

新形势下，民生问题同样提上了日程，显示出经济建设与民生建设同步的特点。随着闵行经济的发展，闵行的市政建设、城市配套设施不断更新。“至 2017 年末，全区共有中学、小学、幼儿园、中职校、工读学校、特殊教育学校 334 所，在校学生 22.69 万人，全区教职工 2.56 万人。全区

① 《闵行区城市建设志》编纂委员会：《闵行区城市建设志》，上海社会科学院出版社 1996 年版，第 34 页。

② 胡桥：《上海市工业用地对城市空间结构的影响研究》，上海交通大学硕士学位论文 2011 年。

共有公立医疗卫生机构29个，其中医院8个，社区卫生服务中心13个，专业公共卫生机构6个，其他机构2个。文化活动丰富多彩，2017年举行文化活动29 401场，区图书馆读者借书152.03万册，全年公益电影累计放映10 383场次，区博物馆全年接待12 466人次”。①

发展到目前，闵行区正稳步走在新型现代化宜居城市的发展道路上，经济发展方式得到转型，经济水平不断提升，城区环境和设施不断优化，是上海卫星城发展较好的例子。

第二节　科学事业的飞跃：嘉定科学城建设

嘉定是著名的历史文化古城，始建于南宋嘉定年间（1208—1224）。“该地历史古迹众多，南宋的孔庙、明代的秋霞圃等文化景观遍布于嘉定县各地区”。②1958年以前，“嘉定县工业有市办、县办和社办三种类型，以县办工业为主，占全县工业总产值的90%，主导工业部门为纺织工业，占总产值的97%，工业主要集中在城厢镇和南翔镇两地”。③1958年，“嘉定县因为优越的自然地理环境和良好的市政基础被列为上海市卫星城镇之一，市政建设统一由上海市委规划并组织实施”。④

① 闵行区人民政府：《闵行概览/社会事业》，http：//www.shmh.gov.cn/shmh/shsy/20180717/193769.html，2018年12月2日。

② 《嘉定县志》编纂委员会：《嘉定县志》，上海人民出版社1992年版，第3—5页。

③ 《嘉定县工农业建设七条规划》（1958年8月），《上海城市规划勘测设计院关于宝山、嘉定与南翔工业区规划的报告》，B257-1-362，上海市档案馆藏。

④ 《嘉定县志》编纂委员会：《嘉定县志》，上海人民出版社1992年版，第572页。

一、嘉定科学城的建设过程及阶段特征

20世纪50年代中后期，随着全国科学技术事业的发展高潮迭起，科研机构发展迅速。但是，“出于城市空间紧缩、国防安全等方面的考虑，中央和上海市委将目光放在上海的郊县，使得嘉定成为以科学研究为主的科学卫星城”。①

（一）科学城的选址与规划

1958年上海市委、市政府对于嘉定卫星城镇的性质并没有作明确的规定，“只是将嘉定与闵行、吴泾、松江、川沙、浏河等12个地区一起作为工业卫星城镇的备选之地”。②故1958年制定的《嘉定县工农业建设七条规划》中仍然将嘉定建设定位为“一个工农业二帅双帐，水陆交通四通八达，文化、科技昌明发达，农业合作社巩固强大的繁荣幸福的社会主义乐园”。③

“为了上海工业布局的合理和卫星城镇性质的确定，上海市城建局城市规划设计院与嘉定县政府合作，对嘉定县两个最大的城镇——城厢镇（又称嘉定镇）和南翔镇进行了详细的实地调查”。④调查发现：“虽然南翔

① 许欢：《科学事业的“大跃进”：上海嘉定科学卫星城研究（1956—1966）》，上海大学硕士学位论文2016年。

② 《上海市城市建设局关于对当前城市规划与建设工作的一些意见的文件》（1960年6月），B257-1-1764-21，上海市档案馆藏。

③ 《嘉定县工农业建设七条规划》（1958年8月），《上海城市规划勘测设计院关于宝山、嘉定与南翔工业区规划的报告》，B257-1-362，上海市档案馆藏。

④ 《嘉定县总体规划（草案）说明报告》（1959年1月），《上海市城建局关于闵行、安亭、浏河、吴泾、塘口工业区及川沙、南汇、奉贤、嘉定的规划报告及机械局等对安亭工业区总体规划朝向问题的意见》，A54-1-136，上海市档案馆藏。

镇有一定的工业基础，但布局很乱，化工厂危害居民生活环境，应加以妥善处理，而且南翔镇南面有铁路及高压线穿过，北有交通线路，西有国际电台对建筑高度的限制，东有桃浦化工区，限制了南翔镇的发展规模”。①

因此，上海市政府和嘉定县共同决定“该镇工业不宜再发展”，应以发展食品加工为主，同时由于有优质的名胜古迹作为风景观赏与疗养之地。同时，利用城厢镇基础良好的旧城镇，发展成为适合科研和生活的好地方。“上海市委、市政府最终决定将嘉定城厢镇作为科学研究的重要基地”。②由此，上海市开始了对嘉定科学卫星城进行专门的城市规划工作。中共上海市委书记处书记陈丕显反复强调“勤俭建国”的原则，认为要充分利用原有城镇的基础，紧凑布局，将嘉定建成一个科学文化的花园型卫星城市。③

1.“城内生活、城外生产”

经上海市委各部门讨论研究后，决定以“城外生产、城内生活”为原则将计算技术研究所、电子研究所和第二中技安排在嘉定东门空地上，该地区建筑物少，近期建筑很少拆迁，试制工厂布置在城外，上海科技大学全部在城内，在布局过程中以科大为中心，和其余单位组成一个有机体。并形成卫星城初期的规划：“以科研机构、科技学校为主，适当安排

---

① 《嘉定县总体规划（草案）说明报告》（1959年1月），《上海市城建局关于闵行、安亭、浏河、吴泾、塘口工业区及川沙、南汇、奉贤、嘉定的规划报告及机械局等对安亭工业区总体规划朝向问题的意见》，A54-1-136，上海市档案馆藏。

② 据笔者所知，第一次明确提出嘉定城厢镇为“科学卫星城镇”的档案文件是1959年上海市《关于上海城市总体规划的初步意见》。

③ 《嘉定城东科学区初步规划的简要说明》（1960年2月），《上海市城市建设局关于报送上海市嘉定县建设初步规划的报告》，A54-2-1078-1，上海市档案馆藏。

与科学研究有关的配套试验工厂”。①“规划人口约四万余人，包括工业职工14 375人，嘉定地方工业职工7 475人，科学研究机构及学校教职员工32 497人，学生13 000人”。②

根据科委及有关部门提供资料，在嘉定地区建设的有科学研究所7个，学校2个，工厂4家，初步安排是：

（1）以上海科技大学为中心，结合旧城改建，沿城内东西干道，形成嘉定主要的科学区，成街布置科技大学、第二中技、计算技术研究所和电子学研究所。

（2）科学仪器厂、仪表材料厂和铜仁合金厂布置在城北下风地带，组成一个为科学研究服务的仪表工业区。光学玻璃厂设在城北。

（3）冶金、硅酸盐研究所与铜仁合金厂有协作关系，力学研究所因有很大噪音，影响城市生活安静，故统一布置在城西北，邻近仪表工业区，接近城市边缘。

（4）理化研究所、有机化学研究所，按其要求及协作关系，布置在城东城桥以东的地区。

（5）住宅建设结合旧城改建布置在城内，统一集中建设城内南北大街，以迅速形成城市的新面貌。③

2. 现代科技与古韵的融合

嘉定科学卫星城的规划，需要考虑众多要素，其中之一是古镇特色。市委建议对城厢镇孔庙、秋霞圃和森林公园“在城区规划中应保留，适当做些整修”。④在整个卫星城的规划阶段，科学卫星城规划的目标是“科学

①②③　《嘉定城东科学区初步规划的简要说明》（1960年2月），《上海市城市建设局关于报送上海市嘉定县建设初步规划的报告》，A54-2-1078-1，上海市档案馆藏。

④　《嘉定县总体规划（草案）说明报告》（1959年1月），《上海市城建局关于闵行、安亭、浏河、吴泾、塘口工业区及川沙、南汇、奉贤、嘉定的规划报告及机械局等对安亭工业区总体规划朝向问题的意见》，A54-1-136。上海市档案馆藏。

文化的花园型卫星城市”,①因此，古镇的街头巷尾，除了矗立着科研单位现代化建筑高楼之外，还有森林公园这样的自然风景与孔庙、秋霞圃等文化古迹。现代科技文明与中国历史文化相交织融合，在上海卫星城建设中蔚为一大美景。

（二）科研、生产与教育协作的开端

“经过城市规划局等有关部门的实地勘察、认真选址和精心设计，嘉定科学卫星城以城厢镇为基点，沿着练祁河展开，动迁将近7平方公里的土地，作为科学卫星城的备选用地”。②1959年至1961年，一批中央部属和上海市属科研单位在嘉定落户，如电子学研究所、硅酸盐研究所、原子能研究所、上海科技大学等。③之后，又有中科院上海光学精密机械研究所、铜仁合金厂、科学仪器厂等陆续迁入（见表3-3）。嘉定形成科研单位聚集地区。

表3-3 嘉定科学城1966年部署、市属科研单位和高校一览

单位名称	上级主管部门	创建年月	迁入城年月	地址	占地面积（亩）	职工人数
上海原子核研究所	中国科学院上海分院	1959.8	1961.1	嘉定东门	419.55	1 189
上海硅酸盐研究所	中国科学院上海分院	1959.1	1961	嘉定北门	62.21	145
上海冶金研究所中试部	中国科学院上海分院	1960.6	1961	嘉定北门	37.8	113
上海科学仪器厂	国家航空航天工业部	1957	1961	嘉定北门	96	1 094

---

① 《嘉定城东科学区初步规划的简要说明》(1960年2月)，《上海市城市建设局关于报送上海市嘉定县建设初步规划的报告》，A54-2-1078-1，上海市档案馆藏。

② 《话说上海》编纂委员会：《话说上海·嘉定卷》，上海文化出版社2010年版，第108页。

③ 马鹏：《城市规划对大城市近郊社区空间影响的研究——以上海市嘉定县为例》，同济大学博士学位论文2008年。

续表

单位名称	上级主管部门	创建年月	迁入城年月	地址	占地面积（亩）	职工人数
机械电子工业部第三十二研究所	国家机械电子工业部			路桥		
上海光学精密机械研究所	中国科学院	1964	1964	城中清河路	107	1 429
核工业部第八研究所	国家核工业部	1963	1965	嘉定东门	110.3	564
上海市电子物理研究所	上海科学技术大学	1966	1966	城中路		131

资料来源：《嘉定县志》编纂委员会：《嘉定县志》第18卷“科学卫星城”，上海人民出版社1992年版。

1958年，《科学通报》先后发表聂荣臻《加强研究机构和工厂的合作》等文章，科研与生产的协作成为当时科学事业发展的新趋势。

按照苏联专家的建议，借鉴苏联科学院培养科技人才的方式，“将教学和研究相结合，科学家在进行科学研究的同时必须参加教学任务”。①赴苏考察回国的考察团认为“苏联科学院、工业部门和高等学校之间的密切联系和分工合作是苏联科学事业强大的重要武器”。②依照科研、生产与教育协作的发展模式，研究决定成立“中国科学技术大学”，实施“三纲五化”的办学方针，目标是培养尖端科学技术人才，为国家科学事业服务。③“按照一、三、八的比例作为每一学年的时间分配，即一个月休假，三个月劳动，八个月学习，同时在各系建立一个小型工厂，全校建立一个大的

① 郭沫若：《加强中苏科学合作，为促进科学事业的大跃进而奋斗》，《科学通报》1958年第7期。

② 严济慈：《中国科学院赴苏考察团工作报告》，《科学通报》1957年第13期。

③ “三纲”是指政治为纲，教学为纲、研究和生产相结合为纲。

综合性工厂，在学习之余，生产与研究缺一不可”。①

在这一新趋势下，在上海市科委的会议上，专家提出“发展新技术要把科研单位、高等学校和工业部门三者的力量结合起来，建立三结合的科研基地”。②这种“三结合”的模式也是嘉定卫星城的特征。

为解决科技人才严重短缺的问题，1958 年 5 月 19 日，国务院副总理聂荣臻与上海市委第一书记柯庆施、副市长刘述周在中共上海市委办公大楼召开会议，会上研究决定由国家出资，借鉴中科院在北京创办中国科学技术大学的经验，由中国科学院上海分院在上海创办一所科研、教育与生产相结合的科技型学校——上海科学技术大学。③该校于 1958 年正式以“中国科学技术大学上海分院”的名义招生。④1960 年，该校校址确定建在嘉定科学城。

（三）国际局势与科学城建设衰微

20 世纪 60 年代，在美苏冷战的世界格局中，国际形势风云变幻。由于国际局势的紧张气氛，给国内建设带来很大影响，科学城建设进入停滞阶段。1964 年 5 月，毛泽东明确提出：“在原子弹时期，没有后方不行，要搞一、二、三线的战略布局，防备敌人的入侵”。⑤此后三线建设开展起来。

上海市委与中国科学院上海分院协商，出于保存自身经济和科技实力的战略考虑，将涉及国防尖端科技的若干研究所疏散到安徽、江西等上海

① 《中国科学技术大学开学》，《科学通报》1958 年第 19 期。

② 哈文等：《艰苦的创业——忆刘述周同志对上海科学技术事业的贡献》，《刘述周文选》，江苏科学技术出版社、科学普及出版社 1987 年版，第 252—253 页。

③ 丁公量主编：《上海科技发展 60 年：老同志的回忆与纪实》，上海科学普及出版社 2009 年版，第 113—114 页。

④ 《培养科学研究的新人材，上海科技大学今日上课》，《解放日报》1959 年 12 月 2 日。

⑤ 中共中央党史研究室：《中国共产党历史》第二卷（1949—1978）下册，中共党史出版社 2011 年版，第 690 页。

的后方，成立上海后方战略基地。“在得到中科院的支持和首肯后，上海市委确定在安徽皖南祁门到屯溪一线，建立冶金、钢钩、有色金属、电工、计算机、原子核、物理、化工、硅酸盐、有机化学、计量测试和情报等 12 个研究所的分所和为这些研究所配套的科仪厂、器材公司以及指挥部住所”。①此外，还将上海科学技术大学一部分迁入后方基地。这就是区别于全国“三线”的“上海小三线”。

表 3-4　安徽“小三线”第一次规划搬迁的中央所属单位

建设单位	职工人数（人）	总投资（万元）	建设单位	职工人数（人）	总投资（万元）
中央所属单位	975	305	技术物理研究所	115	39
冶金研究所	150	32	科学仪器厂	250	59
硅酸盐研究所	110	38	有机化学研究所	90	54
计算技术研究所	200	51	原子核研究所	60	32

资料来源：上海市后方基地管理局党史编写组：《上海小三线党史》，1988 年，第 18—22 页。

随后，因为 1966 年开始的“文革”，“上海小三线”规划经过多次调整，最终确定上海后方建设的指导方针是“从备战出发，建立一个能够坚持战争，支援战争，为战争服务的打不烂，拖不垮的后方基地，当前应当以备战军工为主，进行相应配套”，②原规划搬迁的研究所等项目大部分“下马”。“文革”期间，嘉定卫星城建设基本处于停滞不前的状态。

（四）嘉定新城重焕生机

嘉定卫星城经过近 20 年发展，至 1979 年常住人口达 5 万余人，城镇

① 熊月之主编：《上海通史》第 12 卷，上海人民出版社 1999 年版，第 133—134 页。

② 上海市后方基地管理局党史编写组：《上海小三线党史》，1988 年，第 15 页。

范围扩大到5.7平方公里。进入80年代，随着上海城市规划继续充实和发展卫星城的思想指导下，嘉定科学城的发展重新得到重视。1982年，市规划院和嘉定建设局联合编报《嘉定总体规划》及《嘉定总体规划图》提出，嘉定镇要在已有基础上，进一步发展科学研究事业。

嘉定的规划格局应该进一步强化“城内生活，城外生产”的布局原则，具体安排是，利用河道将用地自然分割为：环城河以内为生活居住区，其中原有的工厂通过原地改造、短期保留、计划迁出等措施加以调整。环城河外，城东安排科研单位并预留远期居住区用地；城西安排县办工业和加工企业；城北安排市属工业和与科研协作配套的电子工业企业；将沿环城河两岸30—60米范围内的堆场、仓库等迁出，用于植树造林，给卫星城带上“绿色项链”。①

1983年5月，《嘉定镇城镇总体规划》由市政府批复原则同意。《嘉定镇城镇总体规划》是上海市政府批准的全市第一个城镇总体规划，同年，这一规划获城乡建设环境保护部一等一级奖，翌年获国家级优秀设计奖。嘉定镇作为嘉定县的政治、经济、文化中心，功能进一步定位为：上海市的科研、生产、教育相结合，又以科技为主的卫星城。

1983年至1987年，嘉定各部属、市属科研单位与有关乡镇联合创办科研生产联合体8个，这种创新的合作形式是科研单位提供研究技术，乡镇企业提供厂房、资金、劳动力等，双方互助生产，利润共享，逐步形成科技开发小区和科学村。这种地区科研生产联合体有：科嘉无线电厂、嘉定晶体材料厂、昌桥光源厂、日环仪器厂、华浦电子元件厂、东陈电子器材厂、东陈电池材料厂光机所试制一分厂。1987年年产值923.4万元，年

---

① 《上海城市规划志》编纂委员会：《上海城市规划志》，上海社会科学院出版社1999年版，第193页。

利润156.37万元。①

及至90年代，为发挥城市综合功能，改善投资环境，1991年1月市建委批复同意《嘉定总体规划调整方案》及《嘉定城总体规划》，“规划用地规模扩大至21.37平方公里，人口增加到20万—25万。布局以环城路内老城为中心区，外围划分西北、东北、东南、西南4个综合区，环城路、城中路、塔城路等干道贯通各区”②。1992年启动的嘉定工业区，发展迅速，1994年被列为市级工业区，工业区中有科技含量很高的民营技术密集区，内分3个区，其中由市科委与区政府联合组建的上海嘉定高科技园区，为留学生创业园和民营科技企业群园，占地20公顷，建有4 000平方米的留学生产业化大楼，2 200平方米的管理服务中心。至1998年吸纳留学生企业130家、民营科技企业94家，引进资金2亿多元。③

1999年，上海市城市规划设计研究院编制完成《上海市城市总体规划（1999—2020年）》，确立了四级城镇体系，即：“中心城—新城—中心镇—一般镇”。嘉定作为新城规划之一，产业规划以嘉定新城主城区产业现状为基础，“实现主城区由工业性城区向以现代服务业和先进制造业为主导的综合型城区的良性转变”。④其发展目标是形成以现代服务业、世界级体育休闲产业和高科技产业为核心的上海郊区发展战略的重点示范新城。

2018年，《上海市城市总体规划（2017—2035）》嘉定新城作为西北翼的核心，未来不仅要打造成为嘉定区公共活动中心，同时也承担着面向

① 《嘉定县志》编纂委员会：《嘉定县志》，上海人民出版社1992年版，第575—576页。

② 《上海城市规划志》编纂委员会：《上海城市规划志》，上海社会科学院出版社1999年版，第195页。

③ 沙似鹏主编：《上海名镇志》，上海社会科学院出版社2003年版，第131页。

④ 《上海市嘉定新城主城区总体规划（2004～2020）》，《嘉定报》2004年11月9日。

上海西北地区门户的特定职能。嘉定作为上海与周边衔接的门口，对上海外向型经济的拓展有重要作用。

二、时代与政策：嘉定科学城建设的条件要素

（一）“向科学进军”

1956 年底，新中国提前完成“一五”计划，初步奠定社会主义工业化的基础。但是随社会主义经济建设的深入，遇到越来越多国内无法解决的技术难题。但是许多关键技术掌握在少数苏联专家的手中，中国技术人员很难接触到，尤其是尖端科学技术方面，苏联更是对中国“保密”[①]。科学技术逐渐成为制约新中国经济发展的重要因素。

毛泽东及时察觉到科学技术落后的问题，在 1955 年 1 月 15 日主持召开的中央书记处扩大会议上说：“过去几年其他事情很多，还来不及抓这件事，现在到时候了，该抓了”[②]。1956 年 1 月 14 日至 20 日，中共中央在北京召开全国知识分子问题会议，周恩来在会上做了《关于知识分子问题的报告》，提出“向现代科学进军”，在不太长的时间里赶上世界先进水平的目标。

党中央发出“向科学进军”的号召后，全国各地科学事业蓬勃发展，许多省份纷纷搞科研、建研究所，并且向中国科学院要求在本地建立中国科学院分院。由于尖端科学技术的发展需要较高的技术要求，因此中共中央要求科学研究事业必须在“全国一盘棋”的指导思想下进行统一协调，

---

① 张柏春、张久春、姚芳：《中苏科学技术合作中的技术转移》，《当代中国史研究》2005 年第 2 期。

② 薄一波：《若干重大决策与事件的回顾》（上卷），北京：中共中央党校出版社 2008 年版，第 499 页。

在有能力有条件的地方进行科学研究。上海的科技基础好，高校云集，科技人才集聚，再加上留学归国的海外科技人才回国后大多数是在北京、上海定居，尖端科技人才相对比较多，自然成了中共中央考虑重点发展尖端科学事业的研究重镇。

（二）科学卫星城兴起与上海科技转型

1. 科学卫星城的兴起

第二次世界大战之后，随着科学技术的迅猛发展，科技、资金与人才的集聚产生了强大的经济和国防效应，因而在世界范围兴起一批以科学技术力量和科研单位集聚为主要特征，生产、科研与教育相结合的新型卫星城镇（科学卫星城镇，简称“科学城”），例如美国的斯坦福科技园及苏联的新西伯利亚科学城。①

1958年中苏两国专门就“苏联帮助中国进行重大科学技术研究”签订协定，中国方面也派出许多科研人员前往苏联留学、考察，考察团对于苏联的科学事业高度赞赏，还重点谈到苏联的新西伯利亚科学城的情况。此外，1958年中科院苏联顾问拉扎连柯在与郭沫若院长的谈话中也提到了一些新西伯利亚科学城的情况，拉扎连柯认为中国在地方分院的组织问题上，可以学习借鉴同一时期苏联在建的西伯利亚分院，他认为中国有能力建设自己的科学城。②由此也可以看出科学城的建设正在逐步进入中央和上海市委的视线，成为新建科研基地最有效的方式之一。

2. 上海科技转型与科研重镇的定位

随着“向科学进军”的深入，中央意识到北京虽然承担了较多的尖端

---

① 关于“科学城”的概念，目前学界并没有统一的定义，本文中使用的定义主要参考陈益升、陆容安：《国际科学城综述》，《科学对社会的影响》1995年第3期；邵翘祥：《科学管理研究》，《科学管理研究》1985年第4期。

② 路甬祥主编：《向科学进军：一段不能忘怀的历史》，科学出版社2009年版，第48页。

科学技术项目，但还是有很多配套的国防科技项目无法落实，需要在基础较好的华东地区建立一个集中的科研基地，与北京共同承担国防尖端科技任务，上海凭借雄厚的科学研究基础，很快进入中央的考虑范围。1958年，聂荣臻同上海市委、市政府的相关领导谈话，主张利用上海优越的科学技术基础和科技人才优势，协助中央共同搞尖端科学技术研究。在上海市科学技术工作会议上，陈丕显提出“向尖端科学技术进军”，并号召要“苦战三年”，争取赶上世界先进水平。①

1958年之后，中央布置上海的科研任务越来越重，甚至将其中几项关系重大的国防尖端科研项目放到上海，如原子能、导弹项目等。为此，中共中央还决定将华东七省的尖端科研力量调入上海，全力保障上海的国防工业研究。②为此，中科院力学研究所将新筹建不久的以研究“火箭技术”为主的1001研究所全部迁入上海，改名为上海机电设计院。③

上海市委经过与中央多次协商，于1958年9月13日正式向中央做《关于上海科学技术工作最近情况的报告》，提出上海科学技术工作应该围绕几个问题展开。首先，要投入大量科研力量到尖端科学技术领域，努力完成给上海的国防科研任务；其次，将尖端科学技术与当前生产相结合，解决当前生产中的主要问题；最后，承诺一旦华东七省的科研力量就位，将迅速建立中国科学院上海分院以及一批尖端科学技术研究所。④为此，市

① 《陈丕显同志在科技会议上的发言记录》(1958年11月)《中共上海市委科学技术委员会1958年11月召开上海市科学技术工作会议和市科学技术协会成立大会会议文件之一》，A52-1-1，上海市档案馆藏。

② 《刘述周、柯庆施、范长江等同志在华东七省市科技协作会议上的讲话和会议记录、发言稿》(1960年11月)，A52-1-38，上海市档案馆藏。

③ 丁公量主编：《上海科技发展60年：老同志的回忆与纪实》，上海科学普及出版社2009年版，第39页。

④ 《关于上海科学技术工作最近情况的报告》，《中共上海党史大典》，上海教育出版社2001年版，第103页。

委在建立科技领导机构、科研基地、培养科技队伍、提供科研条件等方面相继作出了一系列重要部署。如成立上海市科学规划办公室，成立中国科学院上海分院，设立中共中国科学院上海分院委员会等，加强对全市科技工作的领导和管理。

为适应赶上新形势，上海市委开始大刀阔斧地改革，调整上海原有的科研机构和研究所。如在尖端科学技术方面，上海市科委主任刘述周与中国科学院副院长张劲夫共同商量，决定新建原子核研究所、计算机研究所、技术物理研究所等涉及国防科技的16个研究所。①这对于上海来说是一个不小的挑战，不仅在科研人员配置上明显不足，而且在研究所的空间布局上也甚是为难。面对市区的“人满为患”，郊区正在规划建设的“卫星城”被纳入了视野之中。

1958年11月初，上海城市建设局确定了1960年至1962年上海卫星城镇建设计划：除继续建设已辟建的闵行、吴泾外，1960年开辟浏河、嘉定、安亭、松江四个卫星城镇。②嘉定的发展方向定位为“以尖端技术科学研究为中心”。③

三、全民建设与空间改造：社会主义新城镇的诞生

“就地工作、就地生活，建设社会主义新城镇”，是上海卫星城建设的最终目标，而嘉定作为上海规划建设的五大卫星城之一，其目标调整为

① 《1958年10月市委关于成立科学技术领导小组、科学技术委员会及科学院上海分院的通知，关于加强科学技术规划工作的通知（包括建立十六个重点研究所的决定）》，A52-1-2，上海市档案馆藏。

② 《关于上海城市建设三年规划的初步意见》，A54-2-749，上海市档案馆藏。

③ 《关于1960年开辟新的卫星城镇的报告》，A54-2-749，上海市档案馆藏。以往提及五六十年代上海卫星城镇，大多遗漏浏河，主要是因浏河现已不属于上海市，且建设成绩不佳。

“社会主义新型科学城镇”。市委的态度是“以最快的速度，调配力量，组织队伍”，“全力保障科学城建设的顺利进行”。①对于基建所需要的人、财、物也是优先供应，“一路开绿灯”。②由于科学城的建设，在市政基础、住房、配套设施等方面带动了嘉定城镇化进程。

（一）市政基础建设

首先，科学城道路建设卓有成效。城外形成环城马路，城内结合“嘉定一条街”建设，南北干道已经建成，东西干道也在逐步形成，共新建、改建道路长达 35.8 公里，此外，新建 11 条线路的公共汽车站基本落成使用，成为上海市区与嘉定科学城之间重要的联络通道。③邮电通信方面，嘉定科学城因大部分为尖端科研单位，身负国家科研任务，与市区的通信频繁，且为外宾到嘉定科学城参观访问的便利，邮电通信设备必须以比较先进的自动化的通信技术来装备。④统一建造的工房共有 32 900 平方米，完成基本建设投资额 3 996.5 万元，新建的建筑面积将近嘉定城镇旧有建筑总面积的一半。⑤施工用电及部分单位投产用电部分，利用嘉定城镇原有的变电站，尽可能地缩小成本。

嘉定研究所（见表 3-5）建设的主要项目集中在实验大楼和实验室等生产性的设施，计划施工建设的面积和投资金额较大，是当时嘉定县最主要的投资建设项目。

① 《关于上海城市总体规划的初步意见》，A54-2-718，上海市档案馆藏。

② 《上海市基本建设委员会关于嘉定卫星城镇生产、生活配套、材料供应体制、预算定额和价格以及党的工作的调查研究报告》，A54-1-255，上海市档案馆藏。

③ 《上海市城建局关于 1958—1960 年的三年工作总结》，A54-2-1299，上海市档案馆藏。

④ 《关于上海市卫星城市建设的邮电通讯问题》，A54-1-212，上海市档案馆藏。

⑤ 《嘉定卫星城镇建设中生产配套和生活配套问题的调查研究提纲（草稿）》，A54-1-255，上海市档案馆藏。

表 3-5　嘉定卫星城建设分期（1960—1967 年）

建设单位	建设项目内容	1960 年		1961 年		1962 年		第三个五年计划（1963—1967）	
		建筑面积（平方米）	投资额（万元）	建筑面积（平方米）	投资额（万元）	建筑面积（平方米）	投资额（万元）	建筑面积（平方米）	投资额（万元）
力学研究所	实验大楼	11 370	132.65	72 720	890.9	56 000	733	107 400	1 318.9
电子学研究所	实验大楼	14 300	145	183 000	1 515	197 000	1 673	168 000	1 390
计算技术所	实验大楼	18 000	203	74 000	684	51 000	441.5	111 400	990
科技大学	教学楼	49 900	484	101 200	1 249.3	76 600	926.2	59 400	625.3
第二中技	综合楼、图书馆、教学楼	14 250	97	43 300	295.25	38 200	180	30 200	196.15
科学仪器厂	生产厂房、厂房宿舍	16 600	140	37 104	303	28 500	127	60 000	434
总计		124 420	1 201.65	511 304	4 937.05	447 300	4 080.8	536 400	4 954.35

资料来源：《关于嘉定初步规划的简要说明》，A54-1-212，上海市档案馆藏。

1959 年至 1966 年，嘉定卫星城东西干道（清河路、塔城路）和纵贯南北的交通干道（城中路）建成，并相应修建了部分街道和桥梁，全城道路网络初步形成。① “建成了全长 600 米的住宅和公共建筑配套齐全的城中路一条街，沿街东侧的新颖建筑与西边的体育场、公园虚实结合布局，形成新景观，城镇面貌为之焕然一新”。②在基础设施快速、高效建设的同时也凸显了一些问题，比如基建工程竣工后投入生产所必需的配套工程没有跟上，生活配套的粮油、商店、医院和学校等生活设施建设进展缓慢。

（二）住宅建设

嘉定城镇原有人口数量为 3 万左右，自嘉定城镇被辟为“科学卫星

①② 《上海城市规划志》编纂委员会：《上海城市规划志》，上海社会科学院出版社 1999 年版，第 193 页。

城”后，随着一批科研机构、学校和工厂迁入，城镇人口数量大量增长。“市科委计划于1960年基建12个机构，其中科委建造7个研究所（每所都有工厂）和大学、中专各一所，估计新增1万职工和学生，预计1961年可到达23 800余人，另有仪表局和轻工业局建造的工厂数千职工，1962年完全建成时大概人口增长至4万，再加上动员前来的职工家属8万人，共计约12万人”。①

1960年，中科院系统的研究所多数因嘉定科学城刚刚开始规划建设，随迁嘉定的职工人数非常有限，对住宅的需求量不大。而市属单位的研究所多数已随单位的迁入或新建而定居嘉定科学城。1961年的住房压力主要由中科院系统研究所、科技大学、二中技新增学生、计算技术研究所、力学研究所和铜仁合金厂职工迁入嘉定形成的。表3-6显示，从1960年到1961年底，需要迁入嘉定科学城的人数大概是13 000人，其中还包括200户双职工家庭。

表3-6 嘉定市属和央属②单位人员情况（1960—1961）

单位名称	1960年人数			1961年人数			备注
	住在上海	住在嘉定	总计	住在上海	住在嘉定	总计	
央属：							
有机化学研究所	270	30	300		300	300	
冶金研究所	160	50	210		286	286	
硅酸盐研究所	120	60	180		180	180	
科学仪器厂	403	600	1 003		1 003	1 003	

① 《嘉定卫星城镇建设中生产配套和生活配套问题的调查研究提纲（草稿）》，A54-1-225，上海市档案馆藏。

② 央属单位指由中国科学院所属，中科院上海分院管辖的尖端科学研究单位。

续表

单位名称	1960 年人数			1961 年人数			备注
	住在上海	住在嘉定	总计	住在上海	住在嘉定	总计	
市属：							
电子学研究所	140	540	680		700	700	5 户双职工
理化研究所	100	780	880		1 000	1 000	
计算技术研究所	695	25	720		720	1 000	
力学研究所	324	10	334	50	400	400	
科技大学		2 909	2 909		4 236	4 236	
第二中技		1 554	1 554		2 094	2 094	
新沪玻璃厂	60	629	689		760	760	
铜仁合金厂	670	880	1 550		1 750	1 750	195 户双职工

资料来源：《上海市基本建设委员会关于嘉定卫星城镇生产、生活配套、材料供应体制、预算定额和价格以及党的工作的调查研究报告》，A54-1-255，上海市档案馆藏。

面对如此庞大的人口迁入规模，嘉定旧城镇原有的住房显得非常紧张，不少单位的职工由于没有房屋而不能结婚，以及婚后因没有房屋而分居单身宿舍不乏其人。①为满足住房需求，自 1958 年以来，嘉定房管所陆续拆去旧城镇危险房屋 2 665 平方米左右，先建造宿舍 2 800 平方米，以解燃眉之急。1960 年底上海市城建局统一规划布局 1961 年的卫星城镇住宅建设（见表 3-7）。

由表 3-7 可知，嘉定科学城的住宅建设在五大卫星城住宅建设中所占的比重是最大的。不论按照方案一建设还是方案二建设，建造住宅的总量在五大卫星城中居首；配偶宿舍和单身宿舍的比重相对其他卫星城而言较

① 《上海市城市建设局关于住宅建设工作的规定、计划、报告》，B257-1-2752，上海市档案馆藏。

表 3-7　1961 年卫星城镇住宅建设分布情况

建造地区	建造总量（万平方米）		建造地点	征地拆迁	层数	配偶/单身宿舍	容纳职工数	
	方案一	方案二					第一方案	第二方案
安亭	2	3			4—5 层	70/30	2 972	4 467
嘉定	4	5	城中路东街坊扩建	需征用土地	4—5 层	60/40	5 300	6 600
松江	1	2		预计有一部分房屋要拆迁	4—5 层	0/100	285	570
闵行	2	2			4—5 层	20/80	1 256	1 256
吴泾	2	4	已建街坊扩建		4—5 层	70/30	2 972	5 944

资料来源：《对 1961 年住宅建设的初步意见》，A54-1-255，上海市档案馆藏。其中方案一：全年建造 40 万平方米；方案二：全年建造 60 万平方米。

为均衡，容纳的职工数量达到 5 300—6 600 人。

1960 年至 1964 年，嘉定科学城在住宅建设方面，先后辟建“六一”、嘉宾、水仙、红梅等一批新型住宅区，“各住宅区建筑面积小的 8 000 余平方米，大的数万平方米，建筑标准渐趋规范化”。①这一时期被视为嘉定历史上第一次出现的住宅建设高潮。

（三）生活配套设施建设——“嘉定一条街”

新中国成立以来，因为基础条件差和学习“苏联模式”，在工业生产和社会生活的关系方面倾向于“先生产，后生活”的理念，在“一五”计划实施过程中充分体现，在一定程度上影响了工人群众社会主义建设的热情。针对这一问题，党中央适时提出“一手抓生产，一手抓生活”的号

① 《上海住宅建设志》编纂委员会：《上海住宅建设志》，上海社会科学院出版社 1998 年版，第 164 页。

召。此后在“二五”计划过程中，生产与生活的关系虽然仍然是以生产为主，但同时也得到了一定程度的均衡发展，各区政府在工业建设过程中开始考虑兼顾职工生活的问题。上海在“二五”计划期间，先后规划建设了近郊工业区和远郊卫星城，大批企事业单位职工迁入卫星城，“就地工作，就地生活”。为配合迁入职工生活建设配套设施，成为建设中不可或缺的重要部分。

闵行作为上海第一个发展完善的卫星城，在生活配套设施建设方面的成果显著，闵行一条街作为生活配套设施建设“多快好省”的典型，在当时成为其他卫星城纷纷效仿的对象。1960 年间，嘉定科学城在“闵行一条街”的经验基础上很快建成“嘉定一条街”。

“嘉定一条街”的设计与“闵行一条街”的设计基本相同，成街成坊的空间布局，使得科学城住宅区拥有较为完备的生活配套设施。商业服务设施大多布置在一条街道路两旁，有百货商店、新华书店、饭店以及钟表、眼镜、美发、服装等专业商店①。沿街建筑群里相应地分布着小学、中学、幼儿园等设施。文化设施不仅包括文化馆、影剧院，还有体育场等。这些设施设计新颖、功能齐全，既为科研单位职工服务，又为当地居民服务。

综上所述，科学城的建设在当时的时代氛围中走向高潮，在工业生产设施快速建设的同时，嘉定科学城尽力建设相配套的生活设施，以解决“重生产轻生活”的矛盾和不足。

（四）“生产与生活”的矛盾渐趋解决

嘉定科学卫星城建设截至 1960 年底，嘉定地区共计新建了两所大、中专院校，三家工厂和七家研究所，各单位职工迁入嘉定的人口总数达到

① 《关于要求嘉定第二期工房沿街建筑设计、配套必要的商业服务等公共设施的报告》，A54-2-1125-34，上海市档案馆藏。

11 539人。[①]如此庞大的迁入人口给原本平静的古镇带来不少新的问题，“生产与生活”的矛盾成为需要解决的重点。嘉定卫星城镇的建设，从1956年到1966年十年的时间里呈现出“马鞍形”的发展。从1962年科学城的建设步调放缓，但是迁入人口却越来越多，对生活设施的压力越来越大，生活需求得不到满足的情况下，问题和矛盾持续增加。

1963年底，一些知识分子将生活中面临的困难和问题集中起来，书写成《嘉定科学城知识分子的意见报告》，上交给嘉定县委、上海市科委和上海市委等相关部门，受到上海市委及嘉定县委的高度重视。[②]1964年10月17日，嘉定县经过调查研究之后提出了相关的解决方案，并报告给市委。[③]10月28号上海市委办公厅将嘉定县委《关于在我县城厢镇的市属单位职工对市场供应、文化、娱乐、教育、医疗、公用事业住房等问题的意见的报告》呈交张承宗副市长，随后他批示“对报告中所提出的问题，目前能够解决的，请有关单位及时安排解决；对于需要进一步研究解决的问题，请各单位尽快提出意见，告诉市委办公厅，以便汇总后提请市长办公会议研究解决”。[④]虽然这次集中的“大爆发”被紧张的国际局势和频繁的政治运动打断，但它也反映出科学城“生产与生活”之间的不平衡问题。

经过80年代嘉定城镇规划不断更新出台，嘉定在市政建设、住房条件、环境卫生等方面加大投入力度，提升人民的生活品质成为建设重点。

---

① 《嘉定卫星城镇建设中生产配套和生活配套问题的调查研究提纲（草稿）》，A54-1-255，上海市档案馆藏。

② 《关于嘉定卫星城镇建设情况和意见的报告》，档案编号（1979）93号，嘉定区档案馆藏。

③④ 《关于在我县城厢镇的市属单位职工对市场供应、文化、娱乐、教育、医疗、公用事业住房等问题的意见的报告》，B11-2-91-12，上海市档案馆藏。

例如，1980年至1987年，按规划建设住宅建筑面积56.52万平方米，年均建造住宅面积是嘉定前30年年均面积的8.4倍。同期建造了文化馆、图书馆、影剧院等一大批文化娱乐设施以及县中心医院、中医医院、妇幼保健院、精神病防治院等一大批医疗设施。①

21世纪初嘉定新城的规划目标是将建成以现代服务业、世界级体育休闲产业和高科技产业为核心的现代化城市。2011年，上海“十二五”规划将嘉定新城定位为上海市“十二五”期间重点建设的三大新城之首。嘉定新城主要规划为主城区和安亭、南翔三个组团。嘉定新城主城区作为嘉定区政治、经济、文化中心，发展现代服务业；南翔距离上海中心城区较近，以现代居住、传统古镇风貌和都市工业为特色，发挥疏散中心城区城市人口的职能；安亭以上海国际汽车城和嘉定新城对外交通枢纽建设为动力，以成为全国最重要的汽车产业基地之一为目标。

为促进嘉定新城的建设发展、改善居民出行条件，提高公众生活质量，嘉定新城的市政建设不断改善。2011年，续建道路10条共17公里，其中8条道路全面建成并顺利通车；新建道路10条共17公里为打造“自然和谐、生态宜居”新城，嘉定新城绿化和河道建设初现成效。2011年内，道路和河道工程绿化种植面积约15万平方米，种植乔木1万株，基本形成“千米一湖，百米一林，河湖相串，荷香满城”的生态景观体系。在城市配套设施方面，“新城中心区拥有上海瑞金医院、嘉定区妇幼保健院等医疗机构，规划建设15所幼儿园、6所小学、6所初中、3所高中。同时建设保利剧院、图书馆、规划展示馆、青少年活动中心、科

① 《上海城市规划志》编纂委员会：《上海城市规划志》，上海社会科学院出版社1999年版，第193页。

技馆等”。①

嘉定老城历史悠久，有着 1 500 年的文化底蕴，在新时代经济发展战略的指导下，嘉定新城根据经济发达、功能完善、宜居创业的要求，致力于建设上海都市圈西北翼的区域性核心城市。嘉定新城不仅在经济发展中依托现代服务业快速前进，更成了宜居宜业的生态新城之一。

第三节　方兴未艾的国际汽车城：安亭卫星城

安亭位于上海市西北郊的沪苏交界处，因古制“十里一亭”得名，距市中心人民广场 33 公里，西与江苏昆山花桥镇接壤，南邻青浦白鹤镇。②自 1959 年开辟为卫星城以来，安亭经历了由机电为主到汽车工业为基础的转型，形成以汽车产业为核心的工业体系。以 2001 年上海国际汽车城的建设为契机，安亭迎来跨越式发展。60 年的建设与发展，安亭已成为集教育、研发、制造、贸易、体育、文化等功能为一体的国际汽车城。

一、安亭卫星城的发展过程

1958 年 8 月至 1959 年 11 月，上海市城市规划勘测设计院通过实地调研与考察，同时根据上海发展机电工业的需要，将安亭规划为以机电为主的卫星城。1969 年起，上海汽车厂、上海阀门厂、上海发动机厂等 12 家

---

① 上海嘉定新城发展有限公司：《嘉定新城/项目建设》，http：//www.jdxc.net/xmjs/index.shtml，2018 年 12 月 2 日。

② 上海市嘉定县安亭修志领导小组：《安亭志》，上海社会科学院出版社 1990 年版，第 2 页。

工厂的相继建设与迁入，为安亭工业的发展提供了良好的契机。①随着安亭工业基础的形成，20世纪70年代上海市规划建筑设计院对安亭的今后规划开始突出“以汽车制造、机械工业为主”的发展模式。1982年后为配合汽车工业的发展，安亭转向以汽车工业为主的卫星城。②

2001年2月，上海市政府决定在上海西部建立以安亭为中心的综合性汽车产业基地。安亭以此为契机，加快汽车产业化开发，开启“国际汽车城时代”。③2010年以来，在世界经济、科技发展的新形势下，安亭汽车产业更加突出电动化、共享化、智能化、网联化，以“汽车未来”为主题的安亭迈入更高、更广阔的国际舞台。

（一）奠基与初创：1958—1981年

1958年8月，上海市城市规划勘测设计院对安亭、南翔、黄渡三地进行实地调查与比较，认为安亭东首、沪宁铁路南侧、吴淞江以北应辟为机电工业区。④1959年11月，上海市城市规划勘测设计院根据全市工业布局，同时结合安亭自然条件和现状，提出把安亭建设成为以机电工业为主的卫星城，并对规划范围进行了界定：北临沪宁铁路，南濒吴淞江，西依旧镇，东迄规划辟通的吴淞江。规划用地面积达1 030公顷，人口规模初步规划为10万人。⑤

1960年，安亭初步进行公路和厂房建设。同年8月，经过工业布局的

① 《上海城市规划志》编纂委员会：《上海城市规划志》，上海社会科学院出版社1999年版，第198页。

② 《嘉定建设志》编纂领导小组：《嘉定建设志》，上海社会科学院出版社2002年版，第57页。

③ 《安亭方泰合志》编纂委员会：《安亭方泰合志（1988—2003）》，学林出版社2006年版，第540页。

④ 《黄渡安亭地区工程地质勘查报告》，1958年9月，A54-2-491-47，上海市档案馆藏。

⑤ 《安亭初步规划简要说明书》，1959年1月，A54-1-136，上海市档案馆藏。

调整，上海汽车厂迁入安亭，与此前迁入安亭的机电厂、铁厂、广电场等相互配合，协同发展，形成紧密的合作关系。在迁入后，上海汽车厂的生产规模进一步扩大，“技术装备从 69 台增加到 202 台，职工人数从 434 人增加到 2 498 人，工厂建筑面积从 7 000 平方米增加到 121 158 平方米，总产值从 1 160.7 万元增加到 21 555 万元”。①同时，随着上海汽车厂、上海人造扳机场、上海阀门厂、上海汽车发动机厂、上海安亭铸铁厂等 12 家工厂的新建或迁入，安亭的工业发展有了初步基础。②

20 世纪 70 年代，上海市规划建筑设计院在安亭规划中突出以汽车制造与机械工业为主，将汽车制造纳入安亭发展的主要方向，至此安亭的工业发展方向开始发生变化——由机电工业转向汽车制造业。

（二）转向与推进：1982—2000 年

1982 年，上海市规划院在对安亭的规划中再次突出以汽车工业为主的性质，指出汽车工业应作为安亭发展的主体产业。③1984 年，上海汽车厂与德国大众汽车公司完成合营，并于 1985 年 9 月投产。④上海大众汽车有限公司的成立极大地推动了安亭的工业发展，标志着安亭开始形成以汽车产业为支柱的工业体系。

1987 年，安亭已形成以汽车工业为主，机电、仪表等工业为辅的工业区。1990 年，安亭已拥有各类职工 2.1 万人，其中汽车行业职工 0.65 万

① 《上海汽车工业志》编纂委员会：《上海汽车工业志》，上海社会科学院出版社 1999 年版，第 154 页。

② 上海市嘉定县安亭修志领导小组：《安亭志》，上海社会科学院出版社 1990 年版，第 148 页。

③ 赵凤欣、李如瓛：《安亭卫星城的定位与上海汽车工业的发展》，《东方早报》2015 年 9 月 8 日。

④ 《张劲夫在沪视察中外合资等企业时说：技术引进应以我为主，要发挥国内技术力量作用，让国外的先进技术在我国工业园地里开花结果》，《文汇报》1987 年 6 月 15 日。

人。安亭的工业总产值达26亿元，其中汽车工业产值达22亿元。①

20世纪90年代以来，上海金凤工贸公司、上海大同汽车修配有限公司等汽车配件制造修理公司的落成及安亭汽车市场、大型综合物流中心、上海二手车交易市场的建成，加之相应道路、卫生、教育等配套设施的完善，安亭逐渐形成以汽车产业为龙头，集汽车配件、仪表仪器、医疗器材、机械化工、建筑材料等产业的工业体系。安亭以汽车配件制造、加工为主，汽车修理为配套的汽车工业体系成为全镇工业的支柱产业。2000年嘉定区汽车工业税收已达1.45亿元，安亭仅汽车一项的税收即占全区汽车工业税收总量的66%。②

（三）国际汽车城时代：2001年至今

进入21世纪，为应对中国加入世界贸易组织带来的机遇与挑战，加快融入全球汽车贸易的新格局，安亭抓住我国汽车消费高速增长的机遇，大力发展汽车服务贸易。在2001年2月上海市人民代表大会上，上海市政府决定利用上海地处长江三角洲经济区核心的经济优势，在安亭建立一座集汽车研发、制造、贸易、物流、服务、博览、旅游等功能于一体的综合性汽车产业基地。③

上海国际汽车城西起江苏省昆山苏沪交界处，东至盐铁塘（后至漳浦），北至郊区环线，南至沪宁高速公路，规划面积达68平方公里。④上海

① 《上海城市规划志》编纂委员会：《上海城市规划志》，上海社会科学院出版社1999年版，第198—199页。

② 《各行跟着汽车轮子转，嘉定依托“大众”调整产业出佳绩》，《新民晚报》2000年6月19日。

③ 于沛华：《上海启建国际汽车城》，《文汇报》2001年5月15日。

④ 《安亭方泰合志》编纂委员：《安亭方泰合志（1988—2003）》，学林出版社2006年版，第538页。

国际汽车城包括汽车制造区、零部件配套区、核心贸易区、研发区、教育园区、中心公园、国际赛车场、高尔夫球场等场所。①安亭力求在“十五”计划末期形成以汽车产业、房地产和旅游业为主的三大支柱产业，成为新镇建设和产业经济互动发展的范例。②5 月 13 日，上海市副市长蒋以任在安亭主持召开上海国际汽车城建设领导小组第一次会议，为上海国际汽车城建设领导小组办公室和上海国际汽车城发展有限公司（筹）揭牌，上海国际汽车城建设正式启动。③

2004 年 6 月 F1 大奖赛在上海成功开赛，是上海国际汽车城阶段性建设取得的重大成果。经过 3 年建设，除上海国际赛车场外，上海国际汽车城零部件配套工业园区、上海机动车检测中心、上海二手车交易市场等功能性项目已经建成并投入使用。同济汽车学院于 9 月初开学，国家 863 项自洁净能源中心也在这一年启动。上海国际汽车城已初步成为集汽车核心贸易区、整车制造区、零部件生产区、科教研发基地、国际赛车场等功能区为一体的全球性汽车城。

及至 2010 年，随着经济全球化与世界一体化进程的不断加快，世界新的经济形势对我国经济发展提出了提高科技创新能力的新要求，智能车辆已成为汽车工业增长的新动力与未来汽车产业的制高点。因此，科技与汽车工业相结合成为这一时期安亭工业发展的重点。

2016 年 7 月，“上汽—阿里”第一款智能网联汽车荣威 RX5 发布，中国汽车产业加快走向“智能化、网联化、共享化”的步伐④。2017 年 1

① 上海市地方志办公室：《上海名镇志》，上海社会科学院出版社 2003 年版，第 264 页。

② 于沛华：《安亭中心镇绘就建设蓝图》，《文汇报》2001 年 8 月 2 日。

③ 《安亭方泰合志》编纂委员会：《安亭方泰合志（1988—2003）》，学林出版社 2006 年版，第 540 页。

④ 张煜：《从汽车“国产化”到品牌“自主化”》，《解放日报》2018 年 6 月 29 日。

月，上海市政府发布《上海市智能网联汽车产业创新工程实施方案》，安亭汽车城成为国内首个“智能网联汽车试点示范区”。①在此期间，随着“智能网联汽车试点示范区”、智能电动汽车示范区、无人驾驶示范区、氢能与燃料电池产业园、汽车双创服务平台“汽车创谷”等示范区与新平台的建设与启动，安亭汽车城的产业转型效果明显，走向以智能网联汽车产业为依托的新的发展路径，集汽车制造、研发、贸易、教育培训、博览、运动以及智能联网等多功能于一体，成为电动化、共享化、智能化、网联化的综合性汽车产业基地。②

二、安亭卫星城的发展特征

安亭卫星城自建立以来，在实践中对工业化道路不断探索，从最初的机电产业转向汽车工业。随着汽车产业主导地位的确立，安亭形成以汽车为龙头的工业体系。产业配套的完善，交通、绿化、住宅等基础设施的改善，安亭的建设与规划日趋合理。

（一）汽车产业为主导

安亭卫星城建设经历了机电到汽车的工业发展转型过程。汽车产业为主的工业体系的形成，离不开早年机电工业的发展，也与安亭在汽车工业发展方向上的努力紧密相关。

1960年，前身为位于上海茂名南路上海汽车装配厂的上海汽车厂迁入安亭，它的迁入实际上标志着安亭汽车工业进入起步阶段。

---

① 茅冠隽：《“汽车”嘉定：打造世界级汽车产业中心》，《解放日报》2018年1月24日。

② 黄勇娣：《9个国家级特色小镇：相聚“浦江第一湾”，共话“蝶变”之路》，《解放日报》2018年5月23日。

1963年起，上海汽车制造厂开始生产上海牌轿车，并以此为主要生产车型。1979年上海汽车制造厂正式更名为上海汽车厂。从1983年开始，上海汽车厂与德国大众汽车公司通过引进大众公司零件的形式进行合作，"缔造神话"的上海—桑塔纳轿车的组装自此开始。1984年，上海汽车厂生产上海牌轿车6 010辆，其中桑塔纳轿车894辆。生产厂房面积达到21.74万平方米，拥有职工2 795人，是当时全国唯一大批生产轿车的汽车厂。①

1985年3月，上海大众汽车有限公司成立，并于1985年9月投产。上海大众汽车有限公司的建立，标志着汽车工业已成为安亭工业体系中的主体。

桑塔纳轿车的增长速度也成为80年代中期至新世纪初安亭汽车产业快速发展缩影：1985年起步时桑塔纳轿车的年产量仅1 700辆，1998年已达23.5万辆。短短13年，桑塔纳轿车的产量成倍增长，占据中国轿车市场的"半壁江山"，成为当时我国保有量最大的新车型号。②1992年1月，上海牌轿车随着上海汽车厂并入上海大众汽车有限公司而停产，这也标志着安亭汽车工业从上海牌为主转向桑塔纳为龙头。③

2001年上海国际汽车城规划的提出，加速推动了安亭走向享誉中外的国际汽车城。安亭周边出现相关汽车零部件汽配厂，形成汽车产业链，一度成为全国税收最多的镇。此后，无论工业建设或是城市发展，安亭都紧紧围绕着"汽车"二字，汽车产业成为安亭发展的命脉。

（二）工业配套产业链的逐步发展

安亭国际汽车城的形成，仅依靠汽车生产远未能及。汽车及其相关产

① 上海市地方志办公室：《上海名镇志》，上海社会科学院出版社2003年版，第261页。

② 郑园园：《中国现代轿车业的开路先锋——访上海大众汽车有限公司》，《人民日报》1999年11月4日。

③ 陈惟：《上海牌轿车明年起停产》，《文汇报》1991年11月9日。

业链的逐步完善，不仅使安亭的汽车工业体系更加完整，而且为促进安亭经济社会发展做出巨大贡献，产业配套设施的不断完善成为安亭发展的又一重要特征。

1960 年，华兴翻砂厂并入上海汽车厂成立翻砂车间，为轿车生产所需模具翻砂件。1966 年上海内燃机配件厂发动机部分车间迁至安亭与上海汽车厂合并。①1969 年，上海汽车发动机厂迁入安亭，成为中国最早生产轿车发动机的工厂之一。1978 年 6 月上海汽车配件厂成立，为上海牌轿车生产冲压配件，安亭汽车生产链雏形出现。

1985 年上海大众落户安亭后，汽车制造业带动汽车配件、销售维修等行业，安亭汽车产业配套产业链加速走向完善。上海弘安汽车配件厂、上海派克电器有限公司、上海华特汽车配件有限公司、上海大众汽车安亭特约维修站、上海大同汽车修配有限公司等汽车配件制造、维修公司陆续成立，安亭逐渐形成以汽车制造业配套汽车配件制造加工、汽车修理的汽车工业体系。

1992 年，安亭汽车市场成立。作为集新旧汽车及配件销售为一体的上海首家也是规模最大的汽车专业市场，它的建成彻底打破安亭单一从事汽车制造而缺乏汽车销售和配件交易的传统格局，完善了汽车城的配套服务功能，增强了汽车城的辐射力。②

21 世纪以来，高新技术的兴起不断推进汽车产业升级转型，安亭汽车及配套产业链已经成型。产业链内部相互协调、共同发展，并把关注点逐渐由生产转移至生产与科研并重。2016 年，全球汽车零部件行业排名前

① 赵风欣、李如瓛：《安亭卫星城的定位与上海汽车工业的发展》，《东方早报》2015 年 9 月 8 日。

② 周民康：《安亭崛起沪上最大汽车市场》，《文汇报》1995 年 2 月 15 日。

10 名的企业已有 7 家在安亭落户。随着大众车型不断提升，制造业及劳动力成本日益提高，汽车零部件企业更加注重研发竞争。①安亭汽车配套产业链不仅仅局限于生产，亦朝着高新科技的新方向迈进，例如电池方面，上汽自主研发的高集成度电池获得仅次于潜水艇的防尘防水民用最高级别认证。②自主研发已成为汽车配套产业的最重要一环。

（三）基础设施建设的不断完善

安亭卫星城在建设过程中，基础设施不断完善：垃圾处理厂数量增加，绿化面积不断扩大，道路日成网络，住宅趋于合理。基建的发展不仅是安亭工业建设的产物，且一定程度反哺工业。

80 年代前上海生活垃圾多运往江浙两省和郊区做堆肥。随着化肥的推广，为防止污染环境，部分地区已明文禁止“进口”上海垃圾，这造成上海的垃圾有相当部分临时堆放，既占用农田，又造成环境污染。③1985 年 12 月，安亭建成不仅是上海而且是全国第一座大型机械化垃圾堆肥处理场——安亭垃圾处理厂。该厂每日能够使得 300 吨生活垃圾进行无害化、肥料化处理。④此后，安亭垃圾处理厂的数量不断增加，日常垃圾处理能力日益提升。

1991 年以前，安亭绿化主要是沿街树木和街头绿地，缺乏专门绿化设施。1992 年，安亭林果公司在向阳村创办花果园艺场，并将其发展成为具有一定规模的绿化园艺场地。20 世纪 90 年代以来，安亭绿化面积不断增加，不仅使街头绿地面积扩大，还建成包括银杏园、安亭公园、街心小花

---

① 黄勇娣、丁波：《安亭：不愿“安”于眼前好光景》，《解放日报》2012 年 1 月 8 日。

② 茅冠隽：《“汽车嘉定”：打造世界级汽车产业中心》，《解放日报》2018 年 1 月 24 日。

③ 林小利、辛光琪：《我国第一个生活垃圾处理场》，《文汇报》1984 年 7 月 3 日。

④ 王琳：《安亭垃圾处理场建成，每天消化三百吨生活垃圾》，《文汇报》1985 年 12 月 27 日。

园等在内的公园设施，为安亭工业的发展提供更加宜人的环境。

自开辟为卫星城以来，安亭城市道路网络不断完善。至 20 世纪 90 年代，安亭城市道路已形成规范化网络。2010 年 3 月，上海地铁安亭站正式通车，上海轨道交通 11 号线的通车及不断延伸使其成为世界最长的地铁线路，安亭与上海其他区镇的联系更加紧密。市外交通方面，安亭火车站位于镇东北，沪宁铁路穿镇而过，境内有沪宁高速，并建有大型互通式立交桥，城际交通环境不断得到改善。①

“十五”计划期间，安亭新镇建设展开。安亭新镇是一个具有德国风貌的低密度住宅区，总占地面积约 500 万平方米。②其独特的地理位置和强大的产业支撑，再加上德国著名设计公司组成的设计团队及所采用的德国当代建筑技术，建筑风格充满了德国小镇风情，并以其独具的现代建筑元素以及丰富的人文主义、历史主义、生态伦理观和可持续发展的理念，向人们展示了“理想城市”的规划蓝图，不断吸引居民在此定居。③当代城市生活对日常娱乐、消费的新要求促使安亭城市建设更加注重宜居与日常娱乐生活相结合，而公共生活、娱乐设施的增多同样也为安亭工业化建设的经济效益、劳务资源等提供了条件。

三、安亭卫星城的发展动因

政府对卫星城规划的不断调整与推动，促使安亭的产业、用地规模改变显著，较好完成上海市工业发展和布局，快速发展并成为著名的国际汽

① 上海市地方志办公室：《上海名镇志》，上海社会科学院出版社 2003 年版，第 253—254 页。

② 王巧莉：《走在国际前沿的安亭新镇》，《文汇报》2005 年 9 月 15 日。

③ 《上海城镇，世界名片，安亭新镇，梦正在成真》，《文汇报》2004 年 1 月 8 日。

车城。同时不囿于单一的工业建设，安亭的城市功能日趋合理，走向多样化。此外，新时代对高新科技的发展提出更高要求，而安亭的快速发展则在于不断以产业升级回应其要求。

（一）政府规划的推动

政府的规划推动是安亭发展的主导性因素。1958 年 8 月上海市城市规划勘测设计院编制《安亭工业区选址和轮廓规划》，认为安亭应辟为机电工业区。1959 年 11 月编制《安亭初步规划》，并对卫星城范围进行规划。随后上海市城市规划院又于 1960 年 8 月编制《安亭近期建设地区道路规划》，于 9 月编制《安亭地区下水道规划方案》等，力求完善安亭的基础配套。在计划经济体制下，安亭的发展与政府规划推动息息相关，安亭被纳入上海工业发展体系，推动工业发展成为这一时期的主要目标，政府的规划推动在这一时期起到决定性作用。①

政府的规划成为推动安亭工业转向的主要力量。1982 年，上海市城市规划院再次编制安亭总体规划，提出发展汽车工业。1990 年，上海市规划院编制的《安亭卫星城整体规划纲要》扩大安亭卫星城规划范围，提出汽车行业的发展目标。除安亭专项规划外，上海市阶段性城市规划也对安亭的发展方向、建设性质和规划范围提出总体要求。市场经济时代，安亭的发展同样离不开政府所提及的宏观经济目标，且规划逐渐走向多样化。安亭从以工业规划为主转向工业与配套产业、住宅、绿化等相结合，并以此为发展动力，日趋接近规划发展目标与方向。

《上海市城市整体规划（2017—2035）》将安亭规划为“中心镇”，“按照中等城市标准进行设施建设和服务配置……提升对区域的带动能力。

① 《上海城市规划志》编纂委员会：《上海城市规划志》，上海社会科学院出版社 1999 年版，第 197—199 页。

其中，中心城周边的中心镇重点完善公共服务与交通设施配置，提升建成区环境品质，强化空间管控，维护生态底线，控制人口增长，形成组团化的城镇空间格局”。①安亭未来的发展有了新航向。

（二）城镇功能与定位日趋合理

城镇功能的不断丰富成为安亭卫星城快速建设的发展动力之一，安亭由功能单一的工业卫星城转变为工业上集汽车制造、研发、贸易、教育培训、博览、运动以及智能联网等多功能于一体的综合性汽车产业基地，同时涵盖住宅区、绿化区、体育区等不同功能区的多样性卫星城镇。

1958年安亭卫星城开辟后，早期规划就已体现工业、居住功能及道路、污水处理厂、水管厂等基本配套设施的结合，体现了典型的功能分区思想，也反映出安亭卫星城建设试图将传统集镇转变成为工业为主，包含配套居住区的新型城镇。②但是在整个计划经济体制下，安亭功能分区相对单一，以工业区与居住区为主，其他如教育、卫生、医疗等设施并不健全。

改革开放后，安亭城镇功能走向多样化，汽车制造与研发、汽车交易、同济汽车院对汽车教育人才的培养，汽车博览场馆的建设以及上海赛车场对F1赛事的承办体现了安亭城镇功能的多样化。同时大型商场、酒店、安亭新镇等高端品质住宅以及医院、基础教育等功能区的建设，不仅吸引人员涌入，亦为安亭城镇建设与经济发展提供了人员动力。这些配套功能的逐步完善对推动城镇与乡镇工业、农业、副业、贸易业等多种行业的发展，发挥着重要的作用。近年来，以汽车产业为特色，强化综合服

① 上海市人民政府：《上海市城市整体规划（2017—2035）》，2018年1月，第31页。

② 马鹏：《城市规划对大城市近郊社区空间影响的研究》，同济大学博士学位论文2008年。

务，突出公共交通的引导作用，强化土地节约集约利用，力争布局紧凑的安亭城镇功能多样化的趋势已成为城镇发展的重要推动力。①

（三）产业升级与科技创新

安亭以现代制造业和现代服务业为依托，形成汽车生产配套服务体系为主的镇村工业，并逐步走向专业化，效率与科技含量不断提升。从凤凰牌到上海牌再到桑塔纳，进入 21 世纪后轿车种类趋于多样化，大型总装流水线的出现，自主研发能力的提升，智能网联汽车的广泛运用，安亭汽车产业逐步升级。

2001 年上海国际汽车城开始建设。历经十余年的努力与奋斗，上海国际汽车城不仅解决中国汽车零部件百分百国产化的问题，还推动荣威、名爵等自主品牌的成长。进入 21 世纪，智能网联技术、新能源方案兴起及新能源和智能汽车领域的辐射效应不断扩大，为安亭汽车工业的发展注入了新的动力。智能网联汽车成为安亭汽车产业转型的突破口，上海也于 2018 年 3 月 1 日在安亭划定第一段智能网联汽车开放测试道路，智能网联汽车及配套部件创新能力不断提升，形成良好的发展生态。②

安亭紧跟时代潮流，以创新为城镇工业建设的指导精神，在生产过程中不断提高自主研发能力，进行合理发展规划，促进工业产业转型升级，高端产业增势良好，产业升级效果明显。

四、安亭卫星城的建设意义

安亭卫星城的规划建设对于推动上海经济发展，促进上海工业布局合

① 于沛华：《安亭中心镇绘就蓝图》，《文汇报》2001 年 8 月 2 日。

② 刘锟：《上海智能网联汽车引领全国发展》，《解放日报》2018 年 4 月 21 日。

理调整，分散市区人口，缓解城市中心地区人口压力起到重要作用。工业的发展推动安亭城镇化进程，且对于上海城市建设意义重大。

首先，安亭卫星城建设缓解了上海城区的人口压力，促进了上海工业布局合理调整。上海进行卫星城规划的初衷即通过卫星城镇的建设，分散上海的工业布局，促进上海工业布局的合理化，同时通过工业的发展带动人员流入，缓解市区人口压力。此外，安亭以汽车工业为主要布局，推动工业水平快速提升，工业的发展带动市区人口流入，同时其他地区工厂的内迁也带动大量的流入人口，再加之相关日常配套设施的建设，医疗、教育、娱乐等设施的不断增多，安亭增加了更多吸引更多人口安家乐业的砝码。

其次，工业化推动城镇化。历经几十年的发展，安亭已由原来的村镇发展成为社会主义现代化的新城镇，尤其是汽车工业的发展带动了一大批相关产业链的配套与完善。随着工业的发展，安亭的城镇化进程不断加快，基建水平得到提升，城市功能分区走向多样化，科技创新能力也迅速提升。工业化和城镇化成为安亭加快城镇化进程的导向性动力，工业化带动当地公路、电力、通信网络的发展和完善，为郊区农、副、工、贸各业发展，特别是乡镇工业发展创造了条件。同样，城镇化进程的加快也推动安亭工业的发展，在安亭的城镇化进程中，关于工业化建设的目标与规划得以实现，体现了工业化与城镇化两个相互依赖、相互适应的对等关系。①

时至今日，安亭已成为以轿车工业和轿车生产配套工业为主，交通、住宅、通信、医疗、教育、卫生、娱乐等基础设施相对完善的多功能、综合性、现代化的汽车城。其发展既离不开政府规划的主导，更在于安亭紧

① 邱鹏：《上海郊区的产业化、城市化进程的实证分析——以上海安亭国际汽车城为例》，复旦大学硕士学位论文 2006 年。

跟时代的奋斗、创新精神。在发展过程中，安亭一定程度上缓解了城市工业布局紧密、人口压力过大的问题，推动了城镇本身的城镇化进程。虽然安亭迄今依然存在着如生活配套设施较之城区相对缺乏，人口流动存在双向不平衡性以及“职住分离”等问题，但安亭亦为解决这些问题而不断努力。在经济与科技全球化的大趋势下，从自主制造到自主研发，安亭紧跟时代潮流，以昂扬的姿态面向世界，展示出欣欣向荣的国际化、创新型的新安亭形象。

第四节　日新月异的轻工业城：松江卫星城

松江位于上海市西南部，地处黄浦江上游，东与闵行区、奉贤区为邻，南、西南与金山区交界，西、北与青浦区接壤。它又被称作“上海之根”，从唐天宝十年（公元 751 年）设华亭县算起，迄今已有 1 230 年历史。名胜古迹甚多，有唐、宋、元、明、清历代遗迹 50 多处，如 859 年的唐经幢，1094 年的宋方塔（又名兴圣教寺塔），1341 年的元清真寺（又名仙鹤寺），明代的照壁、太仓桥、楠木厅和清代的醉白池等，还有大量明清时期官宅民居。

凭借着优越的地理位置，结合国家方针政策，1958 年松江被正式开辟为卫星城。《松江城区总体规划》于 1958 年 12 月编制完成，提出“松江城是以轻工业为主的综合型工业卫星城，规划人口 30 万，城镇主要向南发展至黄浦江边”。[①]自此，松江紧紧抓住机遇，迅速发展，为上海产业结构

① 《上海城市规划志》编委会：《上海城市规划志》，上海社会科学院出版社 1999 年版，第 201—205 页。

和战略布局的实施提供广阔的发展空间。

一、松江卫星城的建设过程及阶段特征

松江现代工业始于 20 世纪初。1949 年 6 月，松江专区在松江镇创设第一家国营工厂——松江专署印刷厂。新中国成立后，国家对私营工业实行“利用、限制、改造”政策，逐步将私营企业的生产纳入计划轨道。六七十年代，松江工业基本上是集体性质，企业较长一段时期维持在“八厂一社”的格局，这也成了松江县属工业的代名词。

改革开放后，松江积极引进外资，坚持走外向型经济发展道路。1994 年 5 月，市政府批准将松江以东开辟为市级工业区并正式定名为“上海市松江工业区”。随着基础设施的不断完善，现代工业园初现雏形，松江也被誉为“上海郊区外向型经济发展的缩影”。①迈入 21 世纪后，松江不断调整政策、稳健发展，凭借着崭新的姿态，成为上海 7 个卫星城中一颗闪耀的明珠。

（一）以轻工业为主的综合性工业卫星城的建设规划

1959 年松江卫星城开始辟建，当时松江工业有着工厂少、规模小、层次低的特点。县办、城区办、镇办的工厂共有 96 户（不包括 17 个乡办的农具厂），具体为县办 29 户，城区办 32 户，镇办 35 户。其中地方国营厂 74 户，公私合营厂 1 户，集体性的社会福利厂 21 户，内有 19 户从事手工业品生产，13 户从事加工修配。②产品品种主要有六个类型：针棉织品、

① 丛书总编纂委员会：《上海改革开放二十年》（松江卷），上海科学普及出版社 1998 年版，第 27 页。

② 《上海市第一商业局郊区工作组关于松江县地方工业产品的情况和问题的报告》，1959 年，B123-4-326-29，上海市档案馆藏。

机械和电讯器材、化工原料成品、建筑材料、轻工业品、手工业品（企业详情见表 3-8）。

表 3-8　1959 年松江县人民公社工业一览

企业名称	总产值(按 1957 年不变价格计算)(万元)	固定资产原值(万元)		职工人数
		合计	其中工业生产用	
松江焦化厂	133.2	68.17	62.21	689
兴业轧钢厂	382.5	9.95	9.95	95
万里机械厂	197	27.54	26.85	315
国华汽灯厂	188.4	0.83	0.83	53
第一化工厂	399.4	5.35	5.35	135
综合化工厂	105.1	11.43	11.43	86
大中化工厂	44.7	13.9	10.3	105
建华火药厂	20.4	0.81	0.81	19
普森车木厂	72.9	3.43	2.14	67
工联钮机厂	40.2	3.79	3.79	153
机械厂	21.58	5.19	5.09	83
兵金厂	4.60			33
电工厂	11.07	0.37	0.35	56
建筑材料厂	4.96	1.13	1.13	28
钮机厂	11.56	0.767	0.767	79
化工厂	1143			
信源布厂	45.1	2.32	1.74	158
通大染坊	0.4	0.54	0.54	7
制绳厂	7.86	0.04	0.04	13
棉织厂	7.02	0.16	0.15	103

续表

企业名称	总产值(按 1957 年不变价格计算)(万元)	固定资产原值(万元)		职工人数
		合计	其中工业生产用	
印刷厂	1.23	0.08	0.08	8
皮布毛厂	8.73	0.07	0.07	45
钟表厂	1.04	0.02		8
印花鞋厂	6.65			13
服装加工厂	33.95	0.153	0.143	69

资料来源：《上海市松江县手工业生产合作社联合社、松江县计划委员会填报 1959 年人民公社工业一览表》，1960 年 1 月 11 日，B31-2-344-1，上海市档案馆藏。

表 3-8 显示，松江县办的工厂，门类齐全且发展速度快，总产值都得到大幅度的提升，发展势头较好。焦化厂为本县最大的工厂，厂内职工达到 689 人，其次是万里机械厂，职工 315 人；手工工厂中，信源布厂最大，职工人数过百，其他工厂职工人数相对较少。这些工厂，吸纳了松江大部分的劳动力，充足且廉价的劳动力，使得松江的工业有了一个良好的开端。但是也存在着一些问题，如生产的产品一般是针棉织品较好，收音机等质量较差；部分工厂在生产上存在一定盲目性，不根据机器设备条件、技术水平以及市场的需要，生产了一些不合销路的产品，导致部分产品的存量过多等问题。①

1960 年，为进一步加快卫星城建设的步伐，松江县提出工业生产，在前期建设的基础上，争取更好更全面的发展。②具体表现为：工业总产值初

① 《上海市第一商业局郊区工作组关于松江县地方工业产品的情况和问题的报告》，1959 年，B123-4-326-29，上海市档案馆藏。

② 《上海市松江县工业局关于 1960 年工业生产的初步规划》，1960 年 2 月 8 日，A72-2-505-22，上海市档案馆藏。

步规划为9 083.86万元，比1959年增长122.43%；主要产品产量是：200台机动脱粒机、焦炭66 600吨、金属切削机床404台、带钢材8 877.08吨、石灰3万吨、青铜料切碎机1 000台、硝酸苯汞30吨。全部职工的劳动生产率计划为12 832元。①重工业迈开奋力前行的步伐。

这一时期，由于“浮夸风”盛行，违反市场的客观规律，导致轻、重产业比例失调，部分行业生产困难，市场供应紧张。1960年与1957年相比，卷烟减少54.8%、肥皂减少41.4%、胶鞋减少21.39%。②纺织业片面追求高速、高产，生产从1960年起就大幅度下降，1962年跌至最低点，造成上海纺织工业生产史上最大的一次起落，并为此付出了沉重的代价。③

1961年，国家提出“调整、巩固、充实、提高”八字方针，上海也开始依据实际情况不断调整。自1960年起，松江区按规划要求新建和拆建了十多家中央部属、市属工业企业，其中有有色金属冶炼厂，如上海第二冶炼厂（九〇一）、上海有色金属研究所、上海新江机器厂（六〇一）在横潦泾工业区；上海炼锌厂、上海第四机床厂、上海压铸机厂、上海塑料十四厂、上海恒温控制厂分厂在沈泾塘西；上海照相机总厂、上海仪表机床厂、上海消防器材总厂、上海针织十厂等在通波塘以东；还有几家如上海实验电炉厂、上海立新电器厂、上海缝纫机四分厂、上海松江厂等在中山中路南北。为配合建厂，辟建了乐都路（通波塘北桥—玉树路）、玉树路（乐都路—景德路）、同德路（玉树路—长石路）、长石路（同德路—甘德路）、贵南路（甘德路—江边码头）。

---

① 《上海市松江县工业局关于1960年工业生产的初步规划》，1960年2月8日，A72-2-505-22，上海市档案馆藏。

② 吴明、冯小敏主编：《“大跃进”时期的上海工业》，上海科学普及出版社2003年版，第75页。

③ 同上书，第80页。

1962年，建成松江自来水厂，并经过两次扩建，至1978年日供水能力5万吨。[①]新建的企业设备较为完善，技术更为先进，弥补了原企业的部分不足，且产业集聚对于节省原料、产品脱销、各企业间的相互交流都起到积极作用。

1966年“文化大革命”开始，上海工业生产遭到破坏，松江也不例外。但是，由于中共中央、国务院和全国各地的支持，加上“文革”前期特别是三年国民经济调整积蓄了生产发展后劲，上海工业生产在动乱中仍然取得一定的进展。从1966年至1975年，上海全民所有制工业企业基本建设投资达50.75亿元。1976年，全市完成工业总产值452.14亿元，比1965年增长1.4倍，净增195.40亿元。但是，这一时期，上海工业又出现轻、重工业比例失调，轻、重工业占工业总产值的比重由1965年的56.6%和43.4%，变为1976年的46.9%和53.1%。[②]工业技术水平同国际先进水平的差距也重新拉大。

松江工业于五六十年代开始起步，到了70年代中后期，逐渐从宽简的作坊式、小工厂式生产环境中向外拓移，开始涉及化工、五金、建筑、材料等行业的生产加工。这一时期，尽管它的基础还十分脆弱，但是毕竟向前迈出了一大步。

（二）改革开放后规划建设更加追求科学合理化

1978年党的十一届三中全会以后，党的工作重点向经济建设转移。在市委、市政府的领导下，上海的城市规划工作也逐步恢复和发展。1982年1月，“松江县建设局和市规划院编制了《松江总体规划》及《松江总体规

① 《上海城市规划志》编委会：《上海城市规划志》，上海社会科学院出版社1999年版，第201—205页。

② 郁品方主编：《上海工业40年1949—1989》，三联书店出版社1990年版，第13页。

划图（1982年）》，规划提出松江卫星城是全县政治、经济和文化中心，是上海市郊卫星城，也是历史古城。至2000年，规划人口15万，用地12平方千米。为避免城市规模过大，铁路按现状线路改建成复线，全城以向北发展为主”。①

为适应形势的不断发展，进一步指导城市建设，上海市城市规划设计研究院和松江县建设局于1990年起草《松江总体规划图（1990年）》，并于次年1月出台《松江总体规划调整方案》。将卫星城性质调整为“以轻纺、机械工业为主的综合卫星城，县的政治、经济、文化中心，市郊历史古城和以历史文物为主要景观的浏览城。2010年规划人口从15万调整为25万，用地从12平方千米调整为20平方千米”。②

随着规划的不断调整，县委、县政府审时度势，提出了“积极扶持，合理规划，正确引导，加强管理”的16字方针。③提出改革开放是振兴松江之路、吸引外资是富裕松江之道、发展是硬道理，达成松江要大发展必须积极、合理、有效地引进外资，加快发展外向型经济的共识。对乡镇企业，在政策、结构调整、人才引进、资金贷款、宏观管理等方面采取了一系列有力措施，积极加以扶持，以促进松江经济全面发展。

1978年，松江有乡镇工业企业929户，全年产值1.1亿元。为谋发展，政府出台一系列优惠政策，加快推广新技术应用步伐，工业企业大力转换机制以开拓市场，不断增强市场竞争能力。至1985年，全县工业企业已发展至852家，工业总值10.04亿元，利润1.62亿元。④此时，上海的纺织系统也跳出市区“小天地”开始在上海郊区开拓新的生产空间。1984年

---

①② 《上海城市规划志》编委会：《上海城市规划志》，上海社会科学院出版社1999年版，第201—205页。

③④ 丛书总编纂委员会：《上海改革开放二十年》（松江卷），上海科学普及出版社1998年版，第44页。

7月，为适应上海市总体布局的要求，上海纺织工业局提出在郊区的松江等地建设新的纺织点。[①]同时制定许多相应的政策，如：对由市区到郊区创业的管理、技术人员和领导干部，一律发给生活补贴和技术补贴；凡是工作有成绩的职工，工资可进行调整，向上浮动等。这对于松江引进优秀人才，增强纺织业竞争力以及完善职工生活需求都起到积极的作用。此外，松江区还积极承办各类活动。1983年1月24日，上海市12个区工业公司180家工厂在松江县松江中镇举行展销会，展销各式男女服装、针织品、收音机、电视机等近一千五百多种商品。[②]为松江工业的发展注入了新的活力。

如果说80年代的松江积极拥抱住发展乡镇企业这个春天，在推动农村工业化发展的进程中抓住机遇，取得初步的成果。那么1992年邓小平南方谈话发表后，松江更是加快发展的步伐，加大改革开放的力度，在“依托上海，面向全国，走向世界，振兴松江”。[③]的旗帜下，重点建设工业园区，大力发展外向型经济。

1992年，松江建立上海市郊第一家市级工业区——松江工业区，1994年5月成为沪郊首家市级工业区。在市级工业区的带动下，先后培育了新桥、车墩等分区，九亭、茸北、仓桥等县级工业区。1997年，全县工业有4 522户企业，工业总产值（按90年不变价）280.8亿元，完成年度计划100.2%，[④]成为全市发展中的佼佼者。

① 《纺织系统跳出市区“小天地”，将在奉贤、金山等县兴办新企业》，《新民晚报》1984年7月25日。

② 李敏放：《十二个区工业公司　在松江开办集市》，《新民晚报》1983年1月24日。

③ 丛书总编纂委员会：《上海改革开放二十年（松江卷）》，上海科学普及出版社1998年版，第46页。

④ 上海市松江区地方史志编纂委员会：《松江年鉴1998—1999》，学林出版社2000年版，第101页。

东部工业区是松江的首号重点工程，它的开发思路主要是规划领先，集中力量加快建设高起点、高标准的市政基础设施，以良好的投资环境吸引外商。不仅修建“三纵四横”城市式道路，而且紧锣密鼓地进行自来水、雨水、污水、电讯、电力等配套建设。1996年，松江工业区用于市政建设和生活设施的投资额达3.1亿元（累计为9.6亿元）。①完善的基础设施，使得工业区处处焕发勃勃生机，很快成为国内外客商投资的热土，中外企业中的“大户”纷至沓来。至1997年，全区共引进外资项目22个，投资总额2.73亿美元，协议外资2.27亿美元，平均每个项目的投资额超过1 000万美元。②外商的积极投资（见表3-9）和区政府的妥善利用外资（见表3-10）为松江工业区的发展注入了活力，松江工业区势头愈加猛进。

表3-9　1996年外商投资情况

国别（地区）	项目数（个）	总投资额（万美元）	协议外资额（万美元）
日　本	9	8 080	6 522
中国香港	6	9 010	7 177
马来西亚	2	450	360
德　国	1	800	800
英　国	1	4 551	4 551
加拿大	1	2 000	2 000
法　国	1	490	490
泰　国	1	1 900	800
总　计	22	27 281	22 700

资料来源：《上海对外经济贸易年鉴》编纂委员会：《上海对外经济贸易年鉴1997》，上海社会科学院出版社2001年版，第238页。

① 《上海对外经济贸易年鉴》编纂委员会：《上海对外经济贸易年鉴1997》，上海社会科学院出版社2001年版，第236页。

② 同上书，第237页。

表 3-10　1996 年利用外资情况

利用外资方式	批准外资企业			实际利用外资	
	企业数（个）	总投资额（万美元）	比上年 ± %	投资金额（万美元）	比上年 ± %
合资企业	11	14 385	－46	9 804	－48
合作企业	1	2 000	30	2 000	122
独资企业	10	10 896	－68	10 896	－68
外方其他投资					
合　计	22	27 281	－56	22 700	－58

资料来源：《上海对外经济贸易年鉴》编纂委员会：《上海对外经济贸易年鉴 1997》，上海社会科学院出版社 1997 年版，第 238 页。

工业区孙雷主任在一次访谈中对未来充满信心，“三年后工业区的产值可达 75 亿元，等于再建一个新的松江”！①

表 3-10 显示，在松江工业区的入驻企业中，中国香港和日本投资的企业占了绝大部分的比例，两者占总投资额大半。至 1998 年，工业区已有 35 家著名的跨国公司，如瑞士雀巢、丹麦嘉士伯、法国依视路、三井物产、日本日立、美国福特、道康宁等。占地 20.5 平方公里的松江工业区成为外商来沪投资与大工业扩散的重要基地，是上海西南地区以高新技术为主导的最大的外向型制造业中心。与此同时，全县 20 个乡镇也相继开辟了总计 1 300 多公顷的工业园区。②一时上下呼应，形成全县工业向园区集中的良好态势。

改革开放后的松江建设，更加的科学、合理。高唱“大路歌”的政策，重视路桥建设，构建出了交通新网络，同时积极引进外资，合理投资

① 昌山：《再建一个新松江——访东部工业区》，《新民晚报》1993 年 7 月 17 日。

② 丛书总编纂委员会：《上海改革开放二十年》（松江卷），上海科学普及出版社 1998 年版，第 47 页。

建设，正确处理城乡基础设施建设与推进经济发展的关系，让古老的松江成功地从一个“农业大县”转变为了一个“工业强区”！

（三）21 世纪松江的新发展

迈入 21 世纪，松江迎来更广阔的市场，以更崭新的面貌积极投身建设。2000 年，中共上海市委七届六次全会正式确定“十五”计划期间重点建设“一城九镇”，“一城”即为松江新城。要求将其建设成为规划科学、规模适度、功能完善、生态环境优良，能体现 21 世纪国际大都市郊区特色风貌的城镇，从而增强郊区城镇对中心城区的“反磁力”。“就城镇功能讲，实现以住房开发为主的单一功能建设向培育产业、繁荣经济、增加就业、形成区域经济增长的城镇综合功能的转变；在投资重点上，实现重视直接经济效益的基础设施建设向注重社会效益的人文、生态和环境建设的转变”。①对松江的城市功能定位提出了更确切、具体的要求。

首先，工业区不断转变发展方式，完善经济管理服务体系，着力调整产业结构，进一步增强服务经济转型的能力。至 2015 年，全区共有 9 家企业入围上海制造业企业 50 强，9 家企业入围上海民营企业 100 强，8 家企业入围上海民营制造业企业 50 强，5 家企业入围上海企业 100 强，1 家企业入围上海民营服务业企业 50 强。②同时还制定《松江区文化创业产业园区认定管理办法》，鼓励跨国公司在松江设立研发中心、总部机构，着力推进以工业设计为主，时尚创意、影视传媒、休闲娱乐为辅的“一主三辅的文化创意产业体系”。

2016 年 11 月 8 日，工业区正式更名为松江经济技术开发区。③升级成

① 朱敏彦主编：《上海历史上的今天》，上海画报出版社 2007 年版，第 7 页。

② 上海市松江区地方志办公室：《松江年鉴 2016》，上海辞书出版社 2016 年版，第 207 页。

③ 黄勇娣，张晋洲：《单一工业经济转向多元综合经济》，《解放日报》2016 年 11 月 9 日。

功后，开发区不断推动单一工业经济转向多元综合经济，致力于“产”“城”融合，大大增强资产资本优质化的硬实力和管理服务精细化的软实力。松江以新产业、新业态、新技术和新模式为特色的“四新”经济成为上海经济发展的前沿和亮点。

与此同时，松江出台一系列引进人才的政策，“科教兴市”“科教兴县”“科教兴区”成为热潮。

表 3-11　2016 年松江区引进人才政策

产业政策	关于推动创新创业促进松江经济转型升级的若干意见
	《关于推动创新创业促进松江经济转型升级的若干意见》实施细则
	松江区文化产业发展专项资金使用管理办法
科技政策	松江区关于鼓励和促进科技创新平台建设的实施意见
	松江区信息化和工业化融合专项资金管理办法
	松口江区科技型中小企业技术创新资金管理办法
	张江国家自主创新示范区松江园专项发展资金项目管理办法
	松江区科学技术奖励办法
	上海市大学生科技创业基金松江分基金管理办法
	松江区专利资助办法
	松江区专利工作试点和示范企业认定与管理办法
	松江区知识产权试点园区评定与管理办法
人才政策	松江区促进优秀人才创新创业的实施办法
	松江区优秀人才认定操作细则
	松江区领军人才和拔尖人才选拔培养和管理服务办法
	松江区人才薪酬扶持实施细则
	松江区优秀人才购房补贴实施细则
	松江区人才租房补贴实施细则
产业结构调整及工业用地收购政策	关于加快我区产业结构调整推进工业园区二次开发的若干意见
	松江区关于规范工业用地收购工作的暂行规定

资料来源：上海市松江区地方志办公室：《松江年鉴 2016》，上海辞书出版社 2016 年版，第 195 页。

此外，更令人瞩目的是松江大学城的建立。自 2001 年松江大学园区正式启动，2005 年基本建成。大学城的兴建和发展，提高了松江区的基础设施水平和硬件条件，同时对于推进区内的城镇化发展也起到积极作用。“三区联动”的政策，对区内软环境的形成起到重要作用，为历史悠久的松江古城增添了新的活力。

表 3-12　松江大学城 7 所大学规划情况

学校名称	规划占地面积（万平方米）	规划建筑面积（万平方米）	规划学生（人）
上海外国语大学	80	14.5	10 000
东华大学	100	41	18 000
华东政法大学	55	12.9	11 000
上海对外贸易学院	50.75	12.54	10 000
上海工程技术大学	78	23.4	13 000
上海立信会计学院	30.08	17.6	8 000
复旦大学上海视觉艺术学院	50	12	4 000
合计	443.83	133.94	74 000

资料来源：方松街道志编辑委员会：《方松街道志》，上海辞书出版社 2012 年版，第 573 页。

松江大学城的建设是上海创建新型办学模式的一次探索和变革，也成为我国规模最大、设施最好的大学城之一。利用大学城的优势，“松江主动对接大学城各个高校，分别与各高校签订区校战略合作协议，区政府相关职能部门、G60 科创走廊企业等，形成‘百花齐放’的校、企共建共享、合作共赢的新格局，充分释放高校溢出效应”。①

在《上海市城市总体规划（2017—2035 年）》中，松江被定位为沪杭廊道

① 李翔、魏叶、陈燕、梁锋：《党建引领集聚人才资源　创新机制助推协同发展》，《解放日报》2018 年 10 月 10 日。

上的节点城区，以科教和创新为动力，以服务经济、战略性新兴产业和文化创意产业为支撑的现代化宜居城市，具有上海历史文化底蕴、自然山水特色的休闲旅游度假胜地和区域高等教育基地。规划人口约 110 万人。①

二、兴起的条件和要素

（一）工业化催生卫星城

近代以来，上海就是我国重要的工业基地。它的工业基础良好、科学技术力量和经济管理水平较强、地理位置优越，与国内外建立了广泛的经济联系。我国第一个五年计划于 1953 年开始实行，1957 年超额完成。在此期间，苏联帮助新中国建设了一批大工程，使得我国的工业有了一个很大的基础。钢铁、煤油、电力、煤炭等原料的大规模产出与发展，我国开始了自食其力造汽车、拖拉机和各种机器大工业发展的进程。②

> 上海工业制造了大批的新产品，机器制造工业也从过去只能进行装配变为可以独立制造，许多产品的质量达到了国际水平，使上海这个工业基地能够供应全国人民更多的生产资料和生活资料，能够为发展国内外贸易供应更多的物资，能够为国家积累更多的建设资金。③

但是问题也随之而来，工业化的蓬勃发展，使得市区 140 多平方公里

---

① 上海市人民政府:《上海市城市总体规划(2017—2035 年)报告》,2018 年 1 月 4 日, http://www.shanghai.gov.cn/nw2/nw2314/nw32419/nw42806/index.html，2019 年 12 月 2 日。

② 《我们的国家要实行工业化》，《解放日报》1953 年 12 月 4 日。

③ 柯庆施：《乘风破浪，加速建设社会主义的新上海！（1957 年 12 月 25 日在中共上海市第一届代表大会第二次会议上的报告）》，《解放日报》1958 年 1 月 25 日。

的狭小范围内，居住了500多万人，人口密度高达每平方公里4万人。还集中了全市67%的工厂企业，工业建筑密度很高，占用土地面积的65%。厂房住宅，犬牙交错，矛盾重重，[①]这给城市建设、工业布局和生活安排等方面造成一系列的困难，原有的行政规划已成为发展的桎梏。

上海又是一个复杂的旧城市，所以为打破旧的城市体系，满足工业发展的要求，规划和建设一批新型卫星城镇的政策势在必行。要实现这一宏伟设想，首先要把工业布局搞好，合理配置生产力。这就不能仅仅局限于市区140平方公里的范围，而且要包括10个郊区县在内的6 200平方公里的大范围。[②]1959年，党中央将江苏省的嘉定、上海、松江等10个县划归上海。[③]这10个县划归上海市后，解决了郊区耕地面积逐渐缩小的问题，更有利于上海市工业及各项建设事业的空间布局。1959年底，上海市委提出改造旧市区的任务，控制近郊工业区规模，规划建设闵行、吴泾、安亭、松江和嘉定五个卫星城市。这对进一步发展上海工业生产和城市改造、城市建设起了良好的作用。卫星城市的建立，缓解了城市人口过度集中的矛盾，为改造旧区提供了有利的条件。新工业区建设的巨大成就，也使上海工业布局逐步合理，为上海工业向“高、精、尖”方向发展奠定了基础。

（二）城市功能定位的不断调整

1955年，上海市委第二书记陈丕显提出：“在上海的社会主义建设和社会主义改造任务中，必须贯彻紧缩和加强上海的方针，把上海改造成为

① 《彭冲同志在政府工作报告中谈充分发挥上海有利条件　建设三个基地要搞好五项工作》，《解放日报》1979年12月26日。

② 天佐、嘉生：《从南京路的断垣残壁谈起——在调整中前进迫切需要搞好城市规划》，《解放日报》1979年4月10日。

③ 《上海城市规划志》编纂委员会：《上海城市规划志》，上海社会科学院出版社1999年版，第95页。

既符合于社会主义建设合理布局的原则，又能够担负起捍卫国防前哨的光荣责任的坚强城市，更有力地发挥工业基地的作用。”①

新中国成立后，上海以优先发展重工业，建立完整的地方工业体系为经济发展方向。但是它主要是一种“大”且“全”的工业结构，表现为除采伐、采掘工业外，其他工业门类都有所涉及。②而且上海地方工业企业大部分分散落后，设备不平衡，技术力量没有充分地组织和发挥起来，不但品种方面不能满足国家需要，就是很多产品的数量、质量也都远远落在国家需要的后面。③这种工业布局的特点，深刻地影响了上海城市发展的进程，也不符合当时国家发展的需要。

为解决这一问题，1958年制定《上海市1958年城市建设初步规划总图》，提出开辟近郊工业区和远郊卫星城的方针。④1983年又通过《上海市城市总体规划方案》，要求坚持走“外挤、内联、改造、开发”的新途径，努力把上海逐步改造和建设成为经济繁荣、科技先进、文化发达、布局合理、交通便捷、环境整洁的社会主义现代化城市，方案总结了上海城市规划工作的历史经验，提出要考虑上海经济发展、社会发展和城市建设三者结合的综合性。⑤1983年市人大常委会上，上海市建设委员会副主任张绍

① 《中共上海市委第二书记陈丕显在政协上海市第一届委员会第一次全体会议上的政治报告》（摘要），《解放日报》1955年5月16日，第2版。

② 经济结构小组上海调查组：《怎样发挥上海这个工业城市的作用?》，《解放日报》1980年4月16日。

③ 《上海市人民委员会二年来的工作和1957年的任务，曹荻秋副市长在上海市第二届人民代表大会第一次会议上的报告》，《解放日报》1957年1月7日。

④ 《上海城市规划志》编纂委员会：《上海城市规划志》，上海社会科学院出版社1999年版，第95页。

⑤ 《市人大常委会第六次会议经过审议通过上海城市总体规划方案　同意建立市城乡建设规划委员会，由市政府一并报请国务院批准》，《解放日报》1983年12月29日。

梁提出：

> 努力建设和改造中心城，充实和发展卫星城，有步骤地开发“两翼”，有计划地建设郊县小城镇，进一步把上海建设成以中心城为主体，市郊城镇相对独立，中心城与市郊城镇有机联系的社会主义现代化的群体组合城市。①

大规模的城市建设使城市快速发展，城市建区迅速蔓延。自 80 年代中期开始，为疏解中心城人口，合理布局城市空间结构，促进产业发展，提升城市品质和城镇化水平，上海着手探讨并调整城市的空间结构。1985 年上海市城乡建设规划工作会议提出多中心开放式结构的理念，并在 1999 年至 2020 年上海市城市总体规划中予以实施。②

2000 年以后，上海更集中地关注郊区的发展，并将郊区建设作为影响未来城市发展的战略步骤，“一城九镇”的规划建设应运而生。2003 年上海市规划工作会议提出中心城和三个辅城的概念。这一年，上海市政协还组织了对上海大都市郊区发展模式的课题研究。2006 年规划工作会议提出“1-9-6-6”城镇结构体系的设想，即 1 个中心城，9 个卫星城、60 个中心镇和 600 个中心村，在“一城九镇”试点经验基础上，对中心城和辅城的规划结构作概念的深化与发展，将规划覆盖 6 340 平方公里的市域范围，使上海的土地利用结构和空间布局进一步优化。③

2008 年以后，城市总体规划和土地利用规划两规合一，开始关注土地

① 《坚持走“外挤、内联、改造、开发”的新途径　改造中心城　发展卫星城　市人大常委会举行座谈会讨论总体规划方案》，《解放日报》1983 年 12 月 9 日。

②③ ［荷］哈利・邓・哈托格主编：《上海新城——追寻蔓延都市里的社区和身份》，李等译，同济大学出版社 2013 年版，第 5 页。

资源的集约化利用和综合利用效益，土地利用方式也由粗放单向型、外延扩张型向集约循环型和内涵挖潜型转变。

卫星城则发挥综合的城市功能，将产业发展与城市生活的协调发展作为建设的核心，不断改变上海中心城区无序蔓延扩张、郊区村镇自发分散布点的格局，有序推进以“一城九镇”为重点的城镇建设试点，促进产业向园区集中，土地向规模经营集中和形成工业化、城镇化、现代化的郊区城镇群和都市经济圈。①此后，上海郊区城镇化进入以新城和中心镇建设为重点，构筑特大型国际经济中心城市城镇体系的新阶段。

三、“一城九镇”的新面貌

开发早，规模大，起点高——作为一城九镇的重头戏，松江卫星城的建设在市政府的整个建设计划中起着关键的作用。日新月异的松江新城，工业化进程不断加快，市政公共设施、住房、生活配套设施等都不断完善，推动了松江城镇化进程。

（一）生活配套设施

1. 文化娱乐

1998年，松江县在全市率先建成集住宿、餐饮、娱乐、教育、培训于一体的外来人口服务中心。服务中心地处县城与松江工业区交界处，是县委、县政府利用剩余办公用房，经自筹资金修葺、改造而建成。这个占地6 000平方米的“大家庭”，可集聚700多名外来民工。②作为700多名外来

① 马学新、徐建刚主编：《当代上海历史图志》（下），上海人民出版社2009年版，第653页。

② 吴纪盛：《社会化服务，社区化管理：松江外来民工喜有“家”》，《新民晚报》1998年6月4日。

民工之“家”，除了提供价廉质优的食宿外，还提供免费的电视录像、卡拉OK、阅览、棋牌、乒乓球等文化体育娱乐设施，同时开办理发、自行车出租、公用电话、法律咨询、代办储蓄等服务项目。服务中心还创办外来民工学校，进行法制教育、文化补习和技术培训。通过社会化系列服务，使外来人口由松散多点型管理走向集中社区化管理，给他们提供了诸多便利。

县委、县政府加快与生活配套的各种设施的建设（见表3-13），形成“五湖四海一家人，吃住玩乐样样有”的新格局。

表3-13 1987—2015年松江城镇非居住用房基本情况 单位：万平方米

年 份	1987	1997	2007	2015
工业建筑	91.79	111.90	2 958.70	3 734
学 校	37.89	58.77	288.60	205
仓库堆栈	15.72	19.75	157.70	43
办公用房	14.74	32.59	120.30	185
商场店铺	15.87	28.64	252.80	496
医 院	5.54	7.92	25.30	23
旅 馆	4.3	5.17	35.40	39
影剧院	1.28	1.74	7.10	1
其 他			136.60	595

资料来源：上海市松江区地方史志编纂委员会：《松江县续志》，方志出版社2007年版，第969—970页；潘建新主编：《2007上海统计年鉴》，中国统计出版社2007年版，第185页；王建平、朱章海主编：《上海统计年鉴2016》，中国统计出版社2016年版，第193页。

在文化娱乐方面，至1996年底，松江的文化市场发展到相当规模，已发放文化经营许可证的单位达534家。①繁荣的文化市场在推动社区文化建设中显示了强大的活力，对促进全县的精神文明和物质文明建设起到积

① 丛书总编委员会：《上海改革开放二十年》（松江卷），上海科学普及出版社1998年版，第407页。

极的作用。2000 年“一城九镇”的方针确定之后，松江更是注重人文需求，加快各项配套设施的建设。为打造宜居乐业环境，松江新城不断加大社会综合配套服务功能。除高校、医院之外，新城还配置了大量一流的中学、小学、幼儿园，以及“三个中心”——社区文化活动中心、社区医疗服务中心和社区综合服务中心，还有遍布居委会的各种社区服务平台，有效提升了宜居质量。①

2. 医疗卫生

1960 年，松江人口 5 万余。自开辟卫星城后，增加工人、学生达 3 万，同时按计划要发展为 20 万人口的规模。②而此时松江县只有一个县人民医院且设备简陋，人口的突然增加，已无法满足当地人们的需要。而且由于该地工厂地区较大，离县医院 6 公里，就诊很不方便，所以医疗设施的建设迫在眉睫。政府立即指示在冶金工业局、轻工业局、机电工业局以及各厂设保健站，同时要求卫生部门结合松江地区总体规划在中心点再新建 300 张病床综合医院一所。在未建院之前，适当增加医务人员或直接调配医务人员给冶金局和轻工业局系统工厂，由各厂自行解决医疗保健问题，③以此来保障当时人们的医疗就诊问题。

1986 年至 1998 年，市、县、乡镇和单位共投入 5 000 多万元对卫生基础设施进行改造，全县的乡镇卫生院进行危房改造或新建、扩建，县级医疗卫生单位都进行扩建。增设 3 所综合医院和 6 所专科医院，还有相关的专业防治机构、保健机构以及监督检查与医学教育机构。④与此同时，各种

---

① 中共上海市松江区委党史办公室编：《口述松江　改革开放（1978—2018）》，上海人民出版社、学林出版社 2018 年版，第 91 页。

②③ 《关于嘉定、安亭、浏河、松江等四个卫星城镇 60 年配合工程的情况与意见》，1960 年 6 月 3 日，A51-1-214，上海市档案馆藏。

④ 上海市松江区地方史志编纂委员会：《松江县续志》，方志出版社 2007 年版，第 1242—1247 页。

医疗卫生的设施和条件也得到较大改善，购置、更新了B超、彩超、自动化验仪器、原子分析仪、CT等大型先进医疗设备，解决人们各种就医困难。

进入21世纪后，松江更加注重人民的医疗卫生问题。2005年，全区有各类公立医疗卫生机构26所，各类公立医疗机构20所，卫生事业总投入30 172.76万元。[①]2016年，全区共有公立医疗卫生机构29个。加强社区卫生综合改革和健康城区建设，还在全区推广家庭医生试验活动，提高人们的医疗保健意识。

(二) 市政公共设施

1. 交通

城市交通与城市发展有着深刻的渊源。而松江也依托着“大交通”，成为上海实行内联战略和对外开展经济技术合作的一个重要门户和窗口。

1986年至1998年，松江公路建设突飞猛进，新建、改造国道、市道、县道近百公里，路况彻底改善，设施全面提高。1990年底，莘松高速公路通车，1992年下半年起，县委、县政府通过采取多渠道融资、筹资方式，在城乡基础设施建设上投入资金8.5亿元，其中一半以上用于道路建设以及沿莘松高速公路辟建市级工业区和现代化农业园区等，使得沿路开发态势强劲[②]。1995年，确定了郊区“三环十射”交通网架建设的规划[③]。1998年底，沪杭高速公路全线贯通。在松江境内，形成国道、市道、高速公路为骨架，县道为分支，乡村道路为连接线的公路网络。[④]三纵三横的高

① 何惠明主编：《2006松江年鉴》，汉语大词典出版社2006年版，第284页。

② 昌山：《高唱“大路歌”走上振兴路　市郊“经济走廊”夹道繁荣》，《新民晚报》1994年3月6日。

③ 昌山：《市郊新三年大念“筑路经”将配合实施“三环十射”跨地区公路建设》，《新民晚报》1995年1月26日。

④ 上海市松江区地方史志编纂委员会：《松江县续志》，方志出版社2007年版，第948页。

等级交通网架，为发展大工业、大旅游、大农业奠定基础，使得松江在上海几个郊县中独具魅力。谷阳路、人民路、西林路穿越沪杭高速公路向北延伸，连通松江新、老城区，加快郊区城镇化的进程。

现今，松江已有 2 条有轨电车线路以及 9、12 号地铁线，未来将新增 4 条有轨电车，延伸或新增 12、5、9、22、17 号地铁线，以改善松江新城与虹桥商务区、市中心的交通状况。松江南站也加快综合交通建设，建成后的松江南站将成为沪西南综合交通枢纽。全方位的现代交通，给人们的出行带来极大便利。

在邮政通信方面，按照“大投入、大产出”要求，利用各项优惠政策，加强与政府和社会的合作，吸纳社会资金，加快通信能力建设，实现跨越式发展。在保持传统业务稳定发展的基础上，开拓新业务，着重发展邮政储蓄、特快专递、集邮、传真、移动电话、无线寻呼、ISDN 等新业务。①

2. 市政建筑

自 1993 年起，在松江区建起十大现代化商场，扩大商业营业面积 3.5 万平方米，总耗资达 3.11 亿元。②同时中山中路也进行改造，共新建大楼 12.28 万平方米。其中南侧全部是新建，包括良友商厦、物贸商社、房产大楼、民政大楼、县房地产总公司大楼、快活林娱乐城、烟草大楼、茸峰公司大楼、国贸大厦和建设银行大楼，建筑总面积 5.61 万平方米。在中山中路北侧，新建了农业银行、杏花楼、中国银行、松江商城、上海第一百货松江店等大楼，还扩建百货大楼和金门娱乐总汇（包括花桥商场），建筑总面积达 6.67 万平方米。中山中路南北两侧 18 幢新楼中有 11 幢为 24

① 上海市松江区地方史志编纂委员会：《松江县续志》，方志出版社 2007 年版，第 1069 页。

② 吴纪盛：《古城商业大发展，数百“商嫂”喜就业》，《新民晚报》1996 年 9 月 10 日。

米以上的高层建筑。①城市面貌有了显著的变化，同时其地也成为全县最大的就业基地。

2005年建成的泰晤士小镇，有20多万平方米是公共配套及商业服务设施，是具有居住、旅游、休闲等多项功能的英式风貌大型社区。2013年，通过艾亚文化打造的“星空剧场”和被评为最美书店的“钟书阁”两个项目的文化引领，不但实现小镇的初步创意产业氛围，并且在业态招商上也取得较大进展。②还着力打造广富林这一“上海之根”，建设浦江之首水文化展示馆，加快保护、改造仓城、府城以及泗泾下塘、华阳老街等历史文化遗存，使松江千百年来的辉煌和精彩得到重现，增强松江人乃至上海人的历史自豪感和文化归属感。

(三) 住宅建设

党的十一届三中全会以后，市政府对中心城区，卫星城镇和郊县城镇3个地域进行大规模的住宅新村规划，十年间规划了157个住宅新村（包括88个居住区和69个居住小区）。③松江县委和县政府自1979年起对县城进行广泛调查与可行性研究，制定出上海市郊最早的城镇发展总体规划：到1990年，县城要成为沪杭线间最大的工业城镇，人口逾15万，并标出工业区、商业区、市民住宅区的分布区域。在此基础上，制定了更为详细的市民住宅区规划。要求城镇住宅区要为居民着想，在建房的同时，市政工程必须紧紧跟上，要一次性解决各项生活基础设施的问题。④

① 上海市松江区地方史志编纂委员会：《松江县续志》，方志出版社2007年版，第969—970页。

② 李宏波主编：《2014松江年鉴》，上海辞书出版社2017年版，第166页。

③ 《上海住宅1949—1990》编辑部：《上海住宅1949—1990》，上海科学普及出版社1993年版，第24页。

④ 盛晓虹：《规划到一九九零年成为沪杭线上最大工业城镇　古城松江矗起六片住宅群　十万居民人均住宅面积六年翻一番，达6.6平方米》，《解放日报》1985年6月21日。

表 3-14　1980—1990 年松江卫星城镇居住区规划情况

目次	居住区名称	编制年限	地点	生活居住总用地（公顷）	总建筑面积(万平方米)		居住人口（万人）
					住宅面积	公共建筑面积	
1	方小区	1981	松江镇	9.2	10.41	0.62	0.66
2	白云小区	1982	松江镇	6.89	6.17	2.85	0.43
3	人乐小区	1985	松江镇	12.57	12.99	1.08	0.91
4	荣乐小区	1986	松江镇	19.13	16.71	2.55	0.92
小　　计				47.79	46.28	7.10	2.92

资料来源：《上海住宅 1949—1990》编辑部：《上海住宅 1949—1990》，上海科学普及出版社 1993 年版，第 39 页。

中心城区的旧房也掀起一番改造的热潮，住宅建设和市政公用基础设施、公共服务设施、环境建设配套进行，为人民提供良好的居住条件和优美环境。

2001 年，上海在规划郊区的建设中，将松江规划为“最适宜居住的文化型园林新城”，是上海“一城九镇”建设的排头兵。市委书记黄菊到松江调研时强调：“松江作为‘十五’期间全市新城建设的示范，必须做好新城的总体规划，精益求精。居住区建设要坚持高起点、新水平、高效能，成熟一个开发一个，一段、一段地建，使松江新城的住宅开发和建设管理成为亮点”。①当年，全区住宅施工面积 175.2 万平方米。2002 年，松江区住宅发展局进一步加强管理，结合新城建设，全年住宅投资 14 亿元，新开工建筑面积 100 万平方米，竣工建筑面积 100 万平方米，并积极推进住宅产业现代化。②

目前，以 9 号线松江大学城站为核心的 1 公里范围内，一个集聚学、

①② 叶坚坚：《为最适宜居住的新城造房——松江区住宅建设简述》，《上海住宅》（上海）2002 年第 9 期。

商、住、企的“超级商圈”已经初具雏形，使得松江热度攀升。

第五节　石油化工基地的建设：金山卫星城①

金山位于杭州湾的北岸，处于上海市西南部，西临浙江省嘉兴，东靠奉贤，北接青浦、松江，距离上海市区中心约70公里。20世纪70年代上海石油化工总厂崛起于金山滩涂之上，自此，一个依托石化总厂而形成的卫星城——金山随之而兴。数十年以来，从上海石化总厂到上海石油化工区，从金山卫星城到上海南翼辐射长三角的“桥头堡”，金山无论产业结构还是城镇化发展水平都驶上快车道。

一、金山石化建设的阶段

(一)“四三方案”与选址金山

20世纪70年代初，新中国已经成立二十余年，但人民的穿衣吃饭问题并没有得到彻底的解决。中央对此十分重视，借着70年代有利的国际环境，试图通过引进一批先进的成套技术装备，实现化肥、化纤的大发展，金山石化正是在此背景下孕育而生的。

1972年1月16日，国务院副总理李先念等人联名向中央报送陈锦华草拟的国家计委《关于进口成套化纤、化肥技术设备的报告》，建议向国

① 金山卫星城：原称金山卫卫星城，现多称为金山卫星城。金山卫星城由依托上海石油化工总厂（多简称金山石化）而建。随着行政区划的调整以及卫星城镇的发展，1997年撤县建区，金山县改为金山区，政治文化中心从朱泾镇迁到金山卫地区。

外进口成套化纤、化肥装备和部分关键设备。[①]“在化纤方面，暂定从法国、日本进口4套装置，约需2.7亿美元。建成后每年可生产合成纤维24万吨，约等于500万吨棉花，可织布40亿尺。化肥方面，进口两套30万吨大型合成氨厂设备，建在四川和大庆”。[②]毛泽东和周恩来审阅和批准了该报告。随后，国家计委着手制定实施的具体方案，对外引进的规模进一步扩大。

1973年1月2日，国家计委提交《关于增加设备进口，扩大经济交流的请示报告》，在对外引进项目方面作出规划和部署：在今后三到五年内引进43亿美元的成套设备，即“四三方案”，初步提出进口43亿美元的方案。其中包括：大化肥设备13套，大化纤设备4套，石油化工设备3套等大型项目。按黄金价格计算，大约相当于2008年的七八百亿美元。[③]

同年6月上海石油化工规划小组，对上海石油化工工业现状展开调查和进行厂址选择。

按照“少占农田，减少污染，水源充裕，交通方便，布局合理，符合战备”及具备“稳定性、适宜性、选择性”的选址原则和要求[④]，对柘林、南汇、高桥和金山卫这四个候选点进行反复论证和全面权衡，认为金山卫建厂条件更完备、更优越：有面积较大的滩地和荒地，可少占农田，且城市的发展空间大；地理位置良好，不仅有着可连通上海、浙江的沪杭公路、松金公路的便利交通，而且还有着原油输送的港址，并且远离市区不

①③ 张华甲：《“四三方案”：新中国第二次大规模技术设备引进》，《装备制造》2008年第10期。

② 《轻工业部、燃化部、上海市革命委员会工交组关于建设石化总厂工程考察、援阿援越情况、1971—1973发电设备的生产计划完成情况》，1972年，B246-2-765，上海市档案馆藏。

④ 上海石油化工总厂厂史编委会：《上海石油化工厂总厂志》，上海社会科学院出版社1995年版，第78页。

易造成环境污染；水资源丰富，可供应生活和工业用水等。

1973年，上海市革委会工交组召开选址会议。柘林、南汇因为靠近东南的沙滩不断在淤积，被排除在名单之外。高桥地区土力肥厚，多为亩产千斤良田，征用农田很是困难，再者污水即使排到长江口，涨潮时，污水向内流加重长江的污染。从生态保护来看，定址高桥还会影响长江鲥鱼、银鱼等名贵品种鱼类的生长。如若选择金山卫，可以避免征收良田，且仅影响金山卫外年产16万担的鲳鱼区，此外，还对疏散城市人口有积极影响。①

征求了驻沪部队、生产、卫生部门和郊县政府部门意见后，确定以金山卫方案报上海市委、市革委审批。国家轻工部、中共上海市委领导三次实地视察、听取厂址选定情况汇报，同意金山卫建厂方案。上海石油化工总厂厂址的确定，正式拉开上海石化总厂建设的序幕，同时也开启了金山卫城镇的建设时期。

（二）技术考察与谈判

在《关于进口成套化纤、化肥技术设备的报告》审批之后，国务院即开始调查研究我国化纤、化肥等生产情况。

表3-15　1971年化纤生产能力

产品/产量(吨)	1971年实际	1972年计划	合生产能力	1973年扩建
丙烯腈单体	315	700	1 000	10 000
腈纶		1 000	2 000	10 000
涤纶	800	850	1 000	5 000
涤纶纺织	5 000(原料进口)		5 000	

① 《国家计委建委和轻工部关于上海石化总厂筹建工作汇报会议纪要》，1973年，B134-15-211，上海市档案馆藏。

续表

产品/产量(吨)	1971 年实际	1972 年计划	合生产能力	1973 年扩建
原料 66	410	555	600	
原料 66 纺织			6 000	
锦纶 6				再建 5 000
锦纶纺织			6 000	
聚丙烯				1 000—1 500
聚丙烯纺织			3 000	

资料来源：《市工交组关于传达总理和国务院对进口化工设备的批示的会议记录》，B246-2-765，上海市档案馆藏。

作为一个拥有 8 亿人口的大国，1971 年仅有 7 000 吨左右的化纤产量，是远远不能满足人民的生产生活需求的，大力发展化纤产业势在必行。为此，在 1972 年国家组织了两个考察组分别赴西欧和日本考察情况。这次考察前往了法国、意大利、英国、日本，共参观了 72 家工厂、4 家研究所。考察报告详细介绍了日本和西欧的化纤生产情况，“日本 1970 年进口原油一亿六千万吨，石化的基本产品乙烯 480 万吨，合成纤维 103 万吨，同 1960 年比较，增长了约 9 倍。西欧三国合计炼油能力约三亿余吨，乙烯生产能力 580 万吨，合成纤维 80 万吨。”①

在交货期限方面，日方表示合同签订后二十个月可全部交齐，法国与日本大体相同。综合各种因素，考察组“建议国家在五月份定下来，6 月份通知来京谈判。今年三季度签订合同，力争 1975 年拿到半年产量”。②这次报告详细介绍了国外的技术水平与生产情况，为党和国家作出发展化纤产业的决策提供了数据支持。

①② 《关于赴西欧、日本考察情况和进口化纤设备安排方案的请示报告（轻工业部、燃化部）》，1972 年，B246-2-765，上海市档案馆藏。

考察组回国后，轻工业部提交了《关于进口三套化纤设备的方案说明》，《说明》建议三套进口化纤设备分别布点到天津、上海和辽宁。①

表 3-16　三套进口化纤设备方案

国　别		日本	日本	法国	合计万吨
产　品	轻柴油	50	50	无	100
	石油脑	无	无	30	30
产品(万吨)	纤维	19	7.2	12	38.2
	维纶	14	无	无	14
	腈纶	5	5	2.5	12.5
	锦纶 66	无	无	4	4
	涤纶	无	2.2	5.5	7.7
	塑料	无	6	3.5	9.5
投资（亿美元）		0.8	0.85	1.4	3.05
布　点		天津	上海	辽宁	
注		轻柴油为 206°—367 ℃馏分			
		石油脑为 50°—220 ℃馏分			

资料来源：《关于赴西欧、日本考察情况和进口化纤设备安排方案的请示报告（轻工业部、燃化部）》，1972 年，B246-2-765，上海市档案馆藏。

上述方案与原方案比较具有很大优势：第一，化纤工业的发展速度可以大大加快。轻工部的三套设备共需外汇 3.05 亿美元，比原方案增加约 3 500 万美元，但纤维总量比原方案的 20 万吨增加到 38.2 万吨……每万吨纤维所耗用的外汇，由 1 100 万美元降为 800 万美元。第二，大庆油田石油脑资源比较紧张，两套设备采用资源比较多的轻柴油。

鉴于此，国务院批准了考察组的新方案。上海方案与天津、辽宁方案

① 《轻工业部关于进口三套化纤设备的方案说明》，1972 年，B246-2-765，上海市档案馆藏。

相比较，从产品来看，天津的产品以轻柴油和较为低端的纤维、维纶为主，上海的产品以轻柴油和腈纶为主，辽宁的产品以石油脑和涤纶为主。从投资金额来看，辽宁一马当先，上海和天津平分秋色。总体来看上海方案技术水平不如辽宁方案技术水平先进，但是比天津方案技术水平先进。三套方案虽各有侧重，但其技术都代表了当时世界石油化工产业的先进水平，这些技术设备的建成、投产，将对上海甚至中国的石油化工发展起到很大的推进作用。

（三）一期建设

1972年6月18日，上海石油化工总厂在金山卫开始展开建设，由方荷生、龚兆源、徐以俊组成上海石油化工总厂筹建指挥部，一批来自五湖四海的创业者，在这里开始了上海化工总厂的建设。

1972年底，以龚兆源为指挥的总厂围堤工程指挥部带领金山、平湖两县农民，只用铁锹、畚箕等简陋工具，便完成围堤划出建厂用地的重大工程。在技术谈判方面，方荷生等带领技术人员参与到引进项目的对外谈判和规划设计中。与此同时，成立上海石油化工总厂建设领导小组和中共上海石油化工总厂筹建指挥部核心领导小组。并且由总厂建设领导小组组织这些专业设计单位和施工运输单位等，直接对口包建总厂的十家分厂，负责总厂的建设事宜。①总厂建设形成全市各局包建、各路人马会战金山的局面。

1973年11月，国务院批准《上海石化设计任务书》，确定总厂一期工程总体建设规划。总厂是以石油为原料，主要生产化纤，是一个大型石油化工联合企业。一期工程设计“年产化纤10.2万吨、塑料6万吨、油品及

① 黄时进编著：《新中国石油化学工业发展史1949—2009》上册，华东理工大学出版社2013年版，第149页。

化工原料计 279.92 万吨。主要生产装置从国外引进 9 套，国内自行配套 9 套。设化工一厂、化工二厂、涤纶厂、维纶厂等 10 个工厂”。①与主体生产配套建设科研、市政、运输、商业服务、生活设施等项目。一期工程建设“投资总概算为 20.79 亿元，其中国内配套 13.29 亿元，占 64%；国外引进设备 7.5 亿元，占 36%”。②

1974 年 1 月 1 日，上海石化总厂破土动工。1975 年 8 月，根据国务院副总理邓小平视察金山工程后所作的指示，国务院在总厂召开金山工程现场会，副总理谷牧指出要重视工程质量问题。为确保设备安装质量，总厂对主要引进的装置进行检查，对聘请的外国技术人员进行现场指导，同时开展工程质量大检查。

1976 年 7 月，各生产装置陆续联动试车。1977 年 6 月，投入试生产。1979 年 6 月，国家验收委员会对上海石化总厂一期工程的 18 套主要生产装置及配套项目进行验收，工程质量总评为优良。③

到 1981 年，上海石化一期工程可以生产合成纤维 9.51 万吨，占全国总产量的 25%，可供一亿人一年穿衣所需的纺织品原料，此外还有塑料、塑料薄膜、各种化工原料等产品。是年，工业总产值达到 16.2 亿元，上缴利润 5.63 亿元，比预算提前两年实现一期工程投资的全部回收。④

（四）二、三期工程

一期工程迅速投产为再生产积累了大量的资金，但是也存在着一定的

①② 《上海市革命委员会工交组、基建组关于上海石油化工总厂一期工程规划、设计任务书等》，1973 年，B246-2-929，上海市档案馆藏。

③ 《上海市建设委员会等关于金山石化总厂一期工程项目的验收和二期工程有关项目扩初设计及安排施工的报告、批复、通知》，1979 年，B289-1-70，上海市档案馆藏。

④ 孙怀仁：《上海社会主义经济建设发展简史（1949—1985）》，上海人民出版社 1990 年版，第 719 页。

问题，如：对引进技术的消化和提高尚有差距；化工原料跟不上生产需要；有些产品后加工跟不上，造成中间产品积压等。为了进一步挖掘一期工程的潜力，缓解穿衣难题，二期工程于1978年10月开始引进谈判，国家计委于10月15日批准下达设计任务书，设计生产能力聚酯20万吨，折合纤维18万吨。相当于一期工程的2倍。共有成套引进的年加工减压柴油90万吨芳烃联合装置、年产20万吨聚酯装置，年产22.5万吨精对苯二甲酸装置，年产1万吨涤纶长丝装置等。总投资概算人民币23.5亿元。①

与一期工程投资不同的是，二期工程不再是以国家和地方政府拨款投资为主，而是开始贷外汇还外汇。二期工程共借外汇6.58亿美元，偿付办法有四：第一，一期养二期。一期产品在保证1979年计划水平基础上，增产的丙烯腈、高压聚乙烯、醋酸和苯等，顶替进口或直接出口，1979年开始平均每年可还1 500万美元。第二，二期产品扣除成本后，顶替进口化纤和棉花一年约10万吨化纤，可顶外汇1.6亿美元，1986年开始偿还。第三，二期产品ABS塑料（扣除成本后）15 000吨，1986年开始，每年出口或进口，可还2 100万美元。第四，二期在化纤达到全部能力以前，有部分初期产品化工料可以出口，1984、1985年两年可创汇1.9亿美元，1986年以后每年约4 000万美元。②这种贷外汇还外汇的方法，为我国大规模引进技术设备提供了新的思路，也保证了二期工程在国家实行经济紧缩政策之时得以顺利施工建设。

1980年二期工程开始动工兴建，1984年顺利完成。一、二期工程累计完成产值174.24亿元，实现税利63.72亿元。③上海石油化工总厂一、二

①② 《上海市建设委员会等关于金山石化总厂一期工程项目的验收和二期工程有关项目扩初设计及安排施工的报告、批复、通知》，1979年，B289-1-70，上海市档案馆藏。

③ 上海石油化工总厂厂史编委会：《上海石油化工厂总厂志》，上海社会科学院出版社1995年版，第429页。

期工程顺利建成投产，使其成为中国一个重要的石油化工、化纤生产基地，为丰富和改善我国人民穿衣结构发挥了重大作用。

三期工程投资预算为28.43亿元，因这一时期引进国外设备过多，一度造成国家财政紧张，石化总厂决定充分利用外资分两期建设。1990年，第一阶段30万吨乙烯装置主体工程建成投产。1992年4月，第二阶段配套工程建成。

三期工程对上海石油化工总厂的建设具有重要意义，上海石化自此成为当时全国最大的炼油、化工一体化的综合石油化工生产基地，完成从生产化纤为主向"油、化、纤、塑"综合发展的转变，为中国的石油化工业做出了重大的贡献。

（五）上海化学工业区

随着国有企业的改革进程加速，上海石油化工总厂于1993年6月29日完成向上海石油化工股份有限公司的改制。股份化改革后的上海石油化工股份有限公司再次进入发展的快车道。步入21世纪以后，上海市根据国内外市场环境的变化，在原厂址的基础上整合高桥石化、吴泾化工等资源，筹建上海石油化工区。"上海石油化工区的建设使我国的石油化工业的发展跨上了一个新的台阶，它不仅是引入世界级大型化工区'一体化'先进理念规划建设大型工业项目，也是中国改革开放以来第一个以石油和精细化工为主的专业开发区，同时也是上海六大产业基地的南块中心"。①

二、解决人民吃穿问题与金山石化建设

新中国成立的很长一段时间，由于实行沿海紧缩政策，中央重视东北

---

① 上海化工区：《化工区简介》，http：//www.scip.com.cn/hgqjs.htm，2018年12月12日。

重工业基地和三线建设的发展，对东部沿海地区的投入不足，上海作为东部乃至全国最大的工商业城市难以获得长足的发展。“四三方案”和 1978 年大规模技术引进中东部的项目明显增多，虽然各只有一个项目落户上海，但这两个项目都是同批次中最大的项目。1978 年大规模技术引进高潮中宝钢项目更是当时中国最大的工业项目，可以说落户上海的重大项目虽然数量少却占据着举足轻重的地位。金山石化是在上海工业的基础上，通过引进技术解决人民吃穿问题的成功举措。

（一）充分利用上海工业的基础

虽然经济紧缩政策在当时的情况下是必要的，但是在执行的过程中，对上海的工业生产的消极限制过多，不少行业的生产潜力未得以充分的挖掘，有些必须改建扩建的企业没有得到合理发展，引进新技术更是无从谈起。

1956 年 7 月，中共上海市第一次代表大会召开，上海市委第一书记柯庆施代表市委做了题为《调动一切力量，积极发挥上海工业的作用，为加速国家的社会主义建设而斗争》的报告，提出“充分利用，合理发展”的工业发展方针。[①]犹如一针强心剂，当年上海工业总产值比上一年有了明显的增长，使上海的工业生产开始不再低于“一五计划”时期前三年全国的增长速度。

上海市委根据 1961 年中共中央的“八字方针”，“缩短重工业战线，压缩基本建设规模，减少职工和城镇人口，加强轻工业战线，积极支援农业调整”。[②]对国民经济进行全面、深刻调整，大力加强农业和轻工业的发

① 《调动一切力量，积极发挥上海工业的作用，为加速国家的社会主义建设而斗争——柯庆施同志在上海市第一届人民代表大会第四次会议上的报告》，1956 年，B123-3-890-1，上海市档案馆藏。

② 中共上海市委党史研究室、上海市档案馆编：《上海市党代会、人代会文件选编》，中共党史出版社 2009 年版，第 560—564 页。

展，引进发达国家的成套设备和技术，从而逐步解决我国人民的“吃、穿、用”问题。“八字方针”的执行使得上海经济趋于合理正常发展，但是由于中苏关系恶化等因素的影响，70年代后，中国技术引进转向了西方国家。

（二）利用引进技术解决人民吃饭穿衣问题的早期尝试

1962年6月25日，国务院财贸办、国家计委和化工部联合向李先念、李富春和周恩来提出向资本主义国家购买生产维尼龙和合成氨先进成套设备的报告，毛泽东、周恩来很快批准了这个报告。①

就上海而言，经周恩来总理批准，拟由国外成套进口的砂子裂解炉、高压聚乙烯、聚丙烯塑料及纤维、聚丙烯腈纤维、乙二醇等项目组成的上海石油化工厂。②这六个项目来自西德、英国、意大利的六家公司。上海石油化工厂的建设是跨出解决人民穿衣吃饭问题的重要一步。其“计划生产的聚丙腈及部分聚丙烯可提供万吨以上的合成纤维，相当于50万亩以上的棉田所产的棉花，对于支援农业具有重大意义。聚乙烯及聚丙烯塑料分别用于化肥包装、渔网及其他工业民用制品，其数量达到3万吨以上，对国民经济有相当贡献”。③值得一提的是，在上海石油化工厂的草案中，建议增加涤纶产品，这也为之后金山石化建设打下了工业基础。

（三）战略性布局见成效

60年代初的这次技术引进活动对上海的经济技术发展大有裨益。1965年上海市化工局、上海市经计委、上海市赶超办甚至拟定了关于1964年

---

① 牛建立：《二十世纪六十年代前期中国从西方国家引进成套技术设备研究》，《中共党史研究》2016年第7期。

② 《化学工业部关于请批准成立上海石油化工厂筹建处的意见》，1963年11月28日，B76-3-1635-141，上海市档案馆藏。

③ 《上海石油化工厂设计任务书草案》，1963年12月，B76-3-1635-81，上海市档案馆藏。

至1970年市“石油化工”“合成材料”赶超国际水平规划（草案），[①]上海的经济技术发展似乎又赢得了一个发展良机。然而好景不长，1966年“文革”开始，加之国家经济状况的不佳，这次技术引进项目大多流产，未能完全执行。关于人民穿衣吃饭的问题仍未得到很好的解决。

长期的工业先行政策忽视了农业、轻工业，特别是农业的发展尤为缓慢。“1972年与1965年相比，工业总产值增长了65％，其中重工业增长了近112％，而同期农业总产值只增长了35％”，[②]这一期间中国的人口增加了近1.5亿。[③]农业发展缓慢不仅导致吃饭问题，还使得纺织工业原料严重短缺。“60年代末70年代初，全国纺织能力已发展到1 300多万纱锭，但全国棉花年收购量仅175万吨，只能满足纺织能力80％的需求”。[④]在世界纺织工业原料从20世纪50年代起就逐渐增加使用合成纤维的大趋势下，中国1972年的化学纤维产量只有13.7万吨，仅占当年国内纺织原料的5.5％（当时西方发达国家化学纤维在纺织原料中占40％），且产品质量差，棉花等天然纤维仍然是最主要的纺织品原料。[⑤]

与吃饭、穿衣难并存的问题是，从60年代中期起，随着备战战略下工业化建设规模的不断扩大，机械等加工部门相对膨胀，能源、原材料这些传统瓶颈部门在此期间供应更加紧张。[⑥]例如煤炭，“1969年入冬以来，

① 《上海市经计委编1964年—1970年市石油化工和干分子合成材料赶超规划及情况》，1964—1966，B29-2-28，上海市档案馆藏。

② 国家统计局国民经济平衡统计司编：《国民收入统计资料汇编》，中国统计出版社1987年版，第7页。

③ 同上书，第6页。

④ 刘海雁主编：《中国企业史　典型企业卷》中册，企业管理出版社2002年版，第603—604页。

⑤ 陈锦华：《国事忆述》，中共党史出版社2006年版，第7页。

⑥ 林柏：《新中国第二次大规模引进技术与设备历史再考察》，《中国经济史研究》2010年第1期。

机车用煤库存从1969年第三季度末的80多万吨，降到年底的44万吨，以致到12月已扣用了托运的煤炭10多万吨”。①

中国采取了诸多办法解决农产品以及工业原料供应紧张的问题，“如集中力量确保重点，中央、地方‘两条腿走路’‘土洋并举’、不断开展群众性增产节约运动、技术革新运动等，但这些措施不仅没有从根本上解决问题，其中一些举措反而导致生产效率更加低下”。②因此，中央从1972年初开始恢复一度中断的引进工作，并最终于1973年初提出了“四三方案”。

作为“四三方案”的重要一环，金山石化的建设还冲破三线建设的“束缚”，将一个大型工业工程定址于上海。这对上海来说是新的机遇，为上海的工业布局提供了新的思路，也为金山二期、三期和宝钢的建设提供了借鉴与基础。

三、金山卫星城建设的成效分析

1958年，原属于江苏省的金山和嘉定、川沙、南汇、奉贤等共十个县分两批划入上海市。上海市的面积因而得到大幅度的增加。中共上海市委随即提出“逐步在外围建设卫星城镇”的建设方针。③1959年10月编制的《上海城市总体规划的初步意见》提出“逐步改造旧市区，严格控制近郊

① 《当代中国的计划工作》办公室编：《中华人民共和国经济和计划大事辑要》，红旗出版社1987年版，第296页。

② 林柏：《新中国第二次大规模引进技术与设备历史再考察》，《中国经济史研究》2010年第1期。

③ 《上海城市规划志》编纂委员会：《上海城市规划志》，社会科学院出版社1999年版，第98页。

工业区，有计划地发展卫星城镇”的城市建设的方针。①在此背景下，金山卫星城得到规划建设。同其他卫星城一样，金山卫星城的建设也是为了分散一部分重化工企业，同时缓解上海市区的人口压力和环境压力。

20世纪70年代，金山卫星城在上海石油化工总厂建设的基础上迅速发展起来，成为上海市又一个新兴工业城镇。三期建设完成后，金山卫已经初步转变成城市功能完善、环境优美的小型滨海城市。1997年，金山卫撤县建区，完成从县到区的转变。同时，在其发展建设的过程中，金山卫走出了一条不同于其他卫星城建设的绿色道路，为我国卫星城的建设提供了良好的借鉴。

（一）形成以石油化工为主的工业基地

70年代初到90年代初，上海石油化工总厂共进行了三期建设。这三期的建设具有重要意义：

> 填补了我国石油化工的某些空白，极大地缓解了我国的着衣矛盾，仅其中生产合成纤维一项，就相当于225万亩棉田1年生产棉花所形成的纤维数量，如制成衣服，可供1亿人穿着1年，这就为我国的轻纺工业增加了一个重要原料基地，减轻了农业生产的负担。②

与此同时，上海乃至全国的石化工业的设计、制造、安装能力，在上海石油化工总厂建设后得到大大提高，我国大型企业的建设因此有了可供借鉴的经验。

---

① 《上海城市规划志》编纂委员会：《上海城市规划志》，社会科学院出版社1999年版，第98页。

② 张文清主编：《上海社会主义建设五十年》，人民出版社1999年版，第383页。

上海石油化工总厂在经过三期的建设后，逐步建设成化工一厂（炼化部）、化工二厂、涤纶一厂、涤纶二厂、维纶厂、腈纶厂等石油化工化纤工厂。

在油品生产方面，从 1975 年 8 月年至 1989 年 8 月，总厂的年原油加工能力达到 530 万吨，油品的外供量从仅少量外供到外供量的大幅度增加，从而使总厂产品结构开始向“油、化、纤、塑”①并举转变。

烯烃生产，至 1989 年底，30 万吨乙烯装置建成投产，产品除供应自身外还供应上海氯碱总厂和高桥石油化工公司，开始逐步改变总厂烯烃生产主要供应自身的状况。至 1992 年，总厂的乙烯类化工生产和丙烯类化工生产均有了跨越式的增长，其中乙烯类化工生产中的乙醛、冰醋酸分别获得国优、部优、市优产品奖 9 次。

> 自 1976 年—1992 年，炼油化工业累计加工原油 3 968.92 万吨，生产乙烯 242.28 万吨，丙烯 128.22 万吨，纯苯 68.23 万吨，对二甲苯 110.07 万吨及其他产品。1992 年炼油化工业完成工业总产值 32.31 亿元，占总厂工业总产值的 57.24%。②

合成纤维，一期工程建成投产后的合成纤维为纺织行业提供了 80 多种不同规格和性能的纤维。③这些纤维成为仿绸、仿毛、仿皮、仿麻等各种织物的原料。同时，它所提供的塑料和其他化工原料在化工、医药、农药

① 即石油制品、化工制品、化纤制品、塑料制品。

② 上海石油化工总厂厂史编委会：《上海石油化工厂总厂志》，上海社会科学院出版社 1995 年版，第 86 页。

③ 黄时进编著：《新中国石油化学工业发展史 1949—2009》下册，华东理工大学出版社 2013 年版，第 68 页。

等领域得到广泛的使用。二期投资建设了涤纶二厂、化纤实验厂等项目，“到1985年底，已生产涤纶短丝5.15万吨、长丝1.1万吨、聚酯切片16.18万吨，获得利税6.64亿元”。[①]其中生产出的化纤新品多达71种，19种获得国家经委颁发的优秀产品奖，13种获上海市颁发的优秀新产品奖。“至1992年底，三期工程全面建成后，累计生产聚酯、精对苯二甲酸、聚乙烯醇等合成纤维原料532.51万吨，合成纤维199.29万吨，纤维后加工量45.89万吨”。[②]其合成纤维生产产值高达20多亿元，占全厂工业总产值的一半左右。

三期工程的建设，不仅使我国的合成纤维技术有了重大的突破，同时也带动石化地区工商业的发展。在80年代以前，石化地区主要是以缝纫、修理加工为主的劳动服务业。80年代以后，石化地区逐步建设石化弹力丝厂、毛纺厂、塑料制品厂等化纤、塑料、服装10家生产厂，主要生产化纤针织产品和塑料民用产品。这极大地提高了人民的生活质量和水平，促进石化地区百姓的就业，同时也便利了他们的生活，大家再也不用长途奔波到上海市区去买一件“的确良”的衣服了。

上海石化从一期到三期的建设，在石化地区人民的共同努力下，取得巨大的成就。1993年6月，上海石油化工总厂改制为上海石油化工股份有限公司。通过这次改制，上海石化集聚了大量的社会资本，从而突破了投资主体单一化的局面。公司基本构建和形成现代化的企业制度和机制，逐步驶入良性发展的快车道。

21世纪以来，上海石化在一二三期工程建设的基础上，又先后进行第

---

① 黄时进编著：《新中国石油化学工业发展史1949—2009》下册，第68页。

② 上海石油化工总厂厂史编委会：《上海石油化工厂总厂志》，上海社会科学院出版社1995年版，第120页。

四期、第五期和第六期建设。这些项目的完成，使上海石化炼化一体化产业链的水平发展到一个新的水平，上海石化离“国内领先、世界一流”炼化企业的距离又近了一步。

上海石化的建设，不仅填补了我国在石油化纤工业方面的一些不足，同时也走出了一条具有上海特色的国有企业的改革、发展之路。不仅如此，上海石化的建设也优化了上海的工业空间，促进了上海经济的进一步发展和繁荣，从而为我国的工业和经济建设做出了极大的贡献。

（二）由厂兴城——上海石化与金山卫产城相融

从金山县到金山区，从金山镇到金山新城（《上海市 2035 总体规划》称为金山滨海地区），金山卫的城镇化进程是伴随着上海石油化工总厂的兴建逐渐由厂兴城发展起来的。与其他以工业为依托发展起来的卫星城有所不同，金山卫星城在建设初期即很注重市政设施和生活设施的配套。1972 年建厂初期，总厂总体规划即确立市政公用工程“一次规划，分期建设”的原则，在“先生产后生活”指导思想下设计建成独立的工厂生活小区（包括职工住宅），标准较低，但初步满足了职工生活居住要求。[①]

1984 年 6 月，总厂成立地区建设办公室，负责总厂地区的城市建设与管理。伴随着总厂三期建设的逐步推进，金山卫星城也得到进一步发展。在一期工程建设时，总厂是以独立的工厂生活区来规划和设计市政设施。二期工程期间，总厂的决策者从总厂和上海发展的未来着眼，把工厂生活区当作新兴现代化城市住宅小区来规划和设计，市政设施的建设上了一个大的台阶。

1986 年，上海郊区工作被《上海市城市总体规划》纳入全市的总体规

① 上海石油化工总厂厂史编委会：《上海石油化工厂总厂志》，上海社会科学院出版社 1995 年版，第 464 页。

划，确立了“中心城—卫星城—郊县小城镇—农村集镇”的上海4级城镇体系。1986年10月13日，国务院所批复《上海市城市总体规划方案》，“批复指出要逐步改变单一中心的城市布局，积极地、有计划地建设中心城、卫星城、郊县小城镇和农村集镇，逐步形成层次分明、协调发展的城镇体系”。①其中还提出要对作为上海南北两翼的金山卫和吴淞进行重点发展，对卫星城和郊县城镇要加强建设，从而减少甚至于避免农村人口大幅度向城市涌入的局面发生。

至1992年，经过二十年的建设，金山卫星城粗具规模，已经建成第一、第二、第三生活区和与之配套的市政公用设施，城市建设管理系统基本完善，总厂因而也不再只是一个特大型的联合企业，为总厂及新城今后的发展打下了坚实的基础。市政公用设施的逐步建设使该地区成了上海市郊又一个现代工业卫星城，改变了建厂初期部分职工“宁要上海一张床，不要金山一套房的心态”。②

随着1994年《金山卫城市总体规划》编纂完成，金山卫有了更加明确的发展目标。关于人口规模，《规划》对不同阶段的人口规模作出了规划：到2000年、2010年、2020年的城市总人口分别为17万人、30万人、45万人。③金山卫的人口增长除了原有城市人口的自然增长之外，还来自城镇化过程中由农村人口转化的城市人口，城市工业区的开发带、港口建设、第三产业发展带来的人口等。

---

① 《上海城市规划志》编纂委员会：《上海城市规划志》，社会科学院出版社1999年版，第115页。

② 上海石油化工总厂厂史编委会：《上海石油化工厂总厂志》，上海社会科学院出版社1995年版，第464页。

③ 时效忠口述，张燕红等整理：《口述金山　改革开放（1978—2018）》，《金山报》2018年8月20日。

金山卫的城市布局，分为西部、中部和东部三大功能区，依次为工业区、城市生活区、港区以及为港区服务配套的加工工业区。现在金山工业区的格局即在这基础上进一步优化调整并确定的。

在教育方面，《规划》保留了石化地区现有的教育设施，进一步调整了规划区内的村办小学。新城的区政府则是新城的行政中心。在1995年制定的《金山卫城市总体规划》中，金山卫的发展目标更加明确，即要把“金山卫星城发展成以石油化工、港口为主体的开放型、综合型、多功能的现代化城市，规划陆地面积为81.5平方公里，人口30万至50万。”①

由于中央企业改革发展和上海工业经济布局的调整，金山于1997年撤县建区。从“金山县”到“金山区”，金山二十多年的建设成效显著。建区后的金山主要包括金山城区、枫泾镇、亭林镇和朱泾镇。其中金山城区是金山区的中心，枫泾镇则是上海的西南门户，亭林镇是金山区离市区距离最近的镇，朱泾镇则是金山县的老县城所在地。建区后，区委、区政府就提出“把握历史机遇，加快金山发展”的总口号。②

根据2001年1月5日上海市政府印发的《关于上海市促进城镇发展的试点意见》，“一城九镇”③成为上海“十五”期间重点发展的对象。经研究后，松江新城和安亭、浦江、高桥、朱家角、奉城、罗店、枫泾等9个镇从11个新城、22个中心镇中脱颖而出成为“一城九镇”的重点。其中金山的枫泾镇规划为以商贸流通和旅游休闲为主的现代化生态城镇。

2005年，上海市提出“1966”四级城镇体系，其基本架构是：一个中心城、9个新城、60个左右的新市镇、600个左右的中心村。其中，金山、

---

① 黄文忠主编：《上海卫星城和中国城市化道路》，上海人民出版社2003年版，第99页。

② 刘国胜等：《我经历的金山撤县建区》，《上海党史与党建》2018年第6期。

③ 一城九镇即松江新城和安亭、罗店、朱家角、枫泾、浦江、高桥、周浦、奉城、堡镇9个镇。

宝山、嘉定、松江、闵行等9个城市是“1966”四级城镇体系中的9个新城。金山再次成为发展的重点区域之一。

建厂初期的石化地区不仅在国家和上海市的经济建设中发挥着相当大的作用，对上海市区人口的疏散也有着不可取代的促进作用。工业集聚必然带来人口的集聚，随着总厂的不断发展，金山卫的人口也逐渐变多。金山卫的人口增长与市区和附近县镇的人口迁移有着密不可分的联系，它的建设对疏散市区人口、减少市区人口压力和就业压力起到重要的作用。并且，它的建设也防止了县镇等各类人员流入市区，增加市区的人口压力。与此同时，周围的农村在金山卫发展的基础上也得到发展，加快了其现代化进程。

不可避免的是在建设初期也出现一系列的问题，较为普遍的是离心倾向严重。其最主要的原因则是远离中心城市带来了一系列的生活不便：城市的副食产品供应不足、医疗和教育水平不高、商业网点少、娱乐文化场所的缺乏，除此之外还有交通的不便利等。这些原因使石化地区相当一部分职工有调离的情绪。

和吴淞卫星城一样，金山卫虽然是按照工业布局的要求和设计建设的，“但由于建设的起点比较高，并在规划时留下了较大的发展余地，或者能够依托原有的市镇，这就为它们发展成综合性或多功能的新市区奠定了良好的基础”。[①]经过二十多年的建设，到90年代初期，石化地区的市政建设又上了一个台阶。如道路建设，总厂的道路发展到40条，并且绝大部分属于城市型道路。“笔直、宽阔而又绿化得充满生机的道路四通八达，使总厂与上海市区及外省的交通往来日趋便捷，保障了总厂生产、生活的

① 黄文忠主编：《上海卫星城和中国城市化道路》，上海人民出版社2003年版，第100页。

正常进行”。[1]

在医疗建设方面，逐渐形成门类较多，设备较全的医疗卫生系统。其中以上海医科大学[2]附属金山医院为主，还建有卫生防疫站、疾病防治所、淀山湖工人疗养院、基层保健机构等卫生医疗系统。

在教育方面，“建成了一个由 11 所幼儿园、9 所小学、4 所中学组成的普通教育体系；一个由 1 所大专、1 所中专以及 1 所技校、1 所职校组成的职前教育体系；一个由 23 个职工培训基地、1 所职工中专、1 所教师进修学校、1 所职工大学组成的在职教育系统”。[3]至此，教育系统的结构逐渐完备。

在娱乐文化方面，创办《新金山报》等报纸和刊物，建设了有线电视系统和电视台、工人文化宫、少年宫、老年活动中心、工人体育场、滨海游泳场和滨海影剧院等。

在商业网点方面，社区的商业在不断地发展当中，主要形成经一路商业街，“石化商厦”也成了购物中心，在街坊和各分厂内开设了各种零食店。这些星罗棋布的商业网点极大地便利人们的日常生活，满足了生活消费需求。

总体来说，与其他卫星城相比，金山卫星城在建设初期就有了较为完善的市政配套设施，经过几十年的建设，虽有诸多城镇化进程中的问题，但“瑕不掩瑜”，还是取得较为优秀的成绩，为上海的城市建设交出了一份令人满意的“答卷”。

（三）绿色金山与生态文明

20 世纪石油化工业的蓬勃发展为社会的进步做出了极大的贡献。但是

---

①③　上海石化总厂厂史编纂委员会：《上海石化总厂大观 1972—1992》，上海科普出版社 1992 年版，第 79 页。

②　现复旦大学医学院。

在取得这些进步和成就的同时，也带来了一系列的环境问题。因而，传统化工的发展总是给人们留下固有的污染严重的印象：一方面作为核心产业的化学工业是社会进步和经济发展不可或缺的力量；另一方面，化学工业和化学产品也被视为引发环境污染重要原因。调剂好两者矛盾，发展绿色石化是关键！

1992 年以来，上海的经济实现了跨越式的发展，“取得了连续十年两位数的增长”。①21 世纪的上海仍致力于建设成为国际化的大都市，并继续提高人民的生活质量。但因此由高速发展而带来的城市生态环境问题也日益严重。

作为中国最大的石油化学工业发展基地之一的金山地区，在其发展初期也遇到一系列的环境问题，其中最为突出的是三废污染（废水、废气、废渣）。

鉴于化学工业污染大的产业性质，总厂筹建之初就特别重视环境保护问题，“绿化总面积达 20 万平方米；道路采用放射与方格相结合的方式，环境优美，交通便捷”。②针对石化工业排污量大、有毒有害物质多的特点，“确定生产工程与环境保护（简称环保）工程同步规划设计、同步实施、同步发展的指导思想和层层把关，分级处理，预防为主，防治结合的‘三废’（废水、废气、废渣）治理原则，走出了一条‘先利用、后处理、再排放’的‘三废’治理新路”。③

由于产业性质和人们环保意识的缺失，导致石化地区的水污染、空气

① 诸大建：《建设绿色都市：上海 21 世纪可持续发展研究》，同济大学出版社 2003 年版，第 78 页。

② 黄文忠主编：《上海卫星城和中国城市化道路》，上海人民出版社 2003 年版，第 99 页。

③ 上海石油化工总厂厂史编委会：《上海石油化工厂总厂志》，上海社会科学院出版社 1995 年版，第 358 页。

污染和废弃物污染问题还是接连不断地出现。水质污染主要来自化工、化肥、电镀等行业的有机物污染，包括石油类、硫化物、氰化物、硝基苯、铜、锌、镍、汞等有害有毒物；大气污染主要来自二氧化硫和氮氧化物，还有一氧化碳、甲醛、乙烯、丙烯等 10 多种污染物；[①]弃物污染则是伴随着工业和城市的发展逐渐产生的，主要是工业废物、煤渣和城镇居民的生活垃圾。这些亟须解决的环境问题，不仅导致建厂初期石化地区职工有普遍调离的情绪，也不利于金山卫经济的长远发展和该地区居民的生活健康。

面对这些环境问题，总厂一直以来坚持对石化地区的环境进行监测，同时也做了多次的环境质量调查和评估。根据这些资料，总厂不仅科学地规划了一、二、三期的建设，也制定了科学的“三废治理”计划。

在一期建设中，初步建立了污水处理厂、环保研究所和园林管理所。并且根据厂区呈东西向狭长带状分布的地理特点，科学规划了生产区、生活区，同时在生产区与生活区之间专门建设了一个长达 3 公里的防护林。[②]在二期建设中，拆除了处于下风一带的农村住户，并且将有污染的芳烃厂布置在纬四路以西。到 1992 年，“总计建有污水处理装置 48 套……污水处理率为 100%”。[③]在一期和二期建设中，总厂在三废治理方面，均采用国内外有效措施，贯彻三同时的原则，治理三废投资占总投资的 3.7%。[④]

---

① 《金山县志》编纂委员会：《金山县志》，上海人民出版社 1990 年版，第 421—423 页。

② 古林恒雄口述，吴静等整理：《日本专家在中国——访金山石化建设总工程师古林恒雄先生》，《史林》增刊 2018 年。

③ 上海石油化工总厂厂史编委会：《上海石油化工厂总厂志》，上海社会科学院出版社 1995 年版，第 369 页。

④ 《上海市建设委员会等关于金山石化总厂一期工程项目的验收和二期工程有关项目扩初设计及安排施工的报告、批复、通知》1979 年，B289-1-70，上海市档案馆藏。

1987年后，在三期工程投建的过程中在纬六路随塘河以南设置乙烯厂，从而达到减少有毒有害气体对人畜和农作物危害的目的。至1993年，建立与三期工程相配套的环保设施11套，环保投资为1.08亿元，其中引进乙烯、乙二醇、聚乙烯、聚丙烯等装置的环保设施投资为3 336.4万元，水质净化厂扩建投资6 504万元。①由于总厂采取的一系列保护环境的规划管理以及措施，总厂曾连续五年被中国石化总公司评为环境保护先进单位。

2000年，上海市城市规划设计研究院提出金山卫现阶段的发展目标。即“至2020年，将金山中心城区建成环境优美、布局合理、交通便捷、功能完善、生活舒适且具有中等规模的现代化、综合性、多功能、外向型海滨城市”②其中对绿化和旅游系统作了详细的规划。金山新城中心城区的绿化用地主要由城市公共绿地和城市结构绿地两大部分组成，“总用地475.7公顷，占总建设用地的16.4%”。③关于旅游系统，金山新城以建设中高档现代休闲旅游为目标，打造滨海旅游度假基地。从而形成“一心”“三轴”“五区”④的总体格局，实现金山地区的产业转变升级，实现城市的可持续化发展。

2010年，中共金山三届区委十次全会提出打造“三个金山”的发展目标，即：创业金山、宜居金山、和谐金山。⑤为处于工业化中后期阶段的金山转变经济结构，走绿色发展之路提供了目标指引。

---

① 陈金华主编：《上海石油化工厂总厂志》，上海社会科学院出版社1995年版，第359页。

②③ 张长兔、胡钢：《金山新城中心城区总体规划介绍（上）》，《上海建设科技》2000年第3期。

④ “一心”指滨海的中心广场；“三轴”为沿海滨、杭州湾大道和金山大道南侧的结构绿地，形成东西、南北呈“丁”字型的三条游览轴；“五区”包括滨海游乐区、度假旅游区、商业旅游区、市政文化旅游区和体锻娱乐区。

⑤ 《中共金山三届区委十次全会开幕》，《金山报》（上海）2010年1月15日。

“一城九镇”建设时期的金山卫更加注重环境保护工作。这个时期的金山区在发展石油化工的同时，将目光转向了对环境污染较小的第三产业。以枫泾镇为代表，“在其 2001 年被列为‘一城九镇’改革发展试点镇之一时，当时的定位是以服装机械为产业支撑，以商贸流通、旅游休闲、居住生活等为主体功能，建设具有特色风貌的现代化城镇”。[①]之后在当时周边的乌镇、西塘等地兴起古镇热时，枫泾镇凭借其 1 500 多年的悠久历史开始开发旅游业。2005 年，枫泾镇被授予“中国历史文化名镇”的称誉，同时也成为上海地区首家被评定的古镇。

2012 年 4 月 11 日，为推进本市环境保护和生态建设，《上海市环境保护和生态建设“十二五”规划》（以下简称《规划》）编制完成。《规划》对重点工业的石化、化工行业提出新的目标任务。6 月 1 日，上海市环保局局长对其作了进一步的介绍。他提出，新的目标任务包括“加强挥发性有机化合物（VOCs）控制，排查环境风险隐患，强化危险废物、持久性有机污染物和危化品等风险控制，全力推进金山卫、高桥石化等地区的环境综合整治”。[②]

2013 年，金山区抓住中国石化“碧水蓝天”环保专项行动计划的机遇，上海石化实施了 22 个“碧水蓝天”项目。[③]2015 年，上海市出台的《金山地区环境整治行动方案》是金山区遇到的又一机遇。上海石化根据该方案的相关要求制定《环境综合整治行动方案》，为金山地区的环境治理规划了“蓝图”，有利于推进环保工作的开展。环保工作的有序推进和环保项目的稳定实施使金山区的环境得到明显的改善。2015 年后的“上海

① 张斌口述，勾瑞等采访整理：《口述金山　改革开放——枫泾特色小镇建设》，《金山报》2018 年 7 月 16 日。

② 《上海将着力拓展化工行业污染减排工作》，《上海化工》2012 年第 7 期。

③ 胡拥军：《上海石化：让金山地区的环境更宜人》，《中国石化》2017 年第 11 期。

石化2 190万吨污水达到化学需氧量（COD）均值35.25毫克/升、氨氮均值2.15毫克/升的标准”①，比《上海市污水排放综合标准》规定的一级标准还低。

为加快改善生态环境质量，推进绿色生活、绿色发展和金山区的生态文明建设，2018年10月，出台《金山区2018—2020年环境保护和建设三年行动计划》。《三年行动计划》提出，“到2020年全区生态文明建设要取得明显成效，经济发展质效显著提高，绿色生产和绿色生活水平日益提升，环境风险得到有效管控，生态环境的核心竞争力初步显现，让广大人民群众切实感受到生态环境的持续改善”。②

回顾金山卫的发展历程，它从上海西南的一个小滩涂发展为现代化的滨海城市，从“化工金山”发展成“绿色金山”，其经济发展方式实现从依托单一的石油化工业到现在多种经济同步发展的转变，经济发展能力不断增强，城市的现代化程度不断提高，并且在城市发展的同时也非常注重环境保护。随着长三角一体化进程加快，处于上海南部桥头堡的金山将会迎来新的机遇。

第六节　钢铁铸“宝山”：吴淞卫星城③

吴淞卫星城位于上海北翼，长江与黄浦江在此交汇，地理位置优越，

① 胡拥军：《上海石化：让金山地区的环境更宜人》，《中国石化》2017年第11期。

② 金山区发布环境保护和建设三年行动计划（2018—2020年），2018年10月24日，http：//jsq.sh.gov.cn/gb/shjs/zwxx/zwyw/u1ai117947.html，2018年12月17日。

③ 吴淞卫星城：原属吴淞区，现属宝山区。1988年吴淞区与宝山县合并成为宝山区，吴淞卫星城的提法逐渐减少，宝山新城区建设更多地被谈及。现今包括原吴淞卫星城在内的宝山区已成为主城区的一部分。

水运交通便捷。吴淞卫星城以钢铁、电力能源、化工等重工业为主，是上海重要的工业区，拥有宝山钢铁、上钢一厂、上钢五厂、吴淞化工厂等诸多大中型重化工业企业，用钢铁为上海铸就“宝山”，也在中国钢铁工业发展中扮演着重要角色。与先期建设的金山卫星城类似，吴淞卫星城是以超大型企业为依托建设而成，甚至某种程度上可以说，吴淞卫星城是宝钢建设的附属品。

改革开放40年来，吴淞卫星城（宝山）的建设日新月异，在产业升级、科技进步等方面都取得长足进步，不仅促进了上海经济发展，更推动着中国的钢铁产业走向世界。随着吴淞区与宝山县合并成为宝山区，吴淞地区城镇化进程进一步加快。现如今，这座钢铁铸就的宝山也将实现新的时代目标，即成为具有世界影响力的社会主义现代化国家大都市主城区的组成部分。

一、吴淞卫星城的建设过程及阶段特征

吴淞是上海的老工业基地之一。早在1951年，《上海市发展方向图（草案）》就提出规划建设吴淞工业区。①1959年底吴淞被规划为以钢铁冶炼为主要产业的近郊工业区，规划总人口20万。②1960年，为建设钢铁工业基地，以吴淞工业区为基础建立了吴淞区。之后吴淞行政区划虽几经变动，但上钢一厂、上钢五厂、吴淞化工厂、吴淞化肥厂等大中型企业已然成为上海的明星企业。以钢铁、化工为主的吴淞工业区粗具规模，这为宝

① 《上海城市规划志》编纂委员会：《上海城市规划志》，上海社会科学院出版社1990年版，第91页。

② 《关于上海城市总体规划的初步意见》，1959年，A54-2-718，上海市档案馆藏。

钢的建设提供了工业协作的条件，也为吴淞卫星城的建设打下了坚实的基础。

1978 年宝山钢铁在吴淞开始规划建设，1982 年《上海城市总体规划纲要》明确提出“近期要集中力量建设吴淞、金山卫和闵行 3 个卫星城”。①1988 年，宝山县与吴淞区合并组建成宝山区，吴淞卫星城的提法逐渐消失，但原吴淞卫星城地区随着城镇化进程的加快进入了新的发展阶段。

（一）宝钢一期工程的建设

钢铁产量是衡量一个国家工业水平的重要指标。20 世纪 50 年代，在“以钢为纲”的口号下，我国钢铁行业迎来了一个快速发展时期。但是由于违背经济发展的客观规律，这种全民炼钢的方式违背规律，并没有给中国钢铁行业带来质的提升。而此后经过“文化大革命”，钢铁行业陷入停滞徘徊的状态。1976 年“文化大革命”结束，中国大地百废待兴，经济建设对钢铁的需求量猛增。为缓解上海市钢铁企业长期缺少生铁的困境，上海市向中央申请在上海建设一个现代化、技术高的大型钢铁企业。

1. 宝钢的论证与决策

1977 年国家计委、建委、经委、冶金部、上海市等多方开始对上海新建钢铁厂的厂址、建设规模、建设进度等一系列问题进行考察和论证。与此同时，由冶金部副部长叶志强带领的考察团赴日考察，系统考察了日本钢铁行业的生产设备、技术水平以及发展经验，特别是对日本第一大钢铁企业新日铁进行细致的考察，并带回新日铁董事长稻田嘉宽先生特别准备的新日铁宣传影片。这部影片展现的新日铁极高的现代化生产水平影响了

---

① 《上海城市规划志》编纂委员会：《上海城市规划志》，上海社会科学院出版社 1990 年版，第 104 页。

中国领导人对技术引进的态度。①

1978 年 3 月，中央批准《关于上海新建钢铁厂的厂址选择、建设规模和有关问题的请示报告》。1978 年初，中央作出在上海建设宝钢的重大战略决策。②1978 年党的十一届三中全会胜利召开，改革开放的序幕正式开启。就在全会闭幕后的一天，即 1978 年 12 月 23 日，宝钢工程动工奠基典礼举行。乘着改革开放的春风，宝钢的建设也正式拉开帷幕。

2. 宝钢一期工程概况

宝钢一期工程规模为年产生铁 300 万吨，钢 312 万吨，无缝钢管 50 万吨，商品钢坯 214 万吨。重庆钢铁设计院编制了一期工程总概算，将总投资额定位 128.77 亿元，其中外汇 27.8 亿美元（折合人民币 88.27 亿元）。③宝钢厂房建筑面积达 220 多万平方米，为武钢一米七轧钢机工程的五倍多。④一期工程是一个大型成套设备进口引进项目。装备技术先进、自动化水平高，设备进口数量大，仅一期工程进口量就相当于五十年来钢铁工业进口设备重量的总和。⑤此外，还具有投资大、工程量巨大等特点。

通过对外技术谈判，中国确定主要以日本新日铁为主要合作对象，宝钢的技术设备也以新日铁所属的君津、大分两大现代化钢厂为原型进行设计，取两者之精华，使得宝钢的技术水平略高于两大钢厂。为了赶工程进度，经国务院批准，宝钢与新日铁进行了项目群的一揽子交易，新日铁共

---

① 董少东：《宝山锻钢》，《北京日报》2009 年 8 月 18 日。

② 《宝钢志》编纂委员会：《宝钢志》，上海社会科学院出版社 1995 年版，第 3 页。

③ 同上书，第 474 页。

④ 《上海宝山钢铁总厂工程指挥部关于宝钢建设情况得报告》，1980 年，B1-9-197-1，上海市档案馆藏。

⑤ 高尚戎、殷雷：《宝钢建设初期设备分交和合作制造工作的回顾》，《宝钢志通讯》1988 年第 10 期。

承包 30 个项目。①

3. 一波三折的宝钢一期建设

在建设的初期，一切为宝钢建设服务，全市各行业皆为宝钢建设开绿灯，“突出一个‘抢’字”。②宝钢一期工程之所以在建设初期得到各行各业的大力协作支持，一方面是由于广大人民群众干劲十足，希望加快建设，将“文革”失去的十年“补回来”，另一方面也是中央和上海市的大力支持。但是由于一味追求速度，中央将 1 号高炉系统投产时间定为 1980 年。③作为新中国成立以来最大的工程，从论证、谈判、引进、建设、试车，再到投产，留给宝钢一期工程的建设时间只有三年。这种违背工程建设规律的高指标，也为宝钢“下马风”埋下了伏笔。

由于经济基础弱，建设步伐过快，1979 年，我国的经济形势并不乐观。财政方面出现了约 100 亿元赤字；外汇方面，可供支配的自由外汇严重不足；基本建设方面规模过大……④1979 年 4 月中央确定了“调整、巩固、整顿、提高”的方针，大规模压缩基建项目，宝钢工程作为最大的工业项目，要不要继续建下去，自然成为迫切需要解决的问题。

吴淞地区是软土地基，承重量有限，加之宝钢总重量惊人，在打桩的过程中发生过桩左右位移事件，一时间谣言四起，⑤反对意见很大。中央财经领导小组作出了调整宝钢建设的决定：宝钢 1 号高炉系统工程（包括

---

① 《叶志强、陈锦华关于宝钢工程建设问题的请示报告》，1980 年，B1-9-197-16，上海市档案馆藏。

② 全国政协文史和学习委员会编：《宝钢建设纪实》，中国文史出版社 2007 年版，第 139 页。

③ 《上海宝山钢铁总厂工程指挥部关于检查宝钢工程浪费情况的报告》，B1-9-197-49，上海市档案馆藏。

④ 《李先念论财政金融贸易 1950—1991》（下），中国财政经济出版社 1992 年版，第 464—466 页。

⑤ 全国政协文史和学习委员会编：《宝钢建设纪实》，中国文史出版社 2007 年版，第 101 页。

140 毫米无缝钢管轧机）推迟到 1984 年建成投产，2 号高炉系统工程停缓。①

是继续缓建？停建？还是续建？中央决定委托陈云对宝钢问题进行调查研究。1979 年 5 月陈云亲自到宝钢工地，听取各方面意见。6 月 16 日，陈云在国务院财政经济委员会全体会议上讲话，认为："宝钢是仓促上马的"，"现在来看，中间没有办法停顿下来"。因此，陈云提出：要干到底；应该列的项目不要漏；买设备，同时也要买技术，买专利等八点意见。②李先念表示赞同。在国务院财经委员会给中共中央的《关于宝钢建设问题的报告》中，认为"建设期限，必要时可以延长一两年，不要操之过急"。③

宝钢一期工程被中央列为续建项目，承载着巨大压力的钢铁巨轮再次启航。其后宝钢一期工程建设也并非一帆风顺，好事多磨，经过多方协调努力，1985 年 9 月 15 日 1 号高炉点火投入试生产。11 月 26 日，宝钢一期工程投产仪式正式举行。中共中央和国务院发来贺电："宝山钢铁总厂一期工程建成投产，是我国社会主义现代化建设取得的又一重大成就。这对提高我国钢铁工业的生产技术水平和管理水平，对促进国民经济的发展，加快我国社会主义现代化建设，具有重要的意义。"④

（二）宝钢二、三期工程

一期工程在一波三折中最终完工，二、三期工程则相对顺利，建设水平更高。宝钢的建设推动了吴淞区的成立，也正是宝钢的建设，又促成吴淞区与宝山县合并为宝山区，宝山区的成立推进宝山的城乡一体化进程，

① 《上海宝山钢铁总厂工程指挥部关于宝钢建设进度的调整和问题的报告》，B1-9-197-60，上海市档案馆藏。

② 陈云：《陈云文选》，人民出版社 1995 年版，第 259—260 页。

③ 中共中央文献研究室编：《陈云传》（下），中央文献出版社 2005 年版，第 1577 页。

④ 《宝钢志》编纂委员会：《宝钢志》，上海社会科学院出版社 1995 年版，第 191 页。

也为宝钢提供了更广阔的空间。

1. 二期工程建设

1982年在一期工程建设过程中，中央就着手进行二期建设的可行性研究。同年底，完成二期工程可行性研究报告。到1987年，历时五年宝钢二期工程完成可行性研究、规划设计、对外谈判、审议等前期工作。二期工程总投资172亿元。①主要设备有：一套2 030毫米冷轧板机、一套2 050毫米热轧板机、两台1 900板坯连铸机、一座4 063 m^3 高炉（2号高炉）、一台450 m^2 烧结机、四组焦炉等。二期工程首先完成的是冷轧、热轧、连铸三大工程，高炉、烧结、焦化三大工程于1991年完成。

与一期工程不同，二期工程最大的特点是国产率高。其中二期工程总计约需30万吨设备，其中由国内与国外厂商采取合作设计、合作制造的约占70%，而一期工程属国内分交设备仅占12%。②国产设备相较而言肯定没有从日本、德国等国引进来的现代化设备技术水平高，但是提高设备国产率是对一期工程引进的技术的消化与吸收的检验，也是我国走独立自主的技术之路的新的开始。即使技术水平、设备水平有限，设备制造中大小事故不断，但二期工程最终顺利完工。在前三大工程方面“与国外合作制造、合作设计部分达到44%”，在后三大工程设备方面，更是达到90%。③此外，有了一期工程建设的经验与教训，二期工程的经济效益也大大提高，二期工程外汇费用要较一期减少约12亿元。④

2. 三期工程建设

随着一期、二期工程的投产以及中国钢铁行业的大发展，1996年中国

---

① 《宝钢志》编纂委员会：《宝钢志》，上海社会科学院出版社1995年版，第493页。

②④ 黄锦发：《上海宝山钢铁总厂二期工程的主要特征》，《上海金属》1988年第6期。

③ 李春雷、刘慧中：《钢铁情缘：李东冶与共和国的钢铁工业》，中国经济出版社2007年版，第183页。

钢铁产量达到 1 亿吨，但是该年我国却进口了 1 600 万吨钢铁。①汽车、食品、机电等行业需要的板材就是进口的大头。为了满足国内对“高端”钢材的需要，宝山决定建设三期工程。三期工程总投资概算为 623 亿元。1991 年一座 4 063 立方米高炉提前开工，其后 1580 热轧机、1420 冷轧机、1550 冷轧机相继开工。2000 年三期工程完工。②

三期工程是当时“涉及金额最大的自筹资金进行建设的工业项目”③。三期工程总概算 623.4 亿元（含 21 亿美元），其中利用了设备折旧率和大修理基金率，1988 年到 2000 年共提取折旧金 451.8 亿元，④再加上企业留利等其他措施。这是宝钢顺应市场潮流的一次勇敢的尝试，也收到较高的效益。

三期工程另一大亮点就是总体规划和设计全部由国内负责，并创新了 53 项新工艺技术，国产化率超过 80%，远比一期工程的 12%和二期工程的 61%高得多。⑤三期工程投产后优化了宝钢的产品结构，增强了国际竞争力。

（三）宝山区的成立与吴淞卫星城发展的新阶段

为便于宝钢的建设与管理，1980 年国务院批复同意上海市设立吴淞区，“将宝钢地区办事处管辖的行政区域和宝山县城厢镇，以及宝钢与吴淞之间的地区划归吴淞区管辖”。⑥1982 年《上海市城市总体规划纲要》发

① 李春雷：《宝山》，花山文艺出版社 2017 年版，第 220 页。

② 同上书，第 254 页

③ 李春雷、刘慧中：《钢铁情缘：李东冶与共和国的钢铁工业》，中国经济出版社 2007 年版，第 226 页。

④ 全国政协文史和学习委员会编：《宝钢建设纪实》，中国文史出版社 2007 年版，第 285 页。

⑤ 中国宝武钢铁集团有限公司编：《黎明与宝钢之路》，中信出版社 2017 年版，第 85 页。

⑥ 《吴淞区志》编纂委员会：《吴淞区志》，上海社会科学院出版社 1996 年版，第 33 页。

布，《纲要》提出："近几年内集中力量建设吴淞、金山卫和闵行三个卫星城"①。吴淞卫星城进入发展的新阶段。

但是吴淞区虽独立建区，辖内依然是宝山县的县政府所在地，而吴淞全区又为县境所包围。此外吴淞区与宝山县交界地区犬牙交错，"如友谊路生活区同宝山县城厢镇交叉在一起"②，极大增加了管理的难度，也造成市政等设施的重复建设、城乡对立等现象。

1984 年，上海市区行政区划调整，总面积从 230 平方公里增加到 340 平方公里。此次调整，将宝山县的江湾镇、五角场镇和彭浦等四个乡的 129 个生产队分别划给就近的中心城区③。此次调整有利于疏散中心城区人口，同时宝山县从远郊变为市中心边缘，也为宝山区的成立创造了条件。

在双方的要求下，市委、市政府经过调研，最终做出撤销宝山县、吴淞区建制，组建宝山区的决定。1988 年 1 月 21 日，国务院批准撤销宝山县和吴淞区，设立宝山区。宝山区的成立大大推动了宝山城乡一体化进程，加速了吴淞卫星城与宝山县城一体化进程，也为宝钢的二期、三期建设提供了更为广阔的空间。吴淞卫星城发展到了新阶段，同时宝山城镇化建设也进入了新阶段。

二、吴淞卫星城建设动因探析

吴淞卫星城因宝钢的落地而被规划建设，伴随着宝钢的发展而发展到

---

① 郑承铭：《建设中心城市与郊区城镇相联系的群体组合城市　上海城市发展方向已原则确定》，《解放日报》1982 年 6 月 18 日。

② 《上海市人民政府宝钢地区办事处关于宝钢地区简况和工作安排的报告》，1980 年，B1-9-197-74，上海市档案馆藏。

③ 吴静等编：《上海卫星城规划（二）》，上海大学出版社 2016 年版，第 112 页。

城镇化的更高层次。从产业层面而言，宝钢之所以落地吴淞，是由于上海钢铁行业的需求与雄厚的工业基础共同作用的结果；从吴淞本身来说，也是由于吴淞地区优越的地理位置和可供协作的钢铁产业链；从上海整体城市规划来看，吴淞卫星城的规划建设符合改革开放初期上海疏散中心城区人口，优化产业布局的需要。

（一）上海的工业基础与对炼铁的需求

上海钢铁行业可追溯到洋务运动时期，江南制造总局在上海建造炼钢厂，开上海钢铁行业先河。民国时期，由于国内外环境的制约，以及战争的影响，上海钢铁行业陷入缓慢甚至停滞发展时期。1958 年上海钢铁行业迎来第一个发展高潮。好景不长，随着 1961 年八字方针以及“文化大革命”的影响，上海钢铁行业生产秩序被破坏，产品增长缓慢。“文化大革命”结束以后，百废待兴，对钢铁需求量大增，经过整顿，上海钢铁行业走上正轨。至 1978 年，全行业生铁产量达到 148 万吨、钢产量 450 万吨、钢材产量 352 万吨。①

从 1978 年上海钢铁行业的生铁与钢的产量可见：上海的炼钢能力有余，而生铁产量不足，炼钢需要生铁，而这个产量相差近 300 万吨的差额需要从鞍山钢铁、本溪钢铁、马鞍山钢铁等调来补平，此外还要调进相应的焦炭等，占用了大量的交通资源，造成交通成本的增加。以当时上海的钢产量计算，仅熔化调进来的生铁“就需要焦炭 56 万到 72 万吨，熔化生铁损失铁 8 万到 10 万吨，加上加工费用，每年就多用生产费 7 900 万元”②。因此，在上海建高炉，增加炼铁能力成为迫切需求。

① 《上海钢铁工业志》编纂委员会：《上海钢铁工业志》，上海社会科学院出版社 2001 年版，第 7 页。

② 全国政协文史和学习委员会编：《宝钢建设纪实》，中国文史出版社 2007 年版，第 164 页。

1977 年，冶金部副部长叶志强访问日本，考察了日本的钢铁工业，带来了日本发展钢铁的经验与资料，面对中日钢铁行业之间巨大的差距，以及通过对技术、价格等因素的比较，中央决定从日本引进设备建设宝钢。1978 年，中央决定利用良好的国际环境，进口 22 项成套引进装备。①上海宝山钢铁总厂项目就是其中最大的项目。

上海不仅是一个钢铁生产基地，也拥有一个广阔的市场。上海是中国重要的工业基地，改革开放初期，上海工业总产值约占全国的八分之一，外贸出口约占全国的将近三分之一，财政收入约占全国的六分之一。②并且形成以吴淞为中心的钢铁基地，以闵行为中心的机电工业基地，以安亭为中心的汽车工业基地，此外造船工业、航天工业、化工工业等都在全国占据重要地位，因此钢铁工业产品需求量非常大。同时，良好的、完整的工业体系也为宝钢的建设生产提供了协作的可能。

上海的科技优势、人才优势和管理优势，也有利于大规模装备技术引进的消化、吸收、再创新。此外，上海还通过 1972 年金山石化的建设，积累了技术引进建设大型工业项目的经验，如“提出引进要三结合、一贯制，用经济方法管理经济，建议成立设计、工程、建设公司等”。③

（二）吴淞优越的交通条件与钢铁工业基础

1972 年，金山石化在上海的南翼开始建设，一座以金山石化为依托的金山卫星城拔地而起。与金山卫星城相比，吴淞的地理位置更佳。一方面

① 陈东林：《20 世纪 50—70 年代中国的对外经济引进》，《上海行政学院学报》2004 年第 6 期。

② 《关于调整国民经济“八字方针”的宣传提纲（试用稿）》，1979 年，A22-4-264，上海市档案馆藏。

③ 《东湖招待所关于基本建设问题座谈会记录》，1978 年，B246-3-555-56，上海市档案馆藏。

金山石化距上海市中心约 73 公里，①而宝钢厂所在地距上海市中心约 26 公里，②因此吴淞卫星城相对而言，具有距离优势，与主城区联系更为密切。另一方面，金山卫星城是在滩涂上从零建造的，而吴淞卫星城具有一定市政基础。当上海的南翼已经崛起一座卫星城时，北翼规划建设一座卫星城南北呼应，以优化城市和工业布局也是题中之义。

上海本身没有铁矿，也没有煤矿，要在上海建设新型炼钢基地，这就和以往国内外一般将炼钢基地建在铁矿或煤矿附近完全不同，对此也有不同意见。但是，上海最大的便利是水陆交通，尤其是吴淞位于长江与吴淞江交汇之处，又有蕴藻浜通达江浙，素来水运便捷。沿黄浦江建有张华浜、军工路码头，20 世纪 80 年代，“全市 80%以上对外贸易的进出口货物均在此集散”。③参考发达国家在沿海地区建设大型钢铁的经验，中央也将目标放在上海、连云港、镇海等地。由于连云港港口地理条件不适宜建设大港，而镇海虽然港口建设条件最佳，却没有较为深厚的工业基础。最终中央决定在上海建设大型钢铁厂。

考察组初步考察了上海的月浦、盛桥和浙江乍浦等地。乍浦位于上海的南部，港口较深但是附近风浪较大，且离现有主要钢铁厂较远。月浦和盛桥都属于宝山县，选址条件各有利弊，甚至盛桥更胜一筹，④但是月浦地区有一个旧机场可以利用，少征用良田，所以宝钢最终落地月浦。周边的便利交通条件为进口燃料、铁矿石，出口运出产品提供了最大的便利。

---

① 《上海市革命委员会工业交通组关于石化总厂筹建问题、三大重大工程设计任务书、氮、氧扩大设计、建造海运码头、原油码头陈山方案请示、批复》，1973 年，B246-1-598，上海市档案馆藏。

②④　《关于宝山钢铁总厂选址的报告》，1977 年，B257-3-189，上海市档案馆藏。

③ 《吴淞区志》编纂委员会：《吴淞区志》，上海社会科学院出版社 1996 年版，第 146 页。

吴淞地区雄厚的钢铁工业基础也是宝钢选择此地的原因之一。钢铁产业具有投资大，工艺流程长、生产工序多，配套设施要求高，能耗高等特点，只有做大型工业企业的配套协作，才能发挥好钢铁产业的规模效应。1958年，上钢一厂就建起了上海第一座炼铁高炉，上海告别了有钢无铁的历史。上钢五厂是生产特殊钢见长的企业，填补了上海合金钢很多领域的空白。①还拥有上海铁合金厂、上海钢管厂、上海矽钢片厂、东海船舶修造厂、上海硫酸厂、吴淞化工厂、吴淞水泥厂、吴淞煤气厂等大中型企业。无论是产业的配套，还是产品的销售，吴淞地区都是上海建设宝钢的首选之地。

（三）上海城市规划与工业布局的调整

改革开放前，由于“文化大革命”等因素的影响，城市规划长期废弛，城市管理混乱，城市建设滞后。“骨头”和“肉”的关系很不协调，城市建设和人民生活欠账很多。城市中居民住宅紧缺，公共交通不畅等问题严重，②上海亦不例外。为加强城市建设工作，1978年3月在北京召开第三次全国城市工作会议，制定《关于加强城市建设工作的意见》，确定“控制大城市规模，多搞小城镇”的要求。在1980年全国城市规划工作会议上，制定了“控制大城市规模，合理发展中等城市，积极发展小城市”的方针。③

在全国城市规划工作会议的精神指导下，上海召开第一次城市规划工作会议，会后，加速修订1982年《上海市城市总体规划纲要》。纲要明确指出：充实和发展卫星城……长江口南岸，随着宝钢的建设，从罗泾到吴

① 《上海建设》编辑部：《上海建设》，上海科学技术文献出版社1989年版，第210—213页。

② 《关于调整国民经济“八字方针”的宣传提纲（试用稿）》，1979年，A22-4-264，上海市档案馆藏。

③ 陕西省城乡建设环境保护厅规划处：《城市规划文件汇编》，西安，1984年，第42页。

淞，发展成以冶金钢铁加工工业为主的新兴工业城市。①此时的上海将吴淞卫星城列为城市重点发展的方向之一。有了市委、市政府的支持，吴淞卫星城加快规划建设步伐。

在《纲要》的指导下，吴淞区开始城市规划工作。1983 年，吴淞区编制《吴淞区城市总体规划》《吴淞总体规划图（1983 年）》，规划提出吴淞区是以钢铁和外贸港口为主的卫星城。到 2000 年，吴淞区规划人口为 35 万，共约 60 平方公里……全区划分为三片工业区和相应的三个居民区、一个区中心。在 1985 年，又将卫星城定位为："以钢铁、港口为重点的上海北翼工业基地，逐步建成现代化海滨卫星城"。②

吴淞卫星城的建立与发展和改革开放以来城市发展方针的变化密不可分。改革开放后，为缓解大城市"城市病"，中央决定控制大城市规模，积极发展小城市。对于上海这一全国最大的城市而言，1980 年在 140 多平方公里的土地上，拥有 590 余万的人口，每平方公里平均居住 4.2 万人，其密度远超国内其他城市。③

1980 年上海社会科学院部门经济研究所沈峻坡撰文称：上海在为国家作贡献的十个方面处于第一位，在城市人口密度、人均居住面积、因城市"三废"污染严重导致的市区癌症发病率等五项指标在全国倒数第一。④此文一出，立即引起社会的强烈反应，对上海发展方向、经济与城市建设等

① 孙怀仁主编：《上海社会主义经济建设简史（1949—1985）》，上海人民出版社 1990 年版，第 715—716 页。

② 吴静等编：《上海卫星城规划（二）》，上海大学出版社 2016 年版，第 9 页。

③ 梁志高、高柳根、厉璠：《关于建设卫星城镇的几点设想》，《解放日报》1980 年 5 月 21 日。

④ 沈峻坡：《十个第一和五个倒数第一说明了什么？——关于上海发展方向的探讨》，《解放日报》1980 年 10 月 3 日。

都作了探讨。可以说此时的上海无论是国家要求还是自身需求，都必须治理“城市病”，而发展包括吴淞卫星城在内的七个卫星城正是有效途径之一。

三、走出一条产城融合之路

宝钢的建设极大提升了吴淞卫星城的产业水平，以宝钢为中心，宝山精品钢材产业基地成为上海六大产业基地之一。工业化带动城镇化，宝钢的建设推动吴淞卫星城，以及宝山区的城镇化水平的提高，并走出一条产城融合发展道路。21世纪以来，上海的产业定位、城市定位发生转变，与此同时宝钢与宝山区也在对接上海发展战略，积极转型发展。

（一）宝山钢铁基地的形成及其变迁

宝钢一期与二期设计的生产规模是年产600万吨钢，600万吨铁，300万吨钢材（生产的另外300万吨钢坯供给上海其他钢铁厂轧材）。投产后，铁可达到640万—650万吨，钢可达到670万吨。①1978年谷牧副总理在宝山开工典礼上所说的“宝钢将成为我国第一个新型的、现代化的大型钢铁基地”，已经成为现实。②不仅如此，1992年宝钢三期开始建设，到2000年全面投产，宝钢总厂的年生产能力达到1 100万吨。③

宝钢在建设的同时，也成了国企改革的先锋。根据国家体改委、国家经委关于组建和发展企业集团的意见，宝钢总厂和宝钢工程指挥部于1987

① 《东湖招待所关于基本建设问题座谈会记录》，1978年，B246-3-555-56，上海市档案馆藏。

② 《谷牧同志在上海宝山钢铁总厂动工典礼上的讲话材料》，1978年，B246-3-550-139，上海市档案馆藏。

③ 《宝钢志》编纂委员会：《宝钢志》，上海社会科学院出版社1995年版，第464页。

年 8 月成立改革研究小组，草拟组建以上海宝山钢铁总厂为主体的横向经济联合组织——宝山钢铁联合（集团）公司的方案。1988 年宝山钢铁联合（集团）公司成立。宝山钢铁联合（集团）公司共有 67 个成员单位。分布在全国 16 个省市，包括与宝钢联系密切的涉各行业。①产业结构也向多元化发展，参与中外合资企业的创办，积极“走出去”，开拓海外市场。

为了应对加入世贸组织（WTO）后，外企对宝钢的冲击，1998 年，以宝钢为主，联合上海冶金控股公司、上海梅山集团公司，重组成立上海宝钢集团公司。公司注册资本 458 亿元，净资产 704.66 亿元。上海宝钢集团公司的成立，有利于上海钢铁工业的合理分工，优势互补。同时，上海宝钢集团成为“我国最大的汽车、石油、造船、建筑、家电用钢及不锈钢、特殊钢的生产基地，成为我国钢铁行业新工艺、新技术、新材料的最重要的开发基地”。②2000 年上海宝钢集团公司以原宝钢绝大部分资产为主体注册为宝钢股份有限公司，成为集团最大的子公司。

21 世纪初，上海进一步优化产业布局，着力打造六大产业基地。③其中精品钢材基地，核心即为宝钢。上海精品钢材产业基地在中国现代化程度最高、生产规模最大、品种规格最齐全。2003 年，宝钢集团实现营业收入 1 204 亿元，成为我国制造业中首批进入世界 500 强的企业，这标志着宝钢股份制改革迸发了更为强大的力量，也标志着我国从钢铁大国向钢铁强国的转变。④

① 《宝钢志》编纂委员会：《宝钢志》，上海社会科学院出版社 1995 年版，第 454 页。

② 梁伟：《上海宝钢集团公司成立暨揭牌仪式隆重举行》，《宝钢日报》1998 年 11 月 18 日。

③ 六大产业基地：微电子产业基地，上海国际汽车城，上海化工区；精品钢基地；临港装备产业基地，船舶制造基地。

④ 童云、刘元杰：《实现发展进程中的历史性跨越》，《宝钢日报》2004 年 7 月 15 日。

宝钢的扩展步伐依然未停，2005 年完成浦东钢铁搬迁罗泾工程；2007 年完成对新疆八一钢铁的联合重组；2008 年与韶关钢铁、广州钢铁完成资产重组并推进湛江 1 000 万吨级钢铁基地建设……在国际上与巴西、澳大利亚等国家建立合资公司或参与控股，以保证原材料的来源和采购议价能力。

近几年来，国内外经济环境发生重大改变，“眼前对我们来说最紧迫的任务就是如何面对产能过剩、去产能的问题。国务院决定先从钢铁、煤炭两个行业入手”。[①]作为我国拥有最大钢铁产能的宝钢，再次走在了改革的前沿。2016 年 9 月 22 日，“国务院批准宝钢集团有限公司与武汉钢铁（集团）公司联合成立中国宝武钢铁集团有限公司，聚焦钢铁主业‘做精、做强、做优’，引领示范行业转型升级，全面提升全球影响力”。[②]宝武钢铁集团的成立，加快了上海地区钢铁产业的去产能化，为上海空气污染的治理与经济结构转型升级提供了有力支撑。

自 1978 年开始建设，宝钢已走过四十春秋。四十年前上海、国家倾力支持其建设，四十年来宝钢不断改革，为上海、为中国不断提供钢铁产品、钢铁技术、企业管理制度，以及国企改革的重要经验。从打下第一根桩的开始，宝钢建设的意义就已经不是上海的一个卫星城、一个钢铁基地。

（二）城由产兴，产城融合

卫星城、近郊工业区为疏散城市人口，优化工业布局而建。1959 年《上海城市总体规划的初步意见》中将吴淞规划为以钢铁冶炼为主的近郊工业区。[③]作为近郊工业区的吴淞很明显没有疏散人口的功能。上钢一厂、

① 谢玮：《宝钢武钢重组式去产能》，《中国经济周刊》2016 年第 35 期。

② 许晟、李荣、李劲峰：《宝钢与武钢联合重组获批》，2016 年 9 月 22 日，中国政府网：http：//www.gov.cn/xinwen/2016-09/22/content_5110905.htm，2018 年 11 月 15 日。

③ 《关于上海城市总体规划的初步意见》，1959 年，A54-2-718，上海市档案馆藏。

上钢五厂等钢铁、化工企业的建立发展为吴淞工业区提供了产业的支撑，但只有产业支撑是不够的，还应增加基础设施的建设。由于住宅数量有限，吴淞工业区大部分职工还住在市区。“上下班二小时以上的占60%以上，一般平均要三小时左右，远的达四小时以上”。“51路公共汽车最高达56 000人次/日，仅吴淞一地就有38 000张月票。”①基础设施建设的滞后严重制约着吴淞工业区的发展。

经济建设需要“骨头”，还需要民生建设和服务的“肉”予以支持。从近郊工业区到卫星城，建设需要产业支撑，更需要人口的集聚与生活服务基础设施的建设。宝钢这一特大型企业落地，不仅为吴淞提供了更为坚固的“骨头”，也为吴淞带来大量职工和其他人口，基础设施也随之改善。

1. 增加人口与改变人口结构

城镇化的核心是人，人口的增长率高，特别是机械人口增长率往往可以反映出城镇化的速度与水平。根据1978年《宝钢计划任务书》宝钢定员为12 000人左右，同年，宝钢指挥部党委提出为15 000左右。但是由于我国企业管理和外部协作条件不同于日本，1980总定员需要增加到31 700人左右。②加上外地调进来的施工设计人员，整个宝钢带来的人口远远大于3万。即使除去因行政区划变化划入人口，吴淞区的人口机械增长率也是惊人的。

吴淞卫星城建立后不仅人口增长迅速，同时人口结构也不断优化。宝山建设初期以中青年职工为主，工人中青年达到70%，技术工人和管理

---

① 《近郊工业区和卫星城镇住宅建设及公用设施配合问题》，1961年，B257-1-2752，上海市档案馆藏。

② 《上海宝山钢铁总厂工程指挥部汇报纪要》，1980年，B1-9-197-10，上海市档案馆藏。

表 3-17　1980 年建区之前、1982 年、1987 年吴淞区常住人口情况

年　　份	户数(户)	常住人口数(口)	备　　注
1980 年建区之前	22 415	92 580	
1982 年	42 136	162 191	划入人口 8 765 户、34 934 人
1987 年	61 906	220 284	划入约 1 000 户，3 000 人

资料来源：《吴淞区志》编纂委员会：《吴淞区志》，上海社会科学院出版社 1996 年版，第 198 页。

干部也是全国各地调集来的精英。如对工人要求原则上具有高中以上文化水平，干部则要求是 1966 年以前毕业的大专生并具有五年以上专业实践经验。①这样的标准在刚刚结束“文革”的中国来说不可谓不高，称之为精英也不为过。随着宝钢信息化建设的加快，宝钢职工的队伍素质也大大提高。

表 3-18　1981 年与 1992 年宝钢职工职称占比对比

年份	高级职称(%)	中级职称(%)	无职称(%)
1981	0.7	20.1	30.8
1992	1.3	41.65	5.37

资料来源：《宝钢志》编纂委员会：《宝钢志》，上海社会科学院出版社 1995 年版，第 339 页。

2. 完善基础设施建设

吴淞卫星城是上海的第七个卫星城，先期卫星城的建设经验表明：生产与生活必须同步。与市区相比，卫星城建设初期在住宅、餐饮、医疗、交通等方面都不如市区便捷，要将企业迁进来容易，把职工“迁进来”很难，只有把职工“迁进来”才能更好地促进城镇化。因此卫星城建设必须生产与生活并重。

① 《宝钢志》编纂委员会：《宝钢志》，上海社会科学院出版社 1995 年版，第 339 页。

宝钢在建设之初就开始编制《宝山钢铁总厂市政建设配套总体规划目录》，对宝钢的规模、建筑、布局、市政公用设施、交通运输等方面进行规划。其中宝钢厂市政建设配套总体规划中各项设施的建筑总面积约为112万平方米，根据有利生产、方便生活的原则。宝钢生活区规划结合宝山城厢和月浦镇的改造，分设在宝山友谊路、月浦、丁家桥果园的厂前区三处。宝山和月浦生活区近期分别以5万人和3万人进行规划。①规划经过修改后，宝山友谊路生活区远期规划规模为10万人，近期建设规划为52 000人，月浦生活区远期规划规模为5万人，近期建设规模为26 000人；果园厂前区规模为12 000人。宝钢生活区内的商业、文教、卫生和市政、公用等设施，按照各项配套必须齐全的原则全面规划，综合组织同步建设，以利于职工安居。②

除三个生活区中的各项建设工程外，还有宝钢地区的生活供水74 000吨（包括吴淞水厂扩建、新建月浦水厂及输水干管）；生产、生活供电（包括三汀沟、盛桥及友谊路三座35千伏变电站及线路）；宝钢与市区的联络干道和地区交通干道51.5公里（包括蕰川路、同济路、罗宝路改建、太和路、宝刘路拓宽等）；生活污水处理及排水（包括5万吨污水处理厂一座及污水干管，友谊路生活区排水系统等）；煤气5万立方米净化；150辆公交停车保养场及货运300辆汽车保养场和绿化等。③

这些市政基础设施的建设不仅满足了宝钢的需要，也为吴淞卫星城乃至宝山县改善了基础设施。如宝钢一期工程投资1 500万元，新建一套民用生活煤气系统，新村附近的中小学、幼托机构、居民食堂、医院等企事

---

① 《宝山钢铁总厂市政建设配套总体规划目录》，1980年，B1-9-197-98，上海市档案馆藏。

②③ 《上海市基本建设委员会关于宝钢地区市政建设（生活区）的总体规划的汇报》，1980年，B1-9-197-90，上海市档案馆藏。

业单位的 291 个团体用户，使用宝钢生活煤气。①

为增加吴淞卫星城的吸引力，解决职工男女比例失调的问题，吴淞卫星城从市区迁来一部分为宝钢服务的工厂，并且新建或迁建了一大批轻工业企业。1982 年吴淞区拥有市属食品企业 7 家，纺织企业 2 家，到 1986 年，分别增加到 16 家、6 家。②为安置上海县征地农民和少量宝钢职工家属，宝钢还投资 1 420 万元，由地区劳动服务公司开办服装厂、钢窗厂、打字誊印社，还同市手工业局工艺美术公司联营创办塑料花厂、绣品厂、地毯毛纺厂。③这些轻工业的发展吸纳了大量的劳动力，为宝钢以及其他男性职工较高的企业提供安排职工家属的途径。除此之外，也有利于青年男女解决婚恋问题。

3. 以社会化协作来探索企业现代化管理之路

长期以来，我国一些企业为了增加员工福利，兴办各种社会设施，如学校、医院、养老院等。这种“大而全”或“小而全”的企业经营方式一定程度上满足了员工的生活需要，但是这样不利于企业集中资源生产，大大影响企业经营效率。

20 世纪 80 年代初，邓小平谈到宝钢定员问题时说，不能按老办法，要按外国人的定员，但是只增加一个人：党委书记。④就是希望在引进西方技术设备的同时，引进西方的先进的管理体制，为现代化建设注入活力。

宝钢在建设的初期，曾完全学习日本的经营方法，希望将生活后勤方面全部交给社会去办。但是这是不符合中国国情的，一方面刚刚改革开放

① 上海市宝山区地方志编纂委员会：《宝山县志》，上海人民出版社 1992 年版，第 363 页。

② 《吴淞区志》编纂委员会：《吴淞区志》，上海社会科学院出版社 1996 年版，第 171 页。

③ 上海市宝山区地方志编纂委员会：《宝山县志》，上海人民出版社 1992 年版，第 364 页。

④ 李春雷、刘慧中：《钢铁情缘：李东冶与共和国的钢铁工业》，中国经济出版社 2007 年版，第 214 页。

的中国并没有足够的社会力量去承担下如此大规模的生活后勤工作，另一方面，当地政府也没有更多的资金与资源去完全解决大企业的社会生活供应问题。再加之中国传统的“大而全”“小而全”的经营理念，日本全面社会化的路子是走不通的。

原宝钢董事长黎明①特别重视对宝钢现代化管理方式的探索，他认为一个现代化大企业，必须把“大杂院”清楚好，摒弃企业“办社会”的拖累。②在结合中国的实际的同时，加强现代化经营管理制度的探索，摸索出一条社会协作化办基础设施的路子。

宝钢总结经验教训，走社会化协作之路。社会化协作分为外协和内协。外协指的是总厂将凡是地方能管理的事情都交给地方管理，厂区外的市政、教育、医疗等社会服务设施，由国家出资，宝钢承担建设，建成后除了一部分自管外，其余交给地方主管。所谓内协指的是：把生活后勤从总厂划分出来，成立企业开发总公司，实行生活后勤专业化管理。③

1981 年宝钢成立综合服务公司，1982 年，冶金部批准其为独立经营的行政机构，代表总厂负责管理所属的集体企业。1986 年宝钢总厂企业开发总公司成立，总公司分为两大系统：一是全民所有制的生活服务系统，如交通运输公司、厂容绿化公司等。二是全民所有制集体经营的生产系统，如综合开发公司、建筑维修公司等，负责全场生产配套服务和经营开

① 黎明：1927 年生于天津，教授级高工。原冶金工业部副部长。中共十二届中央候补委员、中央委员；中共十三届中央候补委员，中共十四届中央候补委员。原宝钢工程指挥部总指挥、原宝钢集团董事长。为宝钢和我国的冶金事业作出了杰出贡献。

② 庞元正、关壮民主编：《以高起点地创新赢得竞争优势——宝钢发展道路研究》，中共中央党校出版社 1995 年版，第 225 页。

③ 卢金海：《宝钢总厂生活后勤特色初探》，《宝钢志通讯》1991 年第 24 期。

发任务。①

以社会化协作的方式来满足职工的生产生活需要，不仅有利于总厂集中精力专业化生产，还有利于推动卫星城的城镇化进程，走出一条产城融合发展道路。这是宝钢在改革开放中对国企管理制度上的重大突破，也是宝钢走向现代化、国际性大企业的必经之路。

1988 年吴淞区和宝山县合并成宝山区，宝山成为上海第一个城乡一体化改革试点区。②进入 21 世纪以来，宝山依靠钢铁、港口等产业着力，优化产业布局，建设宝山新城。近年来，对接上海“五个中心”建设的需要，应对钢铁产业去产能化的要求，宝钢顺应时代潮流，走多元化发展之路，不仅完成了去产能的指标，还积极引领宝山区的转型发展与城市更新。《上海市城市总体规划（2017—2035 年）》中规划吴淞地区将成为市级副中心。“宝山将基本建成上海引领长三角世界级城市群的北部枢纽和沿长江协同创新发展的示范区；上海具有世界影响力的社会主义现代化国际大都市主城区的组成部分”。③

钢铁铸就宝山。历史已经证明，“建设宝钢是正确的”！④

① 孙洪源：《依托总厂　服务总厂——宝钢集体经济的形成与发展》，《宝钢志通讯》1991 年第 24 期。

② 包信宝口述，陈亮等采访整理：《宝山：上海第一个城乡一体化改革试点区的探索和实践》，《上海党史与党建》2018 年第 10 期。

③ 上海市人民政府：《上海市城市总体规划（2017—2035 年）报告》，2018 年 1 月 4 日，上海人民政府网：http：//www.shanghai.gov.cn/nw2/nw2314/nw32419/nw42806/index.html，2019 年 11 月 2 日。

④ 中共中央文献研究室编：《邓小平年谱 1975—1977》上册，中央文献出版社 2004 年版，第 538 页。

第四章　上海卫星城的建设探索与重工业发展

自工业革命以来，工业化无疑成了经济增长和社会发展的强大动力，工业化促成城镇化，工业化路径的选择、工业布局的展开，形塑着城市的建设。在上海卫星城建设发展过程中，通过征地获得建设用地成为卫星城发展的实物基础，当中的曲折与矛盾带着深深的时代烙印。上海卫星城的建设得到各方的大力支持，以机电工业为标志的重工业发展取得巨大成就。在工业化带动城镇化的同时，城镇化亦反作用于工业化，在上海卫星城发展中出现的环境污染等问题，促使工业化在产业政策、空间布局上作出调整，上海卫星城的各项事业在建设中不断摸索前进。

第一节　征地与重工业建设

城镇化的一个显性特质就是城市建设规模扩张，重工业对土地面积要求高，征地问题影响范围往往也较大。上海卫星城的建设和发展离不开土地的征用。1958 年，国务院批转将原属江苏省的十个县划归上海，使上海的面积从 618 平方公里扩展至 6 185 平方公里。①这次重大扩张为上海工业发展提供了有力的空间支持，更为卫星城的发展奠定了基础。同时，伴随着土地征用，上海卫星城工业建设对郊县农村地区产生了一系列问题。较为突出的是，征地补偿与安置和土地浪费交错纠缠在一起，这是上海工业布局和城市建设中，规划与管理上值得认真反思之处。

一、上海卫星城建设征地概况

随着上海工业的发展和卫星城的建设，上海市基建中土地征用面积不断扩大。根据上海房地产管理局及城市规划局历年统计资料，自 1949 年 5 月上海解放之日起至 1957 年 6 月底，共计拨出各项建设用地 94 600 亩。在 1956 年上海工业结构调整后，据房地产管理局统计正式征用案件 1 276 件，共计 19 800 亩，比 1955 年的征地面积增加近两倍。②

上海卫星城规划开启之后，各项工业建设在上海市郊县大规模展开，随之而来的是数量较大的土地征用和房屋拆迁。1958 年上海市共征用土地陡增至 38 884 亩，是 1957 年的 4.6 倍。仅上海县 1958 年 1 月到 9 月共征用土地约 10 000 亩。③据 1960 年 1 至 8 月的统计，上海市基建用地为 17 834 亩，其中占用郊区农田为 14 103 亩。④

---

① 《嘉定、宝山、上海三县划归本市管辖》，《解放日报》1958 年 2 月 18 日；《川沙、青浦、南汇、松江、奉贤、金山、崇明七县划归本市》，《解放日报》1958 年 12 月 13 日；黄啸：《上海第一批卫星城建设》，《上海党史与党建》2010 年第 2 期。

② 《上海市房地产管理局 1956 年征用土地工作总结》，1957 年 3 月 20 日，A54-2-174，上海市档案馆藏。

③ 《上海县人民委员会关于当前征地工作中若干问题的报告》，1958 年 11 月 3 日，B257-1-987-4，上海市档案馆藏。

④ 《上海市基本建设委员会关于上海市基本建设节约用地的若干情况》，1960 年 10 月 25 日，A54-2-1106，上海市档案馆藏。

表 4-1 上海市土地征用统计（1950—1964 年）

年 份	用地合计(亩)	征用(亩)	调拨(亩)
1950	4 064	4 064	
1951	12 279	12 279	
1952	9 460	4 358	5 102
1953	15 091	7 635	7 456
1954	17 312	8 778	8 534
1955	5 629	5 342	287
1956	11 448	8 433	1 792
1957	10 225	8 433	1 792
1958	38 884	38 884	
1959	21 623	20 626	997
1960	16 909	15 791	1 118
1961	669	399	279
1962	1 047	611	436
1963	2 846	901	1 945
1964	5 237	2 432	2 805

资料来源：参见《上海城市规划志》编纂委员会：《上海城市规划志》，上海社会科学院出版社 1999 年版，第 613 页。

表 4-2 1958—1960 年上海市区、郊区征地数量统计

年份	市区征地数量/亩	郊区征地数量/亩	总计/亩
1958	9 356	29 528	38 884
1959	2 215	19 301	20 626
1960	1 839	14 676	15 791

资料来源：参见《上海城市规划志》编纂委员会：《上海城市规划志》，上海社会科学院出版社 1999 年版，第 121 页。

表 4-1、4-2 显示，自 1950 年起上海基建征地面积开始大幅度增加，1958 年达到高峰。“大跃进”时期的征地面积总和与 1950 年至 1956 年基

建征地面积总和相近，其主要原因与“大跃进”时期上海卫星城的规划建设密切相关。同时，表4-2显示，因卫星城的规划设计，“大跃进”时期上海征用的土地大多集中在郊区，其中又主要是农用土地。因此，卫星城的土地征用必然成为牵动多方关系和利益，处理难度较大的工程。

二、土地征用的补偿与安置

土地征用中补偿与安置问题是矛盾集中的问题，历来受到政府重视。中央层面早已制定政策法规予以规范，其中，1950年中共中央政务院颁布的《城市郊区土地改革条例》中，对于国家征用土地的补偿与安置给予了具体指导，国家征用私人农业土地，要给予农民“公平合理的补偿”。①

政府有关土地征用的最初设计中提倡的是安置和补偿并重，“但1953年政务院颁布《国家建设征用土地办法》之后，要求国家征用土地必须‘土地被征用者的生产和生活有妥善的安置’”。②此后，政府首先考虑的是对失地农民的安置，补偿作为辅助措施，不是优先考虑的措施，且土地补偿费是以年产值的数倍计算土地补偿费而不是以土地的实际价值，性价比较低。“办法”实施后，这一政策导向就成为我国计划经济时期土地征用补偿与安置的基准。③

---

① 中共中央文献研究室编：《建国以来重要文献选编》第1册，中央文献出版社1992年版，第459页。

② 北京农业大学农业经济法研究组，北京政法学院经济法教研室编：《农业经济法规资料汇编》第2辑，北京农业大学农业经济法研究组1981年，第10页。

③ 齐睿、李珍贵：《土地征收补偿与安置制度辨析》，《中国行政管理》2015年第1期；杨明睿：《变迁中的博弈：1950年代上海市郊征地研究》，华东师范大学硕士学位论文2013年。

土地征用办法中规定主要补偿的是土地、青苗和地上附作物。①在土地征用办法颁布之前，中央强调用“适当的价格”，或者是用一定的国有土地调换。在之后，土地补偿费的标准是：“一般土地以其最近三年至五年产量的总值为标准，特殊土地得酌情变通处理之。如另有公地可以调剂，亦须发给被调剂土地的农民以迁移补助费”。②其中包括经济补偿费和调地补偿两种形式，而对于青苗以及地上附作物要求以公平合理价格补偿。

上海城市发展过程中曾经历过“寸土寸金”的严重供需失调期，中央土地征用办法中所规定的补偿办法难以满足工业征地需要。为此，上海根据本地的实际情况，制定了相关的实施办法。1955 年，上海市政府在《上海市关于国家建设征用土地实施办法》中规定：

> 一般土地，以其最近三年至五年常年定产量的总值另加百分之五十作为计算标准，宅地、滩地等，比照附近农地的补偿标准酌情增减之，菜地补偿费除按上项一般农地补偿标准计算外，并根据该项土地的加工施肥及其他投资等情况，得另发百分之四十之六十的补偿费。③

上海市对于土地补偿费的标准实际上比中央高出了三分之一，但这仅仅是为了消弭征地过程中的社会矛盾而采取的政策。一方面，社会主义国

① 此处需要说明的是，本文对土地征用中房屋拆迁的补偿安置单独列出，未将房屋当作地上附着物处理。

② 北京农业大学农业经济法研究组、北京政法学院经济法教研室编：《农业经济法规资料汇编》第 2 辑，北京农业大学农业经济法研究组 1981 年，第 10 页。

③ 《上海市人民政府为征用土地妥善安置失地农民成立专门小组通知》，1954 年 11 月 29 日，A71-2-335，上海市档案馆藏。

家土地公有制的性质决定，土地不能自由买卖，土地是国有资产，既然是国家的，那么即使发放土地补偿费也是象征性的。另一方面，社会主义国家建设全面开展后，建设资金匮乏是客观现实，“重安置轻补偿”也是国家“高积累”政策的集中体现。土地征用过程中自然以优先安置为原则。随着“三大改造”完成，社会主义制度的完全确立，土地补偿的标准只会更低。

1958 年土地集体化之后补偿标准再次降低，甚至一度规定不补偿。这是因为，农业合作化尤其是人民公社制度实行后，土地的产权变为集体所有成为事实后，“集体所有等同于全民所有”也成为一种普遍性的认识。不仅如此，当时整个国家陷入“大跃进”的亢奋之中，在急于求成、飞跃进入社会主义的社会心理作用下，农民被动员起来热情支援工业建设，卫星城建设的土地征用工作理所当然得到地方政府的积极配合。如 1958 年上钢五厂建设征地时，“中共宝山县委书记范钦山、淞北党委书记王世霖，带着红旗人民公社全体社员的心意告诉前去征地的同志说，你们要多少土地，咱们就给多少土地”。①

进入 1958 年，随着全国经济“大跃进”的发展形势，当时上海市基本建设征用土地急剧攀升，上海市共征用土地 38 884 亩，仅上海县 1958 年 1 月到 9 月共征用土地约一万亩②。如此大规模的土地征用产生了各类复杂的情况。集中起来主要有以下几个方面：

其一，土地征用要不要补偿的问题。在合作化完成初期，社员受“赶英超美”“大跃进”思想的感染，为回应加速建设社会主义经济的号召，

① 《平地起家的新帅府——记一个不平凡的工地》，《新民晚报》1958 年 10 月 17 日。

② 《上海县人民委员会关于当前征地工作中若干问题的报告》，1958 年 11 月 3 日，B257-1-987-4，上海市档案馆藏。

热情表示支援国家建设，有的社员甚至提出“不要补偿费”。在土地征用修正办法中，部分农民和公社为工业建设“献土地”的热情并不具有代表性，何况上海地区的土地价值本身较高。

事实上，在征地过程中，上海市政府较为稳妥地处理了此事。1959年3月，上海市委书记处会议的决议规定：

> 1958年11月9日《市委批转农村工作部关于在郊区筑路、建厂征用土地的两点意见》中，关于国家机关、工厂企业征用公社土地可以不付征地费的规定，应即作废。①

随后上海市颁布的《上海市关于国家建设征用土地实施办法修正草案》明确规定：“征用农地的补偿费，一般土地以它最近二年到四年的定产量总值作为计算标准”。②其他如滩地、鱼塘、藕塘等特殊土地，可以比照附近农地的补偿标准和农业生产队实际收益等情况酌情增减之。

其二，关于补偿多少，即标准的问题。上海地区土地价值本身高低悬殊，土地征用过程中，征用补偿还受到土地用途、被征对象对土地价值期待等具体因素的影响而产生差异。对此，中央及上海市政府都未能及时做出预案，制定相应的土地征用办法和土地征用补偿标准，因此，在合作化高潮之后，上海市各区土地征用出现标准不一的情况，又滋生不少矛盾。有鉴于此，上海市监察局提出补偿费分配问题解决办法：各区人委根据现有的经验指导督促农业社采取民主讨论的方式，及时加以分配，以减

① 《中共上海市委关于中共上海市委书记处会议决定的通知》，1959年3月29日，A72-2-951-11，上海市档案馆藏。

② 《上海市城市建设局检送上海市关于国家建设征用土地实施办法修正草案请提出意见并定期开会讨论的函》，1959年5月19日，A54-2-739，上海市档案馆藏。

少农业社与社员之间的矛盾。建议房地局与市委农村工作部进行研究，根据农业社的具体情况，制定一些内部掌握的标准，使干部在工作中有所遵循。①

其三，关于土地征用的补偿费应该怎么发放的问题。究竟发给个人还是集体，各方意见也不一致。如果归社所有，超过社员的觉悟程度影响了社员生产积极性；如归原耕户所有，则争执更大，执行标准众口难调，必将影响团结。上海市政府最后决定，土地补偿费仍应该照规定发给，不宜偏低，补偿费应发给公社，由公社作为自己的家务事来根据生产情况、社员的思想认识和觉悟程度作适当的处理。对单干户的发放问题，则明确规定，应发给其本人，不能变相强迫其入社，但在自愿的基础上可以由合作社调地耕种和动员其入社，补偿费改归社处理。②

面对农业合作化完成后，农村社会新的形势和基建征地补偿的混乱现象，中央重新制定标准。1958年中央重新修正《国家建设土地征用办法》，关于土地补偿费作了如下规定：

> “本着既照顾群众利益又节省国家开支的原则，将补偿标准改为二年至四年的定产量总值”。土地补偿标准降低，并认为从实际情况来看“对补偿标准规定这样的幅度是适当的”。③
>
> 此外，修正草案还规定，征用合作社的土地如果社员大会或代表

① 《上海市人民委员会批转上海市监察局关于本市征用土地工作情况的检查报告》，1957年7月26日，A54-2-174-178，上海市档案馆藏。

② 《上海房地局1956年征用土地工作总结》，1957年3月20日，A54-2-174-25，上海市档案馆藏。

③ 全国人民代表大会常务委员会办公厅编：《中华人民共和国全国人民代表大会常务委员会公报1957—1958年卷》，中国法制出版社2004年版，第223页。

大会觉得对社员生活没有影响，可以不给补偿。①

三、工业征地与土地浪费

土地征用作为一项牵动利益甚广的系统工程，统筹工作十分重要。从土地征用补偿来看，不仅补偿费用方面常常引发社会矛盾，中央、地方政府和征地各部门之间，从政策的制定到实施都存在不一致的情况，加剧了补偿问题处理的复杂性。同时，由于这个时期无论国家还是地方层面，各组织机构、各管理制度均在建设之中。因此，土地被征用后统筹问题仍然是难以克服的顽疾。

在 1956 年 11 月，上海西郊区、虹口区人委相继报告某些建设单位在征地工作中发生违反政策法令，损害群众利益情况。上海市人民委员会据此报告于 1956 年底迅速组织房地产管理局和城市规划局相关单位进行征地检查。上海房地产管理局并对检查情况作出《关于 1956 年征用土地工作总结》。

检查结果显示，耗资耗时征用的土地，存在严重的浪费情况。重点检查的 39 个用地单位共征用土地 3 180 亩，却有 600 余亩没有按计划使用。究其土地闲置浪费的原因主要包括以下几个方面：有些单位没有正式基建计划，就盲目要地，等到土地已征因没有基建经费只好让土地荒芜；有些单位计划任务尚未经上级正式批准，就要求提前征地，到土地征好后不能如期使用；有些单位因规划布局要求过高，铺张用地，由于建筑密度低造成许多空荒腹地；有些单位土地征后因基建任务削减或推迟，不能按原计

① 全国人民代表大会常务委员会办公厅编：《中华人民共和国全国人民代表大会常务委员会公报 1957—1958 年卷》，中国法制出版社 2004 年版，第 223 页。

划全部加以使用，等等。①

显然，上述问题形成有着多种主客观因素，并非用地单位主观因素造成。但相关部门在检查报告中却将存在的问题归因为主观认识的不足。

> 建设、规划、设计、施工、管理等部门的工作人员，对国民经济以农业为基础，必须千方百计节约寸土分地的观念薄弱，对勤俭建国，勤俭办一切事业的方向认识不足，执行市委节约土地的指示不坚决。②

实际上，土地征用中的浪费现象根本原因是社会主义计划经济体制下，政府主导的土地征用权限扩大化与建设资源的有限性之间的矛盾所致，归根结底还是统筹不到位。例如，各相关部门管理链条的前后不衔接，开发和利用时间表彼此不同步、资金和资源规模互相不匹配等，都是造成土地浪费的原因。房地产管理局和城市规划局相关单位进行的检查只能做到部分纠错，且以主观态度作为重点，很难从根本上解决问题。

因此，征地中的土地浪费问题，在“大跃进”时期愈演愈烈，而上海卫星城的主要规划建设征地恰恰是在“大跃进”期间完成的。1960年6月22日上海市农委上报上海市人民委员会《关于检查和处理建设单位在征用土地中浪费土地的请示报告》中提道：在上海、嘉定、宝山、浦东等县的一些征地单位，存在着多征少用、早征迟用和征而不用等严重浪费土地的现象。③

---

① 《上海市房地产管理局1956年征用土地总结报告》，1957年3月20日，A54-2-174-25，上海市档案馆藏。

② 《上海市建委关于基本建设中浪费土地及影响农业生产问题的检查报告》，1960年9月19日，A72-2-333-16，上海市档案馆藏。

③ 冯昌中：《我国征地制度变迁》，《中国土地》2001年第9期。

据上海县统计，在21个征地单位中，从1958年开始到1960年4月为止，共征用土地6 741亩，有857亩土地征而不用，长期荒芜。其中包括闵行、吴泾卫星城建设的单位有：重型机器厂征地1 233亩，空闲80多亩，上海机器厂，征地335亩，空闲60多亩，汽轮机厂征地300亩，空闲40亩，天原化工厂征用350亩，空闲70亩。其他如上海碳素厂、炼焦厂等单位，都有一二十亩土地荒芜着。①

如此大规模的土地闲置浪费终于引起上海市委的注意。上海市委及时作出指示，要求各用地单位认真检查，坚决采取有效措施，制止浪费土地。上海市城市建设委员会在各卫星城建设地区宝山、上海、嘉定、浦东、松江等县进行一次全面土地检查，并提出一系列意见：继续深入进行征用土地检查，并协同县、区和建设单位及时作出严肃处理，对征而不用、多征少用的土地，原则上一律退给公社耕种：早征迟用的土地，也应该先交给公社耕种短期作物，作物收获后，再将土地交各征地单位使用；坚决从规划、设计、施工等各个环节上严格控制用地；加强管理，厉行监督核准用地，必须严格审核，切实检查用地的要求；在广大干部和群众中，加强以农业为基础的宣传教育，首先是规划设计和建筑管理工作人员，端正规划思想，正确贯彻执行党的方针政策，树立爱护珍惜每一寸土地的思想，杜绝浪费土地的现象。②

上海卫星城土地征用过程中存在的浪费问题是全国的通病。1962年中共中央转发北京、天津等地关于国家建设征地时土地闲置浪费的问题，指出这几年来，由于基建占地过多，浪费了大量的好地，给农业生产和群众

① 《上海市城建局关于检查和处理基本建设中土地浪费情况和严格控制基本建设用地的意见的请示报告》，1960年11月19日，A72-2-951，上海市档案馆藏。

② 《中共上海市委批转市委农村工作委员会关于检查和处理征地中严重浪费土地的请示报告》，1960年6月28日，A72-2-951，上海市档案馆藏。

生活带来了很大的困难……各地应立即对基本建设征用的土地使用情况和对迁出群众的安置情况，进行一次认真的检查。①

据此，上海市进一步加强检查“多征少用、征而未用”等闲置浪费土地现象。在上海市农委和建委的监督指导下，各用地单位及时将多征土地退还公社抢种农作物。如闵行重型机器厂，在市委发出号召之后，立即行动，由党委书记亲自挂帅，组成农副业办公室，发动群众抢种，并退出了大量土地交还公社耕种。在征而未用的 1 043.56 亩土地（其中 644.15 亩一直由公社进行耕种）中，除 134.85 亩因用作施工场地和以往施工取土未平整的低洼地尚需进一步采取措施进行处理外，基本上都得到处理。②

第二节　闵行“四大金刚”与上海的重工业建设

工业是国民经济的命脉，是城市发展的动力。面对封锁和孤立，新中国走上优先发展重工业之路。以“四大金刚”为代表的上海机电工业，在“重工业优先”的战略推动下快速发展，取得了重大成效。

一、新中国成立后“重工业优先”战略的确立

重工业是发展国民经济的物质和技术基础，要使国家经济事业高速发

① 《国务院批转内务部关于北京、天津两市国家建设征用土地使用情况的报告》，1962 年 4 月 10 日，A72-2-951-23，上海市档案馆藏。

② 《上海市城建局关于检查和处理基本建设中土地浪费情况和严格控制基本建设用地的意见的请示报告》，1960 年 11 月 19 日，A72-2-951，上海市档案馆藏。

展，不断扩大再生产，就必须由重工业不断地为其他事业提供技术装备、动力和各种生产资料。①上海虽工业化起步较早，却长期局限于手工业和轻工业。尽管从工业化历史来看，轻工业是重工业发展的必经之路，但新中国面临的各种内外特殊形势和计划经济的经济运行体制，以及长远规划决定了上海特殊的重工业发展之路。

通常而言，各个国家的重工业化主要有三种模式。一是英美模式，从轻工业起步，资本技术积累到一定程度后再来发展重工业；二是德日模式，充分发挥国家干预的力量，用掠夺殖民地和加大国内税收的方式重点扶持重工业；三是“苏联模式”，通过国民经济的高度计划化，以高积累、高投入的方式保证重工业和军事工业的优先发展。②新中国成立后，选择以苏联为师、优先发展重工业的工业化道路，是综合考虑当时严峻的国际国内局势后得出的判断。

1949 年，整个国家面临内忧外患，百废待举。

首先，饱受战乱摧残的国民经济濒临崩溃。中国各项工农业指标与历史最高年份相比均急剧下降。其中，工业总产值下降 50%，重工业下降 70%，轻工业下降 30%，钢产量只有 15.8 万吨，减少 80%，煤产量仅为 3 243 万吨，下降 48%；粮食 11 318 万吨，减少 25%，棉花 44.4 万吨，下降 48%。③农业牲畜减少 26%，农用施肥量减少约 27%。1949 年全国人均粮食只有 475 斤，甚至低于抗战前的人均 600 斤。④

---

① 吴静主编：《上海卫星城规划》（一），上海大学出版社 2016 年版，第 76 页。

② 参见张占斌：《中国优先发展重工业战略的政治经济学解释》，《中共党史研究》2007 年第 4 期。

③ 胡绳主编：《中国共产党的七十年》，中共党史出版社 1991 年版，第 312 页。

④ 武力主编：《中华人民共和国经济史（1949—1999）》，中国经济出版社 1999 年版，第 48 页。

事实上，上述工业产品的产量即使在最高年份，与同时期的工业强国相比，尤其在重工业方面差距巨大，以钢产量为例，仅相当于苏联的1/19、美国的1/87、英国的1/14、日本的1/8，而重工业中，机械制造几乎是空白，不能生产各种机器，飞机、汽车和各种武器更是完全不能自给。①

其次，工业结构和空间分布不利于国家战略安全，更不利于社会平衡发展。作为半殖民地半封建社会，近代中国的工业结构与布局主要服务于资本主义世界市场，畸形发展。在资本投入占比中，轻工业在国民经济中占绝对优势，重工业发展却严重滞后；生活资料高达88%，其中纺织业占35%，食品业占15%。②且近代工业主要集中于以上海为首的东部沿海地区和长江沿岸的重庆、武汉等城市，而占据广大国土的西部和少数民族地区，则基本没有近代工业。

新中国成立后，作为社会主义阵营的一员，我国遭到以美国为首的西方阵营国家的敌视。他们成立了巴黎统筹委员会，③对中国实行封锁和禁运，台湾当局也蠢蠢欲动，国防安全问题成了新中国成立之初的首要问题。尽快发展以重工业为基础的军事工业体系，完成军工产业的初步独立自主，成为新中国成立初期工业化发展的要义。正如周恩来所感慨的，尽管经过抗美援朝战争，我国的国防逐步强大，但仍然不能独立制造汽车、大炮、坦克、飞机，要自己生产这些东西，就要搞重工业。④

① 高青山编：《中国近现代经济史纲》，黑龙江教育出版社1997年版，第145页。

② 郑有贵：《中华人民共和国经济史1949—2012》，当代中国出版社2016年版，第18页。

③ 巴黎统筹委员会，指总部设在巴黎的，由美英等主要西方发达资本主义国家组成的输出管制委员会，其目的在于限制向共产主义国家输出重要物资和技术。

④ 参见赵士刚主编：《共和国经济风云》（上、下），经济管理出版社1997年版，第211—212页。

其三，苏联速成的大国崛起经验更契合新中国国家复兴的迫切需求。俄国作为曾经的“帝国主义链条上最薄弱的环节”，十月革命后，新生的苏联以计划经济的优势，集中了国家力量，其大国崛起速度之快，成就之大，让任何资本主义国家望尘莫及。苏联仅用一个五年计划就实现了工业化，两个五年计划就取得了欧洲第一、世界第二的经济发展水平。苏联令人瞠目的工业成就，成为新中国发展经济的标杆和目标，双方同属社会主义阵营的意识形态一致性，使两国的迅速走近顺理成章。新中国成立后，苏联政府在第一时间承认了新生的中华人民共和国，两国迅速建立外交关系并互派大使，次年，双方又签订《中苏友好同盟互助条约》，苏联开始了对新中国的经济援助。①

其四，苏联在国家建立之初所遭遇的一系列挑战，与新中国有着惊人的相似性。十月革命后，新生的苏维埃政权面临两大困境，一是新生政权的生存，二是国家的发展。为此，列宁提出了苏联社会主义建设的基本方略，即确保重工业优先发展，以提供建设苏联所需的物质基础，同时，大力提高劳动者的受教育程度、文化水平和工作技能、效率，并改善劳动组织，为苏联经济的发展创造条件。②斯大林则在工业化的方向与任务、制度保障、启动资金的积累和工业化的速度等方面进一步发展了列宁的重工业优先思想。③

事实证明，苏联重工业优先的工业化道路，在苏联应对外部威胁和内部发展问题的关键时刻起到决定性作用。苏联不但实现了国家的快速工业

① 张历历：《当代中国外交简史》，上海人民出版社 2015 年版，第 14 页。

② 吴建伟：《列宁是重工业优先发展战略思想的先行者》，《经济研究导刊》2016 年第 6 期。

③ 参见李雅春、郭承哲：《论布哈林与托洛茨基、斯大林在社会主义工业化理论和实践上的分歧》，《理论探讨》1989 年第 6 期。

化，并在卫国战争中打败了法西斯德国，这让同样面临类似国内外形势的新中国看到了复兴的希望。尽管苏联的崛起有各种复杂的因素，但其显性表现便是建立了重工业，实现了更加强大的目标。这给中国树立了一个正面的榜样，苏联之所以能在卫国战争中打败法西斯德国，正是因为有了重工业，苏联才有了机器制造、飞机、汽车等工业，我国要实现国家的社会主义工业化，就要学习苏联的经验。①

第五，朝鲜战争的残酷让中共切实体会到发展重工业的紧迫性。朝鲜战场上，尽管人民志愿军靠着自己的英勇顽强，将美军打回了谈判桌，但志愿军为此付出了异常惨痛的代价。美军在武器装备和后勤供应上展现出来的巨大优势，再一次证明重工业，尤其是军事工业对现代战争胜负的决定性作用。新中国如果不想再重蹈鸦片战争以来长期“器不如人”的覆辙，赢得国家真正的独立与自主，就必须大力发展重工业和军事工业。正如李富春所指出的，强大的重工业，是现代化的电力、钢铁、有色金属、化工和机器制造等工业的基础，是制造各种现代化设备的先决条件，有了强大的重工业，轻、重工业本身也才能得到技术升级和改造。②

在以上各种因素的综合推动下，1952 年，周恩来、陈云等人组成“一五”计划编制领导小组，并派出以周恩来为团长的代表团赴苏联，就苏联对中国进行经济援助征求苏方意见。③在苏联的援助下，“一五”计划充分体现了重工业优先的发展战略，这一战略的基本任务是以苏联援助的 156

---

① 马泉山：《中国工业化的初战——新中国工业化回望录》，中国社会科学出版社 2015 年版，第 78 页。

② 何一民主编：《革新与再造：新中国建立初期城市发展与社会转型（上）》，四川大学出版社 2012 年版，第 187 页。

③ 陈挥：《试论 50 年代的“一边倒”方针和学习苏联运动》，《党史研究与教学》2000 年第 4 期。

个工业项目为中心，快速建立独立的工业体系。

由此可见，因为历史上的重工业缺位和当时面临的特殊背景，形成重工业在新中国成立之初的基础性战略地位，使得国家在建国初期确立了优先发展重工业的战略，而这一战略的实施，则无疑对新中国之初的上海工业布局和城市建设产生了深远的影响。

二、新中国成立初期上海重工业的发展：以机电工业的发展为例

机电工业是重工业中机械工业和电气工业的统称，肩负着为国民经济的生产部门提供技术设备、为国防军工部门提供专用仪器、为人民提供民用机电仪器的重要使命，是国家工业化的重要支柱性产业。机电工业也是上海开埠后最早建立的近代工业之一，上海机电工业一直是我国重工业和机械工业的重要组成部分，在新中国成立初期，为我国的经济发展和国防建设作出了巨大贡献。

随着国家优先发展重工业战略的确定，以苏联援建的156个工业专案项目为主要内容的“一五”计划也如火如荼地展开；但需要指出的是，上海并不是“一五”计划的建设重点，156个工业项目也没有一个设在上海。1955年2月通过的《上海市国民经济发展第一个五年计划报告》中，明确提出“上海是我国现有工业基地之一”，①上海被中央定位为“老工业基地”，主要发挥支援全国工业建设的作用。因此，中央对上海工业发展的基本政策是“维持、利用、整顿、改造”。尽管国家资源投入不足，但迎着重工业优先发展的春风，上海机电工业还是借助这一有利时机，进行了

① 朱婷：《20世纪50—70年代上海老工业基地战略定位的回顾与思考》，《上海经济研究》2011年第7期。

管理机构和所有制结构的调整改造，基础设施建设也有了长足发展。

管理机构方面，1954年4月1日，上海市重工业管理局成立。次年2月，管理局又被一分为二，新成立了第一重工业局和第二重工业局。1957年，第一重工业局更名为上海市机电工业局，①作为上海机电工业的领导机构，闵行“四大金刚”就是其直属单位。

所有制结构方面，1956年，上海市机电工业在公私合营的基础上，根据产品相同、工艺相近的原则，对全市数千家机电企业进行梳理，成立了19个专业公司，并集中一部分划归其他工业局领导。②管理机构和所有制结构的调整，使得以机电工业为代表的上海重工业在组织上趋于完善，管理上也更加规范。

基础设施建设方面，1953年9月，上海电机厂投资2 981万元，进行了两期建设，包括变压器车间、锻工车间等生产设施，职工的住宅、子弟小学、医务室等生活设施先后建成。上海汽轮机厂于1953年7月开始扩建，投资4 490万元，于1957年建成叶片、金工装配、锻工等车间；上海锅炉厂也于1953年10月开始扩建，基建先后投资1 317万元，建成数个生产车间。③

在自身发展的基础上，1956年前后，上海开始在以闵行卫星城为标志的重工业建设基础上，重点建设新兴的重工业，支援全国工业建设。“一五”时期，上海生产的许多机电产品都用来支援全国各地的基本建设，不

① 上海市经济委员会，上海市经济学会编：《上海经济区工业概貌　上海市综合卷》，学林出版社1986年版，第32页。

② 《上海机电工业志》编撰委员会编：《上海机电工业志》，上海社会科学出版社1996年版，第5页。

③ 上海建设编辑部编：《上海建设1949—1985》，上海科学技术文献出版社1989年版，第229—230页。

少工厂给156项重点建设项目生产配套设备。其中，1957年完成的就有62个重点专案项目，500个品种，11 522台设备。[①]

“一五”计划顺利完成后，新中国有了一定的工业基础，但“取长补短”做法的弊病也逐渐暴露出来。在“全国一盘棋”的战略下，上海服从国家的统一调度，自身优势并未得到有效发挥，1956年后，中央开始重新考虑对上海的定位，以及上海应当发挥的作用。

1956年，社会主义改造基本完成，国际形势也有所缓和，中央借鉴苏联经验，重点转向社会主义建设。毛泽东《论十大关系》的报告正是此背景下作出的社会主义建设指导方针。该报告就农业、轻工业和重工业的关系，沿海与内陆工业的关系，国家与个人利益的关系，中央和地方关系等方面作出了调整，希望能调动更多国家发展的动力，推动社会主义经济的建设。这种调整给上海的发展带来极大的机遇[②]。这一期望促使上海的发展战略从“维持、利用、整顿、改造”转为“充分利用、合理发展”。上海市委、市政府抓住这一机遇，1958年制定《1958—1962年上海工业发展规划纲要》，将重工业明确为上海的主导产业，重工业得到快速发展。1957年重化工业在上海工业总产值的比重是29.1%，1960年该比重已经达到56.3%。[③]

上海电机工业乘着这股“东风”进入快速发展车道。以闵行机电工业卫星城的开辟为契机，“四大金刚”继续扩大基建规模。1957年上海电机厂开始第三期基建工程，新建大型电机车间，包括上海汽轮机厂、上海重型机器厂的大型汽轮机车间，铸钢车间、万吨水压机车间也开始新建。在整个

---

① 杨公朴、夏大慰主编：《上海工业发展报告——五十年历程》，上海财经大学出版社2001年版，第27—28页。

② 吴静编：《上海卫星城规划（一）》，上海大学出版社2016年版，第65页。

③ 俞克明主编：《现代上海研究论丛》第4辑，上海书店出版社2007年版，第153页。

“二五”期间，上海机电业的基建投资较“一五”时期增长247%。[①]从1958年到1960年，上海机电工业的总产值分别比上年增长125.94%，64.68%，51.68%，比1957年增长4.16倍。[②]

尽管“大跃进”时期，不少相关的统计数字存在夸大成分，但这一阶段上海机电工业的快速发展是无法否认的。“一五”时期，机电工业中154种主要成套设备中，上海只能生产42种，到“二五”时期，上海已经能生产其中的130多种，占全国主要产品品种的80%以上。[③]

除工业产值迅速增长，机电工业技术的进步也十分亮眼。最初，上海机电工业在技术和产品上乏善可陈，随之，开始成套引进苏联和捷克斯洛伐克的机电产品。尤其是调动了各类积极性，通过厂领导、技术人员、工人“三结合”的方式，充分发挥“土洋结合”“洋为中用”的中式智慧，以引进、吸收、消化、再创新的方式进行刻苦攻关，终于攻克难关，诞生了新中国机电工业史上的众多第一。包括：第一台6 000千瓦汽轮发电机、第一台1.2万千瓦双水内冷汽轮发电机、第一台万吨锻造水压机，以及其他填补国内空白的重要技术突破和重要工业项目，累累硕果，标志着以“四大金刚”为代表的上海机电工业逐渐形成较为完整的体系，成为中国南方的重工业基地。

在经过半个多世纪的发展之后，以“四大金刚”为主体的上海电气集团，和哈尔滨电气集团、东方电气集团一起，组成了我国三大机电工业中心，成为我国完整工业体系中不可分割的重要部分。

---

① 上海建设编辑部编：《上海建设1945—1985》，上海科学技术文献出版社1989年版，第230页。

② 上海机电工业志编撰委员会编：《上海机电工业志》，上海社会科学出版社1996年版，第5页。

③ 杨万钟主编：《上海工业机构与布局研究》，华东师范大学出版社1991年版，第105页。

三、“四大金刚”的成就：以万吨水压机为例

水压机是一种重型机械，主要用来锻造大型部件，其加工的大型部件除民用外，还有很多军工领域的精密部件。因此，水压机被视为一个国家机械工业的重大核心装备，是否拥有大型水压机等大型工程器械，既是一个企业基础制造能力是否强大的体现，也是一个国家是否拥有独立自主工业体系的象征。

万吨水压机自诞生于美国后，就备受各大制造业强国重视，其锻造装备的核心地位从未动摇过。两次世界大战和冷战，又进一步推动了制造业强国在这一领域的激烈竞争。继美国之后，苏联等强国或引进或自主研发，先后拥有了自己的万吨水压机。

我国在重工业领域，尤其是大型机器核心装备的制造领域长期处于无能为力的状态。水压机的发展，比起西方工业强国，不仅起步较晚，技术水平更是差之千里。新中国成立，中国虽已有水压机，但吨位小，并且毫无自主生产能力。日本曾在东北的沈阳、大连安装过两台千吨级别的水压机。①抗战胜利后，国民政府以战争赔偿的名义，又从日本拆回了一批锻造设备。但此时国民党忙于内战，并未将精力投向工业建设领域，这些设备未发挥重大作用。新中国成立后，尤其是以重工业建设为核心的“一五”计划开始后，我国的水压机等大型装备制造才进入发展的“快车道”。

因为缺乏人才与经验，新中国水压机的研制，走的是一条引进、仿

① 参见蔡墉：《我国自由锻液压机和大型锻件生产的发展历程》，《大型铸锻件》2007 年第 1 期。

制、再到自主创新的发展路径。“一五”期间，包括水压机在内的大型装备，主要有两个来源，一是直接引进苏联或其他东欧社会主义国家的设备。二是引进上述国家的部分技术，通过吸收后再进行仿制。由于“一五”期间，我国的工业化还处于起步阶段，无论经济、技术还是相关人才方面的底子都很薄，因此从数量上看，这一时期水压机以直接引进设备为多。当时在水压机研制方面已有部分经验的企业主要有沈阳重型机器厂、富拉尔基重型机器厂和太原重型机器厂。[①]他们通过修复或安装日本占领时期和解放后赔偿的部分设备，积累了有益的经验。

由于上海不是“一五”计划的重点建设区域，水压机等大型装备的制造也就无从谈起。“二五”计划开始后，上海在工业基础方面的优势终于得到中央的重视。1958年，中共八大二次会议通过了“鼓足干劲、力争上游、多快好省地建设社会主义”的总路线。此后，“以钢为纲”“超英赶美”的口号响彻全国，钢产量这一工业指标的意义被无限放大，大型水压机等相关核心技术和装备制造的重要性也随之提升，上海研制大型水压机的契机终于出现。

中共八大二次会议上，毛泽东在审阅了安东机器厂工人自力更生，成功研制一台30马力拖拉机的事迹报告后，作了《卑贱者最聪明，高贵者最愚蠢》的批示，批示中提到要“打掉自卑感，砍去妄自菲薄，破除迷信、振奋敢想、敢说、敢做的大无畏精神，对于我国超英赶美目标来说，发挥劳动者的积极性，解放他们的聪明才智是关键”，[②]毛泽东意在强调，群众，尤其是一线的劳动者，才是发挥创造性的主体。在国家缺乏工业建

① 刘存德、同娟、宋美娟：《对我国重型机械的思考》，《重型机械》2016年第4期。

② 参见中央文献研究室编：《建国以来毛泽东文稿》第7册，中央文献出版社1992年版，第236页。

设方面的专家和相关经验的情况之下，毛泽东的批示鼓舞了很多工业战线上的劳动者，让他们勇于破除一切困难，攀登科技高峰。

当时，煤炭工业部副部长沈鸿向中共中央提议建造万吨水压机，他传奇的个人经历完美诠释了“没出身”“没学问”，却勇于钻研、敢于优秀的平民英雄形象，是毛泽东提倡的“破除迷信、敢想刚做”的典型代表。

沈鸿是上海的布店学徒出生，抗战爆发后，他带着自己所创办工厂的机器和工人奔赴延安，创建了边区的机械工业，改善了共产党领导的敌后抗日武装的武器水平，自己也因此三次被评为边区特等劳动模范。①毛泽东在中共八大二次会议上多次强调群众最具创造性，沈鸿从一个布店学徒成长为机械制造专家，正是这一论断的最好写照。

新中国成立后，沈鸿出任国家机械管理部门的领导，在国外考察时的经历，进一步坚定了他建造万吨水压机的决心。1954 年，沈鸿作为国家计委机械计划局副局长到苏联参观访问，在苏联最大的重型机器厂——乌拉尔机器厂，他亲眼看到了万吨水压机，并观看了锻造的全过程。②万吨水压机加工钢锭的过程中，“黄瓜变西红柿”式的加工能力，令其印象深刻。因此，在给毛泽东写信之前，沈鸿与中共上海市委第一书记柯庆施谈及了此事，就上海研制万吨水压机，他表示“如果上海愿造，我也可以参加”。③收到沈鸿的信后，毛泽东当即指示邓小平将信转发给与会代表。

1958 年，中央终于批准在东北和上海分别研制万吨水压机，其中一台

---

① 李永新、张忠文编著：《沈鸿——从布店学徒到技术专家》，科学普及出版社 1989 年版，第 15—17 页。

② 《沈鸿论机械科技》，机械工业出版社 1986 年版，第 2 页。

③ 中国机械工程学会编：《中国机械史　通史卷》（下），中国科学技术出版社 2015 年版，第 600 页。

以上海江南造船厂为主，上海重型机器厂等众多厂家参与研制。1958年底，沈鸿到上海组建设计团队，他本人任总设计师，林宗棠任副总设计师，徐希文负责技术工作，设计工作随即展开。①万吨水压机的研制，要先后迈过设计、试制、建造、安装等诸多技术难关。除了技术上的难题，研制过程还时常受到政治动荡的影响。

首先，20世纪60年代以后，中苏关系开始恶化，苏联专家撤走，研制过程中的外援基本断绝。设计团队首先面临的问题就是没有经验，除沈鸿曾在苏联见过万吨水压机之外，设计团队中很多成员甚至没有见过水压机。为此，沈鸿带领设计队伍采用测绘、做模型的方式，逐步积累经验。他们背上照相设备和图纸，到全国各个中小型水压机车间，测绘、分析水压机的结构，学习、了解水压机的性能②。同时，还注意收集国内外有关水压机的技术资料，潜心研究。为减少差错与失误，沈鸿还提出了建模型的办法，从纸模型、铁皮模型，到橡皮泥模型，做了无数个，再在模型的基础上绘制图纸。③

进入试制阶段后，江南造船厂成立了水压机工作大队。曾德三任队长，唐应斌、陆海根任副队长，开始按照沈鸿提出的1∶10的比例，试制一台1 200吨的水压机。这次试制过程比较顺利，工作人员初步掌握了水压机的设计、制造、安装和使用的许多关键技术环节。④

获得相关经验后，1959年底，开始了万吨水压机的制造。万吨水压机

①③　参见忻平、夏萱、何兰蔚、赵凤欣采访整理：《激情燃烧的岁月——上海重型机器厂采访记》，上海市档案馆编：《上海档案史料研究》第19辑，上海三联书店2015年版，第132—134页。

②　尚众萱：《“万吨”战歌——万吨水压机的诞生和成长》，中国青年出版社1977年版，第56—57页。

④　孙烈：《制造一台大机器——20世纪50—60年代中国万吨水压机的创新之路》，山东教育出版社2012年版，第97页。

的部件，大到横梁、立柱等大部件，小到螺丝帽等小部件都是动辄几吨的重量。因此，万吨水压机的制造，最大的难点在于部件的体积大、精度高、加工难度大。以当时上海的技术实力，采用常规的工艺，耗时耗力、事倍功半。沈鸿为首的设计制造团队，采用了“电渣焊”和“蚂蚁啃骨头”的方法，来解决横梁、立柱制造上的技术难题。

电渣焊接技术源于苏联，是乌克兰巴顿焊接研究所的一项重要发明，最大的优点在于可焊接工件的厚度大，效率高。①这一技术，使得万吨水压机的部分锻件焊成特大部件成为可能。“蚂蚁啃骨头”的方法，简单来说就是用多个小型机床同时对大型零部件进行加工的方法。②由于横梁、立柱等部件尺寸过于巨大，当时负责营建的上海重型机器厂并没有大小合适的机床，只能采用这种“因陋就简”的办法。

其次，国内政治气候严重影响到经济建设。“二五”计划实施不久，“大跃进”的急躁冒进造成了国民经济处于严重的全局失衡状态，生活消费品极为短缺。为此，中共中央提出“调整、巩固、充实、提高”的八字方针，这使得众多工业项目工程面临下马，万吨水压机也在下马之列。大病初愈的总设计师沈鸿力挽狂澜，他一方面写信安定人心，一方面积极争取中央层面的政策支持，他和副总设计师林宗棠一起给周恩来写信汇报情况，最终挽救了这一大型设备的研发。

在克服了技术上和政治因素等诸多艰难险阻之后，历经四年的研制周期，万吨水压机在上海重型机器厂试车成功，并投入生产。上海万吨水压机的成功研制，是新中国重工业从无到有、由弱到强的一个缩影，也是一

① 孙烈：《中国走出自制重大技术装备困境的一次尝试——上海 1.2 万吨锻造水压机的设计与制造》，《自然科学史研究》2011 年第 3 期。

② 吴殿尧：《刘鼎传》，中央文献出版社 2012 年版，第 446—447 页。

个变被动为主动、变不利为有利的自主创新的发展典范。

它的成功，一是得益于工程技术人员变被动为主动，努力发挥创造力和自力更生的精神。万吨水压机研制之初，我国的相关技术几乎是零起点，在这种情况下，工程技术人员在广泛吸收引进外国先进技术的基础上，着力于自主创新。特别是“电渣焊接”“蚂蚁啃骨头”等技术的运用和创新，都显示出那个时代的劳动者在国家从人才、资金到技术各种资源稀缺的条件下，“洋为中用”“土洋结合”的中国式创新和智慧。

二是工程技术人员“向死而生”，努力创造发展的空间。万吨水压机广受中央高层关注，工程技术人员充分利用这个优势，积极为该设备的研制寻找生机。除毛泽东和周恩来外，刘少奇、朱德等党和国家领导人均在研制过程中或项目完成后，视察过上海重型机器厂，参观过万吨水压机。仅 1962 年一年，陈云、邓小平、聂荣臻、李富春、薄一波就先后到访视察。①因此，上海方面的工作人员，不仅借此在万吨水压机面临下马危机时保住了项目研发，也充分发挥其弥漫效应，为水压机开拓了进一步发展的空间。

万吨水压机被广泛运用于民用和军工领域，它的建造是一个国家拥有独立自主工业体系的起点。万吨水压机的研制，至少在两个方面对上海的工业布局和城市建设产生了积极效应。

一方面，万吨水压机研制的过程，也是重工业机械设计和建造队伍的成长过程。研制工作开始之前，项目参与人员既无相关知识储备、亦无技术经验，甚至没有见过水压机。项目完成后，这批人大多成为机械制造领域方面的技术专家、工程管理专家。他们在以后支援各地建设的过程中，

① 李伯聪等：《工程创新：突破壁垒和躲避陷阱》，浙江大学出版社 2010 年版，第 160 页。

分散在中国各个工业设计和建造的第一线，在几十年的职业生涯中，为我国的机械制造发光发热。

另一方面，万吨水压机的成功研制，开拓了我国重工机械制造及运用的新局面。作为基础性的重工业产业，它的发展不仅有力完善了上海工业体系的平衡布局，极大地推动了上海工业朝着“高、精、尖”方向进步；还促进了上海工业布局和城市规划建设等方面的变迁，尤其是推动了上海卫星城建设的发展。

第三节　工业三废治理与城市建设

工业化、城镇化都是双刃剑。以工业化驱动的城镇化，使得城市工业产业门类齐全，规模扩展的同时，也带来城市治理的各种难题。工业化既为人们生活增姿增彩，也带来现代文明之殇，首当其冲的便是环境污染问题。就闵行卫星城而言，机电工业的一些重点企业也面临污染的产生，如上海汽轮机厂、上海电化厂、上海重型机器厂、上海电机厂等。吴泾地区以化工企业为主、安亭卫星城以机械工业为主。无论是机电工业、化工工业还是机械工业，在生产过程中都会排出大量废气、废水和废渣，带有极大的污染性，这势必给当地生态带来巨大的压力。环境治理虽是基于工业化的不良效应而展开，但治理本身涉及对既有工业产业发展速度和布局的调整，从而影响到城市建设的总体格局。

一、上海卫星城工业生产与三废污染

环境因素决定着工业的布局和城市建设的发展走向，环境问题又会对

既有的城市产业建设格局产生影响，促其做出调整。上海自近代以来，西方现代城市规划理念被输入，一些成熟的城市建设模式被移植的过程中就已经显示出对生态问题的关照。其实，上海的这些企业在投资之初，并不只是遵循“先生产，后治污”模式，上海卫星城在规划之初已经充分考虑了生态环境问题。

在卫生问题上，市卫生防疫站在卫星城建设之初就已经考虑了卫生标准。“我们与城市建设局较前加强了联系，使新辟的卫星城镇，工业区和居民区的规划在满足工业发展和节约用地的原则下，又能符合卫生要求”。①在污染问题上，相关部门就产业布局做出防范环境污染的设计。“就吴泾工业区的设厂内容和具体安排位置，有了新的改变，我们一起参加研究，对上海电化厂烟囱高度做出建议，又贯彻市领导的指示原则，使居民区的布置跟着作新的改变，不受工业区有害物质的影响”。②应该说，卫星城建设初期的这些合理化的工业规划与布局，已就可能出现的各种环境污染问题做出了必要的安排。

但理念归理念，社会实践中还有诸多复杂因素制约了环保事业的发展。且不说当时实现工业化已数个世纪的西方国家，仍然存在环境污染问题，即使新中国工业规划部门意识到环境问题的重要性，但由于缺乏经验，同时在急于发展的时代气候之下，合理的工业与环保规划就显得滞后了。虽然在卫星城建设初期，上海市卫生防疫站、上海市卫生局等相关部门就已经对卫星城工厂企业在环境卫生方面有所要求和考量，但最终在卫星城具体的建设过程中，一些规划要么贯彻不利，要么没有执行。例如，上海市卫生局早已提出一些工厂企业在环境卫生审核方面存在一些问题：

①② 《上海市卫生防疫站预防性卫生监督科 1960 年预防性卫生监督工作总结》，1961 年 1 月 7 日，A54-2-1336-68，上海市档案馆藏。

“据说电机厂的图纸连中央卫生部也不送过，汽轮机厂图纸则经卫生部初审，但事后经过很多修改未再送请审核，因此我局在此次总体验收前的安全卫生大检查中发现许多问题”。①这为后来爆发的以工业三废污染为主要的环境问题埋下了伏笔。

“大跃进”时期，卫星城新建、迁建的工厂企业往往“上马”较快，一些工厂企业的基建质量难以保证，环境卫生方面的建设或空置，或存在诸如三废处理设备不达标等问题，给城市生态环境带来严重损害。吴泾化工厂在报告中谈道：“硫酸车间已经试车投产，关于生产中硫酸污水，原已建有处理设备，并必须处理符合放泄标准后排放，但由于已建处理设备的混合池铁渣淤积，沉降池吸管进口阻塞，处理设备尚未完全符合正常运转的要求，发生故障，因此于12月25日6时以后即不加处理径从备用的排水沟泄入黄浦江，由于污水量大，至当日下午3时左右，红色有毒污水，随积水趁东北风南流，至电化厂附近均呈红色，在老俞塘口该厂的水厂用水亦呈红色。目前该厂虽在捞挖淤渣，但在处理设备尚未正常时，随着生产进行，还在继续排放，对水源防护及农业等各方面情况是严重的，影响的面亦较广。”②污染问题产生的重大危害可见一斑。

上海卫星城工业三废污染较为严重的阶段是1958年至1986年。在此期间，随着工业生产的进行，原先不太重视的三废污染问题不断显现，逐渐暴露，给工农业生产及正常的生产生活秩序带来非常不利的影响。

上海卫星城的工业三废具有种类多，数量大，增长快，性质复杂、区位差异明显等一系列特点。

---

① 《上海电机厂、上海汽轮机厂关于因污水影响农民生活拟采取临时措施的报告》，1956年12月，A54-2-33-80，上海市档案馆藏。

② 《上海市城市建设局关于吴泾化工厂硫酸车间污水排放的紧急报告》，1961年12月27日，A54-2-1459-10，上海市档案馆藏。

首先，上海卫星城工业三废数量大、种类多、增长快、性质复杂。就废渣来看，每年有各种废渣（包括有毒渣）115 种，而且数量大，增长快。1962 年上海市肥料公司指出：“大跃进以来，随着本市工业生产的成倍增长，生产垃圾的数量由 1958 年以前的几百吨一天增加为现在的二万吨一天。过去由于无专管机构和相应的运输工具设备以及管理制度，很多工厂企业将大量的生产垃圾到处堆置，因而造成路面堆积影响市容整洁及交通安全。”①

就废气而言，据统计，上海卫星城有：

> 废气种类一百卅五种左右，主要是在化工、化纤、冶金等行业。化工行业主要有氯气、氯化氢、硫化氢、三氧化氮、氟化氢、有机氟、一氧化碳、三氧化硫等气体；化纤行业主要是硫化氢、二硫化碳气体；冶金行业主要产生含氧化铁、氧化锌的烟道气体。另外，在全市产生量较大的无害气体有氮、氢、二氧化碳等气体。近年来虽然对废气的处理利用工作也做了不少工作，但仍有大量废气排入空中，污染大气，影响城市环境，影响农作物的生长。②

就废水而言，此时大多数卫星城的工厂并没有进行清浊分流，但凡排水基本上都含程度不同的有害废水。“这些有害废水含有不同成分的酸、碱、酚、砷、锰、硫、油以及其他有机物质，多数废水还是几种化学成分的混合物，以造纸、染料、化纤、浆粕、皮革、食品、医药、印染、毛麻

① 《上海市肥料公司关于生产垃圾的暂行管理办法的请示报告》，1962 年 4 月，A54-2-1464-55，上海市档案馆藏。

② 《上海市革命委员会工业交通组关于解决“三废”污染和今后规划的简况报告》，1970 年，B246-2-555-15，上海市档案馆藏。

等行业最为严重，不仅流失了大量的有用物资，而且是造成黄浦江水质发黑、发臭，不断恶化的主要原因”。①

上海卫星城工业生产过程中排泄出的废气、废水、废渣，往往含有各种原料的残留，不仅浪费资源，其具有的一定毒害性，更对人们身体健康和正常生产生活造成严重隐患，甚至引发社会矛盾。

上海卫星城工业三废的外溢与侵袭，殃及附近区域的农业生产，引发了严重的厂群冲突事件。

> 1961 年 8 月 17 日晚，马桥公社友好生产大队召开会议讨论小熟分配，会上有群众反映电机厂三废污染农田问题，引起群情愤慨。由于生产队干部没有及时进行思想教育和安抚，社员群众百余人遂到上海电机厂要求厂党委书记、厂长到现场察看煤烟损害农作物等情况。②

无独有偶，1962 年上海电化厂也因排放三废问题与群众产生纠纷。

> 当年“五一”节假期，该厂因检修停产两天，5 月 2 日午后六时初次开车时氯气外逸至厂西北方的农民自留地上，对农作物造成了严重的损害。事故发生后，塘湾公社红星生产大队社员曾多次来厂喧闹。某次约有农妇小孩 40—50 人，要硬拉厂长到现场察看，有的带了石头来袭击厂长室门。6 月 9 日，正当该厂请示上海县委后与塘湾公社商议核定赔偿金额时，又有社员 150 人左右来厂强拉硬扯厂长到

① 《上海市工业生产委员会三废综合利用工作组关于加强三废处理和综合利用工作的报告》，1966 年 6 月 1 日，A38-2-755-29，上海市档案馆藏。

② 《上海市上海县马桥人民公社关于友好生产大队部分干部、社员去上海电机厂要求察看煤烟损害农作物情况的报告》，1961 年 8 月 22 日，A72-2-888-14，上海市档案馆藏。

食堂开饭给他们吃。事件中，工人愈来愈多，双方剑拔弩张，局势相当紧张，虽经厂方多方说明，亦未平复，后在上海县委和塘湾公社的协调下，电话通知生产大队后始将社员召回。①

工业三废的外溢，如果说废水是内伤，伤及的是城市的里子，那么废气则是无处不在的外伤，伤得是城市的门面。上海作为新中国社会主义建设的展示窗口，外国政要常来参观，外宾来往频繁。重工业无论产业门类如何齐全，产品如何谱系化，如果在工业区域，甚至整个城市都废气缭绕、废水臭气熏天、废渣随意堆砌，这不仅在观感上破坏了上海城市的整体形象，也影响了中国社会主义建设事业发展的形象。

二、上海卫星城工业三废的治理

卫星城在规划过程中就存在环境与发展的矛盾，这样的问题在三废治理过程中持续发酵。一方面，对于工业生产过程中产生的污染问题，政府需要进行有效的管控；另一方面，由于卫星城工厂企业在上海经济发展中逐渐占据重要地位，工业污染的治理也会影响到工业生产。而政治因素同样对三废治理产生影响。

从1958年至1986年，上海工业三废治理经历了萌芽觉醒、初步成型、承上启下三个重要的历史阶段。在此期间，政府、企业采取一系列措施对卫星城三废治理进行了有益的探索，而民众也以其特殊的参与方式，改变着城市工业三废的治理。

---

① 《上海电化厂关于废气影响农作物要求公社调整作物分布区、100公尺以内由厂种植的函》，1962年6月13日，A72-2-950-156，上海市档案馆藏。

(一) 综合利用阶段 (1958—1972)

从整体上来看，1972 年以前，上海卫星城工业三废的治理以回收与综合利用为重要方式。1958 年，“大跃进”运动开始后，我国的工业化建设进入一个特殊的发展时期。一方面，在优先发展重工业政策的推动下，上海卫星城工业建设迅猛推进。另一方面，工业骤然发展加剧了环境危机，工业三废排放量急剧增加，工业生产资料的低效率利用，不仅浪费了资源，更使得有毒有害物质成为严重影响人们正常生产生活的隐忧。

在这种情况下，上海卫星城的工厂企业就处理工业“三废”问题展开了探索和实践。这一时期，由于中国整体的环保事业刚刚起步，工业三废要不要治理、以及如何治理、科学治理，都经历了一个不同寻常的摸索过程。

种种迹象表明，城市和工业规划中，环境因素应是题中之义，但具体到实践中，无视环境污染问题的情况相当普遍。“‘一五计划’期间，上海工业三废基本上没有利用，大量的三废资源随意抛弃……一九五六年大合营以后，部分工厂企业，从工人的劳动保护出发，对严重危害职工身体健康的三废，采取了一些防护措施，以改善工人的劳动条件，但也没有很好地综合利用”。①显得十分被动。

1958 年第二个五年计划开始，工业发展中的三废问题开始得到重视，却并非基于环境治理所作出的抉择。“综合利用”这一话语更能反映出国家处理三废问题的着力点和初衷，即“大跃进”开展以来，重工业的发展每每受制于工业原材料的紧缺，而铺摊子的低效率建设使得原料供应更加捉襟见肘。在此情形下，根据中央和市委指示，上海市“大力开展了对煤

① 《上海市工业生产委员会三废综合利用工作组关于加强三废处理和综合利用工作的报告》，1966 年 6 月 1 日，A38-2-757-29，上海市档案馆藏。

炭、木材、石油气等物资综合利用工作，新建了如上海焦化厂、高桥化工厂等一批大、中型综合利用企业”。①旨在通过回收等环节，提高原材料的利用率，以缓解资源压力。

1959年，上海市科学技术委员会，“在全市成立了煤炭、石油气、天然气、污水污泥利用、工业下脚废液废气、海水、矿渣、农副产品、木材、野生植物、畜类脏器及下脚、水产品以及工厂余热等十三个综合利用研究协作组”。②在生产中，闵行、吴泾、嘉定等卫星城的工厂企业将工业生产和科学研究紧密结合，促进了厂学研多方在三废回收利用上的互助协作，推动了三废综合利用工作的开展。

除此之外，上海还通过各种形式推动三废的综合利用，如通过增产节约等运动来推动。1960年3月，市委进一步指出，“上海可供综合利用的资源，种类繁多，数量庞大，如何充分利用这些资源，做到物尽其用，是当前增产节约运动的重要任务之一”。③在增产节约运动的助推下，上海市工厂企业“广泛开展群众性资源综合利用工作，大造土洋设备”，力争“在国家分配的原材料基础上，生产更多的产品，实现更好的跃进”。④

再如，举办各种类型经验交流推广会。“上海市科学技术协会、上海市物资局、上海市化学工业局、上海市轻工业局、上海市城市建设局、上海市冶金工业局曾于1960年6月在科学会堂南昌路47号联合举办‘上海

①② 《增产节约运动的一个重要方面　充分利用自然资源和废气废料　上海成立十三个协作组进一步研究综合利用资源》，《人民日报》1959年12月10日。

③ 《上海市工业生产委员会三废综合利用工作组关于加强三废处理和综合利用工作的报告》，1966年6月1日，A38-2-757-29，上海市档案馆藏。

④ 《用国家分配的原料生产更多的产品，上海工厂企业综合利用资源》，《人民日报》1960年3月6日。

市工业下脚、污水、废气综合利用展览会’”。[①]通过分类展览，树立标兵，推广经验，卫星城工厂看到了综合利用的效果，群众运动和土洋结合的方法也得到了认可。

上述举措使三废回收利用观念不断深入人心，为综合利用工作的制度、方针等“上层设计”奠定了基础。

1961年7月，上海市城市建设局召开污废水废气综合利用方案座谈会。会上指出：“为了使污废水废气得到综合利用，避免对环境卫生及农业生产等的影响，各设计单位在进行设计时应把污废水废气的综合利用，作为全部设计的一部分”。[②]这次座谈会提出三废治理的“三同时”原则（“三废”治理设施与主体工程同时设计、同时施工、同时投产），奠定了制度的雏形。

1963年，上海市第三届党代会议上，市委又明确指示，“对工业的废气、废水、废渣，应该继续采取处理和综合利用相结合，分散处理和集中处理相结合的原则，逐步做到变有害为有利，变无用为有用”。[③]据此，上海制定了1963年至1965年三废处理利用规划，推动了卫星城三废综合管理和利用工作的开展。1963年8月上海市环境卫生局的成立，下设废水废气管理处和工业废渣管理所（后改为上海市工业废水、废气、废渣管理所）。

制度的完善和治理策略的制定使得上海卫星城工业三废综合利用成就显著。

---

① 《叫原料给我们更多东西，展览会里看综合利用大好成绩》，《新民晚报》1960年6月11日。

② 《上海市城市建设局关于召开送审建筑执照时提出污废水废气综合利用方案座谈会的通知》，1961年7月22日，A54-2-1336-55，上海档案馆藏。

③ 《上海市工业生产委员会三废综合利用工作组关于加强三废处理和综合利用工作的报告》，1966年6月1日，A38-2-757-29，上海市档案馆藏。

从1960年到1964年，从“三废”中回收了黄金二千二百两，白银六十六万两，各种有色金属四万吨，废酸、废碱液、废渣等二百八十多万吨，合计约值二亿一千万元。其中，就化学工业来说，一九六一年到一九六四年，就综合利用盐酸、化肥等四十多个品种，总量达十四万吨，价值一千八百万元。在十一个厂的三十三种主要产品中，有百分之七十六通过废酸、废液、废渣的综合利用，提高了收得率，降低了成本。①

工业三废综合利用带来了可观的经济效益，让政府在环境治理方面尝到了甜头。工业三废的处置仍紧紧围绕综合利用实施。60年代中期以后，在毛泽东“综合利用很重要，要注意”的号召下，上海卫星城工业三废的综合利用也进入了新的高点。1966年，是“三五”计划的开年，上海市环境卫生局在工业三废管理方案中明确提出该年三废工作的总任务是：“以坚决制止黄浦江水质恶化为中心，积极开展工业三废的综合利用，逐步减轻消除其危害并有重点地解决废气对居民生活的影响，以支援工农业生产和改善环境卫生”。②认识已经从回收利用资源到关心市民身体生活状况。

“文化大革命”期间，因政治运动的影响，国民经济各个领域都有不同程度停滞甚至倒退的情况，而上海卫星城工业三废治理一直在继续进行。工人在学大庆、战三废的群众运动中纷纷开展比学赶帮活动，“三废”的综合利用获得进一步发展。其中，1971年初，上海电化厂开展了“工业学大庆”的运动。

---

① 《用国家分配的原料生产更多的产品，上海工厂企业综合利用资源》，《人民日报》1960年3月6日。

② 《上海市环境卫生局关于1966年上海市工业“三废”管理工作的方案》，1965年12月，B11-2-134-51，上海市档案馆藏。

厂领导学习了毛主席关于“备战、备荒、为人民”的重要指示，再次把“三废”综合利用问题提到议事日程上来……把解决“三废”问题列为学大庆的重要内容，专门成立了战“三废”指挥部，由党委副书记亲自负责，坚持大搞群众运动，各级领导亲自动手，召开动员会、讲用会、现场会，举办综合利用展览会，调动一切积极因素，全厂出现一个齐心协力战“三废”的动人场面。①

这是一个认识升华后化为实践的案例。

换言之，就在其他工业部门经历寒冬之际，上海工业三废治理事业凭借特殊的政策倾斜，以及亢奋的精神力量获得了骄人成绩。自1970年三年左右的时间内，上海共实现了70多个三废综合利用的项目。计回收化工原料2万多吨，价值230多万元，各种粉尘已基本消除，进一步改变了工业卫生面貌，减少了工业三废对环境的污染。例如，原来生产氯的干燥工序采用的是直接冷却法，每年约有1 300多吨氯气混在废水里被排出。后来，通过工艺改革，采用蒸汽脱氯法，不仅使废水减少了90%左右，每年还可回收氯气1 000多吨。还有一种制冷剂，原是以氢氟酸作氧化剂，五氯化锑作催化剂，加工过程中在高压条件下会产生大量的氯化氢废气，危害职工的身体健康。经过工人的反复试验，采用了新的工艺，以三氯化铝为催化剂，革掉了氢氟酸，并在常压条件下进行化学反应，根除了废气的产生。②除此之外，在综合回收利用过程中，上海卫星城还依照卫生局的

① 《上海电化厂在迎接“七一”的战斗日子里再接再厉夺取战“三废”的新成绩》，《文汇报》1971年6月24日。

② 《把战“三废”提到路线高度来抓，上海电化厂大搞革新，实现了七十多个综合利用项目，回收原料二万多吨　杨树浦煤气厂发动群众处理低浓度含酚“废水”，使含酚量降低到新的水平》，《文汇报》1973年12月11日。

指示，针对废气、废水、废渣的不同特性，提出了不同的处理回收及综合利用方案。

总之，经过十余年的治理工业三废的探索，上海卫星城广大工厂企业在三废处置方面明确了目标，在综合利用方面清晰了思路，在路径选择方面充分利用一切有利管道，化逆境为顺境，不仅节约了资源，成为环境治理方面一抹亮色。

（二）由单项污染源治理到行业治理（1973—1978）

1973年至1978年，跨越了我国国民经济和社会发展的第五个五年计划，上海卫星城工业“三废”治理在市委及工业局党委的综合部署和领导下，开始进入以工厂治理为主要形式的单项污染源治理阶段，在单项污染源治理的基础上，通过摸索，又逐步发展到行业治理。

如前文所述，1972年之前的三废治理仅是搭载了废料综合利用的红利而取得某些成绩，但上海，乃至中国真正意义上的环保事业并没走上常态发展的道路。

早在1971年，周恩来总理以独到的眼光提出了“全面规划，合理布局，综合利用，化害为利，依靠群众，大家动手，保护环境，造福人民”的环境保护方针。这一方针虽对上海乃至全国工业三废治理工作具有重大的指导意义，然而此时我国政治经济生活均处于失序状态，整体的环境治理工作仍然未正式开始，直到1973年这一情况才逐步改观。

1973年，我国首次召开全国性的环境保护会议，审议通过“全面规划、合理布局、综合利用、化害为利、依靠群众、大家动手、保护环境、造福人民”的环境保护工作32字方针，审议通过中国第一个环境保护法规性文件——《关于保护和改善环境的若干规定》。① “在这样的形势下，

① 周生贤：《我国环境保护的发展历程与成效》，《环境保护》2013年第14期。

上海成立了‘三废’治理领导小组，并设立了办事机构”，①上海卫星城广大工厂企业随之也设立了专门机构治理三废。

由于中央层面的重视，70 年代上海卫星城的工业“三废”治理工作，从观念、治理路径等方面都经历了重大调整。“当时，由于环境保护意识并未普及，人们普遍认为，‘机声隆隆，黑烟滚滚，是工业化兴旺发达的标志’，一些企业也认为‘工厂只管生产，三废治理是政府的事’”。②企业不仅很少主动进行环保方面的投入和工作，更无法牺牲经济利益来成就环保工作。在这种情况下，环境部门工作者对工厂挨个上门做工作，劝服并协助企业建设污染治理设施。

在环保工作的起步阶段，不仅治理经验，包括经费等方面也存在诸多限制。这期间，工业三废治理首先是以工厂治理为主要形式，经历了由单项污染源治理向行业化治理的过渡。

在单项污染源治理方面，通过摸索，上海卫星城重点进行的是废水处理和消烟除尘。首先，重点对造纸、皮革、电镀等行业的工厂的金属废水、有毒废水、印染废水进行处理。③其次，从 1972 年开始，上海卫星城又在工业锅炉、冶金厂矿、水泥厂等单位进行消烟除尘工作。这些举措都取得有效的成绩。④

在行业化治理方面，首先坚持“预防为主”，履行建设工程与污染治理同时设计、同时施工、同时投产的“三同时”制度，控制环境污染。其次，颁布《上海市废水排放试行标准》与《上海市工业废气排放试行标准》，这些标准的制定，无疑为当时上海卫星城的行业化治理环境提供了依据。

---

①②③④　陆福宽：《走环境与经济、社会协调发展的道路——上海环境保护二十年回顾》，《解放日报》1992 年 6 月 8 日。

（三）经济与环境同步发展的过渡期（1979—1986）

1978年，开始进入改革开放新时期，党的工作重心逐渐转移到经济建设上来，环境治理工作虽处于承上启下的过渡阶段，却也逐步朝着经济与环境同步发展的方向迈进。上海工业经济在经过一个短时间的调整之后，开始迈上了新的台阶。

伴随工业的迅速发展，原本工业布局中的治污缺项凸显，上海的环境污染超过城市发展的荷载而不断加剧。为了促使经济与环境发展同步并举，为经济发展、人民生活营造美好的环境，在国家财政极度紧张的情况下，中央仍然向上海拨款一亿元用于解决环境问题。有了中央财政和政策的支持，上海的环保工作踏入制度化快车道。

1979年4月，上海市环境保护局正式成立，主要负责全市环保工作。与此同时，上海市政府制定了“上海经济发展战略”和“上海城市总体规划”，要求经济、社会发展与环境协调发展，保护生态环境，综合防治水环境和大气环境污染。此后，基层区、县，以及部分工厂也设立了环保机构，全市“逐步形成了市、区（县）、街道（乡镇）三级环境管理网络”。①

在此背景之下，上海卫星城在市委、市政府的指导下，着力贯彻落实国务院《关于在国民经济调整时期加强环境保护工作的决定》。实施的结果是，环境保护专职机构逐步建立完善，建立防止污染的相关制度机制，三废治理的专业队伍壮大，素质不断提高，环境管理和三废治理模式渐趋成熟，环境保护工作有了长足的发展。

首先，80年代初，上海卫星城广大工厂企业，开始调整产品结构，并

① 陆福宽：《走环境与经济、社会协调发展的道路——上海环境保护二十年回顾》，《解放日报》1992年6月8日。

通过技术改造实现经济发展。其次，这一时期，上海卫星城工业三废的治理有了强有力的法律依托和良好的群众基础。更为重要的是，环境保护基本国策的确立，将上海卫星城工业三废的治理推上新的征程。1983 年至 1992 年闵行地区的工业废水处理情况反映这种良好的发展趋势：

表 4-3　闵行区工业废水排放及治理情况统计（1983—1992 年）　　单位：万吨

年份	总排水量	需处理废水排放量	实际处理废水量	占需处理量(%)	处理达标量	万元产值废水排放量
1983	13 539	3 232	951	29.42		1 199.31
1984	22 751	8 191	4 569	55.78		1 286.23
1985	17 388	7 617	5 509	72.33	5 305	883.76
1986	22 571	10 155	6 003	59.11		1 034.56
1987	22 373	8 522	6 223	73.02		761.84
1988	22 376	7 772	6 115	78.68		798.29
1989	22 941	8 496	6 733	79.25	5 650	724.47
1990	22 256	7 628	6 914	90.64	5 927	583
1991	24 048	7 850	7 015	89.36	6 313	330.7
1992	24 231	7 887	6 546	82.99	5 191	235.29

资料来源：《闵行区志》编纂委员会编：《闵行区志》，上海社会科学院出版社 1996 年版，第 166 页。

表 4-3 显示，1983 年至 1992 年，闵行卫星城万元产值废水排放量逐渐减小，尤其是 1984 年环境保护基本国策确立以后，有了明显的下降，工业废水处理能力不断加强，工业废水的治理向着较好的方面发展。

总体看来，1958 年至 1986 年，上海卫星城工业三废的治理，经历了一个由大力综合利用到单项污染源治理，再到综合治理的发展道路，由初期的大搞群众运动发展到规范化、制度化与多元化治理。

三、工业三废治理效果及不足

在政府、企业、民众的多重努力下，上海卫星城工业三废的治理取得一定的成效，生态环境有所改善，这是值得肯定和借鉴的。然而，但在当时历史条件下，由于受种种条件的限制，卫星城工业三废还存在一系列治理难题。

（一）亏变盈余废成宝，生态环境换新貌

促进三废资源化，是这一时期上海工业治理三废的显著特色。“增产节约”口号及其相关运动推动上海以综合利用为导向的三废资源化。

六七十年代，在全国性增产节约运动中，中央提出“节约闹革命，勤俭办工厂”的号召，上海卫星城工厂企业持续工业三废综合利用工作，并将之提到前所未有的高度。综合利用和三废资源化的实践证明：工业三废是珍贵的资源，废水、废渣只要稍加处理就可以作为材料或产品再利用。

例如，三废资源化后支援农业便是一个很好的范例。在上海卫星城工业三废治理的实践过程中，人们发现处理好“三废”，不仅可促进农业增产，更能避免不必要的纠纷和矛盾。

之前，由于大量工业三废未经处理就排放在了郊区，占用了大量农田，污染了水源生物，由此引来工业与农业的许多矛盾，农民与工厂纠纷时有发生，有些成为具有恶劣影响的群体性事件。在处理三废问题过程中，如何因势导利，既保证工业生产正常进行，又不破坏周围生活、生产，成为工业三废治理着力的方向。后来的经验发现，工业废水中含有的氨、氮等有机物其实可以作为农业肥料，一些经过处理的废水用来灌农田，不仅可以降低生产成本，还能提高产量。①

① 郝正平：《化害为利的一件大好事》，《人民日报》1965年8月16日。

在上海卫星城工业三废的治理实践中，经过统筹规划和综合利用，工业废水灌溉农田成为现实并取得较好的成效。这也是我国工业三废治理过程中的一大创举，为我国新时期的工业三废的综合利用提供了良好的借鉴价值。随着卫星城工业三废治理步伐的加快，上海卫星城生态环境逐步得到改善，环境保护机制逐步加强。

1958 年至 1986 年上海卫星城工业三废的治理过程，也是我国生态环境保护机制逐步萌芽和发展的历史过程。在此期间及之后城市生态环境的好转及工业三废处理利用机制的逐步完善，既反映了群众生态保护意识的增强，也是中国共产党执政为民和执政能力不断提高的重要佐证。

（二）卫星城三废治理遗留的重大难题

上海卫星城在 1958 年至 1986 年工业三废治理问题上取得很大的成就，但依然存在很严重的问题。这其中既有规划上的漏洞，又受到非规划因素的制约，且这些难题在当下新型城镇化建设的过程中依然存在，是生态文明建设过程中急需解决的。

从污染主体，即上海卫星城的排污企业来言，上海卫星城工厂企业在卫星城中具有主导地位，是卫星城乃至上海市的经济支柱。在当时重生产轻生活的背景下，地方政府为了保证经济指标的完成和就业率的稳定，即使排污已经影响到人们的生产生活，也仅对他们的排污行为进行权宜性限制，却无法从根本上遏止。毕竟，此时环保知识并未普及，发达国家也仅有少数几个在进行环境治理。至于中国，环保观念还十分薄弱，环保设计和政策实施远未全面开展。

各企业面对排污问题时，仍把企业发展问题置于首位来考虑。当考虑到可能影响当地的生产效益和政绩时，往往在三废治理面前变得消极起来。此外，由于“学习不够，政策水平低，在执行党的方针政策上不坚决，对党的以农业为基础、大办农业大办粮食的方针在思想上还没有牢固的扎根，加上思想意识上存在着严重的重工轻农的错误观念……影响了工农联盟，损伤了农民利益，给党的事业带来了很大的损失”。[①]由于政策观念薄弱，环保措施执行起来就会犯本位主义和敷衍塞责的官僚主义错误。此后，上海市政府和相关排污企业逐渐认识到治理三废的重要性，但无论观念意识抑或治理手段上都远远落后于时代和现实的需要。

1958 年至 1986 年，正处在我国社会主义工业化建设的大力发展时期，受“先生产，后生活”发展理念的影响以及历史时代的局限，这一时期上海卫星城工业三废治理虽然走在全国的前列，是我国生态环境保护道路上的排头兵，取得了很大的成绩，但是必须承认这一时期工业三废的防治工作仍然比较粗放。

首先，环保工作的制度建设滞后。新中国成立初期，我国将工作重心放在生产建设上，环保意识比较薄弱，环保政策和制度的建立完善比较晚，缺乏相关的法律。政府及有关部门在环保评估、环境监测方面缺乏经验，管理上存在一些问题，缺乏必要的责任制。一些工厂存在“会上三结合，会后各管各；形式上听意见，实际上闭门造车”的做法，使得工业三废的治理工作没有落到实处，三废治理工作进展缓慢。直到改革开放以后，尤其是 1984 年环境保护基本国策确立以后，我国的生态环境保护制度才逐步完善与健全。

其次，环保工作的技术和资金等支持不足。新中国建设初期，由于生产工艺水平低，生产粗放，生产过程中废气、废水、废渣的排放量较大，治理起来困难重重。就 1958 年至 1986 年的上海卫星城而言，工业企业众

① 《中共上海市委基本建设委员会、城建局、闵行区委、上海县等关于工厂排出的污水废气的赔偿处理问题的报告和农田排灌意见以及国家计委、科委关于综合利用废水气的意见》，1961 年，A54-2-1336，上海市档案馆藏。

多，企业性质复杂，门类众多，既有机电工业，又有化工企业、纺织工业等，废气、废水、废渣量大面广，起因及性质复杂，损害呈多样性，且各大工厂企业在废气、废水等排放方面存在着界限模糊、责任归属不清的问题，故而在治理过程中极为复杂。此外，由于历史方面的原因，一些工厂和居民住宅只有一墙之隔，要消除机器强烈震动的影响，需要在厂房布局上进行调整；也有的虽然有了计划，但由于工作量较大，技术要求也高，需要有一个实施过程，所以更增加了工业三废治理的难度。当然，无论是治理污染、工业布局再调整，还是经济补偿无不需要大量资金，这些都是当时的经济状况难以承受的。因此，三废处理在内的环保建设，设施覆盖面小，设备陈旧，使上海卫星城工业三废治理进程严重滞后。

在过去很长一段时间以及当下的城镇化及新城建设过程中，上述情况依然不同程度地存在。目前，我国作为制造业强国，在生产建设领域发展极为迅速，随着新材料、新产品的出现，生产过程中排放的废气、废水、废渣种类日益多元化，给大气、水（包括海洋）、土壤、矿产等多个领域带来许多新的危害。如不能在当今生态文明理念框架下进行生产方式的革新，采用新能源和新技术，以全新的思维和科学的态度看待工业三废污染问题，这种制约将会一直存在，甚至有继续扩大的可能。

进入新的历史时代，党和政府提出了生态文明建设理念。习近平总书记指出："我们既要绿水青山，也要金山银山，绿水青山就是金山银山"，这就将生态环境保护提到前所未有的高度，深刻点明了工业三废治理、生态环境保护的重要性，在这一背景下，工业三废的治理工作被纳入新的生态文明体制建设的框架。

党的十八大以来，中央在生态文明理论框架下，对工业三废治理在思想上、制度上都作出了科学的、详细的安排，在资金和技术层面更是给予大量的支持。目前，如何顺利实现从历史向现代的转型与飞跃，实现低碳发展、绿色发展，建设美丽中国，才是摆在我们面前迫切需要解决的问题。相信在不久的将来，随着人们认识水平的不断提高，制度渐趋合理化、资金利用更加有效化，我国工业三废治理主体层面的问题将会逐步减少，直到最终解决。

第五章　卫星城建设与社会生活：以闵行为中心

上海卫星城的建设是在“充分利用、合理发展”的工业建设方针指导下进行的；同时又根据“就地生产、就地生活”的原则建设生活配套设施。1959 年 3 月，上海市建设委员会就确定了闵行卫星城的“闵行一号路成街成坊建筑”的规划方案，“闵行一条街”成为“社会主义的新型大街”。本章即以闵行为中心，重点探讨闵行卫星城人口迁移和人口结构、春节副食品计划供应和工业职业病防治，深入剖析卫星城建设对社会结构和社会生活的影响。

第一节　闵行卫星城人口迁移和人口结构

在上海市区外围设立卫星城，一方面能够缓解“大城市病”带来的市区人口拥挤、粮食紧张、工厂企业过分集中、生态环境污染等问题；另一方面在距离市区较近的郊区建设国家重工业基地，还可以推动城市定位的转变，填补南方重工业空白的局面。综观闵行卫星城的工业人口迁移，既与上海从“消费型城市”到“生产型城市”功能定位的转变有关，也与计划经济时期闵行战略定位为国家重工业基地相关联。

新中国成立初期，在工业化与城镇化的背景下，闵行借助良好的工业条件与地理位置被定位为上海重点建设的工业卫星城。伴随着闵行工业卫星城的发展，工业人口需求也逐渐增大，因而出现了工业人口迁移潮，也改变了闵行的人口结构。

一、闵行卫星城工业移民的时代背景与动因

（一）近代以来上海市区人口的急剧增长

作为典型的移民城市，近代以来上海城市人口急剧增长。抗日战争后，上海人口从 337 万人迅速增加至 1949 年的 545.5 万人，短短 4 年的时间人口增加了44.7%。①

表 5-1　1945 年至 1949 年上海地区人口增长情况统计

时　间	人口数	比上年增长	时　间	人口数	比上年增长
1945 年	337 万		1948 年	540.7 万	20.32%
1946 年	383 万	13.65%	1949 年	545.5 万	0.89%
1947 年	449.4 万	17.34%			

资料来源：参见忻平：《从上海发现历史——现代化进程中的上海人及其社会生活 1927—1937》（修订版），上海大学出版社 2009 年版，第 29 页。

新中国成立后，上海人口依然在持续增长。到 1962 年，全上海人口已超过 1 000 万，仅市区人口即达 680 万。上海市区人口在 13 年间增加 260 万。②1949 年以后上海人口增加的速度并不亚于 1949 年以前。

① 参见忻平：《从上海发现历史——现代化进程中的上海人及其社会生活 1927—1937》（修订版），上海大学出版社 2009 年版，第 29 页。

② 《上海人口的现状和预计》，1963 年，C43-1-460-184，上海市档案馆藏。

表 5-2　1949 年和 1962 年全上海人口和市区人口规模统计

时间（年）	全上海人口（万）	市区人口（万）
1949	502	420
1962	1 000	680

资料来源：《上海人口的现状和预计》，1963 年，C43-1-460-184，上海市档案馆藏。

上海卫星城发展引发的城区面积扩展为人口的急剧膨胀提供了条件。1949 年后，上海市管辖区域继续增加，面积由 636 平方公里扩大至 6 000 余平方公里。①1962 年，邹依仁在《上海人口的现状和预计》一文中指出："目前，包括邻近十一个县的上海市的人口已经突破了 1 000 万大关，其中市区即已超过 680 万（临时户口不在内）。单从人口数的角度来看，上海市区不但是我国第一个大城市，而且也是仅次于东京（1962 年 2 月 1 日宣布人口进入 1 000 万大关）、纽约和伦敦（据最近调查达到 817 万人）的世界第四个大城市。"②以当时我国 6.7 亿总人口数作为标准，上海市区人口约占全国的百分之一强。换言之，在世界范围，1962 年时全球人口已达 30 亿，平均每四百个人中就有一个上海人。

(二) 上海市疏散人口的迫切需求

庞大的城市人口与滞后的城市建设形成巨大的供需矛盾，令上海不堪重负。1955 年 9 月，国务院指派的人口调研工作组在给国家建设委员会主任薄一波的报告中，对当前上海的人口问题进行了具体的分析。报告中提到，按照该年度内上海城市人口总数与一般消耗情况，上海每天需要维持数量庞大的副食品供应，其中生猪每日需要 3 000 头、海鲜 117 万斤。庞大的人口压力给副食品供应带来很大压力。因此，仅从城市人口生活必需品供应这一项分析，预防上海人口的过度集中并逐步向内地迁移，成为当

①② 《上海人口的现状和预计》，1963 年，C43-1-460-184，上海市档案馆藏。

务之急。①

人口基数的扩大，使得城市人口中被赡养的人口攀升。随着城市功能定位的转变，上海迫切需要从人口结构臃肿且消费人口占绝大多数的旧城市，转变为新型的社会主义生产型城市。“减少城市人口、控制城市规模”的工作方针，是由上海城市新定位的转变决定的。因此，作为沿海特大城市，减少市区人口，贯穿了上海社会主义建设城市规划政策的始终。

在疏散市区人口、缓解特大城市压力的背景下，上海市民政局于1955年制定了紧缩上海人口的三个五年计划。②1957年，该局又制定了新的《上海市人口工作方案（草案）》。③新人口方案的核心内容是缩减人口：一方面，紧缩人口规模，第二个五年计划内将上海常住人口数量限制在650万左右；另一方面，将压缩上海人口数量的指标更加细化，积极引导盲目流入上海市的非生产人口和农民回乡生产或居住，组织生产人员赴外地支援当地的工农业生产，限制外地人口向上海迁移，并采取节育措施。④在上述背景下，上海人口增速逐渐减缓。与同时期的北京、天津、武汉、广州等特大城市相比，上海人口增加比例是最小的，仅为31.8%。⑤

（三）对国外卫星城构建模式的借鉴

近代以来，西方大城市在面对城市工业与人口急剧集中的“大城市

① 《关于上海人口、地方工业等几个主要问题的调查报告》，1955年9月7日，B5-2-20-111，上海市档案馆藏。

② 《上海市民政局关于上海市人口规划的初步意见（草案）》，1955年，B168-1-870-12，上海市档案馆藏。

③④ 《上海市民政局关于上海市人口工作方案（草案）》，1957年11月23日，B168-1-882-27，上海市档案馆藏。

⑤ 上海市公安局户政处编：《上海市人口资料汇编（1949—1984）》，1984年，第7—8页。上海市档案馆藏。

病”时，已形成一套行之有效的解决办法。通过建设“卫星城”把城市人口疏散出去，这是一种在当时看来比较成功的模式。国人注意到西方兴建卫星城以疏散城市人口的积极作用，想要吸收和借鉴国外尤其是苏联的卫星城构建模式的成功经验。

在《上海市人口工作方案（草案）》中，缩减人口方式出现了新的变化，主要有两种：一是继续大规模地动员人口外迁；二是严格控制上海市人口增长。在人口规划中除了一直以来的“减人”之外，方案中还提出了新的措施。在传统“减”的方式途径外，卫星城逐渐酝酿“散”的理念。“散”的构想萌生后，上海的城市规划和建设思路开始慢慢变为在上海郊区抓配套，在市区抓改造，新建项目到远郊的新方针。①这样，卫星城建设呼之欲出，上海市政府开始考虑尝试用新的方式来缓解市区工业与人口过分集中的状况，客观上加速了上海的城镇化进程。

（四）从农村集镇到重工业基地的转型

闵行位于上海市的南郊黄浦江中游北岸，离上海市中心区 32 公里。上海解放前，闵行是一个只有 5 000 多人口的经济文化十分落后的乡村集镇，工业仅有两家设备“简陋不堪”的小工厂——通用机器厂和中联染料厂，商业主要是米、棉花、生猪等行业买卖，包括 52 家花米行“支撑着闵行商业的市面”。②

新中国成立后，闵行成为上海建设的一个重点区域。1954 年，华东工业部提出将闵行地区建设成为“以机械工业生产为主的小型城市”的目标。③

---

① 《上海市革命委员会工业交通组关于上海高速发展生产严格控制城市规模的调查报告》，1975 年，B246-2-1405-19，上海市档案馆藏。

② 《闵行区基本情况、社会商业和服务业基本情况普查说明》，1960 年 7 月，A7-1-0012-002，闵行区档案馆藏。

③ 《闵行区志》编纂委员会编：《闵行区志》，上海社会科学院出版社 1996 年版，第 72 页。

1958年3月，上海市城市规划勘测设计院根据闵行已有的工业基础和良好的交通条件，提议将其作为“机电工业为主的卫星城首先进行建设”。9月，该院进一步将闵行卫星城的人口规划为15万至20万，总用地约21.7平方公里。①按照上海市城市总体规划，闵行卫星城向东发展，吴泾卫星城向南发展，联结成片，组成一个总面积60平方公里、人口规模50万人的新型城市。②闵行新建了以“四大金刚”为龙头的大型机电企业，吴泾则新建了一批化工企业。与此同时，相配套的闵行发电厂、自来水厂、污水处理厂等骨干技术设施以及一号路为主的10条城市道路和两侧商业网点都陆续建立起来。1961年后，由于遵循1959年设计的每年疏散10万上海人口的规划，城市空间得到有序发展。③

从乡村集镇到我国重工业基地，闵行实现了社会转型与城乡巨变。解放后，在中共中央和上海市委的领导下，闵行卫星城的经济建设和社会事业建设逐渐步入全新的发展时期。农业方面，经过土地改革、农业合作化等生产关系变革，生产力有了较大提高，成为上海市重要农副产品生产基地之一。工业方面，建设了上海市第一个以机电、化工基地为主的卫星城。在计划经济时期，闵行城镇化的发展吸引了更多的人口驻扎，工业化则提供了更多的就业机会，劳动力的增加再次推动工业化的发展，双方良性互动，共同促进。随着地区经济实力的不断增强，地区教育、医疗卫生、文化体育事业等不断完善，人民生活水平逐步提高。

---

① 《上海城市规划志》编纂委员会编：《上海城市规划志》，上海社会科学院出版社1999年版，第183—186页。

② 《闵行区志》编纂委员会编：《闵行区志》，上海社会科学院出版社1996年版，第72页。

③ 同上书，第73页。

二、国家战略下闵行工业人口迁移的历史阶段

因工而兴的闵行卫星城，其工业移民按时间可以划分为两个阶段：第一阶段是“大跃进”时期，即1958年至1960年；第二阶段是“全面调整”时期，即1960年至1966年。

（一）“大跃进”时期：“以工带城”

1958年，闵行开始有计划地开展大规模的工业建设与社会事业建设，成批基建人员和工厂职工迁入，再加上当地农转非，闵行工业人口大量增加。“十万大军聚闵行”之说，生动地反映当时国家有计划地投入大量人力、物力、财力开展工业基地建设的盛况。工矿企业先后迁建、新建于闵行工业卫星城，由“四大金刚”为代表的重型企业组成以生产制造大型发电设备为重心的产业链逐渐成形；同时建成以制造生产重型机器设备为重心的产业链。①闵行工业形成规模的同时，人口也发展到65 000人。②

相比同期其他卫星城，闵行卫星城的工业建设规模较大，工厂数量和职工人数都较多，其中市属企业达16家，这些企业都是属于人口吸附能

表5-3　1959年上海各卫星城工厂数量和职工人数

卫星城	工厂数量	职工人数(万)	卫星城	工厂数量	职工人数（万）
闵行卫星城	40	3.1	安亭卫星城	7	0.85
嘉定卫星城	8	0.6	松江卫星城	7	0.43
吴泾卫星城	12	1.3			

资料来源：上海市城市规划设计研究院编：《上海市城市规划演进》，同济大学出版社2007年版，第47—56页。

① 《闵行地区工业基本情况》，1960年，A6-1-0014-003，闵行区档案馆藏。

② 《关于闵行规划和建设问题调查研究报告》，1961年，A6-1-0076-002，闵行区档案馆藏。

力较强的产业。工厂数量的增加往往与人口的增长呈正比关系。

“大跃进”期间，工厂大批设立，工人与家属成规模迁至闵行。1960年5月，中共闵行区城市人民公社领导小组办公室对闵行区内的主要工厂、商店、机关、学校的在职职工和家属的居住分布情况，进行了一次比较全面的调查。根据调查资料，本区工厂、机关、商店、学校（不包括上海县设在闵行的单位和基本建设单位的职工和家属，新民机器厂因资料未送来，也未列入）共有职工39 063人，其中工厂35 274人，商业2 261人，文教1 369人，机关159人，①上述职工共有家属133 126人，平均每个职工有3.5个家属，这些家属现居住在市区的有70 986人，占家属数的53.3%，家属现已迁居本区的有20 427人，占家属数的15.4%，居住在外地城市的有10 687人，占家属数的8%，居住在农村的有31 026人，占家属数的23.3%。②相比1958年，闵行人数有了明显的增长，其中主要是人口移动也就是人口迁移导致的结果。

据调查，卫星城兴起过程中，闵行区人口流动频繁，其社会构成情况如下：

第一，全区现有常住户口8 527户，共计67 320人，寄住人口（在本区工作、户籍散布在全市各区者）约4万人。在常住人口中，自1960年建区以来申报入户的农村人口有575人（46岁以下者为320人，16岁至45岁者为167人，46岁至60岁者为52人，61岁以上者为95人。目前已就业者36人）。现有暂住人口612人。其中，外地城镇居民220人，农村人口392人；来沪探亲511人，公干10人，治病73人，佣工保姆15人，服务人员2人，外地自动离职来沪1人；地富分子13人，刑释分子2人。在

①② 《闵行区职工及家属居住分布情况》，1960年5月30日，A20-2-12-54，上海市档案馆藏。

这些外来人口中，有 256 人要求报入常住户口。经过审查，凡属盲目流入城市、在原籍有生产生活条件者，均未批准入户。[1]

第二，根据工业、基本建设、财货、文教卫生等几个方面的初步统计：1958 年以来的新进人员共计 12 312 人。其中，家属（里弄妇女）2 467 人，艺徒 7 566 人，临时工 2 479 人，农业人口 340 人。[2]

第三，全区共有中学生 1 858 人（农村人口 647 人）。其中，高、初中应届毕业生共计 551 人，内有农村人口 197 人、亦工亦农户口 45 人。另有高小学生 1 497 人（农村人口 172 人），其中应届毕业生 662 人，内有农村人口 63 人、亦工亦农户口 66 人。

第四，街道组织的生产、服务事业人员共计 1 800 余人。此外，全区尚有无业社会青年 133 人。[3]

（二）“全面调整”时期：调整巩固，精简职工

遵照上海市委“增产不增人”的指示决定，1960 年 9 月，上海市公安局闵行分局着手处理外来暂住人口的问题。对原来已经招用的外来人口立即停止使用，从而有效地制止农业人口的盲目外流。[4]1961 年后全国步入国民经济的调整时期。上海根据中央制定的八字方针将工业建设方针作了相应调整，用于基本建设的投资连年减少。

1961 年 6 月 9 日，中共上海市闵行区委员会在常委会议上传达了市委常委会议关于紧缩城市人口的精神，要求根据“精兵简政、增产节约”的方针，在党内深入动员的基础上做好精减职工、减少城镇人口的工作。闵行的主要做法是：“一方面，深入摸清情况，抓紧修订规划。另一方面，

---

① 《如何贯彻紧缩城市人口的指示通知》，1961 年，A6-2-0123-001，闵行区档案馆藏。

② 家属工、艺徒与临时工、农业人口之间是有重复的。

③④ 《关于处理外来暂住人口的打算》，1960 年，A6-2-0552-003，闵行区档案馆藏。

边动员、边行动，先易后难，分期分批地组织外迁。全面的形势教育，同深入细致的思想工作相结合，热情欢送自动要求回乡的人员，同正面动员有条件回乡的人员相结合，充分的政治动员，同认真负责地做好安置工作相结合，企业、事业单位动员职工，同街道里弄动员职工家属相结合。”①

上述做法得到市政府的重视。1961年7月，上海市副市长曹荻秋强调：“减少城镇人口、支援农业生产是当前党的一项重要政治任务。”②为此，在劳动力工作方面，进一步贯彻节约用人、提高劳动效率的方针，大搞技术革新运动、技术革命运动，不断改善劳动组织，大力挖掘劳动力潜力，加强劳动力管理，严格控制增加人员，在少增人、不增人或者减少人的情况下，完成和超额完成国家生产计划，促进劳动生产率的大幅度增长。③在此政策推动下，1961年上海全民所有制基建系统的职工人数从12.85万人减至5.59万人。④

随着全市人口贯彻精简原则，闵行也确定了相应的人口控制方案。首先应将1958年以来新进人员中的农村人口和暂住户口中盲目流入城市的外来城镇、农村人口尽快动员回乡生产、生活；对于1960年以来已经申报入户而在原籍有生产、生活条件的农村人口也应积极动员回乡生产，参加农业生产。这三者合计可动员950人左右。⑤其次，动员一部分（约200名）⑥原属农村人口的高、初中应届毕业生和小学毕业生回县参加农业生产或者转县升学。并于当年暑期要适当压缩新生名额。再次，积极动员一部

① 《减少城镇人口，大力支援农业生产——曹荻秋同志在全市党员干部大会上的动员报告》，1961年，A6-2-0716-002，闵行区档案馆藏。

②③ 《通知及动员报告》，1961年，A6-2-0716-002，闵行区档案馆藏。

④ 上海市闵行区档案馆编：《留史存真——近现代上海闵行历史与档案典藏》，复旦大学出版社2015年版，第110页。

⑤⑥ 《关于处理外来暂住人口的打算》，1960年，A6-2-0552-003，闵行区档案馆藏。

分技术工人、艺徒，支援外地的工农业生产。由于这一问题牵涉到生产任务的安排，因此必须在市委的统一规划、部署下进行，积极动员、服从调配。对于1958年以来新进的家属工，基本上也应动员回去。一方面可以相应压缩粮食供应量；另一方面也有利于进一步动员外地来沪帮助料理家务的家属和佣工保姆等暂住人口回乡回籍生产。①最后，积极动员一部分劳动力（包括一部分临时工、社会青年等）至外地开荒或参加国营农场生产。这样，根据市委部署，继续征集一部分适龄艺徒、学生服兵役。

闵行对“精兵简政”“增产不增人”“增产节约”方针的贯彻力度相当大。半年内共精减职工、减少城镇人口3 320人，占全区常住人口68 119人的4.8%。其中：职工2 125人，占职工总人数42 290人的5%；社会人口776人，占地区社会人口31 601人的2.1%，学生419人。上述人员中，支援农业生产1 973人（去市郊农村883人），支援外地建设100人。迁往职工所在地的职工家属70人。去江西劳动大学96人，服兵役1 081人。另退职退休，辞退家属工、里弄工1 355人。②在支援农业生产的1 435名职工中，大部分是出身农民的青壮年职工。有一定农业知识的人进入工厂后，经过生产实践，又对工业生产的思想觉悟有了很大的提高。其中有共产党员117名，共青团员450名。③

在“调整巩固”时期，除了精简职工、动员人口回乡等方法外，闵行区还采取派知识青年上山下乡的方式减少人口。其中，有662名中学毕业生和其他人员赴农场务农，其中赴新疆建设兵团515人、江西93人、上海市国营农场54人。④通过上述实践，为日后精简职工工作提供了经验。

① 《关于处理外来暂住人口的打算》，1960年，A6-2-0552-003，闵行区档案馆藏。

② 《上海市1961年城镇人口的工作总结》，1961年，A6-2-0292-006，闵行区档案馆藏。

③ 《关于处理外来暂住人口的打算》，1961年，A6-2-0552-003，闵行区档案馆藏。

④ 《闵行区志》编纂委员会编：《闵行区志》，上海社会科学院出版社1996年版，第252页。

三、人口迁移与闵行卫星城人口结构

人口的增减与人口构成之间的关系极为密切。大规模人口迁入直接改变了闵行作为一个农村集镇的人口数量和社会构成。工业移民的迁入改变了闵行卫星城的人口年龄结构、性别结构、职业构成与人口空间结构等社会结构。同时，移民的婚育发展状况也改变了闵行人口生产模式。

（一）自然结构的变迁

第一，人口城镇化水平提高。城镇人口在总人口中的比重体现人口城镇化水平。闵行卫星城自辟建以来，大量工人、科研人员及职工家属的到来，增加了闵行人口总数；同时，工业发展也促使闵行当地一些农业人口转为非农业人口。这两方面均提高了闵行的人口城镇化水平，促进了闵行的城镇化进程。

随着工业建设的发展，闵行总人口从解放初期 6 000 余人增加至 1952 年的 23 481 人。①此后，城镇人口继续增加，至 1957 年底已发展到 31 137 人。②1958 年，闵行作为上海市第一个着重考虑开辟的卫星城开始大规模的基本建设。50 年代后期，有计划地组织工业移民及其家属进驻，客观上提高了闵行卫星城的非农人口比重。至 1961 年 4 月，闵行总人口已达 76 600 人，其中常住人口 58 507 人。③（见表 5-4）

第二，人口分布的变迁。人口迁移影响了闵行人口发展模式以及人口结构的空间分布，人口空间分布结构的变化进而影响到闵行整个社会经济结构的变化。1961 年，闵行有住宅建筑面积 400 263 平方米。④此外尚有公共建筑 98 194 平方米。⑤以上住宅建筑按地区分布（见表 5-5）。

---

①②③④⑤　《闵行现状调查报告》，1961 年，A7-1-0029-001，闵行区档案馆藏。

表 5-4 闵行历年人口增长（1949—1961）

年份	城镇总人口(人)	备 注
1949	6 000	常住人口
1953	23 481	常住人口
1957	31 137	常住人口
1958	60 000	包括寄住人口,其中常住人口 42 168 人
1959	65 000	包括寄住人口,其中常住人口 45 836 人
1960	75 000	包括寄住人口,其中常住人口 57 076 人
1961.4	76 600	包括寄住人口,其中常住人口 58 507 人

资料来源：《闵行现状调查报告》，1961 年，A7-1-0029-001，闵行区档案馆藏。

表 5-5 1961 年闵行住宅建筑分布统计

分布地区	建筑面积(平方米)	居住人数(人)
闵行旧镇	84 506	11 858
厂内宿舍	33 239	12 397
校内宿舍	6 952	5 932
汽轮新村	51 877	6 643
电机新村	35 392	6 816
红旗新村	39 815	3 100
东风新村	143 540	6 891
其 他	4 942	
合 计	400 263	

资料来源：《闵行现状调查报告》，1961 年，A7-1-0029-001，闵行区档案馆藏。

闵行各企业的地理空间与分布体现出明显的计划性。1959 年，上海市副市长兼市基本建设委员会副主任牛树才在《基本建设工作必须跃进再跃进》的报告中提到：“计划新建的职工住宅，除了一部分作为旧区改建外，主要是分布在各工业区，以减少职工往返时间，有利于生产。同时也可紧缩市区人口，改善市区居住条件。”①由于工人住在配套工人新村或厂校内宿舍，能减少往返时间，有利于生产。因此，在企业协作与集中分布的情况下，闵行工业人口分布特点与工业布局体现出高度的一致性。从建筑学的角度对闵行人口布局进行分析，可以一窥人口布局的发展变化。1961年，闵行人口按居住地区分布见表 5-6：

表 5-6　1961 年闵行人口居住地区分布

分　　布	人数(人)	户数(户)	备　　注
汽轮新村	6 643	1 462	
电机新村	6 816	1 387	
东风新村	6 891	1 581	包括一号路
红旗新村	3 100	588	
浦江新村	11 858	2 412	闵行旧镇
厂校内宿舍	18 329		其中校内是 5 932 人
其　他②	22 963		估计
合　计	76 600		

资料来源：《闵行现状调查报告》，1961 年，A7-1-0029-001，闵行区档案馆藏。

闵行工业人口迁移导致计划经济时期闵行人口在刚开始呈跳跃性增长，由于闵行重工业分布的独特性，企业配套设施的选址，随之移民的空间分布也与市区居民散居式不同，而主要是在工业区附近。闵行一条街、医院以及工人新村等都建于此。因此，工厂建设导致的工业人口迁移，一定程度上改变了闵行原先农村集镇人口分布的状况。闵行工业建设的特殊布局直接影响了闵行人口分布的变化，间接影响了闵行城镇配套生活设施的变化。

① 吴静等编：《上海卫星城规划（一）》，上海大学出版社 2016 年版，第 178 页。

② 其他是指住在工棚(草棚)、民房、办公楼、实验室、车间、饭厅等处的人口。

第三，性别结构、年龄结构的改变。在性别结构上，闵行工业卫星城的性质决定了它的性别比例，男性占 2/3，寄住人口中男性比重更大，超过 4/5。具体情况见表 5-7：

表 5-7　1961 年闵行人口性别比例

分　类	男		女	
	人数(人)	百分比(%)	人数(人)	百分比(%)
常住人口	37 158	63.3	21 349	36.5
寄住人口	14 749	81.5	3 341	18.5
合　计	51 907	67.7	24 693	32.3

资料来源：《闵行现状调查报告》，1961 年，A7-1-0029-001，闵行区档案馆藏。

工业建设需要大量的劳动力，因此工业人口迁移对闵行卫星城人口年龄结构的影响也体现在对劳动年龄人口的影响上。根据闵行区公安局 1961 年 1 月的相关资料，闵行地区（包括吴泾）的人口性别结构和年龄结构见表 5-8：

表 5-8　闵行人口年龄和死亡情况（1961 年）

年龄分组	1961 年 1 月底人口数				死亡数	
	男	女	合　计		年平均	
			人数(人)	百分比(%)	人数(人)	百分比(%)
合计	42 950	22 698	65 648	100	220	3.4
0—3 岁	3 466	3 204	6 670	10.1	75	11.2
4—6 岁	2 309	2 202	4 511	6.82	6	1.3
7—12 岁	2 856	2 607	5 463	8.26	3	0.6
13—15 岁	1 119	829	1 948	2.95		
16—17 岁	2 554	1 171	3 741	5.66	3	0.8
18 岁	1 822	761	2 573	4.00		
19—24 岁	8 608	3 654	12 262	18.49	3	0.4

续表

年龄分组	1961年1月底人口数				死亡数	
	男	女	合　计		年平均	
			人数（人）	百分比（%）	人数（人）	百分比（%）
25岁	1 506	568	2 074	3.13		
26—35岁	11 012	3 893	15 305	23.15	11	0.7
36—45岁	4 498	1 424	5 922	8.95	12	2.0
46—50岁	1 151	474	1 625	2.44	3	1.8
51—55岁	721	478	1 199	1.8	20	16.7
55岁以上	918	1 437	2 355	4.25	82	34.8

资料来源：《闵行现状调查报告》，1961年，A7-1-0029-001，闵行区档案馆藏。

表5-8显示，截至1961年1月底，闵行人口总计65 648人。其中，男性42 950人，女性22 698人，男女比例为1.89∶1；在年龄分组中，26至35岁年龄段的人数最多，为15 305人，占闵行人口年龄结构的23.15%，其中男性11 012人，女性3 893人，男女比例为2.83∶1，大于闵行平均男女比例。人数排第二的年龄段是19至24岁，总人数为12 262人，年龄结构为18.49%，其中男性8 608人，女性3 654人，男女比例为2.36∶1，亦高于平均男女比例（性别比）。从13岁一直到55岁，闵行男性人数一直多于女性，是女性人数的2到3倍。由此可知，闵行人口构成是以男性为主、趋于年轻化。

闵行人口的年龄结构与性别结构的比例，反映了闵行人口中工业人口占主体的特点。工业移民迁入深刻影响了闵行卫星城的人口自然结构。男女比例失调也刺激着闵行发展轻工业的需求，推动闵行重、轻工业比例的调整。结合1958年至1960年闵行劳动人口的增长变化和自然增长率可以看到，无论是闵行劳动人口的增加还是基本人口的增加，都不是依靠人口自然增长所能达到的，而是计划性工业移民迁移即人口机械增长的结果。

由于迁移人口多在19至35岁之间，属于生育高峰人群。该群体数量的增加，不仅使闵行卫星城人口年轻化，同时还奠定了闵行未来人口自然变动的基础，影响着闵行人口的婚姻及生育状况。毫无疑问，工业移民对闵行人口年龄结构的类型起到直接或间接的影响，也一定程度上决定了闵行人口再生产的潜能和人力资源的供应情况，深刻影响着闵行未来社会对于基本商品和服务的需求状况。

（二）社会结构的影响

城镇化的外在表现形式通常为城市规模的扩大、人口的增加，而内在表现形式为人口素质的提高、受教育程度的提高、社会结构的分化、城市社会要素的复杂化等。

第一，职业比例、工农比例改变。“大跃进”时期，闵行卫星城建设需要大批工业劳动力人口。随着职工人数的迅速增加，技术水平和文化程度也不断得到提高，使得闵行在短短几年间就拥有了一支建设社会主义的产业工人群体。

表5-9　闵行区基本情况①

项　目	单位	1959年实际	1960年计划
一、年末人口总数	人	51 000(正式户口)	71 000(正式户口)
其中:农业人口	人		
二、年末职工总人数	人	46 300	65 000
其中:工业企业职工人数	人	27 400	41 400

① 填表说明：1.人口总数系指调查区的固定人口，不包括盲目流入的人口数，如盲目流入人口数字较大，应在附注中说明。2.职工总人数是调查区的全部职工数，包括企业工人、工程师、技术员、行政干部、商业职工、教职员工及其他职工等。3.生产资料、消费资料工业产值如无统计资料，可适当进行估算。闵行1959年主要工业产品产值：大型锻件3 554吨，汽轮机180万千瓦，电动机125万千瓦，变压器315万千瓦，染料5 700吨。

续表

项　目	单位	1959 年实际	1960 年计划
(1) 重工业企业职工人数	人	26 500	39 400
(2) 轻工业企业职工人数	人	900	2 000
三、全面工农业总产值	万元	42 297.81	87 382.69
(1) 工业总产值	万元	42 297.81	87 382.69
其中:生产资料工业总产值	万元	41 936.98	86 474.93
消费资料工业总产值	万元	320.83	947.76
(2) 农业总产值	万元		
四、全年社会购买力	万元	1 923.21	3 150
其中:居民购买力	万元	923	1 550

资料来源：《闵行区基本情况和商业工业工作情况调查资料》，1960 年 7 月，A7-1-0012-002，闵行区档案馆藏。

由表 5-9 可以看出，1959 年闵行的重工业企业职工为 26 500 人，轻工业企业职工为 900 人，重轻工业人数比例为 29.4 ∶ 1，相差悬殊。在 1960 年的规划中，重工业与轻工业人数比降为 19.7 ∶ 1，同时重工业企业和轻工业企业的职工人数均有所增加。工业移民到来后，闵行职业人口构成见表 5-10：

表 5-10　闵行各阶层人口职业统计（1961 年 4 月）

闵行城镇总人口:76 600 人			
基本人口	小　计	35 122	45.9%
	工厂职工	31 212	
	科学研究人员	800	
	大专教职员工	1 242	
	对外交通运输职工	1 868	

续表

服务人口	小　计	5 929	7.8%
	区级行政经济机关干部	577	
	区级交通运输职工	575	
	区级建筑施工职工	621	
	区级文教卫生人员	1 158	
	商业服务职工	2 998	
其他人口	小　计	9 290	12.1%
	大专学生	4 690	
	建筑安装工人	4 600	
被抚养人口		26 259	34.2%

资料来源：《闵行现状调查报告》，1961 年，A7-1-0029-001，闵行区档案馆藏。

表 5-10 显示，1961 年闵行城镇总人口为 76 600 人，其中基本人口 35 122 人，占 45.9%。闵行的工厂职工是基本人口中的主体，人数为 31 212 人，成为闵行人口结构中占绝对压倒性优势的群体。上述情况说明，闵行迅速完成从乡村集镇到卫星城镇的社会转型，“工厂”已经成为闵行工业卫星城的主要生产组织形式和人口集聚的主要平台。

第二，文化结构变化。工业人口迁移不仅提高了闵行卫星城人口数量，也提高了闵行卫星城人口的受教育程度。闵行卫星城“因工而兴”，前期科研人员、技术人员、管理干部等移民的迁入，在减少闵行教育培训成本投入的同时，也使得闵行从之前农业人口为主体的较低文化水平转变为非农人口占大比例的较高的平均文化水平。后期随着闵行自身重工企业的建立和成熟，各厂厂办技校纷纷建立，广泛开展职工教育，为闵行培育了一批新的有文化与技术的工人。此外，随着青年职工所带家属孩子的上学需求的加大，在“生产生活并重”原则下，在市政府、闵行区委的重视和支持下，闵行教育设施得到大幅增加，幼儿园、小学、中学的数量逐渐增多，闵行总体受教育的学生数量随之增多。由于三年职工教育的培养或招进新职工的因素，职工整体文化水平明显提高，受教育程度大幅提升，文盲比例成倍缩小。工厂职工的学历从以小学学历为主体，到以中学学历为主，大学学历成倍增加。①

综上所述，由于工业移民的迁入，职工教育的开展以及闵行当地教育水平的提高，闵行人口文化素质得到提高。这些培育出来的技术人才，不仅有益于闵行自身的发展，而且在“上海支援全国”过程中为外地输送了一批先进劳动力和技术工作者，有效带动了全国工业的发展。

四、闵行卫星城工业人口迁移特点和成效

与近代上海的传统移民特点不同，闵行工业移民既非战争军事环境导致，亦非“冒险家的乐园”促成的经商寻梦，而是有着时代特色的计划经济时代的工业移民。

（一）闵行卫星城工业人口迁移的特点

第一，以行政手段与爱国主义教育相结合的计划性迁移。闵行卫星城的工业移民是在计划经济时期国家用行政手段安排组织的，目的是为了调整工业布局、完善工业体系和填补南方重工业奇缺的局面。闵行工业移民是中国当代史上因工而兴、因国家需要而形成的特有的计划性迁移，其数量、种类，都是按计划安排的。因此，迁移成本由国家承担。由于处在“大跃进”时期，闵行卫星城以速战速决、打歼灭战的方针成为第一个建

① 《上海市统计局 1960 年重点工业企业基本情况调查表（市电机工业局所属单位）（一）》，1960 年 4 月，B31-2-404-1，上海市档案馆藏；《上海市机电一局所属大中型工业企业 1962 年基本情况之一》，1963 年 2 月，B31-2-458，上海市档案馆藏。

成的卫星城。按照“成街成坊”“就近生产，就近生活”的原则，建成9万平方米的住宅，仅三个月又建成长达1公里、被誉为“社会主义新型大街”的闵行一条街。[①]此外，如托儿所、幼儿园、小学、中学、技校等教育机构以及食堂、医院、工人俱乐部、图书馆等公共福利设施、文化娱乐设施以及交通道路设施等生活的方方面面都面向工业移民。这种由国家、政府来承担移民生活成本的人口迁移是工业移民不同于以往城市移民的最大特点之一。

第二，移民群体构成上以青年男性、生产型移民为主体。闵行工业移民的典型特点是男性居多，且年龄层次趋于青年化。闵行卫星城的定位是机电重工业，因此对职工的体力有一定要求，且急需奋战在生产第一线的工人，因此以男性居多，年龄结构偏低。这种构成体现了闵行工业卫星城男性化的城镇形象，不仅反映了计划经济时期的时代特点，而且揭示了闵行卫星城初建时期在国家方针下“先生产后生活”的特点。而工业移民的年龄构成偏低，将对闵行人口增长产生较大影响。

移民群体构成上以生产型移民为主体。除了财贸事业单位，闵行的工业、交通运输业、基本建设等单位主要是生产型移民，而不是生存型。这一移民群体，到达新的地区不再以“同乡组织”等地缘或血缘为社会关系，而是根据生产建设的需要，以“业缘”为纽带构成新的社会契约关系。相同生产任务的工人聚集在同一车间、同一工厂、同一厂校宿舍，促进了来自不同地域移民之间的交流交往，多样文化相互交织。工人遇到生活困难时第一时间找同事或者单位组织的帮忙，人与人之间的“信任机制”逐渐形成。总之，这一新型社会关系的形成，显然是由社会生产方式的变化导致的，逐渐形成卫星城的公共意识、价值观念和卫星城

① 《关于闵行规划和建设问题调查研究报告》，1961年，A6-0076-002，闵行区档案馆藏。

文化。

第三，移民高潮与卫星城工业建设高潮相重合。首先是时间集中：闵行卫星城在1952年就有少量工业人口迁入，大部分是随厂迁移。随着闵行工业基地的建设，大量工厂在闵行扎根，急需人力予以支持。1958年至1960年，工业移民大量迁入。1960年至1966年期间，工厂精简职工，工业移民进入缓慢发展时期；其次是空间集中：工业移民主要投入工业建设。卫星城建设以工业为中心，根据“就近生产、就近生活”的建设原则，人口分布、城市建设、居民生活都受工业布局的影响。工业布局“最直接地影响城市人口的分布”，为了使劳动人民尽可能接近工作地点并为其创造方便的条件，社会主义城市规划的基本原则之一是住宅区布置在工业区周围。①同时，工业布局“决定性地影响干道走向和交通组织”，在设置交通运输种类和主要交通线方向等方面也“有利于工业企业的生产活动和发展及居民的劳动和生活”。②卫星城的工业分布及建设，有利于城市工业布局的调整，进而影响到城市布局。如1961年城市建设局所提出的：上海“由原来的单一城市逐步发展成为以市区为核心，各近郊工业区和卫星城镇相互隔离相对独立而又有机联系的组合城市”③。近郊工业区容易与市区相连，在单一城市向组合城市的转型中，卫星城的建立功不可没。

（二）闵行工业人口迁移的成效分析

第一，为中国南方建成新的重工业基地。上海卫星城是新中国大城市卫星城建设的一个典型，而闵行卫星城作为上海乃至全国率先建成的第一

①② 《上海市规划建筑管理局关于上海市工业规划的初步说明的函》，1955年12月8日，B8-2-15-7，上海市档案馆藏。

③ 《上海市城市建设局关于城市规划设计院三年工作总结》，1961年10月14日，B257-1-2428-1，上海市档案馆藏。

个卫星城更是典型中的典型。它构建起新中国重工业白手起家的第一步，填补了上海重工业基地的空白，初步构建了新中国轻重工业比较完善的体系。闵行重工业基地迎合了国家工业发展的需要，与东北的哈尔滨电机厂等老工业基地相对应，以重工业、分类产业为主，在新中国东南部形成一个以机电工业为主的卫星城。1958 年 10 月，上海电机厂自主研发了世界上第一台 12 000 瓩双水内冷汽轮发电机，[①]使得上海闵行成了除哈尔滨之外的另一个全国电力中心，在当时有“北有哈尔滨，南有上海”之称。闵行四大金刚建成后，为新中国社会主义建设产出了一大批令人瞩目的重大成果。时至今日，闵行仍是重要的工业基地。

第二，推动闵行地区的社会转型。闵行在解放前是一个只有 5 000 多人口的乡村集镇，市场一片萧条，街道破旧狭窄，劳动人民是没有正当的文娱活动场所和医疗卫生机构。[②]卫星城建设后，闵行的工业化推动了闵行的城镇化，促进了闵行卫星城的社会变迁。在这里不仅具有先进技术装备的现代化工厂，而且有与工业区相适应的近代化的水、电、公共交通设施，宽畅的街道、工人住宅和公共建筑物。闵行从农村集镇到大型重工业基地的巨变，世人有目共睹，称其为“小上海”。[③]

第三，支援了全国各地工业建设。闵行为全国各地输送先进劳动力和设备，促进当地重工业从无到有、从小到大建立并逐渐成为骨干企业。例如，上海锅炉厂到 1959 年已经“输送了成千的技术工人、工程技术人员支援各地的建设”，哈尔滨和武汉的锅炉厂都有上海方面“输送去的高级

① 上海市闵行区档案馆编：《留史存真——近现代上海闵行历史与档案典藏》，复旦大学出版社 2015 年版，第 27 页。

② 《闵行区基本情况、社会商业和服务业基本情况普查说明》，1960 年 7 月，A7-1-0012-002，闵行区档案馆藏。

③ 《城乡关系更好了——上海马桥人民公社一年》，《解放日报》1959 年 12 月 29 日。

技术工人和工程技术人员”；同时“该厂生产的各种锅炉供应了全国三十多个省市三百多家厂矿的需要”，并且出口国外“支援了亚洲的兄弟国家”。①这一系列的工业建设成就不仅使得闵行成为上海经济建设的支柱之一；②而且，“上海支援全国”的政策导向更增加了闵行卫星城的在全国工业建设中的地位和吸引力。

第四，疏散人口，缓解市区人口拥挤压力。卫星城建设有利于疏散市区人口。在1958年至1960年的大发展中，一些产品大、运输量大、占地大的工厂从市区迁至闵行卫星城，一大批职工和家属随工厂迁来。“在这些卫星城镇的工厂企业里工作的职工，绝大部分是从上海市区去的。建设好卫星城镇，让在职职工及其家属安心在那里工作、学习、生活，并将待业人员引向市郊卫星城镇就业，这对疏散市区人口，解决市区人口过分集中而产生的一系列问题，无疑有很大的作用。”③

第二节　闵行卫星城春节副食品计划供应（1956—1966年）

消费与供应是相互影响和依存的关系。上海春节副食品的供应与春节期间市民的传统习俗和消费习惯存在着密切的关联。上海春节副食品计划供应的过程主要分为组织筹备和具体实施两个阶段，其中针对上海春节时期多种多样的消费需求和特点，在具体实施过程中的分类标准和供应办法也

① 《上海锅炉厂的十年》，《解放日报》1959年5月27日。
② 《卫星城众星拱月》，《人民日报》1984年8月10日。
③ 吴静编：《上海卫星城规划（二）》，上海大学出版社2016年版，第47页。

较为复杂多样。春节副食品的供应工作，时间集中，总量巨大，需要多个部门的协调配合，能否有序开展，考验着当地政府的组织、调控能力。春节期间卫星城的副食品计划供应，则是更为复杂，具有卫星城独有的特征。

一、上海春节副食品的计划供应

上海春节副食品计划供应的主要过程由春节前组织筹备、商业部门职工采购物资、具体供应等环节构成。

（一）上海春节副食品供应的组织动员

新中国成立后，上海的副食品商业主要由上海市商业局以及下属的国营专业公司进行管理。为统一领导上海的副食品市场并完成对私营商业的安排、改造，1953 年 1 月，上海市政府决定设立上海市商业局。1955 年 4 月，上海市委撤销上海市商业局，把原市商业局分设为市第一商业局、市第三商业局，并把市工商行政管理局划出部分处室，另行组建市第二商业局。第一商业局主要负责上海副食品市场的安排、副食品批发和零售企业的管理改造，市第一商业局和第二商业局共同负责副食品市场的组织管理，市第三商业局主要负责部分副食品的省际采购调拨。[①]同时，上海市委成立专门的管理机构，进行相应的宣传动员。

1. 成立专门的春节副食品供应办公室

上海市第二商业局在春节期间成立专门的春节副食品供应办公室，负责全市的副食品供应工作。分为分配供应组、郊区供应组、市场联络组和饮食业组。其中，分配供应组负责各种副食品的供应标准、货源分配、供应办法的研究和组织贯彻执行，分设五个小组：肉食禽蛋小组负责猪、

① 《上海副食品商业志》编纂委员会编：《上海副食品商业志》，上海社会科学院出版社 1998 年版，第 252—253 页。

牛、羊、家禽、蛋等的分配和供应办法；蔬菜果品小组负责蔬菜、豆制品、干菜、水果、干果等的分配和供应办法；烟酒糖果小组负责烟、酒、食糖、饼干等的分配和供应办法；粮油小组负责糯米、食油、花生果、瓜子等的分配和供应办法；水产小组负责水产品的分配和供应办法。郊区供应组负责郊区各县各种副食品的供应标准、货源分配、供应办法的研究和组织贯彻执行。市场联络组负责与各区联系，了解市场情况及各区工作动态。饮食业组负责市区饮食业供应安排和供应方法的研究和组织贯彻执行。①

2. 加强对商业职工及群众的宣传动员

春节前，上海市商业局会开展各种形式的宣传动员，使商业行业的职工“努力提高服务质量，改善服务的态度，让群众满意”，强调副食品供应工作不仅具有经济意义，更具有政治意义。对商业职工的动员，主要要求其提高服务水平，加强副食品商业职工的卫生意识。1963年春节临近时，上海市区各单位不仅在街道里弄和工厂里清扫室内外环境，消灭过冬蚊蝇，各区饮食、副食品和食品行业职工也根据各自的行业特点。如：

> 加强了节日期间食品加工、运输、销售等环节的卫生工作。市烟酒糖业公司所属的各制作年糕的工场，都进行了打扫和粉刷，把盛放年糕的容器、制作年糕的工具洗刷干净，工作人员还都进行了身体检查。闸北区热华菜场专门抽出十个营业员负责货源的保养、验收工作，对蔬菜、肉类、禽蛋、水产品、豆制品并特别注意保藏好。②

此外，上海市商业局通过树立商业系统的标兵、模范人物，号召商业

① 《上海市第二商业局59年春节副食品供应工作办公室组织分工》（1959年1月21日），B98-1-546-SC0060，上海市档案馆藏。

② 《市区人民积极开展卫生突击活动》，《解放日报》1962年12月30日。

职工向模范人物学习，做好服务工作。

（二）上海春节副食品的采购与运输

作为全国最大的工商业城市，上海副食品的需求量非常大。据《解放日报》1956 年统计：全市居民消费“猪肉约日需 4 000 头以上，菜牛 300 头，羊 300 头（淡季只要数十头），鲜蛋 1 000 担，咸肉 600 担，鸡鸭 400 担，仅这几种商品的日需量就要 53 个车皮的装载”。[①]肉食品、禽蛋、蔬菜是市民生活中的主要副食品，特别是在春节期间，这些主要副食品的市场需求量更是供不应求。为了满足上海市民在春节期间对副食品的需求，商业工作人员常常在春节前一两个月就开始协助货源地生产并争取计划外货源，协调副食品的运输工作。

上海市内的副食品主要由中国食品公司或商业部食品局（简称食品总公司）根据国家计划部门审定的年度商品流转计划，下达分季、分省（区）调拨计划，由产销双方衔接调入上海。肉食品货源地与上海形成衔接关系的省份主要有浙江、江苏、安徽、湖南和四川等省，禽类蛋品由于运输不便，多来自距离较近的江苏、浙江、安徽和山东等省[②]。相对于肉食品和禽类蛋品，蔬菜的货源情况更为多样。在上海一年四季都可以吃到来自大江南北的蔬菜，如：

> 土豆主要从黑龙江省的嫩江、讷河、德都、依安，内蒙古的海拉尔、加格达奇，甘肃的天水，山西的阳泉、阳曲、忻县等地调入；大白菜则来自山东的胶县、城阳、泰安、滕县，河北唐山，浙江的桐

① 《关于做好食品供应工作问题——夏大义代表的发言》，《解放日报》1956 年 8 月 14 日。

② 《上海副食品商业志》编纂委员会编：《上海副食品商业志》，上海社会科学院出版社 1998 年版，第 58、89 页。

乡，江苏的如皋等地；大葱主要产地为山东；竹毛笋从浙江、安徽、福建、江西等地区购进。①

为了能让上海市民欢度春节，商业部门的广大职工积极为春节副食品供应做准备。

表 5-11、表 5-12 以及表 5-13 所描述的猪肉、蔬菜和禽蛋类供应比例也反映了上海春节副食品的采购特点，即从外省调入较多，郊县供应比例稳步提高。

表 5-11　1956—1966 年上海市区生猪（猪肉）进货统计

年份	货源合计（吨）	外省调入		郊县收购		市区收购	
		吨数	占货源%	吨数	占货源%	吨数	占货源%
1956	120 466	109 427	90.84	10 912	9.06	127	0.1
1957	97 926	86 375	88.2	11 551	11.8	0	0
1958	76 828	69 320	90.23	6 431	8.37	1 077	1.4
1 959	31 113	22 829	73.38	8 125	26.11	159	0.51
1960	16 129	8 324	51.61	5 149	31.92	2 656	16.47
1961	7 377	1 152	15.62	4 325	58.63	1 900	25.75
1962	16 932	7 298	43.1	8 393	49.57	1 241	7.33
1963	57 618	42 652	74.02	13 095	22.73	1 871	3.25
1964	95 412	72 749	76.25	20 042	21	2 621	2.75
1965	139 995	110 471	78.91	28 334	20.24	1 190	0.85
1966	137 405	98 466	71.66	38 131	27.75	808	0.59

注：1956—1957 年各年度货源都包括私营商业进货数。

资料来源：《上海副食品商业志》编纂委员会编：《上海副食品商业志》，上海社会科学院出版社 1998 年版，第 61 页。

① 《上海副食品商业志》编纂委员会编：《上海副食品商业志》，上海社会科学院出版社 1998 年版，第 58、89 页。

表 5-12　1956—1966 年蔬菜收购总量　　单位：万吨

年份	总收购量	郊县收购		外省购进	
		合计	占总收购量%	合计	占总收购量%
1956	65.96	42.74	64.8	23.22	35.2
1957	78.19	50.17	64.3	28.02	35.8
1958	84.56	68.9	81.5	15.66	18.5
1959	130.2	122.93	94.4	7.27	5.6
1960	125.55	123.39	98.3	2.16	1.7
1961	143.85	140.92	98	2.93	2
1962	169.99	164.16	96.6	5.83	3.4
1963	127.92	118.12	92.3	9.8	7.7
1964	116.72	108.46	92.9	8.27	7.1
1965	126.04	117.22	93	8.82	7
1966	115.56	104.47	90.4	11.09	9.6

资料来源：《上海副食品商业志》编纂委员会编：《上海副食品商业志》，上海社会科学院出版社 1998 年版，第 122 页。

表 5-13　1956—1966 年上海市禽类蛋品进货统计　　单位：万公斤

年　度	市县总进货量	外省调入	市区收购	郊县收购
1956	4 438	4 063	127	248
1957	5 528	4 928	217	383
1958	5 107	4 243	590	274
1959	555	145	172	238
1960	563	150	33	380
1961	289	72	37	180
1962	583	322	47	214
1963	2 106	1 735	68	303
1964	2 823	2 427	6	390
1965	3 926	3 522	4	400
1966	4 033	3 684	3	346

资料来源：《上海副食品商业志》编纂委员会编：《上海副食品商业志》，上海社会科学院出版社 1998 年版，第 90 页。

可见，上海的肉类禽蛋类的供应多需从外省市调入，春节期间更是形成高峰。由于春节期间对副食品消费总量的大量增加，尽管春节前已经有了工作布置，但是每年仍然会出现一些突发状况，有时是某些副食品消费地的需求量超出预期，有时则是外省市某种副食品的产量低于预期，这就会给采购工作带来诸多不确定性。不过，在上海市政府、区县政府以及一线采购人员的努力下，1956 年至 1966 年上海市春节副食品的采购工作总体上是较为平稳的。

从表 5-13 可见，1959 年到 1963 年上海的禽类和蛋类供应量锐减，尤其从外省市的调入量锐减，这是与时逢“三年自然灾害”相关。就蛋类供应来说，上海的供应总量直至 1966 年，仍然不到 1957 年的标准。春节期间副食品消费量的提高，对货源地提出了更高要求。春节期间，上海市商业局除催调商业部统一调拨的货源，还积极争取计划外的货源。（见表 5-14、表 5-15）

表 5-14　江苏省支援春节供应货单（调拨计划内要求节前调入数）

品名	单位	要求节前调入数	备　　注
猪	头	25 000	1961 年商业部提出调沪计划 2 000 吨，约折 6 万头，要求在节前调沪 25 000 头，约折 830 吨。
牛	吨	30	1961 年商业部提出调沪计划 100 吨，要求在节前调沪 30 吨，约折 400 头。
羊	吨	110	1961 年商业部提出调沪计划 400 吨，要求节前调沪 110 吨，约折 15 000 头。
禽	万只	10	1961 年商业部提出调沪计划 30 万只，该省存有冻禽 90 万只。
蛋	万斤	10	1961 年商业部提出调沪计划 135 万斤，该省存有 20 万斤。

资料来源：《上海市第二商业局对新疆、江苏、四川、浙江、湖南、广西等六省要求支持上海春节副食品供应的要货清单和分赴各省联系的情况汇报》，1961 年 1 月 14 日，B98-4-1412，上海市档案馆藏。

表 5-15　浙江省支援春节供应货单（调拨计划内要求节前调入数）

品名	单位	要求节前调入数	备　　注
猪	头	20 000	1961 年商业部提出调沪计划 2 000 吨，约折 6 万头，要求节前调沪 2 万头，约折 670 吨。该省 60 年调沪实际 63 229 头，其中春节前调沪 19 904 头。
牛	吨	16	1961 年商业部提出调沪计划 50 吨，要求节前调沪 16 吨，约折 250 头。
羊	吨	40	1961 年商业部提出调沪计划 100 吨，要求节前调沪 40 吨，约折 5 000 头。
禽	万只	5	1961 年商业部提出调沪计划 30 万只，省内存有冻、咸禽 35 万只。
蛋	万斤	3	1961 年商业部提出调沪计划 75 万斤。
奶油	万斤	1	该省有奶制品生产基地，生产情况良好，除出口外，省内销售的数量也不少，如温州专区有些县市场上供应。1961 年，第一、二季度商业部安排调沪计划奶油 2 200 公斤，甜炼乳 1 500 公斤，上海市库存将完，要求提前调沪再予计划外支援一部分，以维持特种供应需要。
甜炼乳	万斤	1	

资料来源：《上海市第二商业局对新疆、江苏、四川、浙江、湖南、广西等六省要求支持上海春节副食品供应的要货清单和分赴各省联系的情况汇报》，1961 年 1 月 14 日，B98-4-1412，上海市档案馆藏。

如上表所示，江苏、浙江等沿海地区供应上海的副食品，主要是肉类、蔬菜、水果以及具有江南特色的黄酒等。由于江苏、浙江与上海距离较近，运输相对容易，因而这两省对上海春节副食品的支援力度最大。春节前，上海市除紧盯商业部调拨计划的数量外，还派工作人员分赴各省催调与江苏、浙江签订合同内的货源，并积极争取春节计划外的支援。

上表显示，上海春节前的外地货源调入需求占全年货源调入比重很大。如肉类方面，1961 年春节前，上海市就要求江苏调入 25 000 头，约折 830 吨猪肉，占全年计划内江苏支援上海猪肉总量的 41.5%，从浙江调入

2万头猪，约折670吨猪肉，占全年计划内浙江支援上海猪肉总量的33.5%。又如禽类方面，1961年春节前上海市就要求从江苏调入10万只家禽，占到全年江苏省支援上海家禽总量的33.3%，从浙江调入5万只，占到全年浙江调入上海家禽总量的16.7%。

此外，贵州、江西、新疆、云南、四川和广西等也在一定程度上支持了上海春节期间的副食品供应。1956年春节前，外出采购的工作人员想尽各种办法保证副食品供应，据称，许多工作人员“冒着大雪，甚至敲开冰河行船，把采购的货物运到上海”①。据1957年1月《解放日报》报道：“牛、羊、鸡、鸭、笋干、木耳、金针菜、红黑枣、苹果等经过三、四个月以来，派出大批采购人员，深入内蒙、西北、西南各省提前采购调运，或加工冷藏”，因而这些副食品的库存比较充足。对于生产淡季的副食品，如鲜蛋等，上海食品公司则在各地努力争取货源。1956年12月，上海商业部门把安徽原本准备出口的30万斤鲜蛋优先争取供应上海。②

为了补充肉食品供应量的不足，1957年上海市国营公司开始经营野味，刚入秋季，便派出人员远到内蒙古、哈尔滨、吉林等地采购野味，使上海春节副食品市场的野味更加丰富。据称：

> 本市一百十四家野味店的货架上、玻璃柜里，都摆满了油满膘肥、肉嫩味香的各种野味：内蒙海拉尔的沙半鸡、通辽的鹌鹑、齐齐哈尔的毛脚鸡、舟山的火鸡、崇明的天鹅、太湖的野鸭等。③

---

① 《本市商业部门的采购人员为市民准备了充足的春节副食品》，《解放日报》1956年2月2日。

② 《元旦春节将到，商业部门积极调运副食品，部分商品货源不足消费者应谅解》，《解放日报》1956年12月23日。

③ 《肉嫩味香花色众多，大批野味上市》，《解放日报》1957年1月27日。

（三）春节副食品的运输

春节副食品供应是一个多方协作的系统工作，为了保证春节副食品的装运，上海市商业局在组织货源的过程中，与铁路部门进行密切协作。为配合商业部门做好春节前后副食品的相关工作，让市民度过一个祥和欢乐的春节，1958 年 12 月 17 日，交通部在给各省、市、自治区的一份通报中提出本月中下旬在保证钢铁生产运输的情况下，当前紧急的任务是尽力抢运生活必需品。①

12 月 22 日，铁道部和商业部联合召开电话会议，决定“在元旦以前凡是到站的副食品和日用生活必需品，有多少运多少”。②铁道部发出指示后，上海铁路管理局配合商业部门在春节前抢运日用品和副食品。据称：从 12 月 11 日到 24 日，“全局共装出日用副食品二千三百三十二车，计六万余吨。这些日用副食品有：从浙江、江苏、安徽省调出供上海及各地食用的肉类、蛋品、蔬菜、猪、牛、水果、酱菜、南北货、腌腊等物品”。③

1959 年春节前夕，上海市港务局根据中央和上海市委关于做好春节物资运输的指示，从思想上重视春节物资的运输，对载运春节物资的船舶，实行优先装卸的政策。

> 在短短的一个月时间内，在长江航运局、海运局及市商业储运公司的配合和全港职工的努力下，克服了运力、泊位、仓库不足等困

① 《让大家欢欢喜喜过个年，交通部要求各地再次突击抢运生活必需品》，《解放日报》1958 年 12 月 20 日。

② 《保证城乡人民过好元旦和春节，快速调运生活必需品进城下乡》，《解放日报》1958 年 12 月 24 日。

③ 《上海铁路管理局日用副食品装运量大增》，《解放日报》1958 年 12 月 27 日。

难，提前完成了三万九千吨咸菜、腐乳、糖果、香烟、玩具、棉布、毛巾、棉毛衣、袜子、水果等副食品和日用品的运输任务。①

副食品调运过程中的储存工作十分重要，火车站本来老鼠就多，特别是铁路货运站和仓库，鼠患更是严重，“供应全市七百万市民所需的粮食和副食品，很大一部分要经过货运站和仓库，而在货运站的周围，老鼠活动频繁，有时成包的货物都会被它们咬破、偷吃。上海铁路线四通八达，有时装卸工人还发现外地的老鼠钻到货车里，一路吃到上海，直到进站卸货才溜出来。”为保证食品运输过程中的质量，1958年铁路局加强和调整爱国卫生运动委员会，组织干部成立除七害办公室，重点任务就是在春节前尽力消灭老鼠，据称：上海“东站（货运站）一千七百多职工的热情最高，他们在党委书记、站长、工会主席带领下，平均每人已参加了二次集体除七害突击工作。东站占地五六百亩，这次是历年来大扫除最彻底的一次”。②

二、上海春节副食品计划供应的标准和形式

春节副食品计划供应制度的突出特点就是票证制度的建立。商业部门根据当年货源情况，采用的是按户定量和按人定量相结合的供应方法。在供应形式上，采取下里弄、扩大商业网点、流动上门送货等供应方式。

① 《上海港积极装运春节物资，三万九千吨副食品日用品已装运完毕》，《解放日报》1959年1月20日。

② 《不让耗子坐火车“旅行”——上海路局全线围歼老鼠》，《解放日报》1958年1月22日。

（一）供应标准

解决商品供应不足的根本办法是增加生产，在生产一时上不去的情况下，只能有三种办法：一是凭票凭证限量供应；二是涨价；三是脱销。国民经济恢复建设时期，这三种办法实际上都存在，但主要是采取凭票凭证供应的办法。①在生产总量不足的情况下，一定程度上确保了商品供应的公平性。

凭票供应一般有两种：人人需要的商品，以人定量，定期发票，保证供应，如粮食、棉布、食油、肉类、糕点、用餐券等；需要的人很多，但货源不足的，如毛线、手表、胶鞋等商品，则采取根据人数比例发票（如100人发10件毛衣票）进行分配供应。凭证供应的情况主要有五种：一是凭证登记（记数），公开宣布按人或按户定期（月、季、年或一定日期）限量供应，如蔬菜、水果、香皂、肥皂、火柴、煤、柴以至呢绒、绸缎、人造棉等；二是凭证登记（记数），不公开宣布限量数字，由内部掌握限量供应，如毛巾一般是每人每年两条、袜子每人每季一双等；三是凭证供应，但是不登记不限量，其主要作用是为了限制外流，如天津对小汗巾、旅行包、剪子、鞋扣、鞋眼等商品即实行此办法；四是虽然没有统一发票发证，但也有票证性质，如供应铁锅、炉子、烟筒等，是通过居民委员会分配，凭一定的手续去买；五是特别需要的凭医生、街道和商业局的证明，如进口照相机凭机关介绍信等。②

表5-16则集中描述了1957年至1965年中的若干年度按副食品种类分

---

① 《商业部党组关于商品凭票凭证供应问题给主席、中央的报告》，见中国社会科学院、中央档案馆编《1958—1965中华人民共和国经济档案资料选编》（商业卷），中国财政经济出版社2011年版，第321—322页。

② 《几个大城市实行凭票凭证供应商品的情况》，见中国社会科学院、中央档案馆编《1958—1965中华人民共和国经济档案资料选编》（商业卷），中国财政经济出版社2011年版，第313页。

表5-16 1957—1965年若干年份上海春节典型副食品供应情况

种类	1957年	1958年	1960年	1965年	
	敞开供应	敞开供应	定量供应	敞开供应	定量供应
猪肉	141 839头	170 000头	市区：每人1斤 郊区：各县按自有货源进行安排，每人4两、6两、8两，最高不超过10两	228 333头（1 370万斤）①	—
鲜蛋	217万斤	180万斤	—	115万斤	—
海鲜	38 669担	45 000担	市区：每人1斤；郊区：无	70 000担	—
河鲜	41 614担	48 000担		15 400担②	—
蔬菜	53万担	60万担	—	28万担	—
糖果	275万斤	280万斤	—	—	253万斤，凭票供应
年糕	680万担	300万担	市区：每人3斤；水磨年糕、糖年糕凭购粮证记数供应 郊区：各县自给自足	—	水磨年糕3 450万斤，每斤粮票供应1.5斤，凭粮票供应不限数量 糖年糕201万斤，每斤粮票供应2斤，凭粮票供应不限数量
粉丝	16 296担	20 000担	市区：大户每户1.5斤，小户每户1斤，凭券供应③ 郊区：自给自足，增拨6 000担	—	大户每户1.5斤，小户每户1斤，凭购粮证供应，不收粮票

资料来源：《上海市服务局关于1958年春节副食品供应安排的意见》附件“供应安排计划表”，B123-3-1543-268，上海市档案馆藏；《关于1960年春节市场供应工作的报告》，B123-1-1022-5，上海市档案馆藏；《1966年春节市场主要商品安排计划与1965年春节供应实绩对比表》，B6-2-464-182，上海市档案馆藏。

① 以一只猪出肉率平均60斤计。标准参考《关于今年春节副食品供应的宣传材料》。

② 因出口任务减少供应。

③ 5人以上为大户，4人以下为小户。

类的供应标准。结合上文提到的按人、按户分类的供应标准，可以较为全面地考察 20 世纪五六十年代上海春节副食品供应的状况。

首先，以下三个表中所提到的红枣、黑枣、粉丝、黑木耳等春节期间需求旺盛的南北货为例，1958 年以前均敞开销售。1958 年，居民购买红枣、黑枣每次限购 1 市斤，粉丝只在春节时每户居民凭证供应 1 市斤。1959 年至 1962 年，红枣、黑枣、粉丝、黑木耳、黄花菜只在春节期间按户凭证限量销售。1963 年至 1970 年，红枣、黑枣、黑木耳、黄花菜敞开供应，粉丝仍在春节期间凭证限量供应。1971 年至 1981 年，均在春节期间按户凭证限量供应。部分商品限购的情况甚至持续到 1985 年后方全部敞开销售。①

其次，表 5-16 反映了 1959、1960 和 1961 三年实际供应与计划供应的情况。从中不难发现，这三年的南北货、酒类和部分海产品供应呈现一年比一年供应标准高，一年比一年供应品种多的特点。但是也不能忽略标准制定者每年按照现实情况不断进行调整的事实。

最后，对于猪肉、家禽、蛋和鱼类的供应标准在表 5-16 中没有发生太大的变化。这也进一步体现上海春节副食品供应"有保有变"这一较为弹性的供应机制。作为春节期间最为主要的副食品，猪肉、家禽、蛋和鱼是上海市民春节餐桌上必不可少的食物，这种稳定的供应标准有利于统一管理副食品，保证每家每户基本都可以吃得上，也有利于市民提前做好消费计划，合理使用票证。

总体来看，票证制度是上海乃至全国春节副食品供应的主要制度，它的存在确保了上海春节期间副食品供应的稳定，同时随着一些细化标准的

① 南北货春节限量销售情况统计，参见《上海通志》编纂委员会：《上海通志》第 4 册，上海人民出版社 2005 年版，第 2667 页。

及时调整，上海人民对各种不同类型副食品日益增长的需求也得到一定程度的满足。应该说，在当时的社会经济和生产力背景之下，这样的供应制度是较为现实合理的。

（二）供应方法

各地实行计划供应的方法，基本上有四种：一种是顾客凭票凭证到商店去选购，如棉布、服装、鞋、帽、针织品等挑选性强的商品；一种是凭票凭证到指定的商店去购买，如粮、油、菜、煤、鱼等，这些商品大都是适合于集中经营、划点供应的；一种是送货上门，如煤、柴、粮食（少数地区只对双职工，上海地区极少，主要针对优抚对象等）、菜、水果等；一种是依靠服务站（代销店）以及集体单位的代销员代销。①

春节期间副食品消费需求集中，且随着上海市工农业的发展，市民的购买力增强，货源准备和购买力之间存在着较大差距。为使副食品得到合理分配，让上海市民买到称心如意的年货，心情愉快地过好节日，上海市商业局根据副食品的货源多寡情况对供应形式进行分类，主要采取下里弄、扩大商业网点、流动上门送货等供应方式。

在供应方法上，在上海市商业局的管理下，各区商业局根据实际情况，采用灵活多样的供应方法。概言之，50年代末60年代初，上海供应办法基本上为三种：一是下里弄，利用原有商业网扩大供应点，个别采取流动送货的办法。各区商业局采取的供应办法，以下里弄最多，效果也最好，居民就近购买，手续简便，秩序易于维持；二是对经济上暂时还有困难的人或未及购买的人，另外指定网点随时供应。如新城区祥康里、卢湾

① 《几个大城市实行凭票凭证供应商品的情况》，见中国社会科学院、中央档案馆编《1958—1965中华人民共和国经济档案资料选编》（商业卷），中国财政经济出版社2011年版，第312页。

区太仓坊、徐汇区余庆新村等处营业员与里弄干部配合得很好；三是利用原有商业网，但仍然出现市民拥挤排队的现象，如长宁区花园村附近的商店有70余人排队，邑庙区人民路一商店门前亦有50人在排队。流动送货方法虽好，但效率太低，蓬莱区肇周路一段送货两小时只做了30余笔交易（一般可以做120笔）。①

此外，对于上海市民喜爱的年货食品，如水磨年糕，为防止节前购买过分集中，避免拥挤排队，一般距过年还有一个月的时间，各供应年糕的店便开始动员居民提前购买，同时把网点铺开，分散储存一批年糕，有些地段网点不足或不适应的，便安排其他国营店代销，各区饮食公司还组织各供应单位分别下里弄预约登记。通过节前送货上门供应，以保证需要年糕的居民都能买得到。②

在供应时间上，为便利市民在春节期内购买年货，市区和郊区以及工人新村的国营和合作社副食品零售部门，营业时间一般都作了适当的调整。1957年春节期间，食品公司第一商店"上午开门时间由八时半提早为八时，下午打烊时间由八时延迟至九时。食品杂货公司除了供应机关、工厂的供应站照常营业外，其他各商店，下午营业时间均延迟半小时至一小时；廿六日起还要根据各区情况考虑再适当地延长营业时间。糖业糕点公司各商店有的上午提早，有的下午延迟营业时间一小时。合营副食品零售商店的营业时间，按地区需要分别作必要的调整。"③

1963年，上海市区的南北货店、食品杂货店、供销社门市部，大年夜

① 《1959年上海春节付食品供应工作总结》（初稿），1959年，B98-1-546，上海市档案馆藏。

② 《一九六四年春节副食品供应工作中的若干具体问题的处理意见》（1964年1月8日），B98-1-1434-27，上海市档案馆藏。

③ 《购买年货的市民注意，部分商店延长营业时间》，《解放日报》1957年1月19日。

在繁华地段适当延长营业时间，到大年初一，有小部分商店营业，初二、初三在主要马路和地段全部营业。南京路第一食品商店于初二下午起恢复正常营业，“全市水果店在农历大年夜延长至晚上十一时，初一、初二轮流营业，初三恢复正常。烟纸杂货店春节期间全部照常营业”。①

三、闵行卫星城的春节副食品计划供应

在计划供应体制下，城乡供应方式不同，市区郊县标准不一，进而影响到城乡关系的和谐发展。比如城市与近郊地区的供应标准不一样，尤其是与城区接壤的集镇票证互不通用的情况，引起很多群众不满。就闵行而言，在不同时期有不同的表现，具体如下：

（一）1958年至1960年3月闵行卫星城的副食品供应

上海是从1958年开始将副食品供应作为一个系统工程来建设的。因为那时开始搞人民公社化，原上海市副市长裴先白回忆时说，那时许多事情意味着“多多少少都得有些计划性”，不然的话公社化体制就无法顺利推行。人民公社化之后，上海市商业局开始计划菜田种多少，猪、鸡养多少。②上海郊区的副食品生产，由于积极贯彻了“自力更生为主，力争外援为辅”的方针，畜牧业、副业和渔业都有迅速的发展，家禽、淡水鱼的饲养则是增长了好几倍，加上适当的外调，在总量上满足了上海市人民群众的日常需求。

虽然在供应总量上满足了市区市民的日常需求，但是与市郊居民的供

---

① 《春节期间许多商店照常营业》，《解放日报》1963年1月26日。

② 裴先白口述，黄坚、李建平记录整理：《社会主义建设时期上海副食品事业的建设和发展》，转引自俞克明主编：《现代上海研究丛书》，上海书店出版社2010年版，第46页。

给标准却始终存在不小的差异。以与日常生活关系较为密切的食油为例，原先在闵行的市属企业，上海电机厂、上海汽轮机厂等单位享受市区供应标准。而其从市区迁往闵行的上海锅炉厂、上海重型机器厂等单位，则是按照闵行当地标准供应。这种供应标准的差异，除了存在于不同单位之间，在闵行居住的居民当中也存在供应标准不一致的情况，群众意见较大。特别是在1960年1月闵行划归市区后，因供应标准不统一产生的矛盾更加突出。①1960年3月，闵行区食油定量供应标准存在三种：一种在闵行及吴泾的市属工厂、工地、机关和团体定量，每人每月食油12两；二是原闵行征地区的县属工厂、机关、团体及居民定量，大人每月6两半，儿童每月4两半；三是吴泾地区县属工厂、团体及居民定量，一律每月5两。②

这种供应标准的差异，特别是供应标准较市区低，一定程度上导致卫星城对市区人口的吸引力降低——本来在老上海眼中，去郊县的卫星城工作，已是“下乡”了，何况供应标准又低于市区。因此，无论随工厂从市区迁来闵行的工厂职工，还是背着“铺盖卷”来闵行参与卫星城建设的机关干部，都不乐意把家属的户口迁到卫星城来。③

（二）1960年4月至1963年闵行卫星城的副食品供应

1960年，在闵行脱离上海县，划归市区后，闵行区商业局曾向市商业

① 《关于从市区新迁来的居民食糖、食油等商品供应方法问题的请示报告》，A7-2-0069-006，闵行区档案馆藏。

② 《上海市闵行区商业局关于调整食油供应标准的报告》，A7-2-0069-001，闵行区档案馆藏。

③ 笔者在采访闵行饭店首任经理胡铨先生，以及在东风一村采访其他居民时，他们都有相关反应。

一、二局提出申请，要求统一闵行区内的副食品供应标准，并统一按照市区标准定量供应。然而，统一为市区标准后，无疑会对货源总量提出更大挑战。以上海郊区为例，“其生产的副食品原先都是先提供给供应商，到后来，你要的很多副食品，当地要先满足自己。所以，郊区生产的那点东西，种的蔬菜和养的猪啊，得先满足自己，之后能给你的东西不会很多，这很自然。外省市也一样。副食品生产的地方不多，产地本身不仅要消费一部分，而且消耗量比以前多了，所以没有更多的东西可以给上海了。于是，副食品供应紧张的矛盾就一天一天尖锐起来”。①

如闵行区 1960 年 2 月份的食油供应，存在 5 种供应标准：12 两、6.5 两、5.5 两、5 两、4 两，若调整食油供应标准，常住户口一律按市区标准，则每人每月供应 12 两。2 月常住人口食油供应数见表 5-17：

表 5-17　1960 年 2 月常住人口数与食油供应数

标　准	12 两	6.5 两	4.5 两	5 两	家属补贴 5.5 两
人数（人）	28 463	15 773	11 505	1 094	1 900
油数（斤）	21 347	6 408	3 236	342	412
共计（斤）	31 745				

资料来源：《上海市闵行区商业局关于调整食油供应标准的报告》，1960 年，A7-2-0069-001，闵行区档案馆藏。

如果取消差别，统一按市区标准供应后，以 2 月常住户口 56 835 人计算，每人每月供应 12 两，那么每月供应食油总量为 42 626 斤，比统一标准前的供应量 31 745 斤，增加 10 881 斤。于是，经过市商业局研究后，认为供给跟不上定量标准不宜立刻统一，只能逐步调整，所以确定“自 1960 年起从上海迁入的户口一律按照市区标准供应，不再降低供应水平，今后

① 《城市记忆：江苏 10 县如何划归上海》，《解放日报》2011 年 1 月 7 日。

再逐步提高，以便和老市区统一”。[1]

1960 年 4 月，闵行区商业局根据市指示精神，逐步调整供应标准。食糖、食油、供应标准为“凡 1960 年 1 月 1 日以后自上海市区迁来闵行的人口，仍按照市区供应标准，每人每月食糖 4 两，食油 12 两（即一季度按照市区标准供应的，今后仍按照市区标准供应）；1960 年以前迁来闵行吴泾地区的居民供应标准，已按照闵行吴泾地区标准供应的，现在仍维持原来水平，暂不调整；今后其他地区（不属上海市区）迁来的居民，应按照闵行、吴泾当地原来的标准（食油 6 两半、食糖 2 两）执行”。[2]

按照上述的食糖、食油供应标准，尚有一部分居民定量标准与老市区不统一，仍享受郊县标准。工厂与工厂之间，居民与居民之间，同一工厂内工人与工人之间，矛盾突出，群众意见很大。[3]因而，时隔三个月，即 1960 年 6 月时，由于糖果从 5 月开始凭糖票供应，食糖供应量有很大压缩，同时新油菜已经上市，食油的货源条件相对充足，闵行区商业局汇报了这些情况，并请示市商业局，拟定自第三季度 7 月开始，食糖、食油原来享受郊县标准的，统一调整为市区标准：

> 1. 食糖：现有常住户口 60 975 人，按市区每人每月四两标准的居民计 27 725 人，除此以外，其他单位及居民家属均按郊区每人每月二两标准供应，共计 33 250 人，如按市区标准调整，则每月须增加食糖（或糖果）供应量 4 156.25 斤。
>
> 2. 食油：现常住户口 60 975 人，每人每月供应标准有：12 两：

①③　《关于调整食油、食糖、肥皂定量供应标准的请示报告》，A7-2-0069-003，闵行区档案馆藏。

②　《关于从市区新迁来的居民食糖、食油等商品供应方法问题的请示报告》，A7-2-0069-006，闵行区档案馆藏。

> 31 134人；6两半：15 986人；4两半：12 323人；5两：1 532人，如全部按市区每人每月12两标准调整则每月须供应食油：45 731.75斤，比现在供应量增加10 881斤。
>
> 3. 肥皂：市区定量标准每人每月一块半，县郊标准每人每月壹块，我区现除汽轮、电机二厂职工由市直接增加补贴每人每月半块以及60年1月1日后由市区迁来闵行的户口，按壹块半供应外，其余定量标准均为壹块，现壹块半的又12 975人，壹块的48 000人，如全部按市区标准调整，每月须增加肥皂供应数24 000块（以120块壹箱计算合200箱）。
>
> 关于以上三种商品的定量标准调整后的货源，请各有关市公司介（解）决。是否适当，请予指示。（闵行区商业局1960年6月6日）①

市区、郊县供应标准的差异较大，当一些企业从市区迁往郊县后，职工的粮油供应标准若从市区降至郊县，难免会有较大意见。1979年11月28日，上海市革命委员会发布《关于市属工厂单位搬迁郊县后职工户口、供应等问题处理办法》提出迁郊县不降标准的规定："凡设在郊县或在郊县新建、扩建的市属、中央部属工厂企业、科技文教单位的职工，从市区迁往郊县的市属、中央部属工厂企业、科技文教单位的职工，其户口在所在地登记为市区户口；他们随迁的家属子女，原是市区户口的，也可在职工所在地登记为市区户口，享受和市区居民同样的计划供应待遇，以利市区人口向郊县疏散。"②

---

① 《关于调整食油、食糖、肥皂定量供应标准的请示报告》，A7-2-0069-003，闵行区档案馆藏。

② 上海市公安局公安史志编纂委员会：《上海公安志》，上海社会科学院出版社1997年版，第246页。

上海春节的传统习俗以及上海居民的消费习惯给上海春节期间副食品供应造成不小的压力。面对上海春节期间在总量和种类上陡然增加的副食品需求，市政府主要是从两个方面开展工作，一方面是在春节期间加大人力和物力，做好上海春节副食品计划供应的采购、运输工作；另一方面，以票证制度明确了春节期间副食品计划供应的标准，这样既可以有效地保障每家每户的基本需求，还有助于统一管理，统一分配。应该说，在当时的经济和生产力背景下，这样的副食品计划供应基本保障了上海春节副食品的需求。

与此同时，上海春节副食品供应还体现出"外来货源占比较高"的特点。该特点不仅体现了上海春节副食品需求量大的事实，同时也体现了在副食品方面全国支援上海，全国保障上海的现象。当然，作为当时的轻工业制造基地，上海则通过生产深受全国欢迎的轻工业日用品来支援和回馈全国。而城乡供应的差异性，则反映出该时期的工农剪刀差，城市作为现代化的龙头和推进器，很大程度上是由乡村予以支撑的。

第三节　上海闵行卫星城工业职业病防治（1958—1978）

闵行作为上海建设的第一个卫星城，工业体系得到快速完善，但伴随着闵行工业的迅速发展，产生了一些负面问题，其中较为突出的就是工业职业病问题。工业职业病发病前有较长的潜伏期，不容易被人发现。因而在卫星城建设之初，工业职业病问题并没有引起各方的足够重视。但职业病患者具有群体化、弱势化的倾向，极易形成社会问题。因此如何防治职业病、缓解社会矛盾，已成为20世纪六七十年代闵行卫星城必须直面的问题。

一、闵行卫星城职业病的成因、类型及危害

工业职业病，指在工业生产过程中因接触粉尘、放射性物质和其他有毒有害气体和水质物质引起的职业性疾病。职业病的分类由国务院卫生行政部门会同国务院劳动保障行政部门规定、调整和公布，主要病种包括尘肺病、职业中毒、职业性皮肤病、职业性眼疾、职业性难听和热痉挛等。[①]职业病还通常受到职业类型、地理环境的影响，呈现出地域性集中分布的现象。

（一）闵行卫星城职业病的成因

工业职业病问题是工业化的产物。闵行卫星城的工业职业病是闵行工业发展过程中必然存在的问题。闵行是以机电产业为主的卫星城，从闵行卫星城筹建到“文化大革命”前期，越来越多的企业入驻，其中涉及机械制造业、化工、电子电器和印刷等多个行业。大量企业的入驻，一方面给闵行经济注入了新的活力，促使工业总产值不断增加，另一方面由于新建企业大多是工业企业，包括机电、化工和电力等多个工种，由此带来的职业病问题尤为严重。这些职业病主要包括尘肺、职业中毒、职业性皮肤病和职业性眼疾等。

1958年至1978年，闵行工业职业病的出现，是主客体因素共同作用的结果，既包括生产性要素，也包括非生产性要素。

第一类：生产性要素：大体而言，在生产环境和劳动过程中可能危害劳动者健康的因素，称为生产性有害因素（或职业性有害因素）。[②]闵行区

① 刘斌编：《劳动专题精解与实务指引》，中国法制出版社2013年版，第509页。

② 陈卫红等编：《职业危害与职业健康安全管理》，化学工业出版社2006年版，第4页。

主要的生产性有害因素为：

1. 与生产过程有关的生产性有害因素

化学因素：化学性有害因素细分为毒物和生产性粉尘两大类。有害毒物指操作者工作期间摄入少量就对人体有毒性的物质，生产性粉尘是指生产过程中由于机械破碎和切割形成的小固体颗粒。在实际生产过程中，粉尘表面常会吸附毒物，固体毒物也常以粉尘的方式存在。①生产性化学因素可能引起职业中毒，如铅、汞、锰、镉、砷和苯等，生产性粉尘如硅肺（旧称矽肺）、石棉肺，棉和麻等可能引起肺部改变或职业性尘肺。②

物理因素：这种职业病通常是异常的气象条件导致，如生产场所的高温和强烈的热辐射可能引起的，包括热痉挛、热射病和日射病等。此外，在一些特殊行业生产环境中可能接触到各种波长和各种能量的辐射，如无线电波、红外线等，可引起职业性白内障以及放射病。③闵行工业区是这类职业病爆发的集中地。

2. 与劳动过程有关的生产性有害因素

在机械化生产背景下，一些生产资料虽没有毒害性，但生产过程中仍然可能造成对人的肢体、感官的损害。例如，有的工种对听力造成损伤，有的工种对视力造成危害。1976 年，上海市工农医院对闵行发电厂在噪声环境中作业的 79 名工人进电测听检查，其中 73 人有不同程度的听力损害。④这就是因为耳朵长时间处于高音状态下造成的，而这些危害往往容易被人忽视。

①② 陈卫红等编：《职业危害与职业健康安全管理》，化学工业出版社 2006 年版，第 4—5 页。

③ 同上书，第 5 页。

④ 《闵行区志》编纂委员会编：《闵行区志》，上海社会科学院出版社 1996 年版，第 512 页。

3. 与作业场所卫生条件不良有关的生产性有害因素

作业场所的环境主要包括：（1）厂房面积或空气体积不足，厂房建筑和装置的不合理；（2）采暖通风不良；（3）采光照明不良；（4）安全防护设备不完善等。[①]新中国成立初期，闵行受生产力、生产技术水平的限制，工业生产环境恶劣。工业区普遍存在作业场所条件不达标的情况，如设备简陋、环境恶劣等，这也是闵行卫星城工人患职业病的一个重要原因。

第二类：非生产性要素。非生产性要素则包括劳动者自身防护措施、企业劳动保护，以及职业病治疗等。新中国成立初期，非生产性要素造成职业病的原因主要有两个：其一，劳动保护观念、规范缺失。新中国成立后，新成长起来的新中国第一代工人和管理者尚未具备明确的劳动保护意识。

“大跃进”时期，由于过分强调产量、速度，工人在生产中为了达成生产指标，也为了表现忘我的拼搏精神，常常枉顾劳动保护。有的老工人即使受到有害物质的侵入，仍坚守岗位。[②]同时，由于建设资金的缺乏，劳动保护规范或者没有建立起来，或者没有贯彻执行。特别是“文革”期间，由于管理人员的大量下放，企业管理十分混乱，致使设备完好率下降，工厂设备中跑、冒、滴、漏等现象逐步凸显。而与劳动保护相关的一些规章制度也遭到破坏。许多工业卫生管理组织被迫撤销，且干部被“斗、批、散”，关心职工生活被视为“修正主义”“福利主义”，最终一些必要的职工集体福利设施项目被迫停顿或取消。[③]职工群众对职业病的

① 王建超编：《工业卫生与职业病》，中国经济出版社1991年版，第7页。

② 《上海市卫生局关于加强工业卫生职业病防治工作的请示、报告》，1969年，B242-3-144，上海市档案馆；另见《上海卫生工作丛书》编委会编：《上海卫生（1949—1983）》，上海科学技术出版社1986年版，第235页。

③ 《关于当前工业卫生情况汇报》1967年9月，B242-3-8，上海市档案馆藏。

重视程度不够，企业劳动保护规范的缺失，增加了职业病的患病率和危害度。

其二，职业病治疗不及时、不到位。特别是在“文化大革命”时期，由于政治环境的变化，一些车间出现“停产闹革命”的情况。许多工厂陷入无序状态，工厂的保健站医生、护士被列为“改造对象”，下放到车间劳动。由于工人职业病预防工作无人过问，保健站成了“转诊站”，工厂职工职业病的发病率急剧上升。

总之，随着工业生产的开展和新污染物的增加，加之管理制度的缺失，防护意识的淡薄，工业职业病的防治处于曲折的发展阶段。

（二）闵行卫星城工业职业病的类型

1958年，在上海市制定的《职业中毒和职业病报告试行办法》中，将职业中毒和职业病报告的病种定为七类。其中包括“一切职业中毒；尘肺；职业性皮肤病；职业性眼疾（限于电光性眼炎和白内障）；职业性炭疽；职业性中暑；潜涵病”。[①]当然，上海职业病种类的规定具有普适性。

职业病具有特定行业、地域的特点。闵行的职业病主要为尘肺病、职业中毒、职业性皮肤病及职业性眼疾。1958年至1978年职业病发病情况调查表明，在20年间，闵行区共确诊职业病1 821例。其中尘肺病人最多，居第1位，共798例，占总病例的43.82%；其次是职业中毒，共435例，占总病例的23.89%；[②]第三是职业性皮肤病和职业性眼疾。四种主要职业病几乎占总发病人数的99%以上。

---

① 《上海市贯彻“职业中毒和职业病报告试行办法”的实施细则（1958年8月修订）》，1977年7月7日，B242-4-39-36，上海市档案馆藏。

② 张蓓蕾：《闵行区47年累计尘肺病例分析》，《劳动医学》2000年第17卷第1期。

表 5-18　上海市闵行区 1958—1978 年工业职业病发病情况

病　　种	发病例数	构成比(%)
尘　　肺	798	43.83
职业中毒	435	23.89
职业性皮肤病	304	16.69
职业性眼疾	268	14.72
职业性耳鼻喉口腔疾病	16	0.88
总计	1 821	100

资料来源：王海青、成玉萍等：《上海市闵行区 1958—2004 年职业病发病状况分析》，《职业与健康》2005 年第 11 期。

随着工业的不断发展，使得接触粉尘的工人逐年增加。1960 年刚建区时，全区接尘工人仅为职工总数的 4.2%，到“文革”时期，上升到 10.8%，全区接触的粉尘种类达 33 种，主要是石棉尘肺和铸工尘肺。①

表 5-19　闵行区尘肺接尘年代分布

尘肺种类	20 年代	30 年代	40 年代	50 年代	60 年代	70 年代
石棉尘肺	1	4	96	302	87	15
铸工尘肺	3	3	21	160	14	8
硅肺	1	4	4	24	17	0
炭黑尘肺	0	0	0	26	4	1
其他尘肺	1	1	2	7	4	0
合计	6	12	123	519	126	24
百分比	1.97	1.48	15.29	63.99	15.29	2.97

资料来源：张蓓蕾：《闵行区 47 年累计尘肺病例分析》，《劳动医学》2000 年第 1 期。

根据职业病发病报告以及 1958 年至 1978 年急慢性职业中毒发病情况的

① 赵玉麟：《闵行区二十七年尘肺发病情况分析及其重点预防对策》，《劳动医学》1992 年第 1 期。

调查发现，闵行区“职业中毒主要毒物超标情况是：铅23.5%、苯9.6%”。①到了“文革”时期，超标问题进一步凸显。

表5-20　闵行区（1966—1979年）急慢性职业中毒情况汇总

中毒种类	病例数	构成比(%)
铅中毒	209	48.05
苯中毒	124	28.5
硫化氢中毒	33	7.59
苯胺中毒	23	5.29
其他职业中毒	46	10.57
合　计	435	100

资料来源：吴红英：《简述我国职业病发病现状》，《职业卫生与应急救援》2010年第5期。

如表5-20显示，1966—1979年闵行区急慢性职业中毒病中，居于前两位的分别是铅中毒，占48.05%，苯中毒，占28.5%。其中，铅能影响到人体神经系统、心血管系统、骨骼系统、生殖系统和免疫系统的功能，引起胃肠道、肝肾和脑疾病。但是铅中毒和其他工业污染物中毒一样，其初始病症往往同常见病症相似，从而为病人所忽视。

正如广东省职业病防治院院长黄汉林所言，职业病具有隐匿性、迟发性等特点，其危害往往被忽视。②和其他地区的职业病一样，闵行卫星城工业职业病也具有同类特点，与造成触目惊心的安全生产伤亡事故相比，多数职业病特别是尘肺病和慢性中毒，发病潜伏期比较长，一般难以引起社会各界甚至劳动者本人的关注，而职业病一旦发病却往往很难治愈，病死率极高。

① 《闵行区志》编纂委员会编：《闵行区志》，上海社会科学院出版社1996年版，第509页。

② 《劳工大省的职业病之痛》，《南方日报》2010年12月22日。

（三）闵行卫星城工业职业病的主要危害

长期在粉尘、放射性物质和其他有毒、有害物质的环境中工作，会使劳动者的血液系统、神经系统、内脏系统受到严重损害，治病率高，致死、致残率也较高。

1. 生活方面的影响：工人的身体健康遭受较大损害

职业病的发生和发展，严重威胁到工人的身体健康，甚至影响到他们的生活和生命。有毒物质一般通过呼吸道、消化道和皮肤侵入人体，对人体的危害，大体上可以分为三大类：第一类是过敏性或刺激性的毒害，这样的危害一般反应快，消失也快，危害比较轻；第二类是蓄积性毒害，这类毒物侵入人体后会先蓄积起来，然后逐步破坏人体主要器官的组织和功能，随着毒物的不断蓄积，毒害的症状越来越明显；第三类是潜伏性的毒害，这类毒害在较长时间内是不易被发现的，但一旦被发现，病情就到了不可逆转的地步。

上海市防治有机氟中毒协作组的人员曾在1973年对从事聚四氟乙烯合成生产的闵行区上海电化厂的职工进行定期的健康检查。据对1967年至1973年的工人患病资料统计分析发现，受检人员中以头昏、记忆力减退为主的神经症状群较为突出。头昏者占检查总人数的40.7%—63.7%，记忆力减退者占26.7%—41.5%，乏力者占32.5%—46.7%。①

表5-21　上海电机厂从事四氟生产职工历年来主要症状出现率

年份	受检人数	头昏	头痛	记忆力减退	乏力	失眠	多梦
1967	51	7	2	6	1	4	3
1968	76	42	18	23	14	27	20

① 《上海地区从事有机氟和无机氟生产职工几年来（1967—1978年）健康状况分析》，1973年12月14日，B242-3-456-21，上海市档案馆藏。

续表

年份	受检人数	头昏	头痛	记忆力减退	乏力	失眠	多梦
1969	85	51	11	22	27	22	12
1970	94	33	5	19	18	19	8
1971	107	36	25	34	25	27	11
1972	128	41	26	22	23	31	7
1973	132	64	28	54	43		
总人数	673	274	115	180	151		

资料来源：《上海地区从事有机氟和无机氟生产职工几年来（1967—1978 年）健康状况分析》，1973 年 12 月 14 日，B242-3-456-21，上海市档案馆藏。

除此之外，对闵行合成橡胶研究所的调查发现，其生产过程中接触有机氟的 50 人中发生了各种可疑性中毒现象。例如，女工生的小孩患有天生软骨病，且不长牙齿。而制药厂生产男性激素，接触的女工乳房萎缩，制造灭白蚂蚁药物的工人接触砒霜，以致在尿中发现有砒霜。有些中毒病人虽经治疗，但防护措施长期不到位，因而反复发病、反复住院的很多。①比如焦化厂精苯工段工人王海兴，因受苯的危害，发生肝病变，在原岗位前后工作四年半，肝病发生过近 10 次，而调到无毒岗位工作后，三年只患过一次。②由此可见，生产环境对职工健康状况的影响程度。

2. 生产方面的影响：劳动力损失严重

闵行卫星城职业病的发生，对生产的影响是严重的。一是缺勤突出。1960 年，对闵行地区十几个工厂的调查发现，由于厂内环境卫生、饮食卫生都比较差，各种疾病的发病患者较之前一年普遍增加一倍以上，发病率

① 《最高指示：关于当前工业卫生情况汇报》，1967 年 9 月，B242-3-8，上海市档案馆藏。

② 《上海市化工系统有毒有害作业情况调查组的调查汇报》，1975 年 7 月，B222-1-225-17，上海市档案馆藏。

在20％至30％，门诊人数一般占全厂职工总数的10％至20％，缺勤率较1959年同期增加1倍至2倍，少数单位达3倍以上。1959年缺勤率达3％至5％，1960年为5％至10％，少数高达15％至20％。①

二是工人流动频繁。由于毒害的影响，生产工人工龄短，流动性大，老工人不断调离，一线骨干缺乏，事故增多。危害较大的作业岗位，工人的专业年限一般是二十年，最低是十八年。老工人流动快，新旧更替出现断层，新工人多缺乏经验，容易发生因工伤亡事故。闵行卫星城的劳动力补充也面临同样问题。例如，工业矽尘得不到有效解决，硅肺病人不断增加，不仅影响到工人的健康，更影响到这些行业特别是铸钢行业的接班人问题。闵行机电一局所属几个厂的铸钢车间3 635人平均年龄为41岁，其中有各种疾病的有3 004名（包括硅肺和肺结核、肝炎及高血压等不适铸钢车间工作的）。②

二、闵行卫星城工业职业病的防治举措

新中国成立以后，党和政府高度重视工人的生活质量，医疗卫生事业、劳动保护与安全等工作先后开展起来。例如在全国范围内开展安全卫生大检查与爱国卫生运动，使工厂（矿）安全卫生状况焕然一新，职工对安全卫生知识的认识有很大的提高，为进一步开展职业病防治工作打下一定的基础。③

① 《关于当前工业卫生情况汇报》1967年9月，B242-3-8，上海市档案馆藏。

② 《最高指示：关于当前工业卫生情况汇报》1967年9月，B242-3-8，上海市档案馆藏。

③ 《劳动卫生与职业病学》编写组编：《劳动卫生与职业病学》，人民卫生出版社1980年版，第45页。

（一）不同时期对工业职业病的防治方针

最初，上海对职工的劳动保护只能通过不断减轻劳动强度的方式来实现。闵行卫星城作为上海第一个建设的卫星城，它的工业职业病防治工作在全市前期职业病防治的基础上，紧随上海市政府的脚步，也是经过了一段艰难探索的历程。

1.“大跃进”时期：卫生为生产、生产讲卫生

1959 年，在贯彻上海市政府在全市卫生工作会议上提出的“卫生为生产、生产讲卫生”工作思路的过程中，[①]闵行区政府一方面发出争取更大、更好、更全面跃进的号召，使人人都在为提高劳动生产率而奋斗。另一方面在加强卫生工作领导，增强工人体质方面做出积极努力。在此情况下，闵行区明确提出控制区内职业病的目标，即“全面系统地控制本区所有接触矽尘行业的硅肺、苯中毒、汞中毒和印刷行业的铅中毒等疾病。着手全行业地摸清病人情况，改善工人操作地带的环境卫生条件，使有害气体的浓度降低到国家卫生标准”。[②]闵行重化工业企业集中，职业病防治的任务重，在问题面前，闵行主动提出了改善工作环境，加强防治职业病，走在全市前列。

拥有 6 000 多名职工的上海机床厂，在“卫生为生产，生产讲卫生”的方针引导下，获得生产、卫生双发展。首先是在工厂党委领导下，工厂保健站的医务人员纷纷深入车间，找出发病根源，积极防治；其次通过技术革新，医务人员改善了劳动卫生条件，控制职业病。其中，铸工车间矽尘浓度由解放初期每立方米 300 毫克降低到接近每立方米 2 毫克的国家规

① 《总结经验肯定成绩　进一步为生产服务》，《解放日报》1959 年 3 月 5 日。

② 《工人生产大跃进，卫生人员紧紧跟，上海进行全面控制职业病》，《文汇报》1959 年 3 月 9 日。

定标准。

2.“文化大革命”时期：预防为主、防治结合

进入60年代，人们对职业病的危害有了更深入的认识。但是限于特定物质条件和特殊的政治环境，职业病防治前期的预防措施并未完全到位。这其中包括职业危害的前期评价、职业危害的效果评价，职业病防护设施的“三同时”（指职业病防护设施并与主体工程同时设计，同时施工，同时投入生产和使用），未能很好地执行；不健康的作业环境不改善、不良的劳动过程维持不变、有害的生产工艺不予控制等。①可见，这一时期由于生产过程中仍然存在不少潜在的健康危害，从而不能从源头上控制或消除职业病危害。

研究发现，中毒早期表现出的症状因毒物浓度的高低、毒性大小以及人体的差异等各种原因而有所不同。中毒症状表现出来最快的为二至三个月，而大部分是一至三年左右才开始显现。如果能够做到及时、必要的防护，一些职业病能做到早防护、早发现、早治疗，就能够给工人创造一个脱离接触毒物、有条件恢复体质的可能性，从而达到预防职业疾病的目的。然而，在“文化大革命”期间闵行区许多企业劳动条件恶化，职业病患病率上升，仅硅肺病患者数量就比“文化大革命”前增加了5倍。②直到1970年，周恩来提出要注意预防类似日本“水俣病”这类的公害病以后，劳动卫生与职业病防治工作才重新得到重视。③

1970年9月，上海市卫生局革命委员会明确指出，各区卫生防疫站要在党的九届二中全会精神鼓舞下，进一步贯彻、落实毛泽东“抓革命、促

① 陈卫红等编：《职业危害与职业健康安全管理》，化学工业出版社2006年版，第37页。

② 徐之河主编：《上海经济（1949—1982）》，上海社会科学院1984年版，第341页。

③ 刘世杰：《我国劳动卫生与职业病防治研工作的发展过程和今后应作的几项主要工作》，《化工劳动保护：工业卫生与职业病分册》1988年第1期。

生产、促工作、促战备”的战略方针，更好地为工业战线上的生产服务，保护工人健康，认真做好铅、苯作业工人的体检工作。①闵行区对铅、苯作业工人的体检工作，包括行业、工种、对象等做了明确规定，促成此项工作的顺利开展。

1972年上海市劳动卫生职业病防治工作开展起来，并取得一定的成效。具体而言，“闵行的卫生战线也和上海市其他各区的卫生战线一样，广大医务人员走出医院大门，深入工厂、车间，和广大工人一起积极开展职业病群防群治工作。不少工厂改善了生产环境和劳动条件，对铅、苯、汞等有毒、有害物质的预防工作取得了较大的进展，职业病和职业中毒发生率逐年减少。1973年与1963年相比，重、中度铅中毒已经基本控制。轻度铅中毒也只占‘文化大革命’前的三分之一。”②

总体来说，一直到“文化大革命”后期，闵行区医院、卫生防疫站和科研单位实行专业队伍与群众相结合，同广大工人一起开展了预防与治疗职业病的群众运动。创造了不少有效的防治职业病办法，涌现出一批效果显著的工厂和卫生单位，对推动工业职业病防治起到积极的效果。

（二）建立工业职业病的防治机构

职业病防治机构是专门负责职业病诊断和治疗的工作机构，防治机构的建立，对于保障从事有害作业职工的身体健康和加强对职业病的防治具有重要意义。

---

① 《关于做好1970年度对铅、苯作业工人体检工作的通知》，1970年，B242-3-198，上海市档案馆藏。

② 《上海市职业病群防群治情况（华东区劳动卫生职业中毒防治经验交流会资料）》，C3-1-111-801，上海市档案馆藏。

1. 设立全市性的职业病防治组织网络

1956年，为应对不断出现的职业病问题，上海市在昌平路730号成立了市级职业病防治所。该所在当时设有职业病床位10张，并开设职业病专科门诊。1958年增设病床至20张，1960年该所扩建为市劳动卫生职业病研究所，床位增加到60张，1978年又扩充至120张。①防治所下设职业病组、检查组、生产卫生组等多个专业组。检查组除负责调查研究工作外，还设有职业病门诊室。每星期一、三、五上午门诊接待治疗职业病中毒病人，有住院必要的病人转送至第一劳工医院住院治疗。防治所还组织各工厂医务人员，开展职业病防治的专业性学习。②

防治所的主要任务是以职业病防治为重点，扩大医疗服务。其常规工作包括对上海市工厂中职业病、职业中毒等情况进行调查研究，做出全面防治规划，采取防治措施，以达到在重点行业做好"五消三控"（消灭铬中毒、苯胺中毒、硅肺、汞中毒、过热病五种职业病，控制汽油中毒、铅中毒、炭疽病三种职业病）。③全市性的职业病防治所的建立，对促进上海市职业病领域医疗、学术水平的提高和防治工作的科学化管理的实现，起到积极的作用。

区一级的职业病防治是由区卫生防疫站、区卫生部门和工厂保健站协作承担的。其中，闵行区卫生防疫站承担专人负责、专册登记，按医疗单位，病例分类登记的工作。工厂保健站的职业病报告制度工作得到各级领导的重视，普遍建立了专人负责，专册登记制度。④而区卫生部门从职业病

① 《上海卫生工作丛书》编委会编：《上海卫生（1949—1983年）》，上海科技出版社1986年版，第237页。

②③ 《一个防治职业病的专业结构，上海市职业病防治所昨天成立》，《新民晚报》1956年4月3日。

④ 《为贯彻职业中毒和职业病报告试行办法抽查情况小结》，1961年4月，A7-2-0826-008，闵行区档案馆藏。

报告的统计分析来确定防治工作的重点。地段医院在门诊发现可疑职业病病人时，即请学习过职业病的医生来会诊，确诊后送交护士登记，填写报告卡，然后在病历卡上盖“职业病已报”图章，每日送往工厂组负责的同志处审阅，再统一登记后送往区卫生防疫站。①这种协作开展工作的模式对防治职业病问题起到了很好的作用。特别是其中的职业病报告制度，在“文化大革命”期间逐渐废弛，至70年代末，职业病报告制度随着各级医疗机构的整顿而逐步得以恢复和健全。

2. 建立工厂保健站，实行车间医师制

工业职业病的防治，面广、量大、问题多。工厂保健站是工厂防治职业病的基础单位，任务是保证并提高工人的健康水平，保证劳动生产率的不断提高。如前文所述，一些职业病是由于观念陈旧、劳动保护观念落后以及卫生条件恶劣所致，办好工厂保健站，能够使职业病实现早预防、早发现的防护意义落到实处。

早在1949年11月，上海首家工厂联合保健站在嵩山区成立。至1951年，1 330个中小型工厂企业单位，组建了29个工厂联合保健站。翌年，500人以上工厂全部设立了保健站或医务室，共523个，医师1 985人（包括专任和特约）。②到1952年，上海进入全面建设工厂联合保健站的阶段，上海小工厂联合举办了58个地区性和行业性的劳动保健站，初步解决了16万职工日常的保健和医疗问题。③到1954年，全市一共有医疗保健站、所962个，其中区诊疗站38个，工房卫生所7个，工厂联合保健站66个，

① 《为贯彻职业中毒和职业病报告试行办法抽查情况小结》，1961年4月，A7-2-0826-008，闵行区档案馆藏。

② 《上海卫生志》编撰委员会编：《上海卫生志》，上海社会科学院出版社1998年版，第87页。

③ 当代上海研究所编：《当代上海大事记》，上海辞书出版社2007年版，第45页。

工厂保健站 507 个①。到 1957 年，全市 500 人以上的工厂企业都设有保健站，500 人以下的企业大多也设有联合保健站。②

此外，从 1958 年下半年开始，独立的工厂企事业单位的门诊部、保健站和医务室不断扩大，到 1965 年发展到 2 417 个，卫生技术人员 11 308 人，服务内容从单纯医疗扩展到预防保健等，③范围不断扩大。闵行、吴泾两个新兴工业区，在 1960 年就已经有 19 个厂建有工厂保健站（其中3 个是县属厂保健站以及 2 个中专学校保健站），共有医师 35 人，中医师3 人，医士 14 人，护士 52 人，助产士 3 人，药剂 3 人，检验 4 人，其他 19 人，合计 138 人。其县属厂保健医师 1 人，医士 3 人，市属厂保健站有 2 个，设有病床 50 张，④对防治职业病起着积极的作用。

“文化大革命”期间，工业职业病问题趋于严重。在大部分工厂职业病防护工作停顿的情况下，部分工厂坚持防护原则，做了不少工作。例如，吴泾化工厂着重抓了四件事：（1）练兵：根据实际工作的需要，开展急性中毒抢救练兵活动，使全站医务人员都知道卫生抢救技术；（2）培训：在吴泾医院的支持和帮助下，举办工人医生医训班；（3）考核：经常性的业务理论考核，作为定级、晋升、奖励、评比的依据；（4）竞赛：厂领导又在站内开展了比工作、比学习、比出勤的红旗竞赛，通过竞赛，你追我赶，把提高医疗卫生质量不断推向新的水平。⑤此外，车间医师根据工作需

①③ 《上海卫生志》编撰委员会编：《上海卫生志》，上海社会科学院出版社 1998 年版，第 87 页。

② 中共上海市委党史研究室编：《上海社会主义建设五十年》，上海人民出版社 1999 年版，第 149 页。

④ 《闵行地区文教体育卫生基本情况》，A6-1-0014-005，闵行档案馆藏。

⑤ 《吴泾化工厂关于上海市工厂保健站工作经验交流现场会的发言稿》，1979 年 5 月 31 日，B242-4-234-52，上海市档案馆藏。

要，积极开展防治职业病，就地解决一般性的职业病问题。

其中，设立车间保健站是推行车间医师制的一种形式。在闵行卫星城内，2 000 名职工以上且分散的工厂车间较多，区内采取每 1 000 到 1 500 人设立一个车间保健站，并配有车间医师。工作人员在车间医师的领导下深入车间，通过对工人健康与患病情况的深入了解，对某些疾病进行防治。①推行车间医师制使工人的健康状况得到改善的同时，也降低了因病缺勤率。

更为重要的是，车间保健站的工作人员能及时了解工人健康状况，向工人宣讲疾病预防的知识，不但使工人知道如何防病，而且改善了医师护士与工人的关系，同时还节约了工人为小病到工厂保健站去诊疗而花费的候诊时间。例如，需要简单包扎一下的小伤，单纯的头痛等小病，到车间医师那里便可以解决，工人也感到很方便。②

至于疑难症，则通过对接的大医院实现诊治。60 年代，车间保健站还与市区的三级医院、二级医院建立了直接联系。1965 年，区内大、中型工厂保健站在实施“车间医师负责制”的同时，特约劳保医院也实行“医师分厂负责制”，建立工厂保健站协作组，指定医师与工厂保健站保持经常联系，定期坐诊，帮助工厂保健站推行“车间医师负责制”。③此外，医院还和工厂协作，建立、健全各项医疗保健制度和群众性卫生组织，吸收工厂医师参加医院查房和病例讨论，培训卫生技术人员，提高保健站医务人员的业务水平。

（三）工业职业病医院的建立

1959 年，为使卫生保健事业适应卫星城工业生产发展的新形势，闵行

①②　王同鑫：《我们车间的保健站》，《新民晚报》1957 年 11 月 6 日。

③　《闵行区志》编纂委员会编：《闵行区志》，上海社会科学院出版社 1996 年版，第 493 页。

区整顿成立了区联合医院。此外，还有区内各大医院也能分担一些职业病的诊治，例如，上海市第五建筑公司职工医院闵行分院、闵行镇联合医院等，这些医院设有简易病床，设备较为齐全，科室多样，但工作主要是门诊治疗，没有职业病科。①

表 5-22　闵行区联合医院工作人员分类情况

工作人员数	内科	外科	儿科	中医	伤科	针灸	牙医	护士	助产	技工	行政人员	学徒	助产	药剂	化验	临时工
42	3	2	4	4	4	2	2	7	7	3	7	3	1	3	1	2

资料来源：《闵行地区文教体育卫生基本情况》，A6-1-0014-005，闵行区档案馆藏。

进入 1960 年，闵行区职业病诊治的专业化程度逐步提高。首先是中心医院保健科设立职业病组（到 1968 年职业病组独立为职业病科），首次建立专门治疗职业病的专业机构。“文革”时期，除了为职业病防治做出贡献的区联合医院外，又成立了一所专门防治职业病的医院，即新建的区中心医院，有 344 张床位，385 名工作人员。②两者情况见表 5-23。

表 5-23　闵行区医疗机构情况

医疗机构	分布地点	规模	使用情况	工作人员数(人)
闵行区中心医院	十号路	344 张床位	门诊：冬：900—1 100 人次 春夏：1 200 人次 床位：使用率 80%	385
联合医院	旧镇		门诊：冬 400 余人次 夏 700 余人次	31

资料来源：《关于闵行规划和建设问题调查研究报告》，闵行区档案馆藏，A6-1-0076-002。

① 《闵行镇情况》，A6-1-0016-001，闵行区档案馆藏。

② 1966 年 12 月闵行区中心医院被院内“造反派”夺权。《闵行区志》编纂委员会编：《闵行区志》，上海社会科学院出版社 1996 年版，第 19 页。

此外，在20世纪的六七十年代，上海市工农医院（闵行区）为华山医院职业病科沪西地区的成员之一。医院职业病科每周开诊一次，急诊随时应诊。1968年设机动床位3张，专门收治急性中毒、硅肺、中毒性肝炎和四氯化碳中毒等病员。①至此，闵行卫星城各医疗机构和工厂企业各医疗卫生机构，从无到有，从少到多，从简易到完善，逐渐形成了颇具专业化程度的职业病防治组织架构。遇有职业病病人，都能及时向区防疫站填表报告，遇有重大病情，区防疫站向市防疫站报告。②

（四）开展宣传动员，提高防治意识

新中国成立之初的职业病防治大多通过间接方式进行，其中开展爱国卫生运动便是其中一种。20世纪50年代后期至70年代中期，上海的爱国卫生运动经历了两次高潮，第一次是“大跃进”时期的“除四害运动”，其声势之大，前所未有。爱国卫生运动推行之初，召开了声势浩大的万人大会。区、县、镇、居委会设置了不同层级的爱国卫生运动机构，以集中突击的方式开展社会性的运动。③尽管爱国卫生运动无法促使职业病的防治形成制度化推进的建设实效，但运动开展过程中的宣传工作却对职业病防护的知识做了深入的普及。④

第二次爱国卫生运动是1963年到1965年。60年代初，由于国家经济暂时困难，很少有全市性的群众卫生运动。毛泽东发现这个情况后，在1960年3月写信给上海局的指示中，要求各级党委“要把过去两年放松了的爱国卫生运动重新发动起来，并且一定要于1960、1961、1962年这三年内做出显著的成绩”。⑤1962年国民经济开始好转后，爱国卫生工作重新

---

①② 《闵行区志》编纂委员会编：《闵行区志》，上海社会科学院出版社1996年版，第510页。

③④ 《闵行地区文教体育卫生基本情况》，A6-1-0014-005，闵行档案馆藏。

⑤ 《建国以来毛泽东文稿》编委会编：《建国以来毛泽东文稿》第9册，中央文献出版社1998年版，第80页。

得到重视，由于成果被列入各项政治和业务成绩的评比工作中，促进了群众的参与热情，由此闵行区再次出现了群众性大搞卫生的高潮。①

1957 年卫生部、劳动部及全国总工会联合召开第一次全国防尘工作会议，推动全国的防尘工作。1962 年由党中央与国务院领导召开第二次全国防尘工作会议，进一步推动防尘工作的开展。1964 年 4 月，上海市召开全市防尘工作会议，对防尘工作做了具体部署，闵行参与其中。这次会议决定拨款 300 万元，专项治理硅尘危害，会后，各有关部门和基层单位成立防尘领导小组，制定防尘规划，安排防尘项目和经费（其中闵行的化工、轻工、纺织、冶金、机电、仪表等主要工业局，共安排防尘经费一百多万元）。②

总之，从 1958 年至 1978 年，闵行区采取利用报纸、广播、电视等媒体开展职业病防治教育宣传工作。将职业病防治教育工作深化到日常工作之中，在提高职工的防治意识方面成效明显。

三、工业职业病的防治成效及问题

1958 年至 1978 年，闵行卫星城职业病防治取得显著成绩，但也存在许多需要解决的问题，例如防护意识滞后、小病拖成大病等问题。总之，职业病防治要走出先生产、后治病的怪圈，需要走的路还相当漫长。

（一）工业职业病防治的成效

1958 年至 1978 年，面对工业发展出现的越来越多的职业病问题，给生产造成诸多障碍，闵行区在防、治工作方面做了不少工作。闵行区采取

① 熊月之主编：《上海通史》（当代经济卷），上海人民出版社 1999 年版，第 115 页。

② 徐之河编：《上海经济（1949—1982）》，上海社会科学院出版社 1984 年版，第 116 页。

多种行而有效的措施加强工人职业病防治的宣传教育，主要利用报纸、广播、电视等媒体开展职业病防治教育工作。将职业病防治教育工作深化到日常工作之中，取得显著的成效。

1. 预防中暑、保护高温作业工人的健康

高温中暑是炼钢、铸造、纺织及其他如锅炉作业工人经常发生的热射病、热痉挛和热衰竭病的俗称。[①]这种职业病频发且致死率较高，1956年卫生部制定出我国高温作业环境的卫生标准。这一标准是根据中央要求，在18省、市、自治区的通力协作下，对在高温作业环境中工作的工人进行测定，获取了近万名工人的测定资料，根据这一资料进而制定出来的。[②]上海夏季炎热，闵行卫星城从事高温作业的工人数目很大，针对于此，历年来为预防中暑、保护高温作业工人的健康方面做出了很大的努力。

在降温方面：一是对工厂设备进行改进。工厂为此创造了煅铁炉青砖隔热法、炉门水箱隔热法、化工厂反应锅的木板隔热法等，效果显著；二是应用各种类型的喷雾风扇以及空气淋浴，既经济又有效；[③]三是在车间天窗气楼外安设挡风板和采用以穿堂风为主的开敞式厂房，采用自然通风、加强换气次数，使自然通风效果大大增强；四是改善工艺过程、妥善安排热源，尽量使生产过程机械化、自动化，大大降低了各厂的内部温度。

在卫生保健方面：一是大力开展高温作业工厂、车间的卫生调查，对高温作业工人进行了健康检查，执行了补充水分和营养品以及合理安排劳动等办法；二是对高温作业工人发放必需的防护用品，有条件的工厂还设有适当的休息场所，对露天作业工人则采取搭凉棚的办法，避免阳光辐

① 顾学箕：《职业卫生50年》，《中国乡村医药》2001年第11期。

② 刘世杰：《我国劳动卫生与职业病防治研的发展过程和今后应做的几项主要工作》，《化工劳动保护》1988年第1期。

③ 《积极防治职业病，为工业生产大跃进服务》，《文汇报》1959年3月9日。

射；三是建立合理的轮休制度，保证高温作业的工人得到充分休息。

2. 降低粉尘、防治硅肺方面

硅肺病，是在闵行卫星城建设过程中患病比例最高，患者最多的职业病。为此，闵行卫星城厂矿通过一系列的技术革新、科学研究、现场实验和积极参加各种防治会议等方式探索防治之道。经过几年的积累，取得的主要经验是：采取水（湿式作业）、风（改善通风）、密（密闭）、护（加强个人防护）、管（加强管理和检修防尘设备）、查（定期测尘和对工人进行健康检查）等六项综合措施，对防治尘肺产生了显著的成效。此后，上海汽轮机厂等单位创造的“水力清砂法”，不仅减轻了工人的劳动强度，并提高了生产效率，而且使该厂粉尘浓度大大降低，有效消除了硅尘的危害。①上海重型机器厂的调查表明，60年代浓度为每立方米169.9毫克，70年代为每立方米168.4毫克，而到了80年代降低到每立方米21.1毫克，②说明硅尘情况得到明显的改善。

3. 防治职业性中毒

随着生产的发展，工农业领域产生的毒物种类也逐渐增多，防治难度随之增大。闵行卫星城以厂矿企业为主，凡是认真落实职业病预防政策的厂矿企业，工人操作地点的毒物浓度大大下降，中毒病例也大为减少。在1959年，闵行卫星城工人急性中毒病例为100例，到1963年降低到32例。在慢性职业中毒方面，不少印刷业中的铅中毒，中小型喷漆作业中的苯中毒，电镀作业中的铬酸中毒和橡胶汽油中毒的预防，多取得比较好的预防效果。1958年，闵行卫星城在中小型喷漆作业工厂中开展了群众性的

① 《闵行区志》编纂委员会编：《闵行区志》，上海社会科学院出版社1996年版，第498页。

② 同上书，第510页。

预防工作，绝大部分工厂采取了积极治理措施，有百分之八十至九十的工厂，空气中苯的浓度达到国家卫生标准。有些工厂用毒性较低的甲苯、二甲苯做溶剂，减少了苯中毒的发生。70年代，闵行卫星城各电业单位都实行仪表无汞化，基本消除了汞中毒的现象。①

（二）未彻底征服的职业病与遗留问题

1958年至1978年，闵行卫星城在职业病的防治方面做了大量工作，几十年来对绝大多数有职业危害的工种进行了不同程度的治理，但工业职业病防治的科学研究毕竟是一门年轻的学科，由于技术水平和物质条件的限制，加之缺乏经验，生产工人不可避免地要和不同浓度的有毒气体直接接触，特别是那些生产腐蚀性大，设备管道的材质又不能满足抗腐蚀性要求，一些工段跑、冒、滴、漏问题仍未消除。

随着时间的推移和专业年限的增长，传统的职业病仍旧存在的同时，又出现了新的职业病，使得该区职业病防治依然不容乐观。大体而言，该区存在的主要问题有：

一是传统职业病、职业中毒人数居高不下，全员防范意识与健康教育要求仍有差距，易引发矛盾。闵行区从卫星城建设开始，每年均有尘肺、职业中毒病例发生，尽管政府大力宣传职业病防治知识，采取种种措施，但尘肺、职业中毒等职业病仍存在。以尘肺为例，铸工尘肺占34.95%；石棉尘肺占26.21%；电焊工尘肺占15.54%。②

由于病人增加，而医生人数有限，不能及时下厂调查生产环境。全区职业病的体检任务十分繁重，专业机构分身乏术，无力独自应付，多数医

① 《上海市电力工业志》编纂委员会编：《上海市电力工业志》，上海社会科学院出版社1994年版，第377页。

② 项丹红：《上海市闵行区职业病发病分析》，《职业与健康》2012年第13期。

疗单位又无法承担职业病体检任务，而工厂企业接触毒物的工人又迫切要求解决，工人意见颇大。为此，工人找医生、找领导，医务人员再找卫生机关，严重影响到职工的身体健康和工业生产的顺利进行。

二是新产品、新工艺产生新的职业病，防治工作十分艰巨。快速工业化给闵行卫星城带来显著的经济利益和社会效益，但新技术、新工艺、新设备的不断应用，伴随而来的新型材料，特别是化工材料、生产工艺不断改进，使工人在职业活动中所接触的职业病危害因素更加复杂多样。

随着产业结构的调整和优化，存在“旧病未了、又添新伤”的尴尬状态。一些此前从未报告过的病例开始增加，比如职业性森林性脑炎、手臂振动病和高原性心脏病等。一些职业病损伤性大、恢复时间长、治疗成本高昂，给企业和家庭都带来不小的压力。新型职业病的不断出现，已成为危害工人身心健康、影响劳资关系、社会安定的顽症。为保护劳动者健康权益，关注“新型职业病”成为当务之急。①

三是工业职业病诊断的不合理性：无标准或多重标准。职业病是在职业活动中产生的各种疾病，但并不是在工作中得的所有疾病都属于职业病。一般来说，职业病是指那些列入《职业病目录》中，劳动者与企业有明确的职业关系，并且由法定职业病诊断机构作出明确诊断的疾病才能称为职业病。如由工厂噪声引发的耳聋属于职业病，但工人长时间遭受噪声困扰引发的高血压，却不是职业病。②还有就是，职业中毒的诊断，特别是某些毒物的隐性中毒诊断长期存在着困难。原因在于工业毒物品种繁多，不少新毒物，不但无临床资料，毒性资料亦不完整，诊断缺乏必要的依据。而且慢性中毒的早期临床表现，常常为神经衰弱症候群，缺少可作为

① 李玲：《“噪声聋”示警新的职业病》，《安全与健康》1987年第9期。

② 王一平主编：《职业病防治与管理》，北京：中国工人出版社2006年版，第1页。

诊断的明显体征，导致临床上常感到诊断困难。在过去常用的医学书籍中，在鉴别诊断项目中，很少将职业中毒列为单独项目，所以职业中毒的误诊时有发生，给职工的身体健康造成不小的危害。①

由于职业病常常表现为常见病，或和常见病互相交织，加上职业病的诊断存在主观因素的干扰，无疑给职业病的诊断工作造成不少的困扰。首先是诊断标准的不切实际；其次是相关规定不统一；第三是许多职业医疗还缺少诊断标准。由于对可疑硅肺和可疑职业中毒病人诊断不确定，就可能无法及时得到应有的治疗。比如，被确诊为硅肺一期的病人可以得到专业医疗单位的诊治，并可享受休养待遇，但硅肺可疑者却无法得到有效处理。同硅肺病一样，还有很多职业病都往往是因为诊断不准确、治疗不及时而耽误了治疗的最佳时机。

1978年改革开放以来，闵行卫星城的工业职业病防治工作又历经了四十年，群众的卫生意识有了不小的提高，企业的防治水平也有了很大的提升。特别是随着中国整体经济实力的显著增强，为防治工业职业病提供了必要的资金支持和技术保障，使闵行职业病防治工作迈上一个崭新台阶。

① 《职业中毒诊断工作中的几点体会》，1974年，B242-3-558-49，上海市档案馆藏。

第六章　改革开放排头兵、创新发展先行者：浦东的开发开放

第一节　浦东开放战略的制定及其实施

党的十一届三中全会确立了“解放思想，实事求是”的思想，中国开始改革开放，解放和发展生产力。上海的发展正是遵循了这一指导思想，新的产业布局和城市建设都先通过充分论证而后付诸实践，上海卫星城也进入理性建设阶段。改革开放后，上海积极寻找发展的突破口，积极推动浦东的开发开放，1990 年中央正式决定批准浦东开发开放。但是浦东开发开放绝不等同于以往的卫星城建设，而是上升至国家战略。

浦东开发开放的定位是以金融贸易为核心的中国对外开放的窗口，这意味着中国改革开放进入了一个新的阶段，也决定了浦东在产业布局、城市外观、功能作用上迥异于以往传统的工业卫星城。如今，上海勇当改革开放的排头兵、创新发展的先行者，而浦东的开发开放正是上海由改革开放的“后卫”转型到“前锋”的底气所在。可以说，浦东是排头兵中的排头兵，先行者中的先行者。

一、浦东开放战略出台历程

1991年邓小平视察上海时曾说过："上海开发晚了""开放浦东，这个影响就大了，不只是浦东的问题，是关系上海发展的问题，是利用上海这个基地发展长江三角洲和长江流域的问题。抓紧浦东开发，不要动摇，一直到建成"。①浦东开发开放战略的出台不是一蹴而就的，是中央审时度势、充分论证后作出的重要决策。浦东开发开放表明了中国在复杂的国际形势中不断深化改革开放、坚定改革开放的决心。无疑，上海肩负着重要的国家战略任务和时代使命。

（一）浦东开发开放的背景

1980年，中央在深圳、珠海、汕头、厦门设立经济特区，广东、福建等东部沿海省市利用经济特区的政策优势，不断探索，成为中国改革开放的"前锋"。而此时上海虽仍是中国的经济中心，但这一国有经济重镇的国企改革进程较慢，加之上海是中央财政的主要来源城市之一，对整个中国的经济影响不可估量。因此未将率先开发开放的重任交给上海是基于稳定整个中国经济大局的决定。

随着改革开放进程的推进，工业发展、城市建设、人民生活水平等各方面问题日渐突出。上海的定位是什么？如何进行改革开放？上海将走向何处？一系列问题成为市委、市政府必须面对的难题。1980年10月《解放日报》刊登了一篇名为《十个第一和五个倒数第一说明了什么？——关于上海发展方向的探讨》的文章。该文章指出上海在十个指标中对国家建设贡献很大，却在城市人口密度、人均住房面积等五个方

① 《邓小平文选》第3卷，人民出版社1993年版，第366页。

面位于全国倒数第一。[①]此文一出引发强烈的社会反响，掀起对上海发展大讨论的高潮。

在此次大讨论中，对于浦东的发展定位问题也多有涉及。1980年2月，上海市规划局工程师陈坤龙在内部简报《基建情况》发文，建议开发浦东，延伸市区功能。文章就浦东建设的必要性、交通问题、组织开发等问题表明了自己的看法。12月，陈坤龙又发表题为《向浦东广阔地区发展》的论文。该文建议在外滩和浦东陆家嘴建立越江交通以及发展浦东新市区。[②]陈文的刊出引发各界的争论，业界专家学者就此撰文展开讨论。该问题的热议引起上海市委、市政府的重视。

1981年上海市政协五届三次会议讨论《请积极准备建立浦东新区，建设成为新型国际城市楷模》《建议筹设开发浦东建设和规划机构》等提案。与此同时，报刊也陆续发表多篇相关论文，如《对上海城市发展方向的探讨》《在浦东沿江建设新的市中心》《发展浦东的几点看法》《上海的曼哈顿在哪里?》等。[③]这些文章围绕发展越江交通的必要性，对浦东开发的利弊等方面进行充分论证与深入分析。

城市规划是城市发展的"指南针"，上海在改革开放之前虽已有总体规划出台，但皆未经中央批准。1978年第三次全国城市工作会议以后，上海城市规划逐步步入正轨，上海市城市规划设计院开始编制《上海市总体规划纲要》。在《上海市总体规划纲要》的基础上，上海市完成《上海市城市总体规划方案》，1984年初，该方案上报中央。但是"这个总规没有

① 沈峻坡：《十个第一和五个倒数第一说明了什么？——关于上海发展方向的探讨》，《解放日报》1980年10月3日。

② 陈坤龙：《向浦东广阔地区发展》，《社会科学》1980年第5期。

③ 详见谢国平：《财富增长的试验：浦东样本（1990—2010）》，上海人民出版社2010年版，第22—23页。

社会经济发展的内容，缺少社会经济发展战略，中央希望我们补上相关内容”，[①]因此上海着手制定关于上海的经济发展战略。

深圳等经济特区的发展证明改革开放的政策是正确的，也为上海进一步改革开放提供了经验。关于上海发展的大讨论也引起中央的重视，中央对上海制定发展战略给予了大力支持。为改造振兴上海，1984 年 9 月中央派出改造振兴上海调研组来帮助上海制定发展战略。改造振兴上海调研组在上海进行多次调研与研究，并与上海市委、市政府一道举办了上海经济发展战略研讨会，这次会议成为改革开放后关系上海振兴的关键会议。会上对上海的指导思想、方针、任务及体制改革等问题进行全方位、多层次的深入讨论，制定的《关于上海经济发展战略汇报提纲》第一次正式提出“创造条件开发浦东，筹划新市区的建设”。[②]

1985 年 2 月，国务院批准通过《关于上海经济发展战略汇报提纲》。要求城市和工业布局须适应经济发展，“重点向杭州湾和长江口南北两翼展开，为浦东开发创造条件，为新市区的建设筹划”，[③]这为浦东发展成为现代化的新区提供了条件。

鉴于以往走过不少弯路，浦东开发的提案虽已批复，但上海市政府对如何发展浦东进行了反复论证与调研，十分谨慎。1986 年春，在上海市政府支持下，上海社科院等单位两次就城市发展战略召开研讨会，就具体开发进行了激烈辩论。根据会议要求，确定了三个课题，分别是：《开发浦

---

① 夏丽卿口述：《我亲历的上海市两轮城市总体规划的编制》，中共上海市委党史研究室编：《口述上海　改革开放（1978—2018）》，上海人民出版社、学林出版社 2008 年版，第 45 页。

② 《关于上海经济发展战略的汇报提纲》，上海市计划委员会编：《上海市计划报告集（1949—1998）》，1998 年，第 664 页。

③ 同上书，第 670 页。

东新区为主的城市新区建设》《以疏解中心城区为目的的卫星城镇建设》《解决越江交通为主的市内交通网络建设》。①

正是在充分论证的基础上，上海城市建设的设想进一步得到深化。1986年，上海市人民政府向国务院上报了《上海市总体规划方案》，在“中心城的布局”一节中，就浦东新区的发展做出了详细的规划和设想。②同年10月，在《国务院关于上海市城市总体规划方案的批复》中指出要尽快建立越江交通线，建设基础设施，使得浦东地区发展成为一个现代化的新区。③

1987年初，关于上海城市发展战略的三个课题先后完成，其中，由九三学社上海市委负责的《浦东新区建设方略》不仅直接地、系统地对浦东新区的开发开放作了卓有成效的研究，而且提出了几种方案。根据研究，会上讨论、总结出“北上、南下、西移、东进”四种方案。④其中，开发浦东的东进方案得到大多数与会者的认同。

上海城市建设方向确定后，论证又围绕浦东开放的具体议题展开。1987年6月，上海市政府组织成立中外专家参与的开发浦东联合咨询研究小组，通过召开各类座谈会、收集资料和数据，撰写出一份有关建设浦东新区的报告。8月，上海市规划局在此前基础上又编制《浦东新区规划纲要》（草案）及初步方案。

浦东开发开放的规划在一次次论证中不断充实和完善。1988年5月2

① 於品浩口述：《奉调参加开发浦东联合咨询研究》，中共上海市委党史研究室编：《口述上海　改革开放（1978—2018）》，上海人民出版社、学林出版社2008年版，第202页。

② 浦东新区商务咨询服务中心编：《1993年上海浦东研究报告》，浦东新区商务咨询服务中心1993年版，第55页。

③ 国务院：《国务院关于上海市城市总体规划方案的批复》国函〔1986〕145号，2012年7月6日，http：//www.gov.cn/zhengce/content/2012-07/06/content_6042.htm，2018年12月3日。

④ 潘阿虎、周家俊：《浦东之路》，上海文艺出版社2000年版，第14页。

日至 4 日，“上海市浦东新区开发国际研讨会”召开，140 余位中外专家共同商讨，对前期浦东开发的研究成果进行交流和汇总。市领导强调将浦东建设成现代化新区的必要性，与会人员都对浦东进一步开发开放提出了很多建设性意见。经媒体的报道，浦东开发吸引了世界目光。[①]中央在财政、税收、土地政策等方面也给予上海政策支持，浦东开发开放蓄势待发。

（二）浦东正式开发开放

20 世纪 80 年代，浦东开发开放前期准备工作不断加快，但到了 80 年代末 90 年代初，国际大环境的变化对中国、对上海、对浦东开发开放造成重大影响。苏联解体、东欧剧变使得世界共产主义运动严重受挫，同时国内政治风波的发生，也使中国改革发展面临着新的困难与挑战。

在这关键时刻，上海浦东的开发进入国家层面的决策。不同于“大跃进”时期片面地追求速度、数量，盲目铺摊子。浦东开发问题已然经过充分的理论建构、论证。此时重点强调浦东的开发，既有利于表明中国改革开放的姿态，也是就国际社会对我国采取的舆论攻击和经济封锁而做的一次有力回击。由此可见，在 1990 年决策浦东开发，不仅有深层的经济原因，也有政治上的触发动因。

由于上海特殊区位优势和发展起点，国家对浦东开发的历史定位一开始就与众不同。早在开发开放之初，邓小平就一语点破浦东独特的地理优势——面对太平洋、欧美、全世界。1990 年的春节，邓小平在视察上海时再一次明确表示支持上海扩大对外开放和开发浦东的想法。上海市委、市政府立即提出要把浦东建设成以外向型为主，高起点、高层次的现代化新区。[②]

① 黄菊：《再接再厉　开拓进取　把浦东开发开放搞得更好更扎实》，浦东年鉴编辑委员会：《浦东年鉴 2000》，浦东年鉴社 2000 年版，第 1—2 页。

② 参见黄文忠：《上海卫星城与中国城市化道路》，上海人民出版社 2003 年版，第 86 页。

正如邓小平所说："浦东是面向世界的，浦东开发是晚了，这是件坏事，但是也是好事，你们可以借鉴广东的经验，可以搞得好一点，搞得现代化一点，起点可以高一点"。①

经过多方论证，1990年4月，中央政府正式向全世界宣布开发开放浦东的重大决定。6月2日中委〔1990〕100号文件《中共中央、国务院关于开发和开放浦东问题的批复》下发，指出开发和开放浦东是一件关系全局的大事，一定要切实办好。②从此浦东、上海进入改革开放的新时期。

邓小平在1991年2月18日视察上海的讲话中强调，浦东开发与上海发展息息相关，且惠及长江流域。③此后多次对浦东开发开放进行鼓励，认为浦东的发展只能进不能退，浦东开发一定可以后来居上。④党和国家领导人的重视为浦东开发开放提供了底气与发展思路。

浦东开发开放，最重要的是要定位其在联通内外、带动长三角发展中的作用，以追求整体发展，而非局限于浦东一区或是上海一市的进步。这一思路得到新一代国家领导人的继承，1992年10月，第十四次全国代表大会上江泽民在报告中肯定了浦东开发开放在长三角发展中的龙头作用。⑤上海浦东开发开放正式上升为国家的发展战略。"一个龙头，三个中心"也成为浦东开发开放的总体定位。成为国家发展战略后，浦东开发开放快速延展开来。

1992年11月，上海市九届人大常委会第三十八次会议审议通过市政

① 中共上海市委党史研究室编：《邓小平与上海改革开放》，上海人民出版社1994年版，第318页。

② 《浦东新区国民经济和社会发展十年规划和"八五"计划纲要》，上海市计划委员会编：《上海市计划报告集（1949—1998）》，1998年，第687页。

③ 焦永利：《引领长江经济带高质量发展》，《解放日报》2018年第9期。

④ 黄菊：《在探索中前进》，中共中央党校出版社1999年版，第236页。

⑤ 国务院：《江泽民在中国共产党第十四次全国代表大会上的报告》，1992年10月12日，http：//cpc.people.com.cn/GB/64162/64168/64567/65446/4526308.html，2018年11月17日。

府提交的《浦东新区总体规划方案》。1993年元旦，浦东首次出现一个统一的行政建置，形成一个新的地名——浦东新区。随即配备了党工委等机构，浦东开发由此进入了一个实质性的阶段。因为在此之前从未有过统一的行政建置，一直由3到6个不同的建置分头管理，所以这是“千年等一回”等来的，也将更加有利于浦东的进一步开发开放。①1994年以后，规划被纳入上海市整体规划。这个方案共有五个要点，对浦东开发开放做了详尽的规划。浦东新区成为国家和上海的重点发展区域，中央政府也开始了区域发展与改革开放大局的重要关联。整个90年代，浦东都着力于产业布局、交通网络、基础设施建设、通信网络等现代化的建设与发展。②

上海市的总体规划也做出了相应调整和变化。由于1986年前浦东开发开放政策正处于论证与形成时期，《上海市城市总体规划方案》对浦东开发内容有所涉及，但并不太多。因此1989年上海又专门编制《浦东新区总体规划初步方案》，为浦东新区全面建设提供规划引领。20世纪末，为应对国内外环境的变化，上海市政府着手制定新的城市总体规划，于1999年形成《上海市城市总体规划（1999—2020）》。规划重点要求上海在金融贸易等方面建设成为现代化国际大都市。并指出已经对城市产业结构进行重大调整、产业布局也进一步优化，城市基础设施建设，如“三港两路”骨干工程、“申”字形高架道路、“半环加十字”轨道交通等相继按规划建成，正在向着枢纽型、功能型设施建设快速发展。③这一规划对浦东

① 梁毅：《浦东新区诞生了》，2012年2月22日，http：//szb.pudong.gov.cn/pdszb_pddq_szcs/2012-02-16/Detail_412889.htm，2018年12月5日。

② 上海市人民政府统计局，上海市人民政府浦东开发办公室，中国工商银行上海市浦东分行编：《1991年上海浦东新区统计年报》，上海科学技术出版社1991年版，第5页。

③ 上海市人民政府：《上海市人民政府关于印发上海市城市总体规划（1999—2020年）中、近期建设行动计划的通知》沪府〔2003〕69号，2003年12月4日。http：//www.shanghai.gov.cn/nw2/nw2314/nw2319/nw10800/nw11407/nw12941/u26aw1100.html，2018年12月7日。

和整个上海的定位进行了调整。

随着浦东开放逐步推进，进入 21 世纪以来，上海城市建设规划勾画出更大的蓝图。2005 年国务院又正式批准上海浦东新区进行综合配套改革试点。[①]该年下半年上海市政府提出“1966”四级城镇体系，[②]浦东依然是改革的重点。搭乘改革开放的高速列车，凭借国家政策的大力扶持，浦东以日新月异的速度蓬勃发展，不断实现着改革与创新，开发、开放均取得举世瞩目的成就。“2017 年，浦东新区国内生产总值 9 651.39 亿元，较前一年增长 8.7%，高于全市平均增幅 1.8 个百分点”。[③]相较于 2000 年 920.52 亿元的国内生产总值，[④]实现了近 10 倍的增长，可见其发展速度之快。

如今，站在黄浦江畔的外滩眺望过去，浦东陆家嘴区域的摩天大楼高耸入云，创新和活力在这里激发，并引领 2035 年上海建设卓越全球城市的新方向。浦东开发开放所取得的成就将上海这座城市的“海纳百川、追求卓越、开明睿智、大气谦和”城市精神体现得淋漓尽致。

二、浦东新区开发开放的重点与平台

浦东开发不同于 80 年代南方经济特区的开发模式，它作为国家开发战略，重点发展的是以金融和高科技为主的第三产业。[⑤]在开发开放的进程

① 刘永刚：《浦东开发大事记》，《中国经济周刊》2009 年第 22 期。

② 《中国直辖市房地产年鉴》编委会编：《中国直辖市房地产年鉴》，天津社会科学出版社 2007 年版，第 317 页。

③ 上海市浦东新区统计局、国家统计局浦东调查队编：《上海浦东新区统计年鉴——2018 年》，中国统计局出版社 2018 年版，第 1 页。

④ 熊月之主编：《上海通志》第 31 卷《浦东开发开放》，2008 年 7 月 11 日，http://www.shtong.gov.cn/Newsite/node2/node2247/node4590/index.html，2019 年 1 月 8 日。

⑤ 参见姚锡棠：《浦东开发开放十年实践的理论回顾》，《社会科学》2000 年第 5 期。

中，浦东逐渐形成了陆家嘴金融贸易区、金桥经济开发区（原金桥出口加工区）、外高桥保税区、张江高科技园区等四个重点开发地区。其中，陆家嘴金融贸易区则是城市发展的新核心，主要发展金融贸易；金桥经济技术开发区则为迎接产业转移的基地，主要发展先进制造业；外高桥保税区定位为连通世界的贸易窗口，主要发展国际贸易；张江高科技园区是引领中国技术创新的平台，主要发展战略高新技术产业。这四大重点开发区域尤其是陆家嘴金融贸易区建设取得了显著的成果，特别是在浦东开发开放初期，为浦东打下深厚的发展根基提供了动力之源。

（一）陆家嘴金融贸易区

民国时期上海已经是中国乃至远东地区重要的金融中心，新中国成立以后，随着中央对上海定位的变化，上海由原来的经济、贸易、金融中心向单一的制造业中心转变。改革开放以来，中国金融体系开始改革，上海的金融业再次迎来发展良机。

陆家嘴地区是上海金融贸易发展的核心地带。1990 年上海成立陆家嘴金融开发区，从空间范围上“陆家嘴”概念有以下几种：第一，小陆家嘴，即“东起浦东南路，西至黄浦江边，南起东昌路，北至黄浦江边范围内的公共区域，总占地面积 1.7 平方公里”。①第二，陆家嘴金融贸易区，简称陆家嘴金贸区，“面积 31.78 平方公里，位于黄浦江与上海内环线合围之中”。②第三，为总面积 42.77 平方公里的陆家嘴功能区域，③其中包括陆家嘴金融贸易区，加之位于内环线以外的部分区域。陆家嘴金融贸易区，

① 中原（中国）地产研究中心著：《中原地产红皮书 2006》（上海卷），南方日报出版社 2006 年版，第 57 页。

② 《上海年鉴》编撰委员会编：《上海年鉴 2012》，《上海年鉴》编辑部 2012 年版，第 89 页。

③ 上海市浦东新区统计局编：《上海浦东新区统计年鉴 2005 年》，中国统计局出版社 2005 年版，第 208 页。

是上海中央商务区重要组成部分。“按照金融、贸易、商业三种功能组合的陆家嘴金融街（区）、竹园贸易区、新上海中央商业城等功能小区，形成规模”。①这里逐渐汇聚大量中外金融机构、跨国公司，产权、期货、证券等市场要素云集。②陆家嘴金融贸易区概念的不断丰富变化，也是陆家嘴金融贸易快速发展的体现。

为发展上海金融业，解决上海建设资金不足的问题，中央于1986年批准在上海重新组建交通银行。交通银行成为新中国成立以后首家股份制商业银行，③是中央对上海恢复建设金融中心的大力支持，也是对原有金融体制的突破。建设金融中心，自然需要积极吸引国际金融资本，这也是解决上海改革开放建设融资的重要举措，一批实力雄厚的外资银行被引入陆家嘴。1997年12月18日，光大证券有限公司总部迁入浦东，这也是首家将总部设在浦东陆家嘴金融贸易区的全国性证券公司。次日，上海证券交易所也正式迁入浦东证券大厦新址运作。除此之外，房地产交易所、产权交易所、商品交易所、金融交易所等金融机构也纷纷从浦西迁入浦东。中资和外资金融机构纷纷抢滩陆家嘴金融贸易区，使得陆家嘴金融贸易区加速成形。④

这一时期，陆家嘴金融贸易区的建设为上海建设国际金融中心奠定了基础，增强了上海金融宏观调控能力，推动了我国金融体制改革。就上海

① 上海市地方志编纂委员会编：《上海市志·工业分志·工业综述卷（1978—2010）》，上海辞书出版社2017年版，第420页。

② 闵师林、韩可胜：《新世纪攻坚——对城市建设和区域发展的新思考》，上海大学出版社2003年版，第3页。

③ 孙福庆、刘亮等：《转型国家的国际金融中心建设——上海国际金融中心建设的实践与经验》，上海社会科学院出版社2018年版，第52页。

④ 周振华、熊月之等：《上海城市嬗变及展望（中卷）——中心城市的上海1979—2009》，格致出版社2010年版，第257页。

而言，初步解决了浦东建设过程中融资难的问题，为上海“一个龙头，三个中心”建设注入了强心剂。

21世纪以来，伴随着中国经济的腾飞，以及加入世贸组织，浦东金融贸易更是飞速发展，上海金融贸易更为有规划、有秩序。2007年上海发布《上海浦东金融核心功能区发展“十一五”规划》，此规划进一步推动了浦东金融的发展，①此后陆家嘴中心区初步形成中外贸易机构要素市场区、国际银行楼群区、休闲旅游区、江景住宅区和跨国公司区域总部区等五大功能区。

2009年后，随着土地、环境以及金融危机等方面的内外问题，上海也面临着战略转型的重要抉择。2009年3月25日，《关于推进上海加快发展现代服务业和先进制造业、建设国际金融中心和国际航运中心的意见》在国务院常务会议上通过，陆家嘴也被确定为上海打造国际金融中心的核心区域。②《意见》从国家战略的高度明确了上海建设国际金融中心的总体目标。③

“十二五”规划中，浦东得以进一步扩大建设面积，在金融功能等方面得到全方位改革。④党的十八大以来，浦东开放迈入全新阶段，特别是2013年中国（上海）自由贸易试验区在浦东新区成立，上海自由贸易试验

---

① 浦东新区人民政府：《上海浦东金融核心功能区发展“十一五”规划》浦府〔2007〕75号，2007年4月4日，http：//www.pudong.gov.cn/shpd/InfoOpen/InfoDetail.aspx?Id=191091，2019年1月8日。

② 参见武占云：《上海中央商务区建设实践与启示》，《城市观察》2018年第3期。

③ 国务院：《关于推进上海加快发展现代服务业和先进制造业建设国际金融中心和航运中心的意见》国发〔2009〕19号，2009年4月29日，http：//www.gov.cn/zhengce/content/2009-04/29/content_3068.htm，2018年11月17日。

④ 国家发改委：《“十二五”时期上海国际金融中心建设规划》，2012年1月30日，http：//www.shanghai.gov.cn/nw2/nw2314/nw2315/nw4411/u21aw577015.html，2018年12月22日。

区金融改革试点得到进一步深化。在“十三五”规划中上海的目标明确为成为全球性金融市场，挺进全球金融中心前列。①这是上海国际金融中心建设的目标所在，也是改革开放四十年来上海金融贸易建设的积累成果。

陆家嘴金融贸易区建设的成功得益于多方面的因素。尽管它的成长不断得到来自中央层面的大力扶持，但它的发展潜力也为其争取了更多的资源。更为重要的是，浦东新区坚持创新，敢于先行先试，不满足于既有成绩。

为了更深入地对接国家战略，更好地适应和引领经济的发展，以及更充分地发挥上海自由贸易试验区在改革开放和制度创新中的重要作用，陆家嘴金融贸易区仍将继续探索其在长三角经济一体化中的功能和定位。

（二）金桥经济技术开发区

金桥经济技术开发区位于上海市浦东新区中部，是早期经国家批准的国家级开发区之一。经过多轮论证和探索实践，金桥开发区逐渐明确了发展方向和实现路径。目前，金桥开发区形成以制造业为基础、以战略性新兴产业为重点、以生产性服务业为支撑的体系。②

20世纪80年代，上海出口的商品以低附加值的纺织、土特产为主，产品结构不合理，难以持续高效地完成出口创汇任务。为了优化产品出口结构，吸引外资，促进产业结构优化升级，1990年，国家批准建设金桥出口加工区。初期，金桥出口加工区发展的是资本和技术密集型出口加工业，1998年后则逐渐向制造业、经济研发等方向转变。2008年以后，金桥出口加工区又向国际产业转移，推动制造业与服务业等同时发展。2012

① 国家发改委：《“十三五”时期上海国际贸易中心建设规划》，2016年8月18日，http：//www.shanghai.gov.cn/shanghai/download/gongkai/hff1660.pdf，2018年12月9日。

② 参见王剑：《开发区可持续发展若干问题的思考和探讨——以上海金桥经济技术开发区为例》，《上海城市规划》2014年第4期。

年10月，上海金桥出口加工区正式更名为上海金桥经济技术开发区，继续承担产业升级引领的作用。政策优势以及良好的配套服务吸引了诸多外资企业集聚于此，据统计，“2015年新增内资企业注册资本达到67.89亿元，是2010年的6.3倍；外商直接投资合同金额整体保持平稳发展，2015年达到8.2亿美元”。①

经过四十年不断发展，金桥开发区已经跃升为我国能级档次水平较高、开发建设速度较快、综合产出效益较好，能够充分体现浦东开发开放特色的国家级开放区。2014年12月，被纳入中国（上海）自由贸易试验区，至此，其功能定位已完成全方位转变，迎来全新的生命周期和发展盛景。

（三）外高桥保税区

外高桥保税区成立于1990年，“至2008年底，外高桥保税区（简称保税区）封关面积8.96平方公里，实现增加值956.17亿元，比上年增长16.3%”。②保税区的功能定位是综合性自由贸易区，着重发展转口贸易、分拨配销、保税仓储、服务贸易和加工贸易。上海外高桥保税区于1990年9月正式启动，隔年进入土地开发阶段。1992年，外高桥保税区开发股份有限公司成立，全面开发和经营高桥保税区。

由于是全国第一个保税区，外高桥保税区经营管理为全国保税区立法提供了现实依据。为更好规范外高桥保税区的开发和建设，1995年夏，保税区工作人员起草保税区相关条例，并于1996年12月颁布《上海外高桥

① 浦东新区人民政府：《浦东新区人民政府关于印发〈金桥经济技术开发区暨中国（上海）自由贸易试验区金桥区发展“十三五”规划〉的通知》，2017年8月18日，http：//www.pudong.gov.cn/shpd/news/20170818/006002_a6c4c5fd-642b-458e-99a3-103bfeec8190.htm，2019年1月9日。

② 《上海年鉴》编纂委员会编：《上海年鉴2009》，上海年鉴社2009年版，第136页。

保税区条例》。“条例”成为浦东开发开放按照国际惯例办事的范例之一，同时也是我国改革开放史上的首部保税区法规，充分体现着世界保税区的最新发展态势。

外高桥保税区自身依托浦东开发开放的优势，加上不断吸收国外先进理念，已经发展成为我国经济规模最大、综合实力最强的保税区。“至2008年年底，保税区累计批准投资企业项目10 242个，吸引投资总额160.63亿美元。外资企业项目累计7 851个，占投资项目总数76.7%，吸引投资额133.40亿美元，占投资总额83.0%，保税区有来自94个国家和地区的外商企业投资注册。全年保税区完成进出口贸易总额626.37亿美元，比上年增长9.9%”。[①]在“十一五”规划中，浦东新区的任务是把外高桥海港新城建设为综合性城市，兼具港口和保税功能，“外高桥保税区和周边街镇实现联动，外高桥新市镇将成为有着充分的商务娱乐配套和适宜人居环境的‘海港新城’”。[②]该定位基于区域发展的新机遇，外高桥保税区也正在不断加快经济发展，锐意改革创新。

2013年，涵盖外高桥保税区、外高桥保税物流园区的上海自由贸易区正式成立，外高桥保税区进入新的发展阶段。将为我国探索国际贸易、加工制造、现代物流融合发展之路提供先进经验。

（四）张江高科技园区

张江高科技园区于1992年成立，是我国国家级高新技术园区，被誉为“中国硅谷”。园区初期的定位是“集科技、生产、销售、培训和与之

① 《上海年鉴》编纂委员会编：《上海年鉴2009》，上海年鉴社2009年版，第136页。

② 浦东新区人民政府：《浦东新区外高桥功能区域“十一五”经济与社会发展规划》浦府〔2007〕198号，2007年7月24日，http://www.pudong.gov.cn/shpd/InfoOpen/InfoDetail.aspx?Id=462020，2019年1月9日。

相配套的生活服务设施于一体的综合性基地”。[①]1999年的“聚焦张江”决策进一步将其功能调整为重点发展集成电路、软件和医药等主导产业。这一转型也加速了开发区在全球竞争中的科技优势。2005年张江开发区改革试点进一步得到国务院的支持，浦东新区也相应制订三年行动计划，坚持“聚焦张江”的战略，鼓励建设区域创新体系。2011年，张江高新区创建国家自主创新示范区得到国务院批复。[②]

经过发展，张江高科技园区逐步建成以自主知识产权为核心的创新体系。形成以集成电路、生物医药、软件、新材料等高新技术产业为支柱的产业结构。在此基础上，张江高科还大胆地进行改革，在产业组织创新、科研体制等方面发挥了模范带头作用，进一步完成物联网产业核心基地的开发建设，为国家布局未来战略性产业（张江高新区具体内容将在本章第二节“国家战略下张江高科技园区的开发与建设”中呈现）。

浦东开发的重点不局限于这四大重点地区，浦东在成长成熟的过程中，不断丰富自身功能，提高自身功能能级，如承接举办上海世博会，建设迪士尼旅游度假区等。总之，如今的浦东不仅仅是上海的浦东、长三角的浦东，还身兼中国深度参与国际经济分工体系，扩大国际影响力的领头羊角色。

三、浦东新区开发开放战略的特点

开发开放浦东，是我国进一步改革开放的重大战略，也是一项规模宏

---

① 林廷钧：《张江高科技园区规划实践回顾研究》，《规划师》2008年第9期。

② 季明：《上海浦东新区“新三年行动计划”提速综合配套改革》，2008年6月18日，http://www.gov.cn/jrzg/2008-06/18/content_1020671.htm，2018年11月27日。

大的跨世纪工程。1990 年中央作出了开发开放浦东的重大战略决策，让上海从全国改革开放的“后卫”变身为“前锋”，也使浦东在开发开放的过程中走出了自己的创新之路。“不仅对上海经济的振兴将会发挥巨大推动作用，而且对长江三角洲乃至整个中国的经济发展都具有重要意义”。① 2018 年 10 月 28 日，李强书记在第三十次上海市市长国际企业家咨询会议上再次强调改革创新对上海的重要性。②作为上海改革开放的排头兵，浦东的发展完整诠释了开放、创新、包容的上海最鲜明的品格。

（一）高起点、高标准规划建设

浦东是上海城市发展战略转变的重要突破口，是上海的希望所在。无论是在浦东开发开放的前期准备阶段，还是开发开放的建设进程中，高起点、高标准是始终秉承的鲜明特色。

浦东开发开放的前期研究极其重要，它确定了浦东开发开放的格局与起点。在 1984 年上海经济发展战略研讨会和 1986 年先后两次召开的上海城市发展战略研讨会中，浦东的开发都是重要内容。江泽民、朱镕基、汪道涵等对浦东的开发开放都非常重视。1987 年，由汪道涵等人发起成立开发浦东联合咨询研究小组。陈国栋、胡立教、汪道涵、赵祖康、李国豪等五位上海市老领导组成高级顾问组。③并且在美国设立国外顾问研究小组，由美籍华人科学家林同炎先生任组长，为上海提供国际智力支持。如此高规格的研究小组实属罕见。

① 上海市人民政府统计局、上海市人民政府浦东开发办公室、中国工商银行上海市浦东分行编：《1991 年上海浦东新区统计年报》，上海科学技术出版社 1991 年版，第 1 页。

② 李强：《聚焦：上海高水平对外开放》，《新民晚报》2018 年 10 月 28 日。

③ 张绍梁口述：《上海首个经国家批准的城市总体规划的诞生》，中共上海市委党史研究室编：《口述上海　改革开放（1978—2018）》，上海人民出版社、学林出版社 2018 年版，第 41 页。

此外，1988年上海还召开浦东新区国际研讨会，1993年举办“迈向二十一世纪的上海”等国际研讨会，可见，浦东开发开放是站在高的起点，将浦东放在一个中国乃至全球经济格局中，经过高水平海内外智力论证的重要战略。

开发开放，规划先行。在浦东规划的编制过程中，上海邀请国内外相关专家，并且向国际招标，征集优秀方案。朱镕基曾在讲话中论述说浦东的规划应该学习名古屋这一日本规划得最好的城市，以高标准来建设规划，并“号召全世界的建筑设计师来投标”。①陆家嘴的规划设计就征集了意大利、法国、日本等国的方案，陆家嘴中心绿地方案也是征询国内外方案后的结果。②

中共中央、国务院在《关于开发和开发浦东问题的批复》中指出：“开发和开放浦东是一件关系全局的大事，是我国深化改革、进一步实行对外开放的重大部署”。③将浦东开发开放定位为关系全局的大事，这一战略高度前所未有。

（二）开展政府行政管理体制改革

浦东的开发开放不仅仅是经济方面的大开发，还对政府行政机构的改革有更高的要求。一个政府的行政态度与办事效率是招商引资的关键。长期的较为低效的行政机制已经不能应对和服务涌入中国的新思想、新制度、新企业。

---

① 《朱镕基上海讲话实录》编辑组：《朱镕基上海讲话实录》，人民出版社2013年版，第386—387页。

② 李佳能口述：《编制浦东新区总体规划的前前后后》，政协上海市委员会文史资料委员会等：《口述上海——浦东开发开放（上）》，上海教育出版社2014年版，第137页。

③ 《浦东新区国民经济和社会发展十年规划和“八五”计划纲要》，上海市计划委员会编：《上海市计划报告集（1949—1998）》，1998年，第687页。

以投资 100 万美元的项目为例，外商“至少要经过 20 多个不同委办局、加盖 40 多个公章，多的竟然要 126 个图章才能完成”。[①]为解决浦东开发过程中政府服务较为低效的问题，上海成立了上海市外国投资工作委员会，将委员会打造成为“一个图章”机构，外资进入浦东、上海可以享受一个窗口式的服务，大大提高了招商引资的效率与声誉。一个小小的图章是上海敢于突破原有桎梏，勇于创新政府工作方法的尝试，更是展现上海优质服务的窗口。图章虽小，意义重大。

浦东开发开放之初，行政管理由浦东开发办公室负责。开发办公室宏观协调相关区县，并承担具体开发任务。考虑到市级层面资源有限，浦东自身发展基础也较薄弱，浦东率先开展政府行政管理体制改革，并尝试在新区管理中引入社会力量。1993 年成立的浦东新区管理委员会实行“小政府、大社会”的管理模式，政府不直接干涉企业的运营活动，而是将大量的日常事务委托社会中介来处理，以此达到精简政府机构、提高管理效能的预期。如新设置的浦东新区党、政机构的全部定员仅 800 人，还不足当年一个川沙县的机构人数。此外，行政管理上实行“两级结构”，新区政府直接领导各个街道、乡镇，合并行业管理职能，取消专业性的行业主管局而设立综合性管理部门。[②]

通过这种管理模式，进一步推动了政府职能的转变，充分发挥社会自治的作用，把原来由政府承担的大量社会、经济事务逐步转交给个人、企业、事业单位和其他中介组织、公务机构，让政府能够有更多的精力集中到开发建设等经济领域。如今的上海依然在政府服务方面走在全国的前

① 叶龙蜚口述：《“一个图章”机构开创上海对外开放新格局》，中共上海市委党史研究室编：《口述上海　改革开放（1978—2018）》，上海人民出版社、学林出版社 2008 年版，第 186 页。

② 参见周振华、熊月之等：《上海城市嬗变及展望（中卷）——中心城市的上海 1979—2009》，格致出版社 2010 年版，第 255 页。

列，优质、高效、廉洁的政府服务为上海营造了高标准、高水平、国际一流的营商环境。这正是浦东开发开放成功的重要原因之一。

（三）创新基因融入浦东开发开放全过程

浦东在深化改革开放的发展过程中，不仅是上海改革开放的领头羊，在各方面都是先试先行者。诸如“小政府大社会”“土地批租”“负面清单”“证照分离”“基础设施先行、金融贸易先行、高新技术先行”等策略。这些创新在深化改革时不仅取得良好的成效，为浦东和上海形成良好的发展软环境，而且大多数经验都可在全国得到复制、进行推广。

以浦东解决融资问题为例。在浦东开发开放初期，面临的最大难题是资金不足的问题。在浦东开发的启动阶段，因浦东新区地域广阔，加之上海市政府投入浦东新区的财政资金又有限，而城市基础设施建设、各项产业的引进等都需要短时间、大批量的资金投入。为了弥补资金的不足，浦东新区主要采取引进“土地批租”“税收滚动”等方式，“土地批租”是采取资金空转、批租实转、成片开发的土地空转的创新模式。政府先将土地空转给开发公司，然后开发公司再集资开发，通过“七通一平”[①]或“九通一平”，[②]将基础配套设施不断完善起来，而不断完善的基础设施建设又成为招商引资的优势与亮点，如此良性循环，一片片农田中便崛起了现代化的企业与项目。

“税收滚动”模式是政府以税收返还的形式将一部分资金注入开发公司，吸引更多的企业进入开发小区，这样就稳固了税收基础，也有利于增

① “七通”指通上水、下水、道路、电力、邮政、电话、煤气，“一平”指施工场地平整，简称“七通一平”。

② “九通”为通市政道路、雨水、污水、自来水、天然气、电力、电信、热力及有线电视管线，“一平”为土地自然、地貌平整。

加税收。通过增长的税收推动小区开发。①这种模式实际上建立在土地批租融资基础之上，第一种模式经过几年的运行为浦东聚集了不少资本。到1995年，被美国《财富》杂志列为世界最大的100家工业性跨国公司中有近一半进入上海投资，其中大部分进入浦东功能性开发区投资和经营。投资浦东的跨国公司70％以上分布在制造业，这些跨国公司为浦东带来先进的技术和管理经验，对浦东新区工业结构的调整和优化、企业管理水平的提高和产品质量等方面均起到积极推动作用。②

在2018年11月5日的上海进口博览会开幕式上，习近平总书记指出：上海长期领中国开放风气之先。上海之所以发展得这么好，同其开放品格、开放优势、开放作为紧密相连。为了更好地发挥上海等地区在对外开放中的重要作用，我们将做出以下三个方面的努力：一是将增设中国上海自由贸易试验区的新片区，为全国积累更多的经验；二是将在上海证券交易所设立科创板并试点注册制；三是将长江三角洲区域一体化发展上升为国家战略，同“一带一路”建设、长江经济带、粤港澳大湾区建设、京津冀相互配合。③上海的三大对外开放任务皆与浦东有着直接联系，无疑是浦东开发开放成果的体现，正是在这三方面有了初期探索的基础，才使得上海可以更好地发挥对外开放的引领作用。创新对于一个国家、民族的重要性，恰可以通过改革开放之后浦东新区的发展与腾飞得到证明。

浦东开发开放战略的形成是在改革开放关键时期，中央和上海作出的关键抉择，也是我国改革开放的必由之路。浦东是一个点，这个点是撬动

① 姚锡棠：《浦东开发开放十年实践的理论回顾》，《社会科学》2000年第5期。

② 周振华、熊月之等：《上海城市嬗变及展望（中卷）——中心城市的上海1979—2009》，格致出版社2010年版，第256页。

③ 习近平：《习近平在首届中国国际进口博览会开幕式上的主旨演讲》，2018年11月5日，http：//cpc.people.com.cn/n1/2018/1105/c64094-30382600.html，2019年1月7日。

振兴上海、推动长三角一体化发展，乃至引领中国改革开放再出发的支点！

第二节　国家战略下张江高科技园区的开发与建设

1978年党的十一届三中全会以后，改革开放给中国带来新的发展机遇和活力。但是由于上海上缴的财政收入多年稳居全国第一，占六分之一还多，为保证全国的财政收入，中央仍然维持上海原有的发展策略，产业结构并未发生大的调整。①因此，改革开放实施相当一段长的时间里，上海不进反退，开放不足，经济增长一度低于全国平均水平，成为改革开放的“后卫”，为重振上海国际大都市的雄风，推动上海地区经济发展转型，势在必行。进入20世纪90年代以后，中央决定调整改革开放的重点，上海逐渐走到改革开放的“前沿”，充当改革开放的排头兵。②上海对国家改革开放战略的承接，插上了改革开放发展的翅膀，使长期蕴含的潜能瞬间被激发，经济迅猛发展。

中共中央对上海发展战略作重大调整，主要表现为浦东实行经济技术开发区和某些经济特区的政策。上海张江高科技园区（以下简称“张江园区”），便是这一时期的重要产物，成立于1992年7月，是国家级的上海市高新技术产业开发区的重要组成部分，也是浦东新区4个重点开发小区之一。③历经20多年的建设，张江园区内产业已步入稳定发展的轨道，集

① 王战：《上海过去30年如何解决各阶段主要矛盾》，澎湃新闻网，2014年11月4日，http：//news.163.com/14/1104/13/AA7ABCRV00014SEH.html，2018年12月8日。

② 熊月之主编：《中国通史当代经济》第12卷，上海人民出版社2015年版，第4页。

③ 陈少能主编：《浦东新区年鉴1994》，上海三联书店1994年版，第38页。

成电路、生物医药等新兴产业已成为主导产业。目前来看，张江园区是具有特殊意义的区域，是主动承担特殊战略使命的区域，作为我国改革开放的实践地，研究好它的内在发展路径，对于其他经济园区的发展具有重要的参考和借鉴价值。

一、先行先试：张江高科技园区的建立

“凡是适应世界经济、特别是科技园区发展潮流，有利于技术创新和高科技产业化的一切好的做法……在张江都可以大胆地试、大胆地闯”①。先行先试意味着突破旧制进行创新，每跨出一小步都是向传统发起的一次大的挑战。20 世纪 90 年代末 20 世纪初，一系列破冰政策鼓舞着张江人在科技发展路上大步先行，走向“特而又特”的政策前沿。

（一）崛起发展的背景条件

张江地处长江三角洲剑突东源，地处上海市浦东新区腹地。根据《浦东史志——张江镇志》记载，张江地区私营工业、手工业、商业历史悠久。新中国成立以后到浦东开发开放之前，张江一直是上海市郊的农村，农民是城镇人口的主要组成部分。境内地势平坦，东南略高，西北稍低，平均海拔 4 米左右。土壤以黄泥为主，潮沙、堆叠土次之。域内土质疏松，土壤肥沃，河网纵横交错，淡水资源丰富，既利农耕，亦利渔牧，堪称江南鱼米之乡。②可见，当时农业还是主要的支柱产业。

浦东开发开放赋予张江新的历史使命。张江园区的建立，使得张江的

---

① 上海张江（集团）有限公司：《聚焦张江，实施国家创新战略》，《浦东开发》2008 年第 1 期。

② 张江镇志编撰委员会编：《张江镇志》，汉语大词典出版社 2006 年版，第 4 页。

知名度迅速提升，面貌日新月异，早年阡陌相连的广袤农田和星罗棋布的农舍民房已被四通八达的通衢大道和鳞次栉比的高楼华屋所替代，一跃成为参与国际竞争的前沿阵地。

开发是定位的基础，定位是开发的航标。当初摆在开发张江园区首要问题是开发什么行业。20 世纪 90 年代初劳动密集型产业大发展，出口加工贸易盛行的背景下，为何将张江园区定位发展为高科技产业？

一是上海是全国重要的经济中心，张江园区具有开发开放浦东的重大战略机遇的优势。1990 年春，邓小平倡导支持开发浦东，随即，4 月上旬中共中央、国务院做出开发开放浦东的重大决策。1991 年 3 月，全国人大七届四次会议审议通过《国民经济和社会发展十年规划和第八个五年计划纲要》，提出把搞好上海浦东地区的开发和开放作为今后十年国家经济发展的重大举措。

相对来说，浦东开发比深圳晚，但起点更高，甚至于后来居上。中央提倡发展过程中实现超越式发展。坚定深化改革发展的决心，抓紧浦东开发。1992 年 10 月，江泽民在《中国共产党第十四次全国代表大会的报告》中进一步确定了浦东开发在上海以及长三角乃至整个长江流域的重要作用。当时世界科学技术革命迅猛发展，高新技术及其产业化日益成为各国发展经济的重要支柱。自 50 年代，美国新建世界上第一个技术工业园“硅谷”之后，在世界范围掀起新建科技工业园的热潮。①一时间，高新技术园作为高新技术产业化的基地，引起世界各国和各地政府的高度重视。当然，中国亦不例外。

据此，为实现中央提出的把上海建成“一个龙头，三个中心”的要

---

① 丛书总编纂委员会编：《上海改革开放二十周年》（技术卷），上海人民出版社 1998 年版，第 178 页。

求，进一步确定上海城市发展的战略目标，面向21世纪体现国际大都市水平，明确了要把浦东建设成国际化、枢纽型、现代化的世界一流新城区的目标，张江园区根据“基础设备先行，金融贸易先行，高技术产业先行”的发展导向，作为国家级的重点高新技术开发区之一，其先行先试的范例明确了上海在我国改革开放和现代化建设中的地位和作用。

二是与当时上海产业结构转型大环境紧密相关。新中国成立后，上海经济主要走以发展工业为主体的道路。早在20世纪80年代，上海就在“创新与转型”的道路上迈出了探索的步伐，这段时间产业调整成为上海经济发展的主题。90年代之后，“创新与转型”成为上海社会经济发展的主旋律。进入21世纪以来，在建设创新型国家的战略布局中，上海始终担当着举足轻重的历史使命。20世纪90年代，是上海作为全国经济中心重新崛起的时期，上海逐步明确要建立全国经济和金融中心的目标。①基于上述的定位和目标，上海认识到高科技必须放在十分重要的地位，原定于“八五”时期启动张江园区建设，于1992年5月开始筹建。②

三是为应对国际环境亟须突破国际技术封锁，坚定改革开发开放决心的需要。20世纪80年代末，信息技术革命进入新的发展阶段，一时电子信息产业成为世界各国竞争争夺的先导产业。同时，这一时期，世界各国对于中国深化改革、扩大开放产生怀疑，纷纷对中国采取技术封锁的政策，使得中国发展陷入困境。③

当时国内的主要背景是，“七五”时期改革将国家发展重点转移到城

① 马文刚：《辉煌20年　上海张江高新区》，《中国高新技术产业导报》2017年7月2日。

② 朱红菊：《张江高科技园区发展研究》，上海交通大学硕士学位论文2007年。

③ 张异平、曾刚、熊竞：《科技驱动新型城镇化：上海张江发展模式研究》，中国工人出版社2014年版，第32页。

市，促进企业发展，支持对外开放，引进外资、技术等，改革开放是时代主题。[①]1990年浦东的开发开放正是在此基础上按照“三个面向”和“振兴上海、开发浦东、服务全国、面向世界”的战略思想，提出要建设具有世界一流水平的外向型、多功能、现代化的新区，为上海建设成为国际经济、金融、贸易中心和全球城市奠定基础，向世界显示出中国深化改革的坚定决心。

综上所述，根据张江园区所处的国内外发展局势来看，具有争夺世界高新技术领域话语权的条件和优势。所以，借助浦东开发开放的战略，大力发展科技，通过技术创新推动产业转型，是当时上海产业结构调整的重大战略。张江园区正是高新技术产业先行先试战略的关键一举。

（二）园区建设概况

张江园区位于上海浦东新区中南部，初期北部依靠龙东公路，南靠川杨河，东至规划中的辅环路，西至内环线浦东段建平路的延伸线。规划总面积为17平方公里，与陆家嘴等为上海浦东新区四个重点开发区域。

张江园区具有几个特征：一是以实现高科技成果商品化、产业化为基本功能。通过培养工业与大学、科研机构的联系，以科学研究和技术开发促进高技术成果为商品，通过形成规模效应，获得利益。二是政府主导。政府组织协调和加强各要素之间的联系。三是创新要素集聚，创新能力强。以智力密集区为依托，聚集一批大学、科研机构、创新型企业等，孵化和衍生出一大批创新型、高成长高科技企业。四是基础设施完善，创新文化制度环境良好。有良好的科研基础和交通设施支撑，工作生活基础设备完善。同时拥有自身特色的文化，激励创新创业的政策体系完善并有效

① 《中华人民共和国国民经济和社会发展十年规划和第八个五年计划纲要》，2006年8月8日，http：//www.china.com.cn，2018年12月9日。

落实。

张江园区结合高科技园区发展特点，规划上分科贸博览区、高科技产业区、科研教育区、居住生活区四个功能区，四大功能区由美国、法国、日本、澳大利亚、中国台湾和上海等专家规划设计，各部分设计既体现了上海国际水平，也使不同区域的特色融汇于此，以“人无我有，人有我特”的建设导向，形成自身的特色和标识。

高科技产业区，面积为11.25平方公里，占园区总面积的66.20%，主要从事高新技术的产业化工作，其产业区将根据项目技术含量的不同，形成三个技术项目层次及相应的产业群。一是高技术项目重点引进与发展生物医药工程、电子信息、光机电一体化三大领域内项目。二是“四新”①技术项目，重点引进通信设备、自动化设备与仪器等。三是对传统工业进行技术改造。科贸博览区，面积1.76平方公里，占园区总面积的10.40%，以立足上海，辐射全国，符合国际规范的科技贸易中心为发展重点，为产业提供市场、发展相匹配的第三产业。科研教育区面积约1.33平方公里，占园区总面积的7.80%，主要功能是为高新技术的开发，培养各类人才的摇篮。居住生活区，面积2.66平方公里，占园区总面积的15.60%，②主要发展高、中档商业及一般标准化的住房，满足不同层次人群的需要。

张江园区的发展目标是促进和推动高新技术的产业化，以“人无我有，人有我特”的建设导向，形成自身的特色和标识，逐步建成一个集产学研一体的，功能齐全的，在中国居领先地位的高科技园区。

① “四新”：新技术、新工艺、新产品、新材料。

② 陈少能主编：《浦东新区年鉴：1994》，上海三联书店1994年版，第39页。

二、探索与突破：张江高科技园区的发展阶段

1992 年 7 月，国务院正式批准张江园区为独立建立的国家级重点高新技术开发区，经过二十六年发展，已成为国家自主创新示范园，承载打造世界级高科技园、国家科创中心的战略任务。二十多年来，作为首批国家高新区之一的上海张江高新区在蝶变中演绎精彩，在变革中发展，在发展中提升，循序渐进中每一次探索和突破，都饱含和闪烁着成长与成熟的光辉。张江从一片阡陌农田开发起步，至今为止，经历三个发展阶段。①

（一）起步发展阶段（1992—1998 年）

中共中央倡导支持开发浦东，在国际交流中发展出浦东开发开放的构想，提出发展上海的捷径道路。邓小平指出开发浦东对长三角有重要意义，要求把开发浦东从地方发展战略提升为全国的发展战略，有利于形成中国全方位对外开放新格局和增强中国在国际市场的竞争力。②

进入新时代，这一任务又有新的内涵与任务。中共上海市委、市政府按照中央要求，坚持“振兴上海、开发浦东、服务全国、面向世界”，“以东带西，以西促东，东西联动”和四个“率先”的战略，先后成立市政府浦东开发领导小组和浦东开发办公室，直接领导和谋划浦东开发开放的各项重大措施。

1991 年首先成立上海漕河泾新兴技术开发区，而后张江园区被批准为国家级开发区，与漕河泾新兴技术开发区合称为“上海高新技术产业开发

---

① 谢黎萍主编：《口述上海　改革创新（2002—2016）》，上海教育出版社 2002 年版，第 107 页。

② 焦永兴：《引领长江经济带高质量发展》，《解放日报》2018 年 9 月 19 日。

区”，之后进一步发展合并形成张江园区“一区六园”的发展格局。①

表 6-1 第四批通过审核的国家级开发区名单（上海）

省份	开发区名称	批准机关	批准时间	审核确定的面积（公顷）		主要产业
				总面积	其中：集中新建区面积	
上海	上海高新技术产业开发区	国务院	1991.3	4 211.70	4 211.70	电子与信息、生物及医药、光机电一体化

资料来源：国家发展和改革委员会：国家发展和改革委员会公告 2005 年第 56 号〔2005〕第 56 号，2005 年 9 月 7 日，http：//project.mofcom.gov.cn/，2018 年 12 月 30 日。

张江园区从建立伊始，便获得很多第一的成绩。1992 年 10 月 24 日，张江高科技园区与浙江永嘉楠江工业公司正式签订第一个土地预约协议。1995 年 10 月 23 日，第一个研发机构上海新药研究开发中心进驻张江高技术园区。②此外，张江园区不断培育主导产业，特别是在生物医药和软件产业方面，相关要素在极短的时间内集聚达到一定规模。

但是，张江园区初期的发展却不如定位那般理想，在当时的形势下，发展相对艰难。主要原因在于：1991 年 4 月，第七届全国人民代表大会第四次会议通过《中华人民共和国国民经济和社会发展十年规划和第八个五年计划纲》文件，认定国家发展的重点是深加工制成品出口，上海工业技术和知识水准虽有所提高，但是总体还是属于高耗能、高污染的重化工业结构，高新技术产业发展并不快。从表 6-2 的数据来看，不难发现出口加工区和保税区吸引项目在发展数据上远远高于张江高技术园区发展。

① 上海高新技术产业开发区“一区六园”，“六园”为张江高科技园区、漕河泾新兴技术开发区、上海大学科技园、中国纺织国际科技产业城、金桥现代科技园、嘉定民营技术密集区。

② 张江镇志编撰委员会编：《张江镇志》，汉语大词典出版社 2006 年版，第 446 页。

表 6-2　主要开发区开发建设基本情况（1993 年底止）

开发小区名称	规划面积（平方千米）	外商直接投资项目（个）	本市投资（个）	批准签约项目投资总额（亿元）
陆家嘴金融贸易区	3	17	13	193
金桥出口加工区	3.23	91	51	232
外高桥保税区	5.27	553	151	173
张江高技术园区	0.42	1	2	36

资料来源：管小军、刘李曾：《1994 年上海浦东新区统计年鉴》，中国统计出版社 2013 年版，第 120 页。

就上海发展状况来说，随着高新技术产业电子信息产业领域的发展，越来越多的国家和地区把电子信息、生物医药等产业作为迈入 21 世纪的先导产业。因而上海为了在下一轮竞争中抢占有利地位，就必须加快技术创新，培育发展信息电子、生物医药等企业发展，势在必行。

（二）聚焦发展阶段（1999—2006 年）

进入 21 世纪，科技进步突飞猛进，知识和智力资源的占有、配置、生产成为世界各国发展的重要依托。然而，2005 年曾任张江镇镇长陶伟昌回忆当时的财政收入不容乐观，“也就是只有吃饭的钱”。①故而加快科技创新，成为进一步发展的必然选择。1999 年 8 月 26 日，上海市市长徐匡迪在全国创新大会上提出，上海将集中力量把张江园区建设成为全市技术创新的示范园区。②这一决定无疑加快张江高技术园区的建设和发展，标志着“聚焦张江”战略的启动，自此，张江高科技园区步入了快速发展阶段。

这一时期，上海市委、市政府对张江园区的功能定位是“研发创新、孵化创业、转化辐射、机制创新”。为促进张江园区的发展，根据中共中

① 《张江镇志》编撰委员会编：《张江镇志》，汉语大词典出版社 2006 年版，第 6 页。

② 谢国平等：《浦东要闻 24 年 24 个关键词》，《开发杂志》2014 年第 4 期。

央国务院《关于加强技术创新发展高科技实现产业化的决定》，市委、市政府结合上海市实际情况，制定《上海市促进张江高科技园区发展的若干规定》（简称“张江十九条”），作为“聚焦张江”战略的重要内容。[①]设立张江高科技园区领导小组及其办公室，协调管理、授权审批以及技术成果转化的认定、政策的落实等。张江领导班子和机构的设立为园区内企业提供各种必要的服务，建立一套高效便捷的行政审批和管理服务的平台，遵循“张江事张江办”的原则，出台人才引进和优惠政策，提出重点扶持的产业，建立鼓励在园区内的企业中形成风险投资资金的进入和退出等机制。后来又通过对“张江十九条”两次修改完善，无疑为张江园区的发展排除制度障碍。

可以说，在实施“聚焦张江”战略后，张江园区扩大范围形成“张江核心区”，形成“6 + 2”[②]的“一区八园”格局，重点是以中国“硅谷”和“药谷”为方向的创新创业，明确提出从“引进经济”转向“创新经济”，旨在使高新技术创新、产业聚群发展、园区功能辐射效应得到充分发挥，使张江高科技园区真正成为上海发展创新经济的重要载体。

2007 年，张江高科技园区管理委员会成立。张江高科技园区开始在管理体制、营商环境方面进一步探索。这一年，原有规划用地基本开发完毕并接近满租，在企业实力和经营环境均发生很大变化的情况下，园区从以开发建设为主转型为开发建设与集成服务并举模式，优化创新创业环境，集聚和培育领先带头型企业。此后张江高科技园区的辐射能力，带动能力，以及影响能力快速提升。

---

① 上海市经济和信息化委员会：《上海市促进张江高科技园区发展的若干规定》，2010 年 2 月 9 日，http：//www.sheitc.gov.cn，2018 年 10 月 23 日。

② 一区八园：新增上海紫竹高新技术产业园、杨浦知识创新基地。

（三）创新引领发展阶段（2011年—至今）

2011年，国务院批复支持上海张江园区建设国家自主创新示范区，赋予张江深化改革的新使命，张江进入新的历史发展时期。1月10日，上海市张江高新区管委会第一次主任全体会议在浦东新区召开。此次会议的主要任务就是审议和研究张江高新区建设国家自主创新示范区的有关工作，详细的会议议题有7项，包含听取管委会组建以来的工作汇报，审议《上海张江高新区“十二五”发展规划纲要（征求意见稿）》等相关文件，依托上海市科委对“一区多园”进行整体规划、政策指导。①

最终2011年，张江园区经过示范带动作用，发展模式从“引进创新”转向“自主创新”，园区空间由“一区八园”扩区为“一区十八园”②格局，即市域范围的“张江国家自主创新示范区”（见图6-1），总面积达296.4平方公里。③

张江园区的升级，不仅促进自身的发展，而且带动了上海各区域、各高校和科研机关、企业的参与。同时，在国际科技竞争当中张江也起到重大的示范作用。

2014年，中国（上海）自贸试验区扩大区域范围，张江高科技片区37.2平方公里纳入其中。这是张江园区继2011年被设立为国家自主创新示范区后，又一承接国家战略需求的任务。相较于陆家嘴金融区等自贸试验区片区，毫无疑问，张江园区在深化科技创新体制机制改革，“充分发挥自贸试验区和国家自主创新示范区政策叠加优势，全面推进知识产权、

---

① 《张江示范区：成为高新技术产业的领跑者》，《解放日报》2018年11月6日。

② 张江核心园、漕河泾园、闸北园、青浦园、嘉定园、金桥园、杨浦园、徐汇园、长宁园、虹口园、松江园、闵行园、普陀园、奉贤园、金山园、崇明园、临港园、陆家嘴园。

③ 杨亚琴：《张江创新发展的思考——来自中国的案例》，《社会科技》2015年第8期。

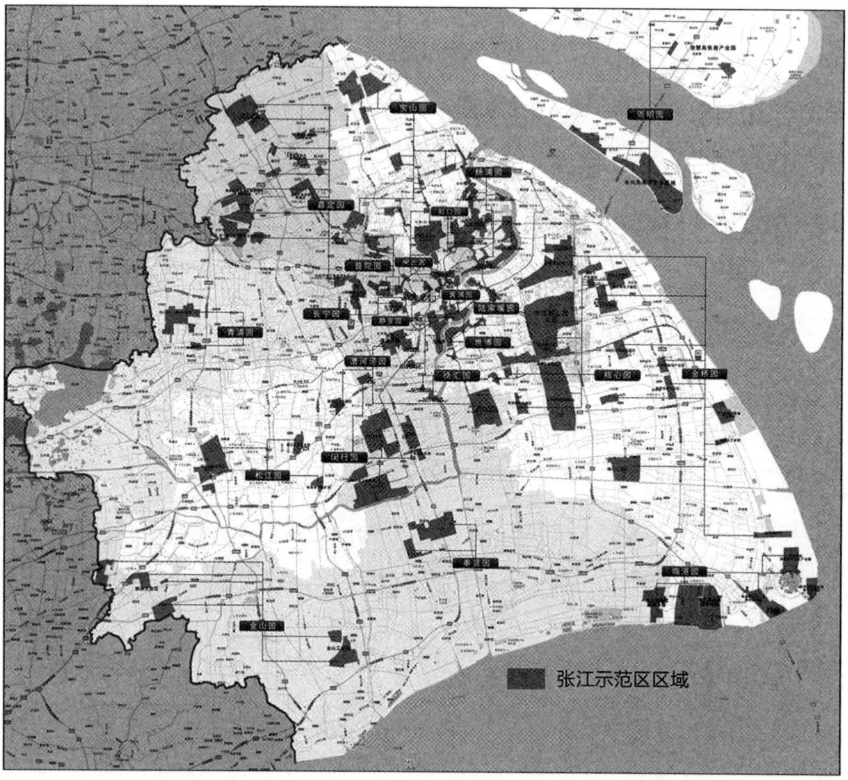

图 6-1　上海张江国家自主创新示范分园分布示意图

图片来源：上海张江国家自主创新示范区：《上海张江国家自主创新示范分园分布示意图》，2015 年 8 月 24 日，http：//www.zjsfq.gov.cn，2018 年 11 月 4 日。

科研院所、高等教育、人才流动、国际合作等领域体制机制改革”①等方面具有显著的优势。

2015 年，上海发布《关于加快建设具有全球影响力的科技创新中心的意见》，在重大科技基础设施、重大战略项目和基础工程、创新集聚区建设等方面提出：“加快建设张江综合性国家科学中心和若干重大创新功能

① 国务院：《关于印发进一步深化中国（上海）自由贸易试验区改革开放方案》，中国政府网，2015 年 4 月 8 日，http：//www.gov.cn/zhengce/content/2015-04/20/content _ 9631.htm，2018 年 11 月 10 日。

型平台、实施一批重大战略项目和布局一批重大基础工程、建设各具特色的科技创新集聚区等三条政策措施”。①张江成为上海建设科创中心的核心承载区，成为上海科创中心建设的排头兵。

中央和上海市对张江的支持还远远不仅于此。2016 年 2 月，国家发展改革委、科技部批复同意建设张江综合性国家科学中心。2017 年 8 月，市政府关于原则同意《张江科学城建设规划》，张江科学城规划总面积约 94 平方公里，张江定位要成为世界一流科学城。并提出三大科创要素集群，即：“北部依托国家实验室核心区，集聚大科学设施、高水平研究型大学和国家级科研院所；中部结合孙桥地区和李政道实验室，集聚国际一流实验室和科研院所；南部结合国际医学园区，形成以医疗为特色的国际院校、研究所集群”。②

有了具体的规划指导，张江加快了创新产业高端化集群化的步伐，科创要素的集聚发展势头明显。一大批国家重点科学设施落户张江，如：上海光源二期以及三期 X 射线自由电子激光项目、国家蛋白质科学研究（上海）设施、李政道研究所。

2018 年 5 月，上海市委、市政府决定重组上海推进科技创新中心建设办公室，上海市张江高科技园区管理委员会更名为上海市张江科学城建设管理办公室。③这是政府主动调整与市场关系，不断优化自身服务，为张江

---

① 上海市发展与改革委员会：《〈关于加快建设具有全球影响力的科技创新中心的意见〉内容解读》，2015 年 5 月 29 日，http：//fgw.sh.gov.cn/gk/zcjd/kczx/xgjd/20122.htm，2018 年 12 月 20 日。

② 上海浦东门户网站：《张江科学城建设规划正式获批》，2017 年 8 月 8 日，http：//www.pudong.gov.cn/shpd/news/20170808/006001 _ de4a3aa4-2aff-46ef-be10-86124a3fc6bd.htm，2018 年 12 月 20 日。

③ 张江在线：《张江概况》，http：//www.sh-zj.gov.cn/Default.aspx?tabid = 152，2018 年 12 月 25 日。

科学城建设助力的关键举措。张江的未来不可估量!

三、遍地开花：张江高科技园区的建设成效

此成立以来，张江园区经历了“起步、聚焦、发展”三个阶段。从最初的一个园区到发展到现在的“一区多园”，张江园区已成为全国6个建设世界一流科技园区试点之一和3个国家自主创新示范区之一，构建了“八大基地”①和“五大高地”，②正是这些基地和高地共同承载着上海“创新驱动、转型发展”的重任。

“聚焦张江”战略在高新技术产业发展方面的表现：

一是“聚焦张江”战略推动下，张江科技成果转化率不断攀升，产业结构和产业能力调整升级。“集成电路和生物医药具有很强的研究能力，以生物医药领域来说，张江园区成为中国生物医药产业参与国际竞争的知名品牌，形成了‘研究开发—中试孵化—规模生产—营销物流”的现代生物医药创新体系’”。③“张江集聚了600多家生命健康创新企业，超过400个在研药物品种，超过130个项目进入临床研究阶段。国家级研发机构近150家，超过1 000多项专利授权，1 000万份生物样品存储能力”。④

① 八大基地：软件产业基地、银行卡产业基地、光电子产业基地、现代医疗器械园、集成电路产业基地、生物医药产业基地、国家信息安全产业基地、文化科技创意产业基地。

② 五大高地：研发中心高地、高科技跨国公司地区总部高地、国内名牌高校张江分院集聚高地、海内外高科技人才聚集高地、高科技中小企业创业孵化高地。

③ 上海张江（集团）有限公司：《聚焦张江　实施国家创新战略》，《浦东开发》2018年第1期。

④ 上海浦东门户网站：《张江“医”产业：从全球集聚到全球引领》，2019年5月16日，http：//www.pudong.gov.cn/shpd/news/20190516/006001_31ab3541-8d2d-4c66-b77c-e0872e0cdcbb.htm，2019年5月17日。

就信息技术产业来说，包括集成电路、软件与信息服务、光电子等产业，产值占全国的 1/3 左右，和生物健康产业一道是张江的两大优势产业，在全国具有重要地位。通过表 6-3 的孵化毕业企业数据可见，张江科技园区的优势地位。

表 6-3　孵化毕业企业占园区支柱产业比重情况　　单位：%

行业类别	毕业企业	园区总体		
		2008 年	2009 年	2010 年
软件业	41.5	21.4	20.7	21.2
生物医药	23.2	20.0	20.3	19.3
集成电路	6.1	10.9	10.1	9.6
文化创意	15.9	7.1	7.3	7.0
合　计	86.7	59.4	58.4	57.1

资料来源：发改委（统计局、物价局）：《发展状况调查报告》，2011 年 9 月 20 日，http：//www.pudong.gov.cn/shpd/InfoOpen，2018 年 9 月 24 日。

二是依托区域技术资源，促进产学研相结合。园内拥有上海交通大学医学院、上海中医药大学等 10 余所高校，以及上海肿瘤研究所、上海超级计算中心等 100 余家科研单位。这极大地推进了创新能力，有效地建立了科研发展平台。同时园区交通方便，有效地促进了生产与研发的快速连接。

三是支持高成长性企业发展，鼓励自身创新。深化服务，不断提供对高成长性企业的支持，成为企业发展的加速器，快速提升自身创新能力。新形势新要求，着力发展嵌入式创客空间，通过创客空间的服务平台，推动企业外包项目的发展。在国际高科企业发展排名中，张江独树一帜。整个张江园区，具有创客空间已经达到 600 余家，像一颗颗珍珠一样嵌在园内，绚丽夺目。①

① 彭崧：《“聚焦张江”十年：国家创新战略的科学实践》，《中国发展》第 10 卷第 1 期。

四是科技发展、技术创新离不开“人才”的需要，张江一直坚持完善人才引进计划，园内人才队伍结构不断优化。各个层次、各种类型的技术人员自发组织来张江参观考察，做到“千名科技人员看张江”。张江相关负责人表示，张江发展的重要任务之一就是聚集人才资源，包括院校、科研院所、专家顾问和留学人才，为其提供配套舒适的软环境。重视人才的关心和支持，搭建产学研发展要素之间的桥梁，对于张江高科技园区的发展建设大计有重大的意义。

从表6-4可知，张江高科技园区在多处兴建安居工程，专为科技人员提供配套住房，使他们安居兴业。

表6-4　张江高科园区的人才公寓

序号	公寓名称	地　　址
1	汤臣三四期人才公寓	晨晖路828弄
2	浦东软件园人才公寓	祖冲之路博霞路104号
3	创业公寓	碧波路573弄（张江高科地铁站对面）
4	张江高科苑	蔡伦路1433号
5	天之骄子人才公寓	盛夏路58弄（近祖冲之路）

资料来源：《上海浦东门户网站“人才公寓”专题调研》，2017年1月，http：//www.zjsfq.gov.cn，2018年12月14日。

未来新形势下，在上海市委、市政府的领导下，张江园区将适应示范区和自贸区“双自联动、融合发展”要求，着力发展高新技术产业，面对发展过程中遇到的短板和阻碍，聚焦难点、痛点和堵点，解决生产要素制约等问题，优化统筹科创中心的各项工作，进一步明晰功能定位和发展定位将始终坚持全面协调可持续发展，结合国内国外实际环境，依托政府“四新经济”产业的支持，打造“新技术、新产业、新模式、新生态”经济园区，围绕园区地产、科技投资、集成服务三大核心主业，以效率为导向，让创新真正落实到创造上，把创新成果变成实实在在的效益和产能，进一步积极推进打造中国高科技园区的知名品牌，向着世界级高科技园区的愿景目标阔步前进。

第三节　创新发展先行者：中国（上海）自由贸易试验区

中国（上海）自由贸易试验区（简称上海自贸试验区）2013 年正式成立。[①]初期，自贸试验区仅包括洋山保税港区等 4 个海关特殊监管区域，如今已经拓展到包括金桥出口加工区、张江高科技园区和陆家嘴金融贸易区在内的 7 个区域，面积由原来的 28.78 平方公里物理扩展到 120.72 平方公里。[②]

一、上海自贸试验区的建立

上海自贸试验区建设是先行先试、深化改革、扩大开放的重大举措。在全球经济和中国经济发展中占据重要位置。

（一）应运而生：上海自贸试验区建立的外部因素

正如英国《经济学人》杂志对上海自贸试验区的评价，这是中国新领导人的一项“顶层设计”。[③]进入 21 世纪以来，经济一体化趋势越发明显，

---

① 上海市浦东新区地方志编纂委员会：《浦东年鉴》，浦东年鉴编辑部 2014 年，第 12 页。

② 国务院：《关于印发进一步深化中国（上海）自由贸易试验区改革开放方案》，中国政府网，2015 年 4 月 8 日，http：//www.gov.cn/zhengce/content/2015-04/20/content _ 9631.htm，2018 年 11 月 10 日。

③ 参见叶满天：《上海新故事》，《中国科技投资》2013 年第 Z5 期。

各个经济体在互相激烈竞争的同时，也在想方设法形成合作以期实现利益的最大化。中国在推动经济体制改革和市场开放方面取得巨大成绩，但中国进入经济新常态后，迫切需要寻找新的经济增长点。为此，设立自由贸易试验区，试行金融自由化吸引海外投资等，这一系列的前瞻性工程必将激发中国经济增长的原动力。

上海自贸试验区的建立与中国尝试建立跨国自由贸易区受挫脱不了关系。自改革开放以来，以美国为首的西方发达国家也从未停止过对中国经济的围追堵截。建立自贸区有利于充分发挥区域内产业的互补性，挖掘各自贸易潜力，促进区域价值链融合，从而合理并有效地应对国际垄断和封锁。①中日韩自贸区构想正是适应这种需要而出现的，只是这一构想牵涉利益方过多，各国权利分歧较大，自倡议以来历经七次谈判，开展颇为不顺畅。

建立"中日韩自贸区"（CJKFTA）的倡议是促进"亚太一体化"的重要议题。早在2002年，中日韩在三国领导人峰会上正式提出建设三国自贸区的倡议，并承诺在七年内完成机制建构和规划。②就此，中日韩首脑进行了多次会晤与磋商。2003年到2009年，中日韩三国建立了自贸区建设的联合研究项目。2010年11月，三国签订《"环黄海行动"备忘录》，开始在三国的部分环海城市开始自贸区的试点试验。2012年，三国在柬埔寨金边举行的东盟系列峰会上正式宣布，启动有关建立"中日韩自贸区"的谈判，此后更是开展了多轮谈判。

中日韩自贸区的谈判之所以难以取得实际性进展，涉及因素极其复

---

① 《中韩自贸区还缺什么》，《国际金融报》2015年11月2日，第6版。

② 韦民等：《中日关系与亚太经合：趋向·博弈·应对》，中国财经经济出版社2016年版，第310页。

杂。除了三国本身存在的战争历史记忆、领土争端之外，各国战略及其发展政策也难以统合于这一跨国贸易框架之内。更何况无论中国还是亚洲，在全球化背景下，即使是自身发展也难以避开美国这一超级大国战略思维的影响。

由美国主导的跨太平洋伙伴关系协定（TPP）谈判影响巨大，到2009年随着马来西亚等国家的加入，TPP成员数量达到9个，组织不断发展壮大。2013年，美国一方面加速其主导的TPP的谈判进程，一方面高调宣布开始TTIP的谈判，即与欧盟的关于跨大西洋贸易与投资伙伴关系协定的谈判，准备建立一个跨越大西洋的代表发达国家利益的高标准自由贸易区。同时，美国联合21个世界贸易组织成员，启动《诸（多）边服务业协定》（PSA）谈判，其内容覆盖运输、观光旅游、互联网、金融、快递等服务业领域。跨太平洋伙伴关系协定与跨大西洋贸易与投资伙伴关系协定是美国在全球贸易领域推行的“两洋战略”，其目的一是通过两洋战略与欧盟等合作，改善自身的外部经济环境，复苏自身的经济发展；二是通过两洋战略重塑国际贸易格局，重握国际贸易主权。美国精心构筑的“金三角”对中国形成一种经济合围的态势。

TPP虽有落后国家参与，但其本质是大国富豪“俱乐部”，代表的是西方发达国家利益。由于中日韩自贸区迟迟不能获得关键性进展，中国政府另辟蹊径。

2013年9月18日，《中国（上海）自由贸易试验区总体方案》这一重要文件经国家国务院批准，这是上海自贸试验区正式成立之前的重要准备。同年9月29日，上海自贸试验区正式挂牌成立，其涵盖辐射的区域为：以首个“境内关外”保税区的外高桥保税区为代表，以及外高桥保税物流园区、洋山保税港区和浦东机场综合保税区三个海关特殊监管区域，此时的上海自贸试验区的规划面积仅有28.78平方公里。

随着上海自贸试验区的构建，中国政府也未放弃对中日韩自贸区的努力。2014年9月，中韩进行第五轮“中韩自贸区”谈判，①谈判结束实质性谈判。②原先分歧最大、阻碍协议达成的利益点，现在双方取得共识，那就等于双方实质性谈判已结束。一般性存在的小的利益分歧都比较容易解决。③

虽然谈判取得了阶段性成果，但今后怎样具体实施仍然需要更多的接洽。更为重要的是，作为合作者，中国在该自贸区的建设过程中并未掌握主导权，倡议落实的时间表也无法确定，上海自贸试验区则不然。伴随着中日韩自贸区的谈判，上海自贸试验区的建设一直在紧锣密鼓地进行着。

2014年12月28日，国务院被全国人大常务委员会授权扩展延伸上海自贸试验区，并将其功能定位为：中国经济新的试验田。上海自贸试验区未来要建设成为“具有国际一流水准的，投资贸易环境便利、货币兑换自由、监管高效便捷、法制环境规范的自由贸易试验区，并且强调政策与经验的可复制性和可推广性”。④换言之，上海自贸试验区不仅要充当“全国改革排头兵和科学发展先行者”，并且要被打造为中国经济升级版的示范，为全国其他自贸试验区与区域提供制度样板。⑤

---

① 《中日韩自贸区第五轮谈判在北京举行》，中国政府网，2014年9月1日，http：//www.gov.cn/xinwen/2014-09/01/content_2743406.htm，2018年8月30日。

② 《中韩自贸区完成谈判》，中华人民共和国商务部，2015年2月25日，http：//www.mofcom.gov.cn/article/ae/ai/201502/20150200902051.shtml，2019年1月5日。

③ 《中韩自贸区完成实质性谈判》，《东方早报》2014年11月11日。

④ 国务院：《中国（上海）自由贸易试验区总体方案》，中国政府网，2013年9月18日，http：//www.gov.cn/zwgk/2013-09/27/content_2496147.htm，2018年9月20日。

⑤ 《中国（上海）自贸试验区挂牌，韩正揭牌》，中国（上海）自由贸易试验区官网，2013年9月29日，http：//www.china-shftz.gov.cn/NewsDetail.aspx?NID=8e2184e9-b7d2-4103-a928-025c7360c455&CID=f672f518-99a3-4789-8964-1335104906b4&MenuType=［object%20Object］&navType=0，2018年9月21日。

尽管中方表现了极大诚意和耐心，但中日韩自贸区的谈判还是前途不明。2015年5月12日，中日韩三国又进行了第七轮自贸区建设谈判。[①]2018年11月，习近平在中国进口博览会上再次表达了三方继续谈判的愿望。[②]

由此可见，建设上海自贸试验区是顺应全球经贸发展的新趋势，面对世界经济发展机遇与挑战，实行更积极主动开放战略的重大举措。在此过程中，中日韩自贸区谈判进程的缓慢等客观原因也促使中国为建立自己的自由贸易试验区加快建设步伐。

（二）当仁不让：上海自贸试验区建立的内在优势

上海这座城市的国际性、开放性与创新性铸造了上海自贸试验区的建设。上海自贸试验区的建立是适应新一轮全方位改革开放的需要而开展的一项国家发展战略。建设上海自贸试验区，可以造就“以开放倒逼改革”的新形势，形成“可复制”“可推广”的经验。就此而言，放眼当时整个中国，无论在区位、资金、技术，以及融资条件、发展空间和环境等方面，恐怕找不出第二个合适的试验田。

1. 开放创新基因的发展与传承

国家多次将创新的任务交给上海，是因为上海有开放和创新的基因，上海自贸试验区的建立与发展更是以开放创新为原动力的。上海自贸试验区的倡议没有提出之前，上海浦东的开发开放就是在开放创新中前进的，特别是将“创新基因”发挥到极致。

党的十九大以来，对上海的发展赋予新的历史使命，对上海的未来寄

① 《中日韩自贸区第七轮谈判首席谈判代表会议在韩国举行》，中国政府网，2015年5月12日，http://www.gov.cn/xinwen/2015-05/12/content_2860631.htm，2018年8月30日。

② 习近平：《共建创新包容的开放型世界经济——在首届中国国际进口博览会开幕式上的主旨演讲》，新华社，2018年11月5日，http://www.mofcom.gov.cn/article/i/jyjl/m/201811/20181102803191.shtml，2018年8月30日。

予更高的期望。2018 年 11 月 5 日，习近平总书记在首届中国进口博览会开幕式上明确指出，要打造改革开放新高地，支持自由贸易试验区深化改革创新。①为此，中央对上海工作提出新要求、新定位，要求上海全面提升国际经济、金融、贸易、航运、科技创新“五个中心”的核心功能。②而在实现这一目标的过程中，上海自贸试验区成为中国新一轮开放创新的撬动点。

2018 年 6 月，《中国（上海）自由贸易试验区关于扩大金融服务业对外开放进一步形成开发开放新优势的意见》出台，③《意见》贯彻落实中央关于金融服务业全面对外开放的战略部署，要求加强上海国际金融中心与上海自贸试验区的联动发展，“打造成金融开放的创新高地，并继续保持上海自贸区金融业对外开放度的全国领先地位”。④还要求上海自贸试验区作为金融创新承载地，继续增强“一带一路”金融服务功能，打造“一带一路”投融资中心。⑤

① 《习近平主席首届进博会开幕式并发表主旨演讲》，《人民日报（海外版）》2018 年 11 月 6 日。

② 李强：《高举浦东开发开放旗帜，勇当新时代全国改革开放排头兵》，《求是》2018 年第 16 期。

③ 上海自贸试验区管委会：《中国（上海）自由贸易试验区关于扩大金融服务业对外开放进一步形成开发开放新优势的意见》，中国（上海）自由贸易试验区官网，2018 年 6 月 21 日，http：//www.china-shftz.gov.cn/NewsDetail.aspx?NID=3973e046-a27a-43c5-b860-bab50a591259&CID=16a79677-7b73-4570-a610-761ad7cf52c3&navType=0，2018 年 10 月 25 日。

④ 上海自贸试验区管委会：《中国（上海）自由贸易试验区关于扩大金融服务业对外开放进一步形成开发开放新优势的意见》，中国（上海）自由贸易试验区官网，2018 年 6 月 21 日，http：//www.china-shftz.gov.cn/NewsDetail.aspx?NID=3973e046-a27a-43c5-b860-bab50a591259&CID=16a79677-7b73-4570-a610-761ad7cf52c3&navType=0，2018 年 10 月 26 日。

⑤ 《上海自贸区打造“一带一路”投融资中心　提升融资能力　降低投资风险　提升服务能力》，《浦东时报》2018 年 5 月 28 日。

过去，上海自贸试验区在开放创新方面硕果累累，今后，它将在浦东新区的依托下，探索形成更多制度创新成果，彰显全面深化改革，进一步扩大开放试验田的作用。

2. 综合保税区的良好基础

2013年建立起来的上海自贸试验区仅28.78公里，就是这28平方公里试验撬动了中国新一轮改革开放。[①]保税区是自贸试验区的基础，而全国第一个保税区、保税物流园区、保税港区及浦东机场综合保税区是上海自贸试验区建立的优良基因、良好基础。

上海自贸试验区建立之前，原综合保税区已经基本形成以国际贸易、物流运输、航运服务与加工制造为主体的产业体系。[②]这为自贸试验区的建立打下良好的基础。

其中，外高桥保税区于1990年6月设立，规划面积10平方公里。经过多年的发展，保税区不负众望，已成为国内经济规模最大、业务功能最丰富的海关特殊监管区域，并且保税区内的产业高速发展。2003年12月外高桥保税物流园区设立，封关面积1.03平方公里。外高桥保税物流园区是上海自贸区“区港联动”的承载地与试验田，拥有保税区、出口加工区相关政策与上海港的港行资源的三大优势，[③]这些优势使得保税物流园区的物流业发展更高更快。同时，保税物流园区被赋予了区区联动、进区退税等政策功能优势。种种优势条件使得保税物流园区和外高桥保税区这对孪生兄弟相辅相成，成为现代国际物流发展的重要承载地。

---

① 《构建开放型经济新体制的“试验田”——口述实录：从上海外高桥保税区到中国（上海）自由贸易试验区》，《文汇报》2018年9月18日。

② 王周杨：《上海自贸区未来产业发展的空间影响因素研究》，《城乡治理与规划改革——2014中国城市规划年会论文》，2014年9月13日，第2页。

③ 《中国（上海）自由贸易试验区60题》，《上海企业》2014年第2期。

洋山保税港区是2005年6月经国务院批准设立的中国第一个保税港区，规划总面积14.16平方公里，由小洋山岛港口区域、保税区陆域部分和连接小洋山岛与陆地的东海大桥组成。作为上海国际航运发展综合试验区的核心载体，实行“区港一体”的运作监管体制模式，涵盖电子产品、汽车及零部件、品牌服装等货物的分拨配送中心。[①]另外还有2009年7月设立的浦东机场综合保税区。保税区规划面积3.59平方公里，位于我国长江流域与东部沿海经济带的交汇处，毗邻浦东国际机场，实行保税物流区与机场西货运区一体化运作，有着浦东机场的亚太航空复合枢纽港优势，是上海临空服务产业发展的先导区，积极打造“临空服务创新试验区”。

上海固有的在金融、航运、物流等事业方面基础和优势对于自贸区的建设均有牵一发而动全身的战略意义。综合保税区四个海关监管区域，为上海自贸试验区在浦东的建立奠定了良好的基础。

3. 水陆空交织的地理位置优势

尽管全球进入海洋时代后，沿海港口城市都占尽发展先机，但如上海这般拥有得天独厚地理优势的城市并不多见。上海这座城是“因港设县，因商兴市”的典型，域内集聚了众多优良的港口。上海自贸试验区便是依据上海港港口集聚的天然优势，发展国际航运、贸易等事业。自上海自贸试验区成立，其“积极发挥着外高桥港、洋山深水港、浦东空港国际枢纽港的联动作用”，[②]可谓尽享水陆空交织的地理优势。拥有这些优势，推动着上海自贸试验区国内、国际贸易等事业的发展。

上海自贸试验区具有海港和空港的地理优势。一是水路条件良好。洋

① 《中国（上海）自由贸易试验区60题》，《上海企业》2014年第2期。

② 任新建：《航运制度创新解读》，周汉民主编：《上海自贸区解读》，复旦大学出版社2014年版，第102页。

山港是国际航运中心的上海港最大的深水港区，拥有全世界规模最大的全自动化集装箱码头，是全球最繁忙的集装箱港口之一。①2015 年 12 月，上港集团在洋山保税港区与外高桥港区之间开通水上“穿梭巴士”业务，其驳运集装箱水运服务与内河航运系统，沟通着长三角内河的运输网络，使得上海自贸试验区拥有良好的水路优势，“伴随着洋山深水港四期工程的开港，上海港年吞吐量将突破 4 000 万标准箱，体量达全球港口年吞吐量的十分之一”。②二是陆路交通条件优越。位于上海市浦东新区芦潮港镇的芦潮港站是中国第一个铁路集装箱中心站，2005 年 12 月正式开通。其年吞吐能力较强，距离洋山深水港 32 公里，并且向外高桥区域与浦东国际机场方向延伸，有着重要的位置；省道 S2、S20 与国道 G1501 沟通着上海自贸区与市内高速的网络，方便地连接着长三角跨省市高速网络；轨道交通 6 号线到达外高桥保税区，2 号线直通浦东机场综合保税区，到临港新城的则是 16 号线。同时，与洋山深水港有着密切联系的东海大桥，是洋山深水港的配套设施，为洋山深水港区提供了众多服务，如供水服务与供电服务等，以及陆路的疏通，并且为上海国际航运中心的建设添砖加瓦。

上海自贸试验区的航空条件也十分优越，浦东国际机场距外高桥保税区 20 公里，距洋山保税港区 30 公里，并且与浦东机场综合保税区无缝毗邻连接。正因为有如此便利的区位地理位置，上海自贸试验区吸引了一些新增产业的入驻。这些产业大多是看中了上海自贸试验区便利的区位地理位置，比如优良的港口、便利的航空交通等。因此，上海自贸试验区诞生了许多与以上便利条件相关的行业，如航运保险业、远洋货物运输业、国

---

① 《浦东：开放先行者　改革试验田》，新华社，2018 年 11 月 14 日，http：//mxinhuanet.com/mil/2018-11/14/c_12994306.htm，2018 年 12 月 10 日。

② 《打造全球网络枢纽，上海如何做强“两个扇面”》，《文汇报》2018 年 7 月 3 日。

际船舶租赁业。

除上述三大要素，上海自贸试验区还建立在众多利好政策和资源的配套支持之下。例如，“免税”与“自由港”两大有利条件便吸引着高端制造业在上海自贸试验区的落户，其他行业与企业也在自贸试验区的环境下快速发展。另外，浦东开发开放以来，中央遵循特事特办，一路绿灯的大力支持态度，这些使得自贸试验区的管理运行突破已有的条条框框，诸如税收优惠等政策等吸引着外国金融机构、外国企业等在自贸试验区生根、发芽与成长。

二、上海自贸试验区的发展

事实证明，“上海没有辜负期望，自贸试验区的改革创新理念和制度创新成果已分领域、分层次在全国复制推广，自贸试验区建设正不断地向纵深推进”。①

（一）国家规划纲要下的上海自贸试验区：“十二五”到“十三五”

“十二五”规划编制之时，“自贸试验区”的概念甚至还没有形成，而到“十三五”规划之时，自贸试验区建设已被列入国家的五年规划。作为“对外开放”中的重要篇章，自贸试验区被寄予“提高自由贸易试验区建设质量，在更大范围推广复制”的厚望。②尽管在表述上尚未明确“上海自贸试验区”的固定话语，上海自贸试验区区域已经取得许多重大成就，一

---

① 《上海自贸区即将5岁，将提前全面完成3.0版方案改革任务》，澎湃新闻，2018年7月11日，https：//www.thepaper.cn/newsDetail_forward_2253948，2018年10月25日。

② 《中共中央关于制定国民经济和社会发展第十三个五年规划的建议》，新华社，2015年11月3日，http：//www.xinhuanet.com/fortune/2015-11/03/c_1117027676.htm，2018年10月10日。

些重要经验已经在全国18个自贸试验区进行复制和推广，上海作为制度创新的领头羊地位日渐凸显。

早在“十三五”规划编制之前，上海自贸试验区就以其成功的运营宣告了自身的存在价值，试验面积开始物理扩围。规模扩张以便于自贸试验区更好地走在改革开放的前头，充当好先行者的角色，这是对自贸试验区试验结果的积极肯定。“十三五”规划编制出炉后，其中虽指出了自贸试验区建设的质量问题，但同时对自贸试验区的建设提出了更新、更高的希冀。比如提出建立跨境电子商务新型贸易服务体制、深化金融开放程度等方面，这些可以说都“契合下阶段上海自贸区的特点，明确了上海自贸区实现功能提升的方向”。①

不仅如此，上海自贸试验区试验范围的扩张是物理性的，但其所产生的化学效应不容小觑。扩张之中，陆家嘴金融片区纳入其中，雄厚金融基础的陆家嘴金融片区的并入，不仅能够使陆家嘴释放出新的巨大活力，上海自贸试验区的建设也是锦上添花。

（二）从“四个中心”建设到“五个中心”建设

上海是最早引入现代城市规划理念并付诸实践的城市。开埠以来，上海的城市职能在变化，城市空间规划也随之变化。在一百多年的时间长河中，上海进行了多轮城市规划，最终形成如今具有传统与现代元素、中西合璧的城市风貌。

1990年，以浦东开发开放为标志，上海进入跨越式发展的新时期。1992年，上海市政府编制完成《浦东新区城市总体规划》，为后面的规划发展打下坚实的基础。1999年，在92版《浦东新区城市总体规划》的基

① 《国家“十三五”规划近二十处涉及上海“四个中心”首次写入》，《解放日报》2016年3月18日。

础上，结合《迈向 21 世纪的上海——1996 年—2010 年上海经济、社会发展战略》和“洋山深水港规划”的两个战略部署文件，上海正式向国务院上报《上海市城市总体规划（1999—2020 年）》，[①]不久得到国务院批复。2001 年，上海“四个中心”建设也正式明确下来，目标是提升上海的整体经济实力和国际竞争力。[②]

其中，国际经济中心建设的核心内容包括国际贸易中心、国际航运中心以及国际金融中心的建设。与此同时，“四个中心”建设互为依存，实现“四个中心”建设目标的前提条件是：进一步推动全方位的、深入的改革与开放。自贸试验区改革与上海‘四个中心’建设是高度关联、互为支撑的关系[③]。无疑，上海自贸区在“四个中心”建设中扮演着主角位置。

上海自贸试验区是上海国际航运中心建设的一个重要载体，是建设上海国际金融中心的突破口。这是因为，自贸试验区的“制度创新体现了我们的改革，功能拓展体现了我们的水平和实力，这部分与上海四个中心建设也是密切相关的”[④]，比如扩大金融、航运、商贸、社会、文化等方面对外商投资的开放程度，增加服务贸易、离岸贸易、电子贸易等新贸易类型，发挥航运的枢纽功能，引进更多的金融机构落户自贸试验区等。并且，上海自贸试验区以“四个中心”建设的要求，围绕加快政府职能转

① 参见任翀：《那些年你所不知道的上海规划区》，上观新闻，2016 年 3 月 12 日。https：//www.shobserver.com/news/detail?id=10361，2019 年 1 月 5 日。

② 周汉民：《以更大的开放促进更深入的改革——以中国（上海）自由贸易试验区建设为例》，《大连干部学刊》2014 年第 3 期。

③ 上海金融服务办公室、上海金融业联合会自贸区分会编：《上海自贸区金融政策解读》，上海交通大学出版社 2014 年版，第 122 页。

④ 同上书，第 127 页。

变，探索管理模式创新，根据促进贸易和投资便利化的国家战略，按照“先行先试、风险可控、分步推进、逐步完善的方式”，①逐步形成既具有自身特色，又与国际规则相衔接的制度框架。

经过十多年的努力，上海“四个中心”建设已经取得阶段性成果。国家“十三五”规划明确、完整地将“四个中心”建设写了进去。在此基础上，“五个中心”的全新城市规划出炉。

2014年5月，上海第六次规划土地工作会议召开，城市总体规划的编制工作也随之展开。2017年12月，《上海市城市总体规划（2017—2035年）》获国务院批复，进一步提出“五个中心”的建设目标。②2018年10月26日，上海市委常委会举行会议，传达学习贯彻习近平总书记关于自由贸易试验区建设的重要指示等，并指出了“强化全市改革联动，强化自由贸易试验区与‘五个中心’建设联动，形成全市抓改革、抓攻坚、抓突破的整体合力”。③

新增的“科技创新中心”建设目标，亦和上海自贸试验区的发展有着密切的“联动关系”。“科技创新中心”建设的重要承载地为张江与临港、金桥，这些原本就是自贸试验区的重要组成区块。被打造为科创中心后，原自贸试验区未来将发展成为上海重要的先进制造业核心功能区、生产性服务业集聚区、战略性新兴产业先行区和生态工业示范区，成为上海建设国际“科创中心”的空间载体。

除新增“科技创新中心”，上海原有的国际经济、金融、贸易、航运中心建设将继续与上海自贸区的发展形成联动机制，促进上海国际金融中心的建设。众所周知，上海自贸试验区自建立伊始就被赋予了充当改革开

---

① 张国庆：《我国自由贸易试验区的建设与发展问题》，《全球化》2018年第7期。

② 《打造长江三角洲世界级城市群核心》，《中国产经》2018年第1期。

③ 《把上海自由贸易区建设成引领标杆》，《新民晚报》2018年10月27日。

放“领头羊”的角色。①肩负着贯彻落实中央关于全面对外开放的战略部署，在打造“五个中心”，建设卓越的全球性城市过程中，自贸试验区的实践将率先推动上海进一步扩大金融业对外开放的重大举措落地，加强上海国际金融中心与自贸试验区建设的联动，②推动上海朝着具有世界影响力的社会主义现代化国际大都市的方向迈进。

（三）从格局变化看自贸试验区的纵深发展

2013年颁布《国务院关于印发中国（上海）自由贸易试验区总体方案的通知》等系列文件，启动上海自贸区三种不同格局的转变。

1. 上海自贸试验区区域物理空间的扩围

2015年1月，上海自贸试验区开始新的征程，即从28.78平方公里的自贸试验区老区，正式扩围为120.72平方公里的自贸试验区新区，为制度创新提供了检验和压力测试的新空间。物理空间范围上的延伸扩大，带来了许多溢出效应。

首先，上海自贸试验区原有区域内单一的产业结构变得多元，博采众长，上海自贸试验区的经验复制推广“换挡加速”。2017年3月24日，中央全面深化改革领导小组审议通过《全面深化中国（上海）自由贸易试验区改革开放方案》。这一方案旨在深化自贸试验区改革开放，令其在新一轮改革开放中发挥示范引领作用。③同年3月30日，“国务院印发自贸试验

① 胡加祥等：《上海自贸区成立三周年回眸（制度篇）》，上海交通大学出版社，第3页。

② 上海自贸试验区管委会：《中国（上海）自由贸易试验区关于扩大金融服务业对外开放进一步形成开发开放新优势的意见》，中国（上海）自由贸易试验区官网，2018年6月21日。http://www.china-shftz.gov.cn/NewsDetail.aspx?NID=3973e046-a27a-43c5-b860-bab50a591259&CID=16a79677-7b73-4570-a610-761ad7cf52c3&navType=0，2018年8月30日。

③ 国务院：《全面深化中国（上海）自由贸易试验区改革开放方案》，中国政府网，2017年3月30日，http://www.gov.cn/zhengce/content/2017-03/31/content_5182392.htm，2018年9月12日。

区‘3.0版’方案，主要内容是以建设开放程度最高的自由贸易园区为目标，建设‘三区一堡’①，强化‘三个联动’② ”。从“1.0”到“2.0”，再到“3.0”版本，上海自贸试验区不断地成长与发展。③

其次，上海自贸试验区突破“可辐射”基调下的经验复制概念，步入实质性的物理空间扩围。原来只有28.78平方公里的上海自贸试验区，物理空间扩围以后，达到“一箭双雕”的效果：既解决了物理空间的问题，也使得金融片区、高科技片区、开发片区“三大片区”在产业布局、功能定位上又进一步的深化发展。定位高端制造业的金桥开发区，定位大量高新技术企业的张江高科技片区，与定位上海国际金融中心建设的核心区域、上海国际航运中心的高端服务区与上海国际贸易中心的现代商贸集聚区之称的陆家嘴金融片区，在上海自贸试验区物理空间扩围之后，实现各区域的相生发展。特别是陆家嘴拥有丰富的金融资源和广泛的金融市场，而金融创新是上海自贸试验区的重中之重，将其纳入自贸试验区，使其建设发展的经验辐射浦东，以及其他区域。

2. 由综合保税区向多元化区域格局发展

上海自贸试验区的试验区域面积扩展后，整个浦东实现了产业和格局升级。这是因为，浦东新区面积为1 210平方公里，“扩围后自贸区面积约为浦东总面积的十分之一”。④广阔的发展空间使得上海自贸试验区从单一

① “三区一堡”：开放和创新融为一体的综合改革试验区、开放型经济体系的风险压力测试区、提升政府治理能力的先行区、服务国家“一带一路”建设和推动市场主体走出去的桥头堡。

② “三区联动”：区内改革同全市改革的联动、同上海国际金融中心和科技创新中心的联动。

③ 《上海自贸试验区成立四年多来，推出和实施一批重大改革创新举措——建设“三区一堡”强化“三个联动”》，《文汇报》2018年7月11日。

④ 《上海自贸区扩围：金桥、张江和陆家嘴入围》，东方网，2014年12月26日，https：//new.qq.com/cmsn/20141226/20141226049741，2018年9月16日。

的综合保税区形成多元的金融片区、开发片区和高科技片区，改变了之前单一的区域格局。

其中，金融片区——陆家嘴：2015 年 4 月，陆家嘴金融片区正式纳入上海自贸试验区。陆家嘴金融片区包括陆家嘴金融贸易区与世博前滩地区，其中陆家嘴金融贸易区的定位是：上海国际金融中心建设的核心区域、上海国际航运中心建设的高端服务区与上海国际贸易中心建设的现代商贸集聚区。而世博前滩地区则是上海新一轮开发发展的重点区域，总目标是打造总部经济、航运金融、文化体育旅游业与高端服务业的集聚区，与陆家嘴金融贸易区同步发展。纳入自贸试验区后，陆家嘴利用自贸试验区政策加快创新，全球外资资管机构纷纷选择上海陆家嘴作为进入与布局中国市场的落脚点。①

开发区——金桥：经过二十八年的建设与发展，金桥开发区现已成为上海先进制造业核心功能区、生产性服务业集聚区、战略性新兴产业先行区和生态工业示范区。②金桥立足自身的条件优势，以“浦东五十分之一的面积，实现全区工业产值的四分之一”。③金桥地区自身的发展潜力也是其成功跻身自贸试验区列强的原因。2015 年 4 月，上海自贸试验区将金桥开发区纳入试验区域范围。金桥由此迎来蝶变的新机遇，高端技术研发机构纷纷落户，包括通用汽车中国前瞻技术中心、新一代移动通信系统技术——无线网络与芯片国家工程实验室等研发机构，这些反过来又促进金

---

① 《从“烂泥渡路”到“银子在街道中流淌”，自由贸易区让创新形成加速度》，中国（上海）自由贸易试验区官网，2018 年 7 月 25 日，http：//www.china-shftz.gov.cn/NewsDetail.aspx?NID＝73be4ea8-97f2-4865-b346-e80a69f4698e&CID＝16a79677-7b73-4570-a610-761ad7cf52-c3&MenuType＝［object%20Object］&navType＝0，2018 年 8 月 20 日。

② 朱志勇：《上海自贸试验区文化企业发展调查报告》，《上海经济》2016 年第 6 期。

③ 《在改革开放大道上走出“浦东速度”》，《文汇报》2018 年 6 月 22 日。

桥走向高端与智能、走向前瞻与国际。

高科技片区——张江：张江高科技片区是上海贯彻落实“创新型国家战略”的核心承载地，推动上海自贸试验区与张江“国家自主创新示范区”的深度联动建设与发展，对于丰富上海自贸试验区的内涵与提升张江高科技园区的创新能力有着共赢的意义。张江园区自创立就致力于高科技领域的创新与探索，是上海创新的高地。张江高科技园区正在发展“四新”经济，[①]将张江纳入上海自贸试验区的区域范围后，定会为自贸试验区的探索与创新提供更多助推力。

（四）上海自贸试验区的腹地建设：临港

“‘临港’的意思不仅是临洋山深水港，更是与浦东机场这个航空港相连”[②]。临港地区位于上海东南角长江口与杭州湾的交汇之处，北临浦东国际航空港，南接洋山国际深水港，拥有长 13 公里的海岸线，是上海沿海通道的重要节点与上海自贸试验区建设的直接腹地。东海大桥这一上海国际航运中心深水港工程为临港地区的发展添砖加瓦，其始于浦东新区芦潮港，直达浙江溗泗县小洋山岛。2005 年 12 月，洋山深水港正式开港，连接深水港与陆地的东海大桥也同时开通。由此可见，作为上海自贸试验区建设腹地的临港，在洋山深水港、浦东国际航空港、东海大桥等的辅助之下，有着良好的区位优势，作为上海自贸试验区的腹地，必然并促进自贸试验区的建设与发展。

2003 年 11 月，依托洋山国际深水港与浦东国际航空港的优势，洋山深水港配套工程之一的“临港新城”启动，[③]2005 年国务院正式批准设立

① “四新”经济是指：新技术、新产业、新产业、新模式。

② 《新中国超级工程》编委会编：《振兴中华的雄师伟业》，研究出版社 2013 年版，第 28 页。

③ 2012 年 4 月 29 日，“临港新城”更名为“南汇新城”。

洋山保税港区。临港工程启动以后，就定位于“国际航运中心”，计划要建成国际航运建设发展综合试验区。2013年4月，上海市人民政府颁布《临港地区中长期发展规划》，规划临港发展面积为315.6平方公里，由“四镇五区组成”。①在此过程中，临港和自贸试验区互融互惠，获得了发展上的双赢。

一方面，临港地区在经济发展、城市建设等方面取得了显著的成果。作为上海自贸试验区腹地，临港地区被纳入自贸试验区后，就以国际航运中心建设为核心，按照国家战略要求，以及国家竞争力与上海优势的总体要求，充分发挥着自贸试验区制度创新优势，努力促进自身的发展。首先便是航运功能逐步加强。由于获得国际航运发展综合试验区的政策，临港进一步发挥连接洋山深水港、浦东航空港的区位优势，以及促进海港、空港联动发展的条件。②洋山港“顺利实现从传统保税仓储向航运综合服务的功能升级，吸引大批航运物流企业落户港区，成为众多跨国公司面向亚太、欧美的分拨、配送中心，逐渐形成有色金属类大宗商品的集散中心”。③其次，高端产业也加快集聚，先进制造业取得显著发展。临港还被连续评为“新型工业化装备产业示范基地”和“新型工业化航空产业示范基地”。④

另一方面，上海自贸试验区凭借临港的优越条件开辟了更广阔的发展空间。作为自贸试验区的区块，临港地区依靠自己的区位优势，为浦东、舟山及杭州湾北岸造福，成为自贸试验区重要的区域。由于国家战略的深入实

① “四镇五区”即南汇新城镇、泥城镇、书院镇、万祥镇、装备产业区、物流园区、主产业区、综合区、临港奉贤园区。

②③④ 上海市人民政府：上海市政府关于印发《临港地区中长期发展规划的通知》，上海政府网，2013年4月17日，http：//www.shanghai.gov.cn/nw2/nw2314/nw2319/nw10800/nw11407/nw30984/u26aw35587.html，2019年1月4日。

施，经过几年的开发，临港地区成为上海市发展战略性新兴产业和先进制造业的重要基地，同时也是杭州湾北岸先进制造业集聚带的核心区域。①特别是临港地区“大力发展与上海自贸区紧密互动的金融、航运、贸易服务业”，②使得上海自贸试验区的集聚效应与溢出效应得以充分发挥。

此外，自“科技创新中心”加入上海“四个中心”建设以来，临港的重要作用日益凸显。“由于建设具有全球影响力的科技创新中心，是习近平总书记亲自部署给上海的国家战略，而浦东科技创新中心的承载区除张江高科以外，新的承载区便是临港地区”。③临港已然成为高端制造业的代名词，“党和国家领导人在视察临港时，都对临港地区产业发展给予充分肯定，习近平同志更是指出：‘在这里看到了什么是国产的世界一流。’”④

三、上海自贸试验区的特点

浦东开发开放是党中央、国务院在我国改革开放和现代化建设关键时期作出的一项重大战略决策，揭开了我国全面深化改革开放新的历史篇章⑤。上海自贸试验区的建立与发展，正是我国继续全面深化改革开放新

① 上海市人民政府：上海市政府关于印发《临港地区中长期发展规划的通知》，上海政府网，2013 年 4 月 17 日，http：//www.shanghai.gov.cn/nw2/nw2314/nw2319/nw10800/nw11407/nw30984/u26aw35587.html，2019 年 1 月 4 日。

② 仮晓光：《自贸区背景下临港现代服务业集聚区的建构》，《中国集体经济》2015 年第 22 期。

③⑤ 李强：《高举浦东开发开放旗帜，勇当新时代全国改革开放排头兵》，《求是》2018 年第 16 期。

④ 邬迪：《上海临港：昔日滩涂崛起智造新城　为上海高端制造“代言”》，人民网，2018 年 11 月 15 日，http：//sh.people.com.cn/n2/2018/1115/c386215-32290632.html，2018 年 12 月 28 日。

的历史节点与新一轮扩大开放的重要举措。自贸试验区的成功既有上海自身的区位优势，更重要的是，自贸试验区能够结合自身特点，顺应世界发展大势，中国改革开放的客观需要，制定符合自身、国家发展的战略，从而创造了一个个发展的传奇。

（一）改革坐标是“开放”

自1978年以来，四十年中国经济社会发展历经了四次以开放促改革的浪潮，是一部以开放促改革的历史。1978年党的十一届三中全会是第一次浪潮，在这一次浪潮中，上海成为14个沿海开放城市中的一个；1990年浦东开发开放是第二次浪潮，但实际上始于1987年，而延续至今；中国复关入世是第三次浪潮；第四次浪潮则是上海自贸试验区的建立，是新一轮改革的支点。

正如习近平所讲到的，“上海背靠长江水，面向太平洋，长期领中国开放风气之先。上海之所以发展得这么好，同其开放品格、开放优势、开放作为紧密相连”。①既然上海的发展，自贸试验区的发展都得益于改革开放，那么，新时代开局之年，助推自贸试验区发展的还得是开放。2018年7月，《上海市贯彻落实国家进一步扩大开放重大措施加快建立开放型经济新体制行动方案》颁布。“方案”制定了“上海扩大开放100条”，上海自贸试验区处于上海进一步扩大开放八项重点工作的首要位置。②

实际上，自贸试验区本身就是上海开放品格、优势及作为的集中体现。2013年，上海自贸试验区建立之时，《中国（上海）自由贸易试验区

① 《全文公布！习近平在首届进博会开幕式的主旨演讲》，《中国（上海）自由贸易试验区官网》，2018年11月8日。http://www.china-shftz.gov.cn/NewsDetail.aspx?NID=35bd2a9a-2b33-4d3d-abc5-4927e07ebf2c&CID=16a79677-7b73-4570-a610-761ad7cf52c3&MenuType=2&navType=0，2018年11月20日。

② 《上海：为全国改革发展大局服务》，《新民晚报》2018年11月9日。

总体方案》中便规定："试验区肩负着我国在新时期加快政府职能转变、积极探索管理创新模式、促进贸易和投资便利化，为全面深化改革和扩大开放探索新途径、积累新经验的重要使命，是国家战略需求"。①

此后至今，上海自贸试验区始终是我国对外开放的坐标。28 平方公里的土地上孕育着一轮又一轮的改革开放，"中国不能害怕开放，要一步步向前。中国走到了这一步，就该选择一个新的开放试点。上海完全有条件、有基础实验这件事，要用开放促进改革"。②如在金融方面，上海自贸试验区"坚持金融服务实体经济，进一步促进贸易投资便利化，扩大金融对外开放，推动试验区在更高平台参与国际竞争"。③如在扩大服务业方面，自主改大胆闯，大幅提升了对外开放水平。上海自贸试验区在服务业方面按照《中国（上海）自由贸易试验区总体方案》的具体要求，不断深化开放水平。如在金融服务、航运服务、商贸服务、文化服务等服务业。同时，一些准入限制也得到取消，"负面清单"的实行也使上海自贸试验区服务业对外开放的程度更广。

以开放促进改革，以开放倒逼改革，上海自贸试验区成为新时期改革开放的先行者。第一，积极探索深化改革开放的新模式、新路径，并且扩大开放领域。如，市场准入"负面清单"与外商投资准入"负面清单"制度，公平竞争，开放透明。五年来，外商投资准入"负面清单"从初始的 190 条缩减为 2018 年版的 45 条，④外商投资准入更加开放便捷。

① 国务院：《中国（上海）自由贸易试验区总体方案》，中国政府网，2013 年 9 月 18 日，http：//www.gov.cn/zwgk/2013-09/27/content_2496147.htm，2018 年 6 月 20 日。

② 《二十八平方公里试验将撬动中国新一轮改革开放》，《中国青年报》2013 年 4 月 11 日。

③ 《中国人民银行关于金融支持中国（上海）自由贸易试验区建设的意见》，上海金融服务办公室，上海金融业联合会自贸区分会编：《上海自贸区金融政策解读》，第 15 页。

④ 《负面清单减少到四十五条：这是一份来自上海自贸区的"礼物"》，《文汇报》2018 年 9 月 25 日。

第二，上海自贸试验区为全国深化政府体制改革起到示范引领作用。例如，在管理体制上做到“简政放权、放管结合，优化服务改革”等。①上海自贸试验区累积了100多个创新事项及“证照分离”改革试点制度创新成果。②一系列管理体制、监管体制为上海自贸试验区进一步扩大开放提供了有利条件。

除此，上海自贸试验区在“一带一路”建设中也处于重要位置，为“一带一路”提供贸易、融资等服务。同时，无论是在贸易监管体制改革，还是在金融领域开放体制改革等方面，上海自贸试验区始终发挥着“试验田”的作用，从而形成可推广、可复制的经验成果。

经过几轮建设，上海自贸试验区也不负众望，开放硕果累累。上海自贸试验区成为2018年首届中国进口博览会的对接地，如洋山保税港区是上海服务进口博览会的“桥头堡”，进口博览会的举办更是开放的完美体现。2018年4月10日，习近平总书记在海南博鳌论坛开幕式上的讲话《开放共创繁荣，创新引领未来》中首次提出，“将在上海举办首届中国国际进口博览会。这不是一般性的会展，而是我们主动开放市场的重大政策宣示和行动”。③2018年7月25日，习近平总书记在约翰内斯堡出席金砖国家工商论坛上的讲话《顺应时代潮流，实现共同发展》中讲到，“中国将在上海举办首届中国国际进口博览会，这是中方坚定支持贸易自

① 国务院：《全面深化中国（上海）自由贸易试验区改革开放方案》，中国政府网，2017年3月30日，http：//www.gov.cn/zhengce/content/2017-03/31/content_5182392.htm，2018年11月2日。

② 《上海：为全国改革发展大局服务》，《新民晚报》2018年11月9日。

③ 习近平：《开放共创繁荣，创新引领未来——在博鳌亚洲论坛2018年年会开幕式上的主旨演讲》，新华社，2018年4月10日，http：//www.xinhuanet.com/politics/2018-04/10/c_1122659873.htm，2019年1月10日。

由化、主动向世界开放市场的重大举措，将为各方进入中国市场搭建新的平台”。①

2018 年 10 月，习近平总书记对上海自贸试验区的建设专门作出指示："建设自由贸易试验区是党中央在新时代推进改革开放的一项战略举措，在我国改革开放中具有里程碑意义”，强调“把自由贸易试验区建设成为新时代改革开放的新高地，为实现‘两个一百年’奋斗目标，实现中华民族伟大复兴的中国梦贡献更大力量”。②

（二）改革目标是试验田作用：制度创新成果“可推广”“可复制”

自贸试验区要形成可复制、可推广的经验，具有“试验田”作用，这是改革的重要任务之一。③

事实证明，上海自贸试验区建设模式较好地实现了自身的使命。一是在创新政府管理制度与管理上扮演重要角色，不仅创新形成一系列可复制、可推广的政府管理制度，如统一营业执照样式、“证照分离”与企业准入“单一窗口”等制度。其中，“单一窗口”制度是依据党中央《十三五规划建议》中“全面实施单一窗口和通关一体化”的要求而制定的，是上海自贸试验区监管制度创新的重要内容之一，还创新形成一系列可复制、可推广的政府管理理念，如“精简”“高效”等。二是上海自贸区在政府监管制度创新上也起到重要的作用，形成一系列可复制、可推广的创

① 《习近平总书记在金砖国家工商论坛上的讲话——顺应时代潮流，实现共同发展》，新华网，2018 年 7 月 26 日，http：//www.xinhuanet.com/2018-07/26/c_1123177214.htm，2018 年 8 月 15 日。

② 习近平：《把自由贸易试验区建设成为新时代改革开放新高地》，新华社，2018 年 10 月 24 日，http：//www.xinhuanet.com/2018-10/24/c_1123608494.htm，2018 年 11 月 11 日。

③ 国务院：《国务院关于印发中国（上海）自由贸易试验区总体方案的通知》，中国政府网，2013 年 9 月 18 日，http：//www.gov.cn/zwgk/2013-09/27/content_2496147.htm，2018 年 11 月 10 日。

新成果。比如海关综合监管制度的创新、检验检疫风险制度的创新与海事监管制度的创新都在特殊区域内得到复制推广。

除此，“负面清单”是上海自贸试验区的重要制度创新成果。自2013年上海自贸试验区成立以来，外商投资准入“负面清单”随自贸区的发展愈来愈成熟。2013年，上海自贸试验区有了第一张“负面清单”，即2013版“负面清单”190条。此后，自贸试验区“负面清单”随着经济的发展与开放的扩大而不断缩短，2014版139条，2015版122条，2017版95条，2018版45条。[①]文化、金融等领域试点得到取消，外资准入限制得到进一步放宽。2018年10月，《中国（上海）自由贸易试验区跨境服务贸易负面清单管理模式实施办法》颁布，明确跨境服务贸易的定义，确立跨境服务贸易管理与开放的基本原则，建立负面清单管理模式等。[②]这有利于自贸试验区不断深化改革和扩大开放，形成可复制、可推广经验与制度。

2015年，国务院发布《国务院关于推广中国（上海）自由贸易试验区可复制改革试点经验的通知》，上海自贸试验区的可复制改革试点经验，可在全国推广，如在投资管理领域、贸易便利化领域、金融领域、服务业开放领域等。[③]自2016年以来，上海自贸试验区作为先锋与试验田，其可

① 《2018版自贸区负面清单再缩短50条》，浦东政府网，2018年7月2日，http：//www. pudong. gov. cn/shpd/news/20180702/006001 _ 81b2a62f-f28c-4984-882b-b6623e7baa04. htm，2018年8月30日。

② 《〈中国（上海）自由贸易试验区跨境服务贸易负面清单管理模式实施办法〉解读》，上海政府网，2018年10月9日，http：//www.shanghai.gov.cn/nw2/nw2314/nw2319/nw41893/nw42229/u21aw1343259.html，2018年11月11日。

③ 国务院：《全面深化中国（上海）自由贸易试验区改革开放方案》，中国政府网，2017年3月30日，http：//www.gov.cn/zhengce/content/2017-03/31/content _ 5182392.htm，2018年11月2日。

复制改革试点经验在全国得到推广，为其他自贸试验区的建设与发展提供了制度创新成果，如广东、天津、福建等自贸试验区。其中，"'证照分离'改革试点的116项行政许可事项，现在全国其他的自贸试验区，以及有条件的国家自主创新示范区、国家高新技术产业开发区等区域推广实施"。[①]此后，上海自贸试验区形成一系列可复制、可推广的创新内容，成为新一轮改革开放的先行者。

不仅如此，上海自贸试验区还形成辐射全国的溢出效应，如在金融业、服务业与物流业等行业方面。上海自贸试验区的溢出效应，不仅仅是120.72平方公里的物理空间范围，而是向更大的空间溢出，推广而可复制。从而促进上海、全国经济的发展，更好地深化新一轮改革开放，并更好地立足于全球经济的发展态势之中。

自2013年上海自贸试验区建立，到2018年改革开放四十周年，上海自贸试验区建立五周年收获累累硕果。"中央把全国首个自由贸易试验区放在浦东，就是看重浦东开发开放形成的制度基础、开放优势和战略地位"。[②]五年来，上海自贸试验区紧抓制度创新这个核心，为我国全面深化改革和扩大开放，对标国际最高标准、最好水平，大胆试、大胆闯、自主改，为探索建立同国际投资和贸易通行规则相衔接的制度体系，稳步推进投资贸易便利化、金融开放等制度的创新，构建开放型经济新体制，探索了新途径、积累了新经验。[③]党的十九大以来，中央"对上海工作提出了新要求新定位，对上海发展赋予了新的历史使命，对上海未来寄予了更高的

① 徐蒙：《上海自贸区建设不断向纵深推进》，《解放日报》2018年7月11日。

② 唐玮婕：《口红"零时差"上市，抹靓百姓美好生活》，《文汇报》2018年9月16日。

③ 李强：《高举浦东开发开放旗帜，勇当新时代全国改革开放排头兵》，《求是》2018年第16期。

期望”。[①]国际经济、金融、贸易、航运、科技创新“五个中心”建设赋予上海自贸试验区新的使命，首届进口博览会在上海的举办赋予上海自贸试验区新的发展空间。

① 《面向全球面向未来，提升城市能级和核心竞争力》，《解放日报》2018年6月28日。

后 记

新中国成立以来，在一代代建设者的艰苦奋斗下，从“重工业优先”向“新型城镇化”转变的新中国城市规划与工业建设，克服了起步晚、起点低与基础差的困难，取得了重大成就，为国家和上海的社会主义建设奠定了工业基础和物质基础，为上海的发展和今天上海成为改革开放排头兵、创新发展的先行者打开了发展空间，提供了制度基础和布局经验。

新中国成立前上海是中国最大的工商业城市，是全国的经济、金融和文化中心。新中国成立后，在党和政府的统筹布局中，上海的城市建设与工业布局进行了数次大规模的调整，上海的城市功能、城市地位也发生了巨大变化。如今上海工业结构日趋完善、城市建设不断优化，创新发展特点更为明显，为上海建成卓越的全球城市奠定了基础。

本书的主题“上海城市建设与工业布局发展研究（1949—2018）”是探讨新中国成立后上海城市建设与工业布局的变迁，从卫星城和工业化角度论述了城市建设与工业发展、社会生活、人口结构等方面的关系。试图从这样一个视角归纳新中国成立七十年来上海城市发展和城市建设与工业布局发展的一些特点。

本书历经寒暑，又多次易稿，终成此书，望为繁花似锦的上海研究与中国城市史研究增添一抹色彩。我们的课题组是一支各司其职又齐心协力的团队。团队由忻平教授领衔，拥有吴静、陶雪松、丰箫、何兰蔚、包树芳、侯庆斌、王锐、张仰亮、杨阳、周升起、潘婷、吴娜、段晓彤、吕婷、楚浩然、朱学玲、刘妗妗、许欢、闫艺平、王雪冰、刘洁、陆世莘、李嘉、王梦瑶、徐成明、陈晨等年轻的教师、硕博研究生，他们的加入为团队增添了生机与活力，并为章节的撰写与修改付出了艰辛努力。当成果付梓成书，团队成员收获学识与友谊，祝福各位在今后的学术道路上更加精进。

本书得以最终出版，是课题团队齐心协力、艰辛努力的结果，也是社会各界同仁关心、关怀的结果。本书的撰写，得到中共上海市委研究室，上海市社联，上海大学文科处、文学院、历史系的指导与帮助。上海市档案馆、上海市图书馆、上海大学图书馆、闵行区档案馆、嘉定档案馆等，以及相关企事业单位，如解放日报社、上海吴泾化工厂、上海重型机器厂等为本书作者查阅文献资料提供了诸多便利。团队采访了数十位亲身参与或见证了上海卫星城建设与发展的老领导、老专家、老工人，感谢他们对我们团队的研究给予了很大的帮助！还要感谢上海人民出版社的支持。在此，对上述单位与个人所给予的真诚帮助，谨表谢忱！

由于课题涉及面广量大，我们学识有限，功力不足，书中有疏漏错误之处在所难免，恳请专家和读者批评指正。在以后的科研工作中，我们将继续坚持“取法乎上”的态度，努力做好研究。

作　者

2019 年 7 月

图书在版编目(CIP)数据

上海城市建设与工业布局研究:以卫星城为中心:1949-2019年/忻平等著.—上海:上海人民出版社,2019
(上海市纪念新中国成立70年研究丛书)
ISBN 978-7-208-16007-1

Ⅰ.①上… Ⅱ.①忻… Ⅲ.①城市建设-研究-上海-1949-2019 ②工业布局-研究-上海-1949-2019 Ⅳ.①F299.275.1 ②F427.51

中国版本图书馆CIP数据核字(2019)第148247号

责任编辑 熊 捷 刘 宇
封面设计 谢定莹

上海市纪念新中国成立70年研究丛书
上海城市建设与工业布局研究(1949—2019年)
——以卫星城为中心
忻 平 吴 静 陶雪松 丰 箫 等著

出　　版 上海人民出版社
(200001 上海福建中路193号)
发　　行 上海人民出版社发行中心
印　　刷 上海商务联西印刷有限公司
开　　本 787×1092 1/16
印　　张 26.75
插　　页 4
字　　数 328,000
版　　次 2019年8月第1版
印　　次 2019年8月第1次印刷
ISBN 978-7-208-16007-1/D·3467
定　　价 105.00元